Mosaik
bei GOLDMANN

Buch

Angst mobilisiert in Notsituationen ungeahnte Kräfte. Doch wenn der Alltag plötzlich bedrohlich erscheint, kann sie zu psychischen und physischen Erkrankungen führen. Prof. Dr. Heinz-Rolf Lückert untersucht Ursachen und Entstehung verschiedener Arten von Angst und beschreibt ihre Symptome. Ob es sich um Panikattacken oder Phobien handelt – es gibt immer Wege, wieder heraus zu finden. Mit Hilfe dieses kompetenten Ratgebers können Betroffene den Teufelskreis der Angst durchbrechen und ihr Vertrauen in sich selbst und ihre Umwelt stärken.

Autor

Dr. phil. Heinz-Rolf Lückert, Universitätsprofessor für Psychologie und Initiator der vorschulischen Begabungs- und Bildungsförderung im deutschsprachigen Raum, gründete 1977 das »Institut für Aktivationstherapie«, in dem er bis zu seinem Tod im März 1992 zusammen mit seiner Frau Inge Lückert forschend und praktizierend tätig war. Neben seiner psychotherapeutischen Tätigkeit führten er und seine Frau Kommunikations-, Kreativitäts- und Management-Kurse für Führungskräfte in der Wirtschaft durch. Er veröffentlichte zahlreiche Buch- und Zeitschriften-Publikationen.

Herausgeberin

Dr. phil. Inge Lückert, promoviert in Klinischer Psychologie, psychotherapeutische Ausbildung, ist Mitautorin eines Werkes sowie Herausgeberin der letzten Publikationen ihres Mannes.

PROF. DR. HEINZ-ROLF LÜCKERT
DR. INGE LÜCKERT (HRSG.)

Leben ohne Angst und Panik

Ursachen und Symptome
erkennen und überwinden

Mosaik
bei GOLDMANN

Die hier vorgestellten Informationen sind nach bestem Wissen und Gewissen geprüft, dennoch übernehmen die Autorin und der Verlag keinerlei Haftung für Schäden irgendeiner Art, die sich direkt oder indirekt aus dem Gebrauch der hier vorgestellten Anwendungen ergeben. Bitte beachten Sie in jedem Fall die Grenzen der Selbstbehandlung, und nehmen Sie bei Krankheitssymptomen professionelle Diagnose und Therapie durch ärztliche oder naturheilkundliche Hilfe in Anspruch.

Umwelthinweis:
Alle bedruckten Materialien dieses Taschenbuches
sind chlorfrei und umweltschonend.

Originalausgabe September 2000
© 2000 Wilhelm Goldmann Verlag, München
in der Verlagsgruppe Bertelsmann GmbH
Umschlaggestaltung: Design Team München
unter Verwendung folgender Fotos:
Umschlag: Premium/Images Color
Umschlaginnenseiten: Guido Pretzl
Layout/DTP: Martin Strohkendl, München
Druck: Elsnerdruck, Berlin
Verlagsnummer: 16268
Kö · Herstellung: Max Widmaier
Made in Germany
ISBN 3-442-16268-8
www.goldmann-verlag.de

3 5 7 9 10 8 6 4 2

Inhalt

Vorwort

Angst warnt uns vor Gefahren und ist eine Reaktion auf Gefahren. Wenn die Gefahr vorüber ist, wir entkommen sind oder sie bewältigt haben, löst sich zumeist die unangenehme Gefühlsspannung auf.

Wir alle sind davon überzeugt, Angst zu kennen. Wozu also ein Buch über die Angst? Weil Angst unser Leben auf verschiedene Weise einschränken und belasten kann:

- Jede überwundene Gefahr kann längere Zeit in unseren Gedanken und Vorstellungen nachschwingen und uns weiterhin ängstigen. Die vorübergegangene Zustandsangst wird dann zur Eigenschaftsangst, zum belastenden Persönlichkeitszug einer ständig erhöhten Angstbereitschaft.
- Die Befürchtungsgedanken haben in sich die Tendenz, das herbeizuführen, wovor wir uns ängstigen, z. B. Versagen bei einer Prüfung oder einem Einstellungsgespräch (Denkblockaden, Sprechhemmungen).
- Ängste können als eine Art selbst produzierten Stress den Körper angreifen und sich in diversen psychosomatischen, d. h. körperlichen Beschwerden – zunächst ohne organischen Befund – niederschlagen.

- Ängste können sich extrem steigern, sodass sie von uns Besitz ergreifen und wir die Kontrolle über uns verlieren – wie im Panikanfall oder in der Depression.
- Ängste können sich schrittweise auf alle Situationen und Tätigkeiten erstrecken und uns in unserer Aktivität und Bewegungsfreiheit einschränken, sodass wir letztlich Angst vor der Öffentlichkeit haben, die Wohnung nicht mehr verlassen oder uns nur noch in Begleitung anderer Personen draußen bewegen können.

Wer diese Gefahren erkennt, kann sich gegen sie schützen, sie abwenden, überwinden.

Heinz-Rolf Lückert gibt in dem vorliegenden Buch einen umfassenden Überblick über die verschiedenen Erscheinungsweisen, Entstehungsursachen, Verlaufsformen und Auswirkungen der Angst auf unser Verhalten und seelisch-körperliches Befinden. Leserinnen und Leser werden dabei einige Zusammenhänge erkennen, die es ihnen ermöglichen, wirkungsvoll mit ihren Ängsten umzugehen oder zur rechten Zeit an der richtigen Stelle um Beistand zu bitten.

Im Kapitel »Therapie der Angst« stellt mein Mann heraus, dass **allen** psychischen und psychosomatischen Beschwerden **eine** Grundstörung gemeinsam ist: das *LAU*-Syndrom (emotionale *L*abilität, erhöhte *A*ngstbereitschaft und *U*nsicherheit). Betroffene können aus ihren Schwierigkeiten und Ängsten herauskommen, wenn sie schrittweise lernen, das LAU-Syndrom abzubauen, wenn sie also systematisch produktive Muster im Denken und Vorstellen sowie im *dementsprechenden* selbstsicheren und kommunikativen Verhalten einzuüben in der Lage sind. Dazu kann ihnen das vorliegende Buch meines Mannes Mut und Anregung geben.

Mein Mann ist 1992 durch einen tragischen Verkehrsunfall ums Leben gekommen. Er hinterließ unter anderen unvollendeten Buchmanuskripten das vorliegende noch nicht ganz fertige Angst-Manuskript. Ich habe es zu Ende geführt und auf den heutigen Stand gebracht.

Inge Lückert

Einleitung

Es gibt keinen Menschen, der nicht einige Male in seiner Kindheit, in seinem Jugend- und Erwachsenenalter Angst verspürt und ihre Auswirkungen kennen gelernt hätte. Manche werden über längere Zeit von der Angst erfasst und fest gehalten. Das kann so weit gehen, dass sie sich nicht von selbst von ihr befreien können und eine Psychotherapie aufsuchen müssen.

Die Angst hat drei Komponenten: Einmal warnt sie uns vor leichtfertigen Handlungen und gefährlichen Situationen, zum anderen kann sie als Störfunktion unser gesamtes Erleben, Verhalten und körperliches Befinden beeinträchtigen, und letztlich erweist sie sich aber auch als eine positive Antriebskraft, die uns zu Hochleistungen und persönlichem Wachstum führen kann.

Im Mittelpunkt dieses Buches steht die Angst als Störungsquelle. In meiner psychotherapeutischen Praxis habe ich erfahren, dass *Angst das Leitsymptom aller psychischen und psychosomatischen Beschwerden ist.* Wenn wir bedenken, dass etwa 60 % der Menschen unserer Gesellschaft an mehrmaligen vorübergehenden und etwa 20 % an länger anhaltenden »Angstbeschwerden« leiden, erkennen wir die Bedeutung dieses Themas.

Die Angst, die sich gelegentlich bis zu Panikanfällen steigern kann, belastet die Betroffenen, aber auch das Gesundheitswesen in einem hohen Maße durch die verursachten Kosten.

Sicher sind für unsere Gesundheit auch äußere Umstände und die Lebensführung des Einzelnen verantwortlich zu machen; doch wird die *Bewältigung von Angst als zentraler Faktor der Gesundheit selten erkannt* und deshalb in der Gesundheitsvor- und -fürsorge nicht beachtet. Unter psychotherapeutischer Gesundheitsvorsorge können sich zur Zeit nur wenige etwas vorstellen.

Überdies verstehen die meisten Erwachsenen unter Psychotherapie immer noch nur Psychoanalyse. Sie haben noch nicht davon Kenntnis genommen, dass seit Beginn der siebziger Jahre eine völlig andere Art der Therapie praktiziert wird, die *Kognitive Verhaltenstherapie,* die in wesentlich kürzerer Zeit Erfolge bei der Angstbehandlung, Panik und bei psychosomatischen Störungen nachweisen kann. Die Kognitive Verhaltenstherapie hat es anfangs hier zu Lande schwer gehabt, sich gegen die weit überwiegende Zahl der ärztlichen oder tiefenpsychologisch orientierten Psychotherapien durchzusetzen, sodass die Kosten für die Verhaltenstherapie erst um 1980 von den Kassen übernommen wurden. Paradox ist allerdings, dass die Kassen, die doch um Kostendämpfung bemüht sein sollten, bei der etablierten Psychoanalyse oder tiefenpsychologisch orientierten Psychotherapie 160 und mehr Stunden übernehmen und bei der Verhaltenstherapie nur 65, höchstens 85 Stunden. Vermutlich meinen die Kassenvertreter wohl immer noch, dass das, was sich »tief« nennt, auch wirksamer ist.

Wenn im Gesundheitswesen von Mitbeteiligung der Patienten gesprochen wird, beziehen sich diese Forderungen in erster Linie auf die Beteiligung an den Kosten und nicht auf die Mobilisierung der Selbstheilungskräfte. Erfreulicherweise wird der Vorsorge seit Jahren vermehrt Aufmerksamkeit zugewandt, doch auch sie beschränkt sich fast nur auf Empfehlungen zur richtigen Ernährung, zu mehr Bewegung in frischer, allerdings schadstoffangereicherter Luft und zur Inanspruchnahme regelmäßiger ärztlicher Untersuchungen. Das äußerst wichtige Thema »Angstbewältigung« wird weder in der Erziehung noch in der Schule behandelt. So kommt es, dass die meisten Menschen noch als Erwachsene nicht gelernt haben, mit ihren Ängsten umzugehen, also Angstbewältigungs-Analphabeten sind.

Im vorliegenden Buch werden zunächst einige psychologische Grundtatsachen vorgestellt. Es wird über die vier Komponenten seelischen Lebens, das Erleben, Verhalten, die Formung der Persönlichkeit und die Kräfte, die dem Erleben und Verhalten Richtung geben, informiert.

Der Hauptteil umfasst fünf Kapitel, wobei jedes wieder in fünf Abschnitte aufgeteilt ist. Wie im fünfaktigen Drama ist jeweils der dritte Abschnitt von besonderer Bedeutung.

Die weiter gehende Orientierung befasst sich mit den Merkmalen der Gesundheit. Hier erfährt der Leser, dass Gesundheit nicht einfach nur als Abwesenheit von Krankheit zu kennzeichnen, sondern dass sie eine zu erbringende Leistung ist. Es folgt als letztes Kapitel »Angst als Antriebskraft«.

Ziel des Buches ist, Leserinnen und Leser anzuregen, die Erkenntnisse der Kognitiven Verhaltenstherapie für ihre eigene Angst- und damit Lebensbewältigung zu nutzen.

Die Förderung der Selbstkontrolle und -steuerung und damit der Selbstheilung zieht sich wie ein roter Faden durch das ganze Buch. In einer Zeit, in der sich viele Personen auf die »Behandlung« und »Versorgung« stützen, ist der Appell an die *Selbstaktivierung* von größter Bedeutung. Obwohl dieses Buch aus der Therapie-Praxis hervorgeht, kann seine Lektüre auch

für (noch) nicht Betroffene im Sinne einer »Therapie für Gesunde« von Gewinn sein.

Das Buch erhebt nicht den Anspruch, sich allein vermittels
Lesens von etwaigen psychischen Schwierigkeiten befreien zu
können. Einsichten allein reichen nicht aus, um wirksame Ver-
besserungen und Veränderungen zu erzielen. Es ist jedoch
durchaus möglich, damit an eigenen Schwierigkeiten gezielt zu
arbeiten und einen persönlichen Gewinn daraus zu ziehen.

Leserinnen und Leser, die unter tief greifenden Angststörungen leiden und deshalb größere Schwierigkeiten haben, in
ihrem alltäglichen Leben zurechtzukommen, sei allerdings
empfohlen, einen Psychotherapeuten aufzusuchen, der mit der
Behandlung von Ängsten Erfahrung hat. Die in diesem Buch
vorgestellten Verfahren und Methoden sollen von daher keine
psychotherapeutische Behandlung ersetzen. Jedoch kann dieses Buch in solchen Fällen auch als therapiebegleitende Ar-
beitsgrundlage für die kognitiv-verhaltenstherapeutische Behandlung eingesetzt werden.

Die psychologische Basis

Erleben und Verhalten

Zunächst werden die vier Komponenten seelischen Lebens vorgestellt: das Erleben, das Verhalten, die Formung der Persönlichkeit und die Kräfte, die dem Erleben und Verhalten Richtung geben.

Das Gespräch, aufgenommen zu Beginn eines der letzten Informationsseminare, gibt wichtige Aufschlüsse darüber, wie wir das Erlebte wahrnehmen und uns zu dieser Wahrnehmung verhalten. Th = Therapeut und Kl = Klient.

Th. Wir wollen uns zunächst mit einigen Grundfragen der Psychologie befassen. Doch nur wenige Menschen wissen, was Psychologie eigentlich ist. Ich würde gern Ihre Meinung hören.

Kl. Psychologie befasst sich mit der Psyche, also Seele. Das kann man aus dem Wort Psychologie ableiten. Psychologie ist die Wissenschaft von der Seele.

Th. Ich kann Ihrer Antwort nur zustimmen. Wir wissen jetzt, dass Psychologie eine Wissenschaft ist. Wissenschaft beschäftigt sich in systematischer Weise mittels Beobachtungen und Experimenten mit den Erscheinungen ihres Gebietes, versucht dort, Strukturen, Zusammenhänge, Bedingungen, Regeln und Gesetze zu erkennen. Wir wissen aber jetzt noch nichts über die Psyche oder Seele.

Kl. Können Sie uns denn sagen, was Seele ist.

Th. Schon, aber ich möchte, dass wir die Antwort gemeinsam finden, weil ich überzeugt bin, dass Sie vieles, was wir »Seele« oder »seelisch« nennen, bereits wissen, Sie sich also nur zu erinnern brauchen.

Kl. Wenn ich traurig oder fröhlich oder schlecht gelaunt bin, spricht doch meine Seele?

Th. Das meine ich auch; doch können Gefühle und Gefühlslaunen wohl nicht alles sein, wenn wir von Seele sprechen.

Kl. Ich meine, dass neben den Gefühlen auch Wünsche, Interessen und Fantasien, auch Denken und Wollen zum seelischen Bereich gehören.

Th. Ich möchte noch zu dem, was Sie aufgezählt haben, die Vorstellungen, Beurteilungen, das Erkennen, Wiedererkennen, Sich-erinnern hinzufügen. Alles, was bis jetzt aufgezählt wurde, können wir zusammenfassen und als Erleben bezeichnen. Es sind bewusste Tätigkeiten: Ich fühle, ich wünsche, ich stelle mir vor, ich interessiere mich für usw. Wir haben die Frage »Was ist Seele?« unversehens umgeformt in die sinnvollere Frage: Wie äußert sich das, was wir Seele nennen? Die Frage, was Seele ihrem Wesen nach ist, ist kaum zu beantworten. Auch jeder Psychologe wird dieser Frage mehr oder weniger geschickt ausweichen. Das gilt auch für andere Wissenschaftler. Fragen Sie doch mal einen Physiker, was Elektrizität ist. Er wird Ihnen antworten, dass er dies nicht genau wisse, aber Ihnen etwas über die Äußerungen dessen, was als Elektrizität bezeichnet wird, mitteilen können: elektrolytische, magnetische, thermische Erscheinungsweisen oder Wirkungen. Genauso können wir jetzt sagen: Das, was wir Seele nennen, äußert sich in Erlebnisweisen oder Bewusstseinserscheinungen.

Kl. Das ist doch nicht alles. Es gibt doch auch unbewusste
oder unterbewusste Erlebnisse, z. B. Träume.

Th. Sie haben Recht, doch würde ich Träume nicht als unbewusst oder unterbewusst bezeichnen. Wenn wir einen
Traum erleben, gehört er in irgendeiner Weise zum Bewusstsein, allerdings zum Rand- oder Traumbewusstsein.
Es geht uns dabei ähnlich wie mit Erlebnissen, die wir vergessen haben, an die wir uns bei besonderen Gelegenheiten
aber wieder zum Teil erinnern. Wir kommen auf solche verborgenen, uns nicht stets bewussten Erscheinungen noch
zu sprechen.

Ich möchte zunächst noch auf näher liegende Äußerungen des Seelischen zu sprechen kommen. Seelisches äußert
sich doch nicht nur in dem, was wir erleben, was wir nur
jeweils an oder in uns selbst erkennen können.

Kl. Ich glaube, ich weiß, worauf Sie hinaus wollen. Seelisches
äußert sich auch im Ausdruck und in Tätigkeiten, die ich
bei mir oder jemand anderem beobachten kann, also im
Verhalten.

Th. Ganz richtig. Wir haben jetzt schon eine brauchbare Antwort auf unsere Ausgangsfrage: Was ist Psychologie? Psychologie ist die Wissenschaft vom Erleben oder den Bewusstseinserscheinungen und dem Verhalten oder den
Tätigkeiten. So wie der Ausdruck Erleben viele einzelne
Funktionen zusammenfasst, beinhaltet auch der Begriff
Verhalten eine Reihe einzelner Funktionen. An was denken wir wohl, wenn wir von Verhalten sprechen?

Kl. Ich glaube, wir müssen uns bei dieser Frage auf Situationen beziehen, z. B. auf Arbeitssituationen, Freizeitsitua-
tionen, Familiensituationen. Ich meine Arbeitsverhalten,
Freizeitverhalten, Partner- oder Erziehungsverhalten usw.

Th. Ihr Hinweis auf den Situationsbezug von Verhalten finde
ich sehr gut. Solche Situationen spielen ja auch beim Erle-

ben eine Rolle. Wir leben in Situationen und Beziehungen; in ihnen spielt sich Seelisches – Erleben und Verhalten – ab. Sie haben damit bereits auf einen dritten wichtigen und vielfältigen Bereich hingewiesen, mit dem sich Psychologie befasst. Wir wollen diesen Bereich noch etwas näher beschreiben. Wir sollten uns fragen: Was löst aus, was beeinflusst, was bestimmt, dass ein Mensch dieses oder jenes erlebt, sich so oder so verhält? Wir sollten nach den Bedingungen (Ursachen, Auslösern) von Erleben und Verhalten fragen.

Kl. Wenn ich eine Biene in meiner Nähe sehe, gerate ich in Panik; wenn sie weggeflogen ist, fühle ich mich wieder sicher.

Th. Das ist ein treffendes Beispiel für einen äußeren Reiz. Sie haben die Biene als Bedrohung empfunden. Es hat sich sicher in Ihrer Vergangenheit etwas Besonderes abgespielt, denn andere Menschen geraten dabei nicht in Panik. – Aber es gibt auch innere Reize.

Kl. Ja, wenn ich Hunger habe, esse ich etwas, oder wenn ich müde bin, lege ich mich schlafen.

Th. Ich möchte Sie jetzt nur noch auf einen wichtigen inneren Reiz, eine innere Bedingung aufmerksam machen: Jedes Verhalten führt zu einem bestimmten Ergebnis, zu einem Erfolg oder Misserfolg. Diese wirken auf unser Erleben und Verhalten zurück. Je nach Vorzeichen der Konsequenzen, positiv oder negativ, wird unser Erleben gefärbt und unser Verhalten verstärkt oder gehemmt.

Kl. Hierzu kann ich, glaube ich, ein gutes Beispiel geben. Ich arbeite mit einer Kollegin in einem Zimmer zusammen. Seit längerer Zeit spricht sie nicht mit mir, gibt auf Fragen kaum eine Antwort. Mich hat dies bedrückt, und ich habe sie dann auch nicht mehr angesprochen. Sicher hat sie Probleme. Auf Empfehlung eines Therapeuten habe ich eines

Tages vor Dienstantritt auf ihren Schreibtisch einen kleinen Blumentopf gestellt, weil ich wusste, dass sie Blumen mag. Sie hat mir, als sie von mir erfuhr, dass ich dies getan habe, gedankt, und seitdem sprechen wir wieder miteinander.

Th. Das ist schon ein gutes Beispiel. Sie haben Ihr reaktives abwartendes Verhalten geändert, sind aktiv geworden, haben dadurch die bedrückende Situation und das Verhalten Ihrer Kollegin verändert.

Mich würde interessieren, warum Sie in der Beziehung zu Ihrer Kollegin anfangs Gleiches mit Gleichem vergolten haben. Sie haben sich doch wahrscheinlich bei Ihrem Schweigeverhalten nicht besser gefühlt?

Kl. Ja schon, sogar schlechter. Ich habe immer gedacht, dass die Kollegin etwas gegen mich hat und ich es ihr einfach zurückgeben muss. Wenn man täglich zusammen in einem Raum sitzt und einer mit dem anderen nicht spricht, muss er doch gegen einen sein, einen ablehnen oder einem irgendetwas vorwerfen.

Th. Das könnte so sein, aber es muss nicht so sein. Menschen schweigen aus sehr verschiedenen Gründen, vor allem dann, wenn sie persönliche Schwierigkeiten haben und diese niemandem anvertrauen wollen.

Sie haben aber bei Ihrer Antwort auf einen Punkt hingewiesen, den ich für sehr wichtig halte. Sie haben – wenn auch nicht offen – gesagt, dass nicht das Schweigeverhalten Ihrer Kollegin Sie zu Ihrer Reaktion veranlasst hat, sondern Ihre Gedanken und Vermutungen »sie lehnt mich ab, wirft mir etwas vor«.

Kl. Ja, so ist es gewesen.

Th. Wenn Sie sich erinnern, ist uns dieser Zusammenhang schon einmal begegnet, nämlich bei der Bienenfurcht. Je nach unseren Vorerfahrungen und Kenntnissen vom Verhalten der Bienen reagieren andere anders, weil sie über

Bienen anders denken. Wir können diese Erkenntnis verallgemeinern: Nicht Dinge und Ereignisse als solche beeinflussen uns, sondern unsere Auffassung oder Wahrnehmung der Dinge und Ereignisse.

Die inneren Bedingungen für Erleben und Verhalten sind
also näher betrachtet unsere Gedanken, Vorstellungen, Bewertungen und Beurteilungen, Erinnerungen und Erwartungen, die beim Anblick einer Sache oder Person bei uns
auftauchen. Da diese Vorstellungen oft sehr kurz und
flüchtig sind, beachten wir diese stillen Selbstgespräche zumeist nicht.

In der Therapie lernen die Klienten, auf ihre Selbstgespräche zu achten.

Formungs- und Bestimmungskräfte

Im alltäglichen Leben folgen wir im Allgemeinen zuvor aufge-
bauten Denkschablonen und Verhaltensgewohnheiten, die zumeist in weniger bewussten kognitiv-emotionalen Überzeugungen, in Antrieben und Erwartungen verankert sind. Solange unser Leben in seinen vielseitigen Beziehungen und
Aktivitäten zufrieden stellend verläuft, fühlen wir uns ausgeglichen, wohl und sehen der Zukunft gelassen und zuversichtlich entgegen. Wir fühlen uns nicht gedrängt, über unsere Erlebnisse und unser Verhalten nachzudenken. Gelungenes Leben wirkt auf uns zurück und stärkt uns, stärkt unser Ich oder
Ego-Selbst (zum Unterschied zwischen Ich oder Ego-Selbst
und SELBST siehe Ausführungen auf Seite 413). Wir registrieren dieses Ego-Selbst im Selbst(wert)gefühl und im selbstsicheren Verhalten.

Alles, was unser Selbstgefühl stützt und stärkt, schätzen wir,
macht uns froh und aufgeschlossen. Wir suchen solche Perso-

nen oder Gruppen immer wieder auf, leben gern mit ihnen, fühlen uns zu ihnen hingezogen.

Auf die Frage »Was gefällt Ihnen an Ihrem Partner?«, antworten Frauen oft: »Er ist mir gegenüber aufmerksam, freundlich und rücksichtsvoll, geht auf meine Wünsche und Interessen ein, beteiligt sich kooperativ an der Erziehung der Kinder und im Haushalt. Wir unternehmen vieles in der Freizeit gemeinsam. Wenn es mal Streit gibt, einigen wir uns schnell. Einmal gibt er, ein anderes Mal gebe ich nach. Meist schließen wir einen guten Kompromiss. Ich lasse ihm viel Freiheiten, und er lässt sie mir usw.«

Wenn wir diese Äußerungen auf einen Nenner bringen, dann können wir sagen: Die beiden respektieren und fördern gegenseitig ihre persönlichen Bedürfnisse, Wünsche und ihr Selbstgefühl.

Alles, was unser Selbstgefühl stört, gefährdet und bedroht, macht uns unsicher, ängstlich oder aggressiv. Wir meiden solche Personen oder Gruppen, weichen ihnen aus, ziehen uns von ihnen zurück.

Auf die Frage: »Was gefällt Ihnen an Ihrem Partner nicht?«, äußern Frauen ihre Unzufriedenheit etwa mit folgenden Bemerkungen: »Er geht auf mich und meine Wünsche nicht ein, hört mir selten zu, bevormundet, belehrt, kritisiert und korrigiert mich häufig, lobt mich nie, schweigt tagelang. Wenn wir mal eine Auseinandersetzung oder einen Konflikt haben, macht er mich sogar im Beisein anderer herunter usw.«.

Ganz besonders bedrückend, ja verrückt machend, werden widersprüchliche Verhaltensweisen empfunden: »Je nach Laune ist er einmal freundlich, ein anderes Mal unzugänglich oder verletzend zu mir. Wenn ich dann wütend werde oder weine, sagt er, dass er es nicht so gemeint habe.«

Wenn wir diese Äußerungen auf einen Nenner bringen, können wir feststellen, dass hier der Mann seine Frau als Person nicht respektiert und schätzt, sie einschränkt und verletzt.

Bei der Ausbildung und Entwicklung unseres Erlebens und Verhaltens sind viele Umwelteinflüsse nachzuweisen. Frühe Erziehungs- und Beziehungserfahrungen, Erfahrungen in Schule, Berufs- und private Partnerschaftserfahrungen können uns je nach ihrer Art (anregend oder belastend) in der Lebensbewältigung fördern oder beeinträchtigen.

Unser Selbstgefühl wird aber nicht nur durch andere gestützt und gestärkt oder gestört und gefährdet, sondern auch durch uns selbst, unser leiblich-seelisches Befinden (Vitalität/Spannkraft – Krankheit/Mattigkeit), unsere Tätigkeiten, Bemühungen und durch unseren Erfolg oder durch unsere Inaktivität, Lässigkeit und unseren Misserfolg. In beiderlei Richtungen wird unser Selbstgefühl auch durch unsere Einstellungen, Vorstellungen, Erwartungen und die vorherrschende Stimmungslage entweder positiv oder negativ beeinflusst.

Einen besonderen Einfluss auf die Entwicklung unserer körperlich-seelisch-geistigen Funktionen und unser Verhalten hat das Lernen, die Lernenergie, die Lernart und Lernausdauer. Erfolgreiches Lernen hat eine selbstverstärkende Wirkung, macht uns kompetenter und lebenstüchtiger. Lernen erstreckt sich im Verbund mit organisch-physiologischen Reifungsprozessen auf alle Erlebnis- und Verhaltensweisen. So lernen wir unter anderem Aktivität oder Passivität, Selbstständigkeit oder Abhängigkeit, Kompetenz oder Hilflosigkeit, Ausgeglichenheit oder Aggressivität, Selbstsicherheit oder Angstbereitschaft, Optimismus oder Pessimismus, Offenheit oder Verschlossenheit, Besonnenheit oder Impulsivität, Großzügigkeit oder Pedanterie, Klugheit oder Dummheit.

Die Chance für die Entwicklung des Einzelnen bietet ihm die Gesellschaft mit ihren Einrichtungen, Angeboten und Vorbildern. Je offener eine Gesellschaft und je höher ihr wirtschaftlich-kulturelles Niveau ist, desto vielseitiger können sich die Interessen und Begabungen ihrer Mitglieder und deren Eigenaktivität und Selbstverantwortung entwickeln.

Psychologie ist die Wissenschaft vom Erleben und Verhalten und von den diese beiden Aktivitäten beeinflussenden Bestimmungskräften.

Ich möchte das Ergebnis unserer bisherigen Diskussion in der Erlebnis- und Verhaltenskette festhalten:

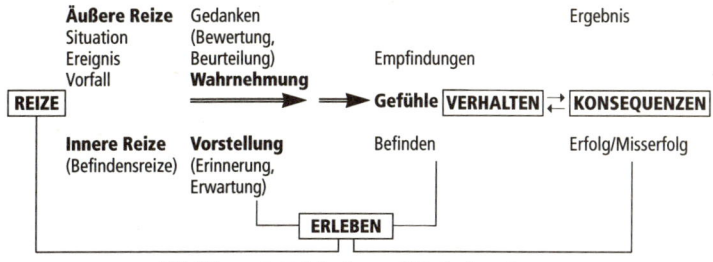

Abbildung 1: Erlebnis- und Verhaltenskette

> Wir können die unser Erleben stark bestimmenden Gefühle nicht direkt angehen. Wollen wir unsere Gefühle verändern, so müssen wir die vorlaufenden Gedanken bzw. Vorstellungen und die nachfolgenden Verhaltensweisen ändern.

Da die Gedanken und Vorstellungen zu den Kognitionen (Erkenntnisfunktionen) gehören, nennt man die damit befasste Therapie »Kognitive Verhaltenstherapie«.

I.

Spannungsfeld Angst

Gefühle – wie z. B. Furcht und Angst – stehen im Zentrum eines vierpoligen Spannungsfeldes: Erregung, Wahrnehmung, Vorstellung und Verhalten.

Erlebnismäßig wird uns zunächst und zumeist die Kette Wahrnehmung – Gefühl – Verhalten bewusst. Wir nehmen etwas wahr, haben eine mehr oder weniger deutliche Empfindung, dass es angenehm oder unangenehm, vertraut oder fremdartig, bekömmlich oder bedrohlich ist, fühlen uns wohl und sicher oder unsicher und ängstlich, verhalten uns *entsprechend* ruhig und gelassen oder zurückweichend und/oder abweisend. Bei alledem spüren wir eine *entsprechende* Erregung. Dass das Gefühl auch von unseren Verstandeskräften – die Psychologen sprechen von Kognitionen – beeinflusst wird, erkennen wir an den angeführten Empfindungsqualitäten. Wenn wir etwas als angenehm oder unangenehm empfinden, haben wir die wahrgenommene Situation, Person, das Ereignis oder die Beziehung kognitiv beurteilt und bewertet – sei es auf Grund von gemachten Erfahrungen oder auf Grund einer überraschenden Abweichung unserer Erwartung.

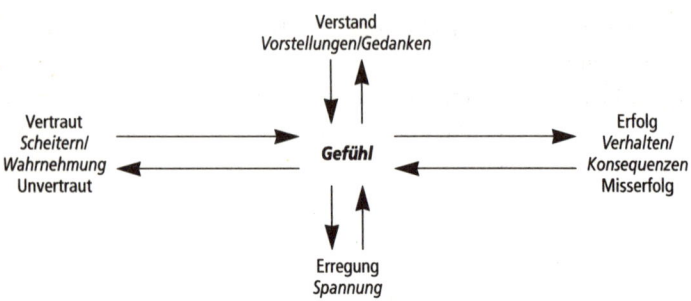

Abbildung 2: Das Gefühl als elementarer Bestandteil unseres Erlebens

Die aufgezeigten Wirkbeziehungen haben nicht nur eine Richtung; sie wirken jeweils zurück, sodass wir alle Verbindungslinien mit doppelter Richtungsanzeige markieren müssen. Psychische Prozesse sind stets Wechselwirkungsprozesse.

Auf die Frage »Was ist Angst?«, bekomme ich manchmal die Antwort: »ein unangenehmes Gefühl«. Wenn ich dann weiterfrage: »Was ist ein Gefühl?«, geraten ich und andere Psychologen in große Verlegenheit. Denn Gefühle sind ein elementarer Bestandteil unseres Erlebens. Sie lassen sich auf keine weiteren Erlebnisweisen zurückführen. Auf die letzte Frage zählen die meisten Menschen einzelne Gefühle auf, z. B. Ärger, Freude, Angst, Mitleid oder Abscheu.

Bei der Beantwortung der Frage: »Wie *äußert* sich Angst?«, werden wir etwas entdecken, das von größter Wichtigkeit für den Abbau und die Bewältigung von Angst ist.

Angst äußert sich in vier Richtungen oder Bereichen:

- in physiologisch bedingter höherer Erregung,
- in Wahrnehmungsstörungen (Aufmerksamkeitseinschränkungen, Wahrnehmungslücken, Wahrnehmungsverzerrungen),

- in Besorgtheit, Befürchtungs- und Bedrohungsgedanken und -vorstellungen und
- letztlich in gestörtem Verhalten, das heißt in Schüchternheit, in Vermeidungs- und Rückzugsverhalten oder/und in impulsivem bzw. aggressivem Verhalten.

Verdeutlichen wir uns dies an einem Modell:

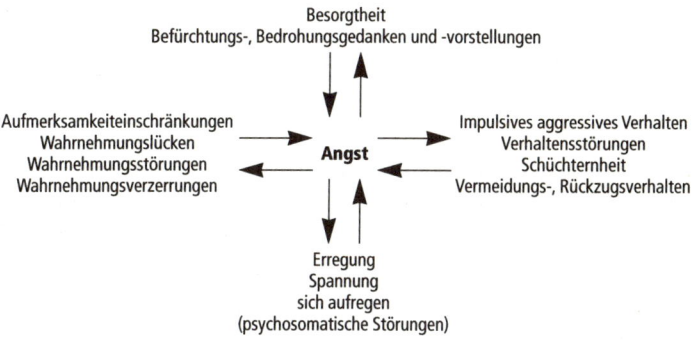

Abbildung 3: Das Angst-Modell

Erregung und Aufregung

Sie können sich sicher an Situationen erinnern, in denen Sie besonders erregt waren oder sich aufgeregt haben. Sie waren vielleicht frustriert, weil Sie etwas nicht erreicht haben, was Sie anstrebten (z. B. Studienabschluss, Arbeitsposition, Partnerschaft), etwas nicht so verlaufen ist, wie Sie es sich vorgestellt haben, weil Ihnen ein Fehler unterlaufen ist, Sie etwas Wichtiges übersehen oder versäumt haben, weil Sie sich gegen einen Vorwurf nicht recht wehren konnten, Sie sich bei einer Geldanlage verspekuliert haben. Vielleicht haben Sie sich zu etwas überreden lassen, das sich nachträglich als Flop oder Reinfall erwies.

Donald Hebb, ein kanadischer Neurophysiologe, ist in den Fünfzigerjahren der Frage nachgegangen, ob sich für die verschiedenen Erregungsauslöser – seien es Frustrationen oder Provokationen – eine gemeinsame Ursache ausfindig machen lässt. Er fand und bezeichnete sie als *Unterbrechung* oder *Diskrepanz.* Wir befinden uns normalerweise im Laufe des Tages, abgesehen von kleinen Stimmungsschwankungen, in einer ausgeglichenen emotionalen Verfassung. Erst dann, wenn etwas schief geht, wenn etwas anders verläuft, als wir erwartet haben, wir in einen Konflikt geraten, melden sich die Gefühle der Enttäuschung, der Unzulänglichkeit, des Versagens, der Angst, Depression oder Aggression.

In unserem Verhalten und Handeln bewegen wir uns nie nur in der unmittelbaren Gegenwart. Wir sind ständig auf das, was im nächsten Augenblick zu sein hat, bezogen. Ich gehe z. B. im Dunkeln die Treppe hinauf und ertappe mich oben, dass der letzte Aufwärtsschritt gar nicht angebracht war. Ich erwartete noch eine Stufe. Ich war hierbei zwar nicht erregt, aber doch ein wenig irritiert und verdutzt. – Ich habe für den Besuch eines Konzertes Karten bestellt. Als ich an die Kasse komme und die Kassiererin mir mitteilt, dass alle Karten bereits vergeben sind, bin ich enttäuscht, erregt und verärgert. – Ich schwimme bei beginnender Ebbe ziemlich weit ins Meer hinaus und merke bei der Umkehr, dass ich bei aller Kraftanstrengung kaum noch zurückkomme. Ich spüre eine starke Erregung und Angst, merke dann aber, wie mir neue Kraft zuwächst und ich mich doch langsam dem Ufer nähere und endlich total erschöpft dort ankomme.

> Wenn eine Diskrepanz zwischen unserer Erwartung und unserer tatsächlichen Wahrnehmung besteht, kommt es zu einer Erregung.

Das Alarmsystem unseres Organismus, der sympathische Anteil des vegetativen Nervensystems, wird eingeschaltet. Energie wird freigesetzt, die Aufmerksamkeit wird erhöht. Wir sind für Flucht oder Angriff bereit.

Für Lebewesen ist es sinnvoll, dass ihr Organismus in dieser Weise programmiert ist. Sobald in ihrer Umwelt eine überraschende Veränderung, z. B. ein Feind, auftaucht, wird über die Erregung ihre Aktivitätsbereitschaft für Angriff oder Flucht mobilisiert. Es genügt allein, dass sich eine Abweichung innerhalb der gewohnten Umwelt zeigt, damit zunächst eine negative Grunderregung in Gang kommt. Dann wird oft blitzschnell die Art der Diskrepanz über eine Emotion näher erkannt. Bei Menschen kommt es bei einer positiven Veränderung zum Gefühl der Erleichterung und Freude, bei negativer Diskrepanz zu Angst.

Die unspezifische Erregungsangst oder Grundangst ist die natürliche Reaktion auf eine Wahrnehmungsdiskrepanz. Diese löst zunächst eine negativ getönte Erregungsunruhe aus. Dann setzt, nachdem der Auslöser durch die kognitive Bewertung erkannt wird, eine Bewertung als »gut« oder »schlecht« ein. Es werden Vorlieben oder Abneigungen empfunden, die durch eine weitere begriffliche Kategorisierung als Freude, Begeisterung oder Angst, Wut, Zorn, Eifersucht usw. spezifiziert werden.

Wir erwarten von unserer Wahrnehmung eine Beständigkeit und möchten, wenn sich etwas verändert, diese Veränderungen voraussehen können. Nur so können wir uns einigermaßen verlässlich auf das Geschehen und die Personen um uns einstellen und mit ihnen umgehen. Wir machen uns über das, was um uns herum geschieht, Bilder und verinnerlichen sie zu Ansichten, Auffassungen, Einsichten und Einstellungen. Diese Bilder sind oft konstanter als die Wirklichkeit. Das wird uns gelegentlich schmerzlich bewusst, wenn sich z. B. unser Partner verändert, sich von uns abwendet. Wir können dies dann nicht »fassen«, wir erinnern uns immer wieder an Situationen, wo »alles ganz anders war«. Noch schmerzlicher ist der von uns geforderte »Bilderaustausch«, wenn der geliebte Partner durch einen Unfall oder eine Krankheit verstarb. Die hier fällige »Trauerarbeit« fällt manchen Menschen sehr schwer, zieht sich über Monate, manchmal über ein Jahr und noch mehr hin, bis er den Bilderaustausch vom lebendigen zum toten Partner vollzogen hat.

Wir machen uns aber nicht nur Bilder von anderen, sondern auch von uns selbst. Wir verdichten diese Bilder zum »Ich« oder »Selbstbild«. Es repräsentiert das, was wir von uns wissen, von unserer Erscheinung und unserem Auftreten, unseren Fähigkeiten und Interaktionen mit anderen, unseren Zukunftsplänen und unseren Versuchen, die Vergangenheit zu verarbeiten. Wir fügen unsere wechselnden Erfahrungen im Leistungs- und Sozialbereich dem Ich-Bild ein und geben uns der Illusion hin, dass ein stets gleich bleibender Ich-Kern alle Inhalte des Bewusstseins enthält und alle bewussten Tätigkeiten steuert. *Ich* erinnere *mich* an … *Ich* diktiere jetzt diesen Text. *Ich* freue mich, wenn ich gut vorankomme usw.

Wir haben eine starke Neigung, das Ich-Bild zu bewahren, neue Erfahrungen mit alten zu verknüpfen und sie ihnen anzugleichen. Diese ständige Angleichung der wechselnden inneren und äußeren Wahrnehmungen geschieht reibungslos, wenn alles den Erwartungen gemäß verläuft und die Angleichungs- und Anpassungsschritte relativ klein sind. Die sich hierbei abspielende Spannung ist jedenfalls so gering, dass sie uns nicht bewusst wird. Sobald aber die Spannungen spürbar werden und sich eine Diskrepanz zwischen dem gerade bestehenden Ich-Bild auftut, Angst-, Schmerz- und Frustrationsgefühle zum Vorschein kommen, wenn also die Diskrepanz zwischen Ich-Bild und Wahrnehmung größer wird, fühlen wir uns bedroht;

es entsteht die namenlose Grundangst, die manchmal auch als Existenzangst bezeichnet wird.

Um die letztgenannten Ausführungen konkret zu veranschaulichen, ist der Hinweis auf zwei Beispiele angebracht:

– Die 26-jährige K. L., bereits erfolgreiche, strebsame Managerin einer größeren Werbeagentur, sportlich, dynamisch und kreativ, spürte, als sie sich eines Morgens duschte und dabei ihre Brüste mit einer Lotion bestrich, eine Verhärtung an der rechten Brustseite. Sie ging zum Arzt und erfuhr, dass sie einen bösartigen Tumor habe. »Bei mir brach eine Welt zusammen. Ich fühlte mich immer gesund, belastungsfähig und attraktiv. Da der Tumor sich über einen größeren Teil der Brust erstreckte, musste diese amputiert werden. Ich war verzweifelt, dachte an meine weitere Karriere und an meine Heiratschancen. Die Zukunft erschien mir ziemlich ausweglos. Ich war unglücklich und verfiel in eine schwere Depression.«

Die Klientin hat sich nach einem halben Jahr in der Therapie wieder, wie sie sagt, »selbst gefunden« und ihren Beruf in der alten Weise wieder aufgenommen. »Ich bin auch wieder im Hinblick auf eine Partnerschaft zuversichtlich. Ich weiß: ›Ich habe eine künstliche Brust; aber ich bin nicht diese Brust‹.«

– Der 47-jährige C. F., Abteilungsleiter einer größeren Elektronikfirma, hatte sich durch Fleiß, Energie und Einsatz seiner Kräfte in den vergangenen 26 Jahren in der Firma hochgearbeitet. Er war schon längere Zeit für eine übergeordnete Stelle vorgesehen. Als dann ein Direktor aus Altersgründen seinen Posten aufgab, hoffte er, zumal ihm das mehrmals vorher von der Betriebsführung in Aussicht gestellt worden war, die Stelle zu erhalten. Doch dann kam alles ganz anders. Die Betriebsleitung hatte sich entschlossen, wegen der rasanten Entwicklung im Elektronikbereich nach der Ausschreibung eines diplomierten jüngeren Informatikers einen solchen einzustellen. Herr F. erlitt daraufhin einen »nervlichen Zusammenbruch«, wurde vier Monate krankgeschrieben. Als er zu mir anschließend in die Therapie kam, sagte er: »Ich kann nicht mehr im Betrieb weiterarbeiten. Ich bin enttäuscht und hintergangen worden. Ich habe mich für den Betrieb wie kein anderer eingesetzt. Es war alles umsonst. Ich habe auch Angst, von den Kollegen hämisch empfangen zu werden. Ich bin völlig am Ende, und in meinem Alter werde ich auch keine vergleichbare Stelle bei einer anderen Firma mehr erhalten.«

In der Therapie, die sich über ein halbes Jahr mit wöchentlich einer Sitzung (Doppelstunde) erstreckte, lernte Herr F. sich mit der Unabänderlichkeit abzufinden, seine Situation anders zu bewerten. Er ist noch während der Therapie zum Betrieb zurückgekehrt, arbeitet wieder wie gewohnt und geht neuerdings auch seinen neuen Hobbys – Gartenpflege und Bergwanderungen – nach. Übrigens stellte er fest, dass die Kollegen gar nicht so hämisch reagiert haben, wie er erwartet hatte. »Sie waren verständnisvoll. Einer bemerkte kurz und bündig: ›So ist eben das Leben‹.«

Situationen, in denen die eigene Person, ihr Wissen und ihre Leistungen beurteilt werden, wie z. B. in einer Prüfung oder bei einem Vorstellungsgespräch, führen im Allgemeinen zu leichter Erregung. Wir wissen, dass dies sinnvoll ist. Bei leichter Erregung kann sich der Mensch besser erinnern und auf die Aufgabe konzentrieren. Die Erregung steigert sich jedoch, wenn man unsicher ist; es kommt dann zu einer *erhöhten Selbstaufmerksamkeit*, die uns an der Freisetzung unserer Fähigkeiten hindert.

Wir sollten uns aber klarmachen, dass nicht die gestellte Aufgabe das Ausmaß unserer Erregung bestimmt, sondern die *Er-*

wartung bezüglich der Bewältigung der Aufgabe ausschlaggebend für die Höhe der Erregung ist.

Die »Selbst-Wirksamkeits-Erwartung« – wie sie der amerikanische Verhaltens- und Lernforscher Albert Bandura nennt – ist eine entscheidende Komponente unserer Lebensbewältigung.

Aufgaben bewältigen wir zum einen auf Grund der Einschätzung der eigenen Fähigkeiten, zum anderen auf Grund der Einschätzung der Situation, der Kenntnis, was zu tun ist. Dazwischengeschaltet ist die Selbst-Wirksamkeits-Erwartung.

In der Therapie wird der Klient u. a. auch mit seinen Fähigkeiten, die er oft abgewertet und dadurch verschüttet hat, vertraut gemacht. Er erfährt, dass er die Fähigkeiten nur nutzen kann, wenn sie in Verhalten umgesetzt werden können. Die hierfür erforderliche operative Kompetenz lernt der Klient über Verhaltensproben in der Therapie und über so genannte Hausaufgaben bei ihrer Anwendung in seiner Umwelt (Partnerschaft, Familie, Arbeitsplatz).

Wahrnehmungsverzerrungen und -lücken

Wenn wir von Wahrnehmung sprechen, denken wir zumeist an das, was wir mit unseren Augen feststellen. Wahrnehmung umfasst aber einen viel weiteren Bereich: Hören, Schmecken, Riechen, Tasten usw. Früher sprach man von den fünf Sinnen; heute wissen wir, dass es mindestens dreimal so viele Sinnesorgane und damit Wahrnehmungsarten gibt. Wer denkt schon daran, dass wir für Wärme und Kälte je spezifische Sinnesorgane in der Haut haben oder einen Sinn für unsere Körperhaltung im Innenohr?

Wir nehmen nicht nur äußere Erscheinungen, sondern auch innere Vorgänge, hier vor allem Funktionsabweichungen, wie schneller oder unregelmäßiger Herzschlag, muskuläre Verspannungen, Kopf- oder Magenschmerzen usw. wahr. Bei diesen inneren Wahrnehmungen sprechen wir von Befindenswahrnehmungen oder Empfindungen.

Die Wahrnehmung folgt der Aufmerksamkeit. Sie ist selektiv. Einstellungen und Überzeugungen wirken dadurch, dass sie bestimmte Arten von Information eher auswählen und beachten als andere. Der Optimist sieht das halb volle, der Pessimist das halb leere Glas. Beide haben Recht. Beide werden durch das, was sie sehen, in ihrer Stimmung bestätigt.

Im Zustand der Freude sehen wir die Welt durch eine rosa Brille. Die Dinge und Personen erscheinen uns in hellem Licht. Bei Kummer sehen wir alle Dinge durch eine schwarze Brille; sie erscheinen uns trübe und düster. Im Zorn unterliegen wir der Tendenz, nur Hindernisse und Barrieren wahrzunehmen. Bei Geringschätzung nehmen wir andere irgendwie minderwertiger und unvollkommener wahr. Bei Furcht erscheinen uns die Dinge bedrohlich. Misstrauen führt zu unermüdlicher Wachsamkeit. Die Welt erscheint dem Betreffenden voller Gefahren. Er muss ständig auf der Hut sein. Die Überwachheit dient dem Ziel, Überraschungen zu vermeiden.

> So gesehen ist die Wahrnehmung nicht ein Abbild von dem, was wirklich ist. Was wir sehen, ist vielmehr eine persönliche Konstruktion.

Der Detektiv Sherlock Holmes ist auf alles Ungewöhnliche vorbereitet und nimmt es sofort wahr. Er integriert das Geschehen in seine eigene Interpretation der Welt, nimmt ihr so die Überraschung und kann dadurch eine mögliche überraschende Bedrohung ausschalten. Die *besessene* Suche führt aber auch oft zu einer *spezifischen Verzerrung der Wahrnehmung*:

Im Blick auf das Mikroskop übersieht der Detektiv den Kontext. Er greift kleine Details auf, die in sein Schema passen und ignoriert den tatsächlichen Zusammenhang. Er greift nach allem, was seine *Vermutungen* stützt.

– Der Angestellte, der überzeugt ist, dass sein Chef ihn »fertig machen« wolle, sammelt zum Beweis viel Material. Dabei ist vieles scharf beobachtet und entspricht den Tatsachen. Am ... gab er mir auf eine Frage eine barsche Antwort; am ... ist er morgens ohne Gruß an mir vorbeigegangen; am ... hat er in meiner Ablage etwas gesucht usw. Die Beobachtungen entsprachen der Wirklichkeit. Die Vermutungen führten, wie sich später herausstellte, zu falschen Deutungen (lehnt mich ab, will mich nicht mehr als Mitarbeiter haben, will nachsehen, ob ich einen wichtigen Geschäftsbrief nicht bearbeitet habe). Der misstrauische Angestellte kann daher in seiner *Wahrnehmung* völlig Recht, in seiner *Bewertung* völlig Unrecht haben.

Misstrauische, Ängstliche neigen zu der Annahme, dass andere, die in ihrer Nähe stehen, über sie meist abfällig sprechen. Sie deuten in solche Gespräche, besonders wenn sie hinter ihrem Rücken stattfinden, etwas hinein, was gar nicht gegeben ist. Da sie in solchen Fällen die anderen nicht ansprechen können, bleiben sie in ihren negativen Vermutungen stecken.

Die Wahrnehmung wird auch durch die Sprache beeinflusst. Weil sie dies tut, kann sie auch unser Erleben und Verhalten stark beeinflussen, und zwar in belastender oder förderlicher Weise:

– Ich denke dabei an eine Klientin, Krankenschwester, 32 Jahre alt, verlobt. Sie erhielt, als sie einmal in depressiver Verstimmung war, von einem Psychiater die Diagnose »endogene Depression«. Für sie bedeutete dies: organisch bedingt, unheilbar, nur mit Psychopharmaka zu behandeln. Sie geriet in eine schwere Krise, löste die Verlobung auf. »Ich wollte meinem Partner nicht eine kranke Frau zumuten.« Zwei Jahre später kam sie auf Empfehlung einer anderen Klientin zu mir in Therapie. Auf Grund ihrer belastenden Lebensgeschichte konnte ich ihr klarmachen, dass die oben angegebene Diagnose – selbst wenn sie richtig wäre – nicht unheilbar bedeutet, ich aber bei ihr eher eine durch widrige Lebensumstände bedingte, also reaktive Depression annehme. Sie arbeitete in der Therapie engagiert mit, sodass sie nach etwa sieben Monaten als geheilt entlassen werden konnte. Das war vor acht Jahren. Mittlerweile hat sie geheiratet, ist Mutter von zwei Mädchen, aktiv, lebenszuversichtlich, hilft neben ihrer Erziehungs- und Hausarbeit ihrem Mann im Geschäft.

Auch das folgende Beispiel zeigt, wie Worte bzw. sprachliche Formulierungen das Leben belasten können:
– Eine Frau, die mit 28 Jahren zu mir in die Therapie kam, wuchs unter ziemlich ärmlichen Verhältnissen in einem Dorf im Bayerischen Wald auf. Sie hatte im Abschlusszeugnis der Hauptschule gute bis sehr gute Noten. Gegen den Willen ihrer Eltern, die sie auf dem kleinen Hof als Arbeitskraft halten wollten, beabsichtigte sie, mit einer Freundin eine kaufmännische Lehre in der nächstgelegenen Stadt zu absolvieren. Die Eltern versuchten, sie weiterhin von ihrem Entschluss abzuhalten. Dabei wiederholte die Mutter – wie auch früher schon bei allen möglichen Gelegenheiten – die Sätze: »Wir haben nichts, wir sind nichts, wir werden nichts.« Die Tochter arbeitete dann nach ihrer Lehre, die sie mit sehr gutem Erfolg abschloss, in einem Anwaltsbüro. Mittlerweile war sie 24. Beruflich ging also alles gut. Doch

dann erlebte sie eine Reihe von Enttäuschungen mit Männern.

Aus einer tief sitzenden Unsicherheit heraus klammerte sie sich aufdringlich und eifersüchtig an den jeweiligen Mann. Auf diese Weise kam es jedes Mal zu heftigen Auseinandersetzungen und zum Bruch. Sie wollte geradezu zwanghaft das Motto ihrer Mutter, das tief in ihr verankert war, das sie im beruflichen Bereich widerlegt hatte, nun auch im privaten Bereich ausmerzen, geriet aber auf Grund der Misserfolge in eine depressive Krise, wurde zunächst medikamentös versorgt und kam dann zur Therapie, die nach fünf Monaten mit Erfolg beendet werden konnte.

Ängstliche sind in übertriebener Weise auf Sicherung bedacht. Das macht sie vorsichtig und misstrauisch. Sie neigen dazu, ihre Gefühle und Meinungen nicht offen zu äußern. Sie weichen Herausforderungen und Konflikten aus. Dabei zeigen sie oft eine starre Haltung, die Wilhelm Reich als *Charakterpanzerung* bezeichnete. Die Wahrnehmung dieser Ängstlichen ist eingeengt. Ihr Sinnen und Trachten ist auf Abwehr von zumeist nur vermuteter Bedrohung gerichtet. Sie können anderen Menschen nicht unbefangen begegnen, sich mit ihnen nicht frei unterhalten. Sie sind ständig von der Unsicherheit beunruhigt: »Komme ich an?« – »Werde ich akzeptiert?« – »Werde ich zurückgewiesen?« – »Stelle ich mich dumm oder ungeschickt an?« usw. Die eingeengte Einstellung und Wahrnehmung auf die jeweilige vermeintliche Gefahr und Selbstsicherung bezeichnen wir als *Tunnelphänomen*.

In *übertriebener Selbstaufmerksamkeit* vergrößern die Ängstlichen die Gefahren. Eine geringe Unpässlichkeit, vorübergehende Regulationsstörungen, wie z. B. Magenschmerzen, Herz-Rhythmus-Störungen, Niedergeschlagenheit, werden als beginnende schwerwiegende Erkrankungen (Krebs, Herzinfarkt, Depression) bewertet/gedeutet. Eine Klientin, die an verschiedenen Phobien litt, glaubte, »in der Nervenklinik zu landen«.

Ängstliche neigen zu Totalreaktionen existenzieller Entmutigung, wenn sie im beruflichen oder privaten Leben etwas nicht erreichen, was sie anstrebten: »Ich habe überhaupt kein Glück im Leben.« »Bei mir geht alles immer schief.« »Über diese Niederlage komme ich nicht mehr hinweg.« »Diese Enttäuschung werde ich nie überwinden.« Dabei spielt noch eine zwanghafte Vergleichstendenz eine Rolle: »Den anderen gelingt immer alles.«

Ängstliche Personen übersehen dabei, dass die anderen auch ihre Schwierigkeiten, Niederlagen, Enttäuschungen durchgemacht und überwunden haben. Sie übersehen, dass die anderen ihre Schwierigkeiten als Probleme auffassen, die zu lösen sind, und nicht als Katastrophen, gegen die man nichts mehr unternehmen kann.

> Wie wir Geschehnisse interpretieren, so sehen wir sie und so verhalten wir uns zu ihnen. Wirklichkeit ist nicht einfach das, was sich ereignet. Wir selbst gestalten die Wirklichkeit.

Als Caesar in Ägypten landete und vom Schiff ans Ufer sprang, stolperte er und fiel zu Boden. Die römischen Soldaten hielten dies für ein schlechtes Omen. Sie wären am liebsten umgekehrt, wieder zurückgegangen. Doch Caesar breitete seine Arme aus und rief: »Ich umarme Dich, Afrika!«

> Unsere Wahrnehmungen werden auch von der Gesellschaft, in der wir leben, ihrer Politik, ihrer Rechtsprechung, Ökonomie und Kultur geformt. Die Wahrnehmungen ihrerseits steuern die folgenden Erfahrungen und verinnerlichen sie zu Überzeugungen, die dann die Verhaltensweisen bestimmen und rechtfertigen.

Dies ist besonders deutlich bei Menschen zu beobachten, die in autoritär geführten geschlossenen Gesellschaften aufwachsen und leben. Durch die Überwachung und Gängelung und die dadurch bedingte Infantilisierung ihrer Mitglieder kommt es bei vielen von ihnen zu einer Identifizierung mit den Machthabern. Sie arrangieren sich mit ihnen, um im Rahmen des Systems in Ruhe ihr bescheidenes Leben führen zu können. Erst nach dem Zusammenbruch des Systems wird den Menschen die Beschränkung ihres enteigneten Lebens bewusst. Sie erkennen, dass sie vieles versäumt haben. Mit dieser Einsicht zu leben, fällt ihnen schwer. Sie versuchen dann, dem alten System noch einige gute Seiten (Errungenschaften) abzugewinnen, um nicht umsonst gelebt zu haben. Solche wehmütigen Gedanken drängen sich verständlicherweise auf, wenn die Umgestaltung des gesellschaftlichen und wirtschaftlichen Lebens mit neuen Schwierigkeiten und Belastungen verbunden ist.

Befürchtungsvorstellungen und -gedanken

Vorstellungen stehen zwischen Wahrnehmung und Denken. Je näher sie der Wahrnehmung stehen, desto bildhafter sind sie. In Richtung der Gedanken verblassen sie. Im breiten Mittelbereich der Vorstellungen verschränken sich Vorstellungen und Gedanken. Ich denke an den Münchner Marienplatz und habe eine Vorstellung von ihm.

Vorstellungen und Gedanken spielen sich in unserem Kopf ab. Sie sind im Unterschied zu den Wahrnehmungen, in denen uns die äußeren und inneren Erscheinungen (Gegenstände, Personen, Situationen – körperlich-seelische Befindlichkeiten) unmittelbar bewusst sind, nicht nur auf die Gegenwart, sondern auch auf die Vergangenheit und im besonderen Maße auf die Zukunft gerichtet. Wir vergegenwärtigen uns in den Erinnerungsvorstellungen positive und negative Erlebnisse, an die wir mit Freude und Stolz oder Bitterkeit und Trauer zurückdenken, ähnlich wie wir mit positiven oder negativen Erwartungsvorstellungen an zukünftige Ereignisse denken. Positive Erwartungsvorstellungen bezeichnen wir als *Hoffnung,* negative als *Befürchtung.*

Im Unterschied zu den Gedanken, die wir am Faden von Wörtern, kürzeren oder längeren Sätzen aufreihen, stehen *bildhafte* Vorstellungen von Personen, Situationen oder Szenen in ihrer ganzheitlichen Fülle vor unserem geistigen Auge.

Bei Erwartungsvorstellungen stellen wir uns auf Aktivität und Erfolg ein. Wir sind angenehm gespannt auf das, was kommen wird, planen Maßnahmen und unternehmen Schritte, um es zu erreichen. Schwierigkeiten sehen wir als Herausforderungen und mobilisieren Kräfte zu ihrer Überwindung.

> Die Befürchtungsvorstellungen und -gedanken lenken unsere Aufmerksamkeit auf bestehende oder vermutete Schwierigkeiten. Da wir diese als Bedrohung sehen, kreist unsere Aufmerksamkeit ständig um das Problem. Wir sind unangenehm erregt und gehemmt, gleichsam von unseren Vorstellungen und Gedanken eingenommen und können uns nicht entschließen, aktiv etwas zur Bewältigung der Situation zu unternehmen. Wir geben auf, vermeiden und ziehen uns zurück.

Ängstliche und misstrauische Personen haben ständig das Gefühl drohender Gefahr. Sie haben den Eindruck, dass die anderen »es auf sie abgesehen haben«, ihnen schaden wollen, sie beobachten, beargwöhnen, über sie sprechen. Sie können ihren Vorstellungsablauf nicht mehr kontrollieren. In extremen Fällen meinen sie, man wolle sie vergiften. Es gibt gleitende Übergänge vom Misstrauen und dem Gefühl, in einer feindseligen Welt zu leben, zur wahnhaften Paranoia. Ähnlich kann sich auch die Eifersucht zum Eifersuchtswahn entwickeln.

Manche Menschen beobachten in übertriebener Weise ihren Körper und seine Funktionen. Diese hypochondrischen Personen bringen die labilen Funktionen in Unordnung, lassen Schmerzen entstehen, bewirken Schlaflosigkeit. Die Angst, krank zu sein, macht den Hypochonder krank.

Es sind vor allem sieben Themen, die Befürchtungsgedanken und -vorstellungen auslösen. Ich will sie hier nur kurz auflisten. Sie werden in den folgenden Abschnitten zum Teil ausführlich dargestellt:

- *Die Angst vor Versagen oder Misserfolg,*
  z. B. Prüfungsangst, Redeangst, die Angst im Vergleich mit anderen schlecht abzuschneiden, den Anforderungen der Arbeit nicht gewachsen zu sein.

- *Die Angst vor Zurückweisung und Ablehnung,*
  z. B. Angst, nicht beachtet, anerkannt, geschätzt zu werden, bei Kontaktaufnahme »abzublitzen«, Gefühle und eigene Meinungen zu äußern, berechtigte Forderungen zu stellen, Nein zu sagen, Kritik zu äußern, offen nachzufragen, Angst vor Konflikten bzw. vor dem Angehen von Konflikten.

- *Die Angst vor Verlust,*
  z. B. Angst, vom Partner verlassen zu werden, Angst vor Scheidung, die Arbeitsstelle zu verlieren, keine neue Arbeit zu bekommen, Schulden nicht mehr tilgen zu können, zu verarmen, Ansehen zu verlieren, Angst vor Alleinsein und Einsamkeit.

- *Die Angst vor Entscheidung,*
  z. B. Angst vor der Übernahme einer Verantwortung, vor dem Risiko, ein Studium zu beginnen oder abzuschließen, vor der Partnerwahl und Bindung.

- *Die Angst vor Schmerzen,*
  z. B. zum Zahnarzt zu gehen, sich operieren zu lassen.

- *Die Angst vor Krankheiten,*
  z. B. Krebs oder einen Herzinfarkt zu bekommen, die Selbst-

kontrolle zu verlieren, verrückt zu werden oder in eine Nervenklinik zu kommen.

- *Die Angst vor Altern, Sterben und Tod,*
  z. B. einsam zu werden, alles nicht mehr schaffen und erledigen zu können, bettlägerig zu werden, in ein Alters- oder Pflegeheim zu kommen, alles verlassen zu müssen.

> Im Unterschied zu den Gedanken können unsere Vorstellungen die Körperfunktionen, das Nerven-, Hormon- und Immunsystem beeinflussen. Je *bildhafter* die Vorstellungen sind, desto größer ist ihre Wirkung. Solche Vorstellungen oder Imaginationen sind im buchstäblichen Sinne *Einbildungskräfte*.

Noch vor etwa 25 Jahren hielt man die Einwirkung von Geist auf den Körper, von Immateriellem auf Materielles für unmöglich, obwohl es seit langem in der Hysterie- und Hypnoseforschung, aber auch in der Yoga-Praxis und schamanistischen Heilpraxis deutliche Hinweise auf solche Einwirkungen gab. Mit der Neuropsychologie und ihrem neuesten Zweig, der Psychoneuroimmunologie, sind diese Wirkungen auch wissenschaftlich belegt. Wir wissen heute, dass der Körper ein sensibles elektromagnetisches und biochemisches Feld mit unzähligen sich wechselseitig beeinflussenden Bezirken ist. Das neue Modell der Geist-Körper-Beziehungen hat große Bedeutung für die Betrachtung der psychosomatischen Störungen und für die Prozesse der Heilung bzw. Zustände der Gesundheit.

> Positive (realistische) Vorstellungen und Gedanken fördern unser Leben und unsere Gesundheit, unsere Aktivität und Lebensfreude. Wünsche und Erwartungen helfen uns, Schwierigkeiten, Stress und Konflikte zu bewältigen. Negative Vorstellungen und Gedanken behindern uns bei der Lösung von Problemen. Positive

Vorstellungen können die Heilung fördern, negative Vorstellungen können sie verzögern. Wir sehen also, dass die kognitiven Funktionen – Vorstellungen und Gedanken – für unser Leben größere Bedeutung haben, als wir zumeist annehmen.

Schüchternheit, Vermeidungs- und Rückzugsverhalten

Wer Angst hat, geht Situationen, Anforderungen und Begegnungen, in denen er befürchtet zu versagen oder zurückgewiesen zu werden, aus dem Wege. Er zieht sich aus solchen Situationen zurück oder meidet sie ganz.

Manche Menschen sind bei allen möglichen Situationen chronisch scheu und zurückhaltend, während es andere nur in bestimmten sind. So sind sie z. B. entspannt und zugewandt, wenn sie Leute im Zusammenhang mit ihrer Arbeit kennen lernen, jedoch angespannt, wenn sie fremden Menschen auf einer Party begegnen.

Die Scheu drückt sich zumeist in vier Formen aus:

- In den Gedanken, nicht akzeptiert zu werden, nicht erwünscht zu sein, aufdringlich zu erscheinen, andere zu stören, sich ungeschickt zu verhalten oder den Anforderungen nicht gewachsen zu sein;
- in den Gefühlen der Unsicherheit und Schüchternheit, Befangenheit und Verwirrung;
- in den Symptomen der Angst wie Herzklopfen, innere Unruhe und Spannungen, Beklommenheit usw.;
- im Verhalten, z. B. eine Abneigung, auf andere zuzugehen, mit ihnen zu sprechen (Zurückhaltung) oder überhaupt nicht zu gesellschaftlichen Treffen, zum Vorstellungsgespräch, zur Prüfung usw. zu gehen.

Etwa jeder Dritte in unserer Gesellschaft zeigt mehr oder weniger deutliche Symptome der Schüchternheit. Die Schüchternen möchten gern etwas tun, was sie zumeist auch können; doch ihre Unsicherheit und Angst halten sie davon zurück.

> Schüchternheit ist eine seelische Behinderung, die sich lähmend auf viele Aktivitäten auswirkt. Sie hindert den Schüchternen daran, auf Leute, die er gern kennen lernen möchte, zuzugehen und sie anzusprechen, sich in einer Diskussion zu Wort zu melden.
>
> Schüchterne sind infolge ihrer Ängstlichkeit, Vorsicht und ihres Misstrauens schwer zugänglich. Vor allem haben sie Angst, im Mittelpunkt einer Gruppe zu stehen, vor einer Gruppe zu sprechen, selbstbewusst aufzutreten, wo dies erforderlich ist. Sie weichen Auseinandersetzungen und Konflikten aus, haben Scheu, Hilfe in Anspruch zu nehmen.

Schüchterne manövrieren sich in die Isolation. Sie werden oft als zurückhaltend, still, anspruchslos, bescheiden oder als besonnen, selbstkritisch und wählerisch beschrieben. Sie sind bei aller äußeren Ruhe *innerlich* durch ihre gehemmten Wünsche und die Gefühle des Unbehagens in Gegenwart anderer beunruhigt. Sie versuchen, sich ständig gegen befürchtete Bloßstellung oder Zurückweisung zu schützen.

Die Ursachen des selbstunsicheren Vermeidungs- und Rückzugsverhaltens liegen oft in einer *Konditionierung* durch vergangene unangenehme Erlebnisse. Konditionierung bedeutet, dass eine zurückliegende Erfahrung festgehalten wird und uns in späteren gleichartigen oder ähnlichen Situationen zuversichtlich und fördernd oder – wie bei negativen Erlebnissen – verängstigend und hemmend beeinflusst.

Solche Erlebnisse sind etwa:
– Wir kamen einmal zu einer Party und haben dort keinen Kontakt zu den anderen gefunden, blieben ziemlich verlassen und stumm am Rande stehen.

- Wir sind bei einer sich anbahnenden Partnerschaft vom anderen enttäuscht worden.
- Wir sind bei einer Ansprache, die wir vor einer Gruppe zu halten hatten, ins Stocken und Stottern geraten.
- Wir haben bei einer Prüfung oder einem beruflichen Einstellungsgespräch versagt.

Durch Konditionierung bilden wir Gefühls- und Verhaltensgewohnheiten aus. Wir gehen dann nicht mehr auf eine Party, sind übervorsichtig und gehemmt bei der Anbahnung von Bekanntschaften, drücken uns mit allerlei Ausflüchten vor einer Ansprache, schieben eine Prüfung oder ein Einstellungsgespräch hinaus, versäumen den Termin oder gehen mit unguten Erwartungen (Befürchtungen) in diese Situationen, was allzu leicht zu weiteren selbstschädigenden Niederlagen und Enttäuschungen führt.

Konditionierungen erfolgen jedoch nicht nur durch Selbsterfahrung; sie können sich auch durch Beobachtung der Erfahrungen anderer in uns entwickeln. In Gedanken und Vorstellungen versetzen wir uns in die andere Person und deren Missgeschick. In Selbstgesprächen verdeutlichen wir uns, dass es uns ähnlich ergehen könnte.

Damit werden wir auf eine andere Ursache des Vermeidungs- und Rückzugsverhaltens verwiesen:

> Angst und Unsicherheit werden in hohem Maße davon bestimmt, wie wir die Welt um uns herum *wahrnehmen*.

Wir könnten z.B. die Party als eine günstige Gelegenheit nehmen, alte Bekannte wieder zu sehen und neue Personen kennen zu lernen. Wir können uns klarmachen, dass der Weg zu einer Partnerschaft zumeist über einige Anfänge und Irrtümer verläuft, Enttäuschungen als Lernprozesse auffassen und uns für weitere Gelegenheiten offen halten. Ähnlich können wir uns auch bei den anderen Situationen – der Ansprache vor einer Gruppe, dem Einstellungsgespräch und den Prüfungen – verhalten. Ein Scheitern wird dann nicht als endgültige Niederlage und die Situationen nicht von vornherein als Bedrohung des emotionalen Wohlbefindens oder Selbstwertgefühls angesehen, sondern als Herausforderungen, die nicht immer auf Anhieb bewältigt werden können.

> In den meisten Fällen lösen nicht die Ereignisse selbst die Angst aus, sondern die *Vorstellungen* von den möglichen negativen Folgen der Ereignisse. Wenn wir Befürchtungsgedanken und -vorstellungen hegen, führen wir oft das herbei, wovor wir uns fürchten. Durch die Furcht ist unser Denken, Lernen und Verhalten blockiert, sodass wir uns auf eine zu erbringende Leistung nicht geplant vorbereiten und uns in einer Begegnung mit anderen ungeschickt verhalten.

Durch das Vermeidungs- und Rückzugsverhalten buchen wir zwar jedes Mal einen *kurzfristigen* Gewinn, d. h. wir erleben zunächst erst einmal eine gewisse Erleichterung. Das führt dazu, dass dieses Verhalten zu einem *Gewohnheitsmuster* wird. Die Folgen sind allerdings beträchtlich:

- Es kommt schrittweise zum Abbau von Aktivitäten und Kontakten.
- Wir erhalten keine Rückmeldung von Erfolg und Misserfolg, d. h. wir können uns nicht mehr verbessern.
- Wir geben die Fäden aus der Hand, können unser Verhalten nicht mehr lenken. Nur was sich bewegt, können wir steuern.
- Wir verhalten uns gegen unsere eigenen Interessen, überlassen uns der Lenkung durch äußere Kräfte der *Fremdbestimmung*.
- Beim Rückzug geraten wir immer mehr in unproduktives Grübeln, in Selbstmitleid, Schuldgefühle und depressive Verstimmungen.

> Wir ahnen vielleicht, wie wir aus dem Dilemma herauskommen
> können. Auf eine Kurzformel gebracht, lautet die Devise:
> *Konfrontation,*
> d.h. wir sollten lernen,
> * das, was wir befürchten, *anzugehen* und
> * unsere Gefühle und Wünsche *auszudrücken*, mitzuteilen.
> Über abgestufte Vorstellungs-, Ausdrucks- und Verhaltensübun-
> gen ist dies zu erreichen.

Auf eine weitere Form der Angstäußerung, das aggressive Verhalten, wird in »Masken der Angst« ab Seite 145 näher eingegangen.

Sich Sorgen machen – Besorgtheit

Wir unterscheiden zwei Formen der Angst:
* die *Zustandsangst,* d. h. die Angst, die wir bei den verschiedenen Gelegenheiten aktuell erleben und
* die *Eigenschaftsangst* als Persönlichkeitszug erhöhter Angstbereitschaft.

Die *Zustandsangst* setzt sich aus zwei elementaren Komponenten zusammen: der Erregung oder *Aufgeregtheit* als Äußerung physiologischer und affektiver Erregung und der *Besorgtheit* als kognitivem Aspekt über den Ausgang eines Ereig-
nisses.

Die *Eigenschaftsangst* wirkt sich in verschiedener Weise auf
die Besorgtheitskomponente der Zustandsangst aus. Bei Aktivitäten, speziell bei zu lösenden Aufgaben, kommen *angstbe-
zogene* und *aufgabenbezogene Antriebe* ins Spiel. Die mäßig
angstbezogenen Antriebe beeinflussen, solange sie aufgaben-
bezogen bleiben, die Lösung der Aufgabe günstig. Bei Perso-

nen, die habituell in Prüfungssituationen dazu neigen, mit Angst zu reagieren, kommen aber häufig aufgabenirrelevante, *selbstbezogene Antriebe* zur Geltung. Sie befürchten Status- und Selbstwertbeeinträchtigungen, Konsequenzen von Misserfolg oder Strafen, oder es werden auch Gefühle der Hilflosigkeit, Minderwertigkeit, Unsicherheit und Aufgeregtheit empfunden.

Die *selbstbezogenen* Reaktionen führen zu einer Ablenkung der Aufmerksamkeit von der zu lösenden Aufgabe. In der Folge wird die Leistung beeinträchtigt, da ein Teil der für die Aufgabenlösung zur Verfügung stehenden Zeit und Energie bereits durch aufgabenirrelevante Kognitionen absorbiert wird.

Die *Aufgeregtheit* bei der *Zustandsangst* bezieht sich – wie schon angedeutet – auf affektiv-physiologische Symptome, die durch das erhöhte Erregungsniveau ausgelöst werden:
- Nervosität,
- schneller Herzschlag,
- Magenbeschwerden,
- Gefühle der Unausgeglichenheit und Unsicherheit,
- panische Gefühle.

Die *Besorgtheit* bei der *Zustandsangst* umfasst als kognitiven Vorgang vor, während und nach der Aufgabenbearbeitung folgende Symptome:
- Elemente eines geringen Vertrauens in die eigene Leistung,
- ein hohes Ausmaß an allgemeiner Besorgtheit,
- Kognitionen über den Vergleich der eigenen Leistung mit derjenigen von anderen,
- Kognitionen zu den Folgen von Misserfolg und
- die gedankliche Beschäftigung mit der Art der Vorbereitung der Prüfung.

Warum machen sich manche Menschen mehr Sorgen als andere? Sie glauben, dass es etwas nützt, sich Sorgen zu machen. In einigen Fällen können Sorgen vorübergehend tatsächlich angebracht sein, so z. B., wenn der Betreffende oder ein Angehöriger eine lebensgefährliche Verletzung bei einem Unfall erlitten hat. Sorgen sind aber zumeist eine unergiebige Geistes- und Gemütshaltung. Solche Menschen glauben, dass sie unangenehme Ereignisse und Situationen in der Zukunft vermeiden können, wenn sie sich jetzt Sorgen machen. Sie verwechseln Sorge mit Ruhe, vernünftiger Planung und Beurteilung von Situationen. *Das Sichsorgen führt dazu, dass jede Situation verzerrt wahrgenommen wird.* Sie wird vor allem schlimmer gesehen, als sie in Wirklichkeit ist.

Übermäßige Sorge wegen kurzfristiger Probleme kann wichtige zukünftige Ereignisse verdüstern.

Befürchtung und Sorge sind die Gegenspieler der Hoffnung. Bei der Hoffnung erlebt der Mensch die Zukunft als Feld möglicher Wertgewinne, bei Befürchtung als Feld möglicher Wertverluste. Die Schicksalsfurcht ist auf alle Arten des Unterliegens im Kampf um Leben und Existenz gerichtet – auf Krankheit, Verarmung, Misserfolg usw. Solche Menschen sind unfähig, sich der Gegenwart zu erfreuen.

In der Resignation kommt der Kampf zum Stillstand. Die Zukunft eröffnet dem Betreffenden keine Möglichkeit, seine Lebenswerte zu verwirklichen. Er hat das Gefühl der Leere und Müdigkeit. In der Verzweiflung kommt es zum Zusammenbruch des Lebenswillens, zum Erlebnis des Scheiterns und der Ausweglosigkeit.

Es gibt zwei Arten zukünftiger Ereignisse:
• Ereignisse, die wir in irgendeiner Weise beeinflussen können,
• zum anderen solche, auf die wir überhaupt keinen Einfluss haben.
Wir können die ersteren Ereignisse nur beeinflussen, indem wir etwas *tun*, also *handeln,* einen vernünftigen Plan aufstellen und

ihn in die Tat umsetzen. Dabei können wir uns fragen, was zu machen ist, damit es klappt und was zu machen ist, wenn es nicht klappt. Wir sollten uns klar werden, dass Sorgen die wirklichen Probleme verschleiern. *Nur aktives Verhalten kann zu Lösungen von Problemen führen.*

Wenn wir etwas nicht ändern können, ist es zwecklos, sich Sorgen zu machen, ganz besonders dann, wenn wir nicht wissen, was geschehen wird. Sorgen-machen führt dazu, dass man über alle negativen Möglichkeiten nachdenkt, die höchstwahrscheinlich gar nicht eintreten.

Eine Taktik des Sich-Sorgen-Machens ist auch, alles hinauszuschieben. Das bedeutet kurzfristig eine Linderung der Sorgen; die Probleme werden aber zumeist größer. Manche ergehen sich dabei in Träumereien von einem zauberhaften Rosengarten, statt sich über die Rosen zu freuen, die *heute* vor ihrem Fenster blühen.

Die Schädlichkeit der Sorgen ist offenkundig. Sie führen zu Stress und vergrößern die Angst. Sie ändern nichts. Sie halten uns ab, uns auf das Hier und Jetzt zu konzentrieren und der Realität ins Auge zu sehen.

Die vier häufigsten Sorgen sind:

- Sorgen wegen der Zeit (»Ich muss mich beeilen. Was ist, wenn ich nicht rechtzeitig fertig werde?«);
- Sorgen wegen der Möglichkeit eines Misserfolgs, eines Versagens oder einer Zurückweisung (»Ich werde sicher kein Glück haben. Das kann nur schief gehen.«);
- Sorgen wegen der eigenen Fähigkeiten (»Ich bin zu ungeschickt, so dumm. Das werde ich nie können.«);
- Sorgen darüber, wie man sich fühlt (»Ich bin so durcheinander, dass ich nicht weiß, was ich tun soll.«).

Schwarz sehen naher und ferner Zukunft kann zum zentralen Lebensinhalt werden. Eine länger eingeübte Geistes- und Gemütshaltung dieser Art schlägt sich allmählich im Körper nieder:
- im schlaffen Gesicht,
- im lastenden Gang,
- in der gebeugten Haltung und
- in einer monotonen Stimme.

Die Besorgtheit wirkt sich eindeutig leistungsmindernd aus, bei der Aufgeregtheit ist dies nicht so eindeutig. Während die physiologische Erregung bei Niedrig- und Hochängstlichen annähernd gleich ist, zeigt sich bei ihnen in der subjektiven Wahrnehmung der Erregung ein beträchtlicher Unterschied. Dieser Unterschied ergibt sich dadurch, dass das Erleben von Angst hauptsächlich durch Bewertungen, also Kognitionen, zu Stande kommt.

Dale Carnegie hat in seinem Buch »Sorge dich nicht – lebe!«, eine gute Beschreibung der besorgten Selbstquälerei und brauchbare Anweisungen zur Befreiung gegeben. Er betrachtet das Sich-Sorgen-Machen als eine Gemütskrankheit und eine der schwersten Belastungen des Menschen.

Die Arbeit des Tages tun ist die beste Art für die Zukunft zu sorgen.
Gegenmittel der Besorgtheit sind:
- klares Denken,
- konstruktives Planen und
- Tätigsein.
Vier Fragen sind zu stellen:
- Worin besteht die Schwierigkeit?
- Was ist die Ursache?
- Welches sind die sich bietenden Lösungen?
- Welche Lösung schlage ich vor?
Bei Problemen, die wir nicht ändern können, bei Schicksalsschlägen, etwa Tod geliebter Menschen, haben wir zu lernen, dies zu

akzeptieren, wie schwer auch immer das sein mag. Die Akzeptanz (realistischer) schmerzhafter Gefühle, das Aushalten solcher Gefühle, führt zur Stärkung der Persönlichkeit, zum wachsenden Selbstvertrauen.

II.

Frustration und Stress

In unserem Erleben läuft vieles nicht nach unseren Vorstellungen und Erwartungen. Wir streben zwar nach der Befriedigung und Erfüllung unserer Bedürfnisse und Wünsche; doch werden wir immer wieder einmal durch andere dringende Bedürfnisse davon abgehalten, oder wir erreichen unser Ziel nicht, weil uns einfach die Fähigkeiten fehlen und/oder wir die erforderliche Ausdauer nicht zu Stande bringen. Es können uns aber auch äußere Umstände daran hindern, das Ziel zu erreichen, z. B. das Verhalten anderer oder unsere sozial-wirtschaftliche Lage.

Wenn das Bedürfnis auf eines dieser Hindernisse stößt, die unmittelbare Befriedigung und Erfüllung nicht möglich ist, gerät der Mensch in einen mehr oder weniger deutlich empfundenen unangenehmen Spannungszustand, den wir als *Frustration* bezeichnen. Nach dem lateinischen Wort *frustra* = vergeblich bedeutet also Frustration vergebliche Bemühung. Aus dem Spannungszustand versucht der Einzelne auf verschiedene Weise herauszukommen und mit seiner Verärgerung fertig zu werden. Um die Frustration angemessen zu beurteilen, müssen wir zwischen der durch sie gesetzten *Beschränkung* und *Bedrohung* unterscheiden. Beschränkung kann leichter überwunden werden und zeigt zumeist auch geringere Nachwirkungen. Von der Bedrohung sprechen wir, wenn der Einzelne in seinem Sicherheits- und Selbstwertgefühl eingeschränkt wird.

Die unvermeidliche Gewohnheitserziehung in der frühen Kindheit hält man gewöhnlich für frustrierend. Entwöhnung, Reinlichkeits- und Ordnungserziehung, ja jede neue Stufe der Anpassung wird als Ergebnis einer Druckausübung auf das Kind angesehen. Auch hier gebietet in der Beurteilung die Unterscheidung zwischen Beschränkung und Bedrohung der Persönlichkeit Vorsicht. Beobachtungen an Kindern, die sich der Liebe und Stützung ihrer Eltern sicher sind, zeigen, dass sie die Um- und Neueinstellung mit erstaunlicher Leichtigkeit vollziehen. Auch für die Erwachsenenpsychologie ist diese Unterscheidung von Bedeutung. Wenn sich z. B. jemand einer Kritik ausgesetzt sieht, so kann ihn dies in zweierlei Form anmuten: einmal als Angriff gegen ihn, sodass die Kritik sein Selbstwertgefühl bedroht; dann wird er mit Ärger reagieren und sich zur Wehr setzen. Ist der Kritisierende aber sein Freund, dessen Hilfe und Wertschätzung er sicher ist, so wird er die Kritik im Allgemeinen als sachlich begründet empfinden; er wird sie annehmen und sogar dankbar dafür sein. Wir sehen also, dass die Frustration, wenn wir sie isoliert, d. h. als Blockierung eng begrenzter Bedürfnisse und Tätigkeiten betrachten, noch keine zureichende Erkenntnis der vorliegenden Verhältnisse vermittelt. Erst der Blick auf die Einbettung in eine übergreifende Hintergrundkonstellation befähigt uns, ihre Wirkung wirklichkeitsentsprechend abzuschätzen und zu verstehen.

Die Entwicklung des Menschen vollzieht sich stufenweise. Es drängen neue Fähigkeiten zur Ausformung. Die Verwirklichung ist stets mit der Überwindung von Schwierigkeiten innerer und äußerer Art verbunden. Von Anfang an ist das menschliche Kind einem »Kultivierungstraining« unterzogen. Die Frustration – und zwar die Beschränkungsfrustration – ist eine der Bedingungen der Persönlichkeitsentwicklung. Im Gegensatz zu diesen fördernden Frustrations-Situationen stehen diejenigen, welche das Kind in seinem Selbst-Aufbau bedrohen: Härte, Lieblosigkeit, Zurückweisung und Verzärtelung. Letzte gilt deshalb als schädigende Frustration, weil sie die aktive Auseinandersetzung mit der Welt, derer der Mensch zu seiner Entwicklung bedarf, durch das Beiseiteräumen aller Widerstände verhindert. Ohne jede Behinderung bleibt der Mensch eine Mittelmäßigkeit, dumm, träge und fantasielos. In Gegenden, wo das Leben vollständig in gewohnten Bahnen verläuft, ohne dass von außen neue Bedingungen gesetzt werden, verarmt der Mensch an Erlebnisfähigkeit. Nachgewiesen wurde dies in verschiedenen Untersuchungen an Bewohnern abgeschiedener Gebirgsdörfer.

Sie brauchen sich nur einmal zu fragen, wann Sie sich einmal glücklich gefühlt haben. Sie werden feststellen, dass dies immer dann der Fall war, wenn eine unerwartete erfreuliche Situation oder Begegnung eintrat oder sie nach längeren Schwierigkeiten ihr Ziel erreicht haben.

Frustration führt nicht nur, wie man früher in einer Frustrationstheorie annahm, zur Aggression. Eine ganze Reihe anderer Phänomene, steht – wie z. B. in existenziellen Grenzsituationen gezeigt werden kann, etwa bei Personen in Gefangenschaft – im Vordergrund. So lässt z. B. die Antriebsverarmung die Aggressivität nicht zum Zuge kommen. Es scheint so, dass in Existenzfrustrationen eher Regressionen ausgelöst werden. Das Befangensein in der Befriedigung der Vitalbedürfnisse, das In-der-Gegenwart-Leben und der Rückzug auf magische Riten deuten darauf hin.

Wir sollten aber Frustrationen nicht nur im Zusammenhang von Belastungen (Beschränkung und Bedrohung) sehen. Unter Umständen kann auch die Entlastung zu Erschütterungen, Konflikten und Krisen führen. Erfahrungen von Kriegsheimkehrern haben gezeigt, dass diese, nachdem sie sich an eine minimale Nahrungszufuhr angepasst hatten, reichere Mahlzeiten mit Fetten und Eiweißen anfangs nicht vertragen konnten. Wie hier im Somatischen, so zeigt sich auch im Seelischen, dass nach einer Zeit längeren Zwangs und Drucks die Einräumung einer ungewohnten Freizügigkeit zu krisenhaften Erschütterungen führen kann. Gewohnheiten sind nun mal ein stabilisierender Faktor.

> Wir wissen, dass wir dann frustriert sind, wenn wir in unserem Leben Beschränkungen und Bedrohungen ausgesetzt sind. Wir wissen zugleich, dass ein Leben ohne Frustrationen eine unrealistische Vorstellung ist.

Im Folgenden werden die wichtigsten Auslöser von Frustrationen und eine typische Reaktionskette auf länger anhaltende Frustration, welche die Grundangst freisetzt, dargestellt. Zwischen Frustration und Stress gibt es einige Beziehungen, die auch im Hinblick auf die Bewältigung näher betrachtet werden. Letztlich stellt sich die Frage, warum manche Personen leichter bzw. schwerer als andere mit Frustrationen fertig werden.

Auslöser der Frustration

Grundsätzliche Frustrationsauslöser sind:
- unbefriedigte Bedürfnisse und
- unrealistische Einstellungen und Erwartungen.

> Die Behinderung oder Beschränkung der Bedürfnisbefriedigung kann einerseits in äußeren Bedingungen des Lebens gegeben sein, durch die Situation, in der wir leben und arbeiten, und durch andere Personen, die uns in unseren Lebensmöglichkeiten einschränken und behindern. Andererseits gibt es persönliche Eigenarten, die sich der Verwirklichung von Bedürfnissen entgegenstellen, wie unzureichende Fähigkeiten, geringe Anstrengung und wenig Ausdauer im Bemühen, erstrebte Ziele zu erreichen, weiter Ängste, Hemmungen usw.

Es kann hier nicht auf alle möglichen Beschränkungen und Behinderungen der Bedürfnisbefriedigung eingegangen werden. Denken Sie doch nur einmal daran, was Sie alles hindern kann, ein Studium oder eine Weiterbildung aufzunehmen, einen passenden Partner, einen Ihren Interessen entsprechenden Beruf zu finden, sich nach langjähriger Ehe scheiden zu lassen, aus Ihrem Beruf auszusteigen. – Ich glaube, dass jeder von uns viele unerfüllte Wünsche und Bedürfnisse hat. Statt die Hindernisse aufzuzählen, sollten wir uns einen allgemeinen Überblick über die menschlichen Bedürfnisse verschaffen. Anhand der Aufstellung kann sich jeder fragen, welche Bedürfnisse bei ihm noch nicht zum Zuge kamen, welche Hindernisse der Erfüllung im Wege standen oder stehen.

Die Bedürfnisse und Interessen der einzelnen Menschen sind vielgestaltig und individuell sehr unterschiedlich. Es sind verschiedene Versuche unternommen worden, die Vielfalt der Bedürfnisse in einer Übersicht zusammenzufassen. Am meisten Beachtung hat die von Abraham Maslow erstellte fünfstufige Bedürfnishierarchie gefunden. Die Basis bilden die lebenserhaltenden *Vitalbedürfnisse,* eng mit ihnen verbunden ist die nächste Gruppe, die *Bedürfnisse nach Sicherheit und Schutz.* Dann folgen die *sozialen* und die *Ich-Bedürfnisse.*

Die Pyramide gipfelt im *Bedürfnis nach Selbstverwirklichung,* ein Ziel, das wohl selten Menschen *ganz* erreichen.

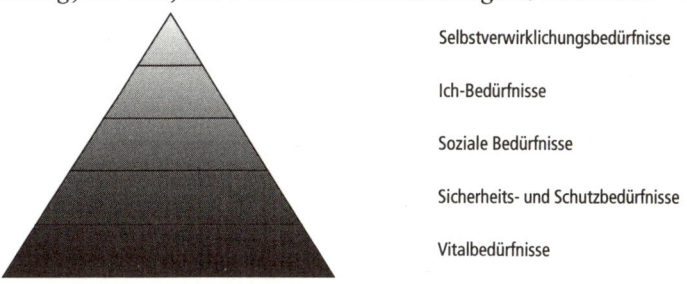

Selbstverwirklichungsbedürfnisse

Ich-Bedürfnisse

Soziale Bedürfnisse

Sicherheits- und Schutzbedürfnisse

Vitalbedürfnisse

Abbildung 4: Bedürfnis-Pyramide

Um überhaupt leben und überleben zu können, muss der Mensch gewisse *Vitalbedürfnisse* befriedigen. Zu dieser Gruppe gehört das Bedürfnis nach Luftzufuhr (Atmen), nach Flüssigkeit, Nahrung, Ausscheidung, Obdach, Kleidung, passender Temperatur, Vermeidung von Schmerz, Beleuchtung, Bewegung, Tätigkeit und Erholung bzw. Ruhe, Gesundheit und ärztlicher Versorgung, Sexualität usw. Es gibt hier noch viele andere Bedürfnisse, die im Allgemeinen wenig zu spüren sind, aber in ungewohnten Situationen aufkommen, z. B. bei der Abschirmung von jeglichen Reizen im Isolierraum: das Bedürfnis nach Reizsituationen. Sexuelle Bedürfnisse melden sich oft aufdringlich, wenn Menschen in entlegenen Gebieten, wie Wüsten, arktischen Zonen arbeiten oder sich in Gefängnissen befinden.

Für viele Menschen ist auch die Befriedigung der *Sicherheits- und Schutzbedürfnisse* von Bedeutung. Sie möchten ihr Leben vorausschaubar planen und gestalten können. Bei Einzelnen, besonders den Unsicheren und Ängstlichen, treten die Sicherheitsbedürfnisse so stark in den Vordergrund, dass sie dabei jedes Risiko vermeiden und sich selbst in ihrem Lebensspielraum einengen. Manche Menschen sind dagegen von der Sicherheit des modernen Lebens so gelangweilt, dass sie hochriskanten Hobbys auf dem Lande, in der Luft, in den Bergen oder auf dem Wasser nachgehen.

Der Mensch ist ein soziales Wesen. Er ist entsprechend seinen *sozialen Bedürfnissen* in seiner Entwicklung auf die Pflege, Erziehung und die Anregungen durch die kulturelle Umwelt und andere angewiesen. Wir wissen von früh ausgesetzten und früh isolierten Kindern, dass sie nicht das den Menschen kennzeichnende Niveau der Verhaltens-, Sprach- und Erlebnisdifferenzierung erreichen und eventuell später erreichen können. – Die Menschen unterscheiden sich allerdings beträchtlich in ihrer sozialen Sensibilität und Aktivität. Die Bedürfnisse nach

Zugehörigkeit zu einer Gruppe, nach Kontakten und Kooperation, nach Beistand und Hilfsbereitschaft, Aufrichtigkeit,
Vertrauen, Partnerschaft, Zärtlichkeit und Liebe, nach Aus-
tausch von Gedanken, Gefühlen, Wünschen und Meinungen
sind bei Erwachsenen sehr unterschiedlich ausgeprägt.

Die zum Ensemble der *Ich-Bedürfnisse* zählenden Bedürfnisse nach Beachtung und Anerkennung sind noch eng mit den
Sozialbedürfnissen verbunden. Ein zentrales Ich-Bedürfnis ist
auf die Stützung des Selbstwertgefühls und der Selbstachtung
gerichtet. Menschen suchen Situationen und Menschen auf,
setzen sich für etwas ein, nehmen Strapazen auf sich, weil sie
dabei erwarten, dass ihr Selbstwertgefühl bestätigt und gestärkt
wird. Diese Stützung des Selbstwertgefühls erfolgt allerdings
nicht nur durch andere, sondern vor allem auch durch die Bu-
chung eigener Erfolge verschiedenster Art. Diese verleihen dem
Menschen das Gefühl der Unabhängigkeit, Selbstsicherheit und
Eigenmacht. Menschen mit einem betonten Macht- und Gel-
tungsstreben sind aber – auch wenn dies äußerlich oft nicht erkannt wird – selbstunsicher, außenorientiert oder fremdbestimmt. Sie versuchen, ihr inneres Defizit durch demonstrative
Stärke und Überlegenheit zu kompensieren.

Das *Bedürfnis nach Selbstverwirklichung* ist selten zu erfüllen. Es verweist auf eine unstillbare Sehnsucht des Menschen,
seine Fähigkeiten und Talente allseitig zu entwickeln, seine privaten und beruflichen Ziele zu erreichen, seine kulturelle und
letztlich seine spirituelle Teilhabe zu erweitern und zu vertiefen.

> Wenn unsere Bedürfnisse durch *äußere* oder *innere* Widerstände
> nicht erfüllt werden, geraten wir in einen unangenehmen Span-
> nungszustand, den wir Frustration nennen.
>
> Wir können uns auch selbst, worauf die Kognitive Verhal-
> tenstherapie hingewiesen hat, geradezu auf Frustrationen pro-
> grammieren, wenn wir von unrealistischen Bedürfnissen, Einstel-

lungen, Erwartungen und von irrationalen Gedanken und Vorstellungen bewegt werden.

In »Therapie der Angst« (ab Seite 213) mit Hinweisen für die
Korrektur und die Bewältigung der Lebensschwierigkeiten wird
auf diese selbstschädigenden Programme näher eingegangen.

Hier sollen nur kurz einige dieser weit verbreiteten Fehleinstellungen aufgezeigt werden.

Menschen, die unangemessenen Bedürfnissen und Wünschen,
Vorstellungen und Gedanken, Einstellungen und Erwartungen
nachgehen, bringen sich selbst in Schwierigkeiten.

Machen wir uns dies an einigen Selbstaussagen deutlich:

*»Ich muss bei allen, die ich kenne, jederzeit beliebt und von
ihnen anerkannt werden.«*

Wir sollten den Satz genau lesen. Sicher ist es für uns angenehm, wenn wir von vielen Menschen anerkannt und geschätzt werden, ist doch das Bedürfnis nach Beachtung und
Anerkennung ein wichtiges Grundbedürfnis. Ein Bedürfnis
haben ist aber etwas anderes als *zwanghaft* seine Befriedigung
herbeiführen zu wollen. Es ist unmöglich, die Wertschätzung
von allen, die wir kennen, jederzeit zu erreichen. Der Fehler
liegt also in der Muss-, All- und Jederzeit-Einstellung. Sie führt
zu einem krampfhaften »Sich-lieb-Kind-machen«. Die Betreffenden verzichten in Wirklichkeit auf ihre eigenen Bedürfnisse,
machen sich von anderen abhängig, unterstellen ihr Verhalten
dem Diktat der Fremdbestimmung. Sie frustrieren sich selbst.

»Ich muss alles, was ich tue, perfekt ausführen.«

Kein Mensch kann auf allen Gebieten, in denen er tätig ist, Hervorragendes leisten. Es ist schon sinnvoll, sich in seinem Arbeitsbereich um gute Leistungen zu bemühen. Doch hat auch hier die zwanghafte Muss-Einstellung negative Folgen. Der Betreffende schränkt Kontakte zu anderen Menschen ein, versetzt sich in ständige Spannung, sodass sein Körper einfach eines Tages nicht mehr mitmacht und ihn über psychosomatische Beschwerden, Erschöpfungszustände und depressive Verstimmungen außer Gefecht setzt. Mit zu dieser Entwicklung tragen noch weitere Fehleinstellungen bei, wie: Leistungsbesessene

- scheuen Risiko,
- sie haben Angst, Fehler zu machen,
- sie vergleichen sich unablässig mit anderen.

Damit verpassen sie oft die Chancen für einen guten Abschluss. Ihre Aktivität mündet durch ihre Fremdbestimmung in unproduktive, ängstliche und krank machende Betriebsamkeit.

»Ich muss allen Schwierigkeiten und Konflikten ausweichen.«

Viele meinen, es sei empfehlenswert, nur die Dinge zu tun, die ihnen liegen, leicht fallen und Spaß machen. Sie drücken sich vor Schwierigkeiten. Das bringt oft zunächst und kurzfristig einen vermeintlichen Vorteil, wirkt sich aber auf längere Zeit ungünstig aus. Das Ausweichen ist, näher besehen, ein belastender Prozess von Soll-ich-oder-Soll-ich-nicht-Überlegungen und von Versuchen, das Ausweichen vor sich selbst zu rechtfertigen. Schwierigkeiten verschwinden nicht, wenn wir die Augen verschließen. Manchmal kann es aber tatsächlich von Vorteil sein, sich nach dem Motto »Kommt Zeit, kommt Rat« zu verhalten. In den meisten Fällen jedoch kommt der Rat nicht, und wenn er kommt, sind die Dinge bereits so gelaufen, dass wir sie nicht mehr ändern können. Schwierigkeiten löst man, indem man sie analysiert, angeht und überwindet. Der chronische Ausweicher verliert immer mehr an Selbstvertrauen und schwächt dadurch seine Bewältigungskräfte.

Wer Konflikten ausweicht, wird bald von ihnen eingeholt, da die Konflikte sich zumeist nicht von selbst auflösen, sondern zunehmen, weil sich die Spannungen und Missverständnisse vergrößern, sie dann zu feindselig aggressiven Auseinandersetzungen eskalieren. Wer die Auseinandersetzung fürchtet, erntet Krach. Streit und Konflikte sind wichtige Elemente guter Partnerschaft; sie führen, wenn fair gestritten wird und beide um eine ausgleichende Lösung bemüht sind, zur Klärung und Vertiefung der Beziehung. Eine ganz und gar untaugliche Haltung ist das Konfliktschweigen des Partners. Er versetzt den anderen in Einsamkeit und innere Not. Konfliktschweigen ist eine bösartige Form der Aggression.

»Ich muss mich auf andere verlassen; ich brauche einen Stärkeren, auf den ich mich stützen kann.«

Bis zu einem gewissen Grade sind wir alle von anderen abhängig. Wir sollten diese Abhängigkeit jedoch nicht so weit ausdehnen, dass wir an andere unsere Entscheidungen abtreten, diese für uns denken und handeln lassen. Wir sollten Zusammenarbeit anstreben, uns aber nicht unterwerfen. Mit Abhängigkeit schränken wir unsere eigenen Erfahrungen ein; wir lernen nichts Neues dazu. Wir verlieren die Sicherheit, statt sie zu gewinnen. Wir verlieren an Selbstwertgefühl und entwickeln immer größere Angst. Wir liefern uns an andere aus, werden fremdbestimmt. Wir sollten wissen, dass wir uns bei Lebensentscheidungen nur auf uns selbst verlassen können. Keiner kann uns die Verantwortung abnehmen.

Die Situation ist anders, wenn wir durch eine chronische Krankheit an der Ausübung unserer Entscheidung verhindert sind. Aber auch da sollten wir – soweit wir können – unseren Rest an Entscheidungsmöglichkeit verteidigen und davon Gebrauch machen.

»Ich muss mich immer sehr aufregen, wenn die Dinge nicht so sind oder laufen, wie ich mir das vorstelle.«

Wenn jemand das, was er sich wünscht, nicht bekommt, ist er verärgert und frustriert. Dass er darüber aus dem seelischen Gleichgewicht gerät, unglücklich und depressiv wird, ist unvernünftig. Viele Vorkommnisse und Zustände um uns herum sind unerfreulich. Wir sollten uns bemühen, sie zu ändern. Wenn etwas jedoch nicht zu ändern ist, sollten wir die unvermeidlichen Frustrationen *ertragen* lernen, sie einfach akzeptieren. Wenn wir jedoch die Einstellung haben, die Unerfreulichkeiten des Lebens seien schrecklich und unerträglich, dann liefern wir uns dem Ärger aus. Wir bauschen schwierige und unerfreuliche Situationen zu Katastrophen auf, verlieren dadurch das seelische Gleichgewicht und geraten in Angst, in die sich selbstverstärkende Abwärtsspirale erlernter Hilflosigkeit.

Abwärtsspirale des Ärgers

Seit etwa den Dreißigerjahren haben sich die Psychologen mit dem Ärger wissenschaftlich befasst und erkannt, dass der Ärger als Gefühlsregung eine allgemeine menschliche Regung ist – so verbreitet, wie etwa Liebe, Hoffnung, Unsicherheit und Angst.

> Die Auslöser des Ärgers sind so individuell verschieden wie die Menschen selbst. Sie unterscheiden sich in dem, *worüber* sie sich ärgern und vor allem auch darin, *wie* sie mit ihrem Ärger fertig werden.

Die Theorie, die sich mit dem Ärger, seinen individuellen Abweichungen und Folgen befasst, nennt man *Frustrationstheorie*.

Wir wissen bereits, worüber sich die Menschen ärgern und wann sie frustriert sind. Die Auslöser sind zumeist sieben Grundsituationen:

- Wir versäumten etwas Wichtiges,
- eine Erwartung erfüllte sich nicht,
- wir kamen bei einem Vorhaben nicht zum Zug oder zum Ziel,
- wir können oder konnten uns in einer Situation nicht entscheiden,
- wir versagten bei einer Anforderung,
- wir verhielten uns unangemessen in einer Situation,
- wir wurden von anderen eingeschränkt, behindert und verletzt, nicht beachtet und berücksichtigt, nicht akzeptiert, nicht anerkannt, von ihnen zurückgewiesen, benachteiligt, übervorteilt, herabgesetzt und ungerecht behandelt, in die Irre geführt oder hintergangen.

Was geschieht, wenn wir uns häufig aufregen und ärgern? Der auf diese Frustrationen folgende Prozess soll in aller Kürze verdeutlicht werden:

Wenn wir frustriert sind, sind wir zunächst unzufrieden. Wir entwickeln Ärger, der meist noch abreagiert und verarbeitet werden kann. Gelingt dies aber nicht, dann entwickeln wir Unsicherheit, fühlen uns unzulänglich bezüglich unseres Verhaltens oder – schon etwas weiter gehend – minderwertig bezüglich unserer Person. *Minderwertigkeitsgefühle* haben die Tendenz, sich auszubreiten, sich auf weitere Bezirke unserer Persönlichkeit zu erstrecken und zu verfestigen. Wir sprechen dann von Minderwertigkeitskomplexen. Sie machen uns scheu, schränken uns in vielen unserer Erlebnis- und Verhaltensweisen ein.

Jedes Alter hat seine spezifischen Minderwertigkeitsgefühle. Wie sich im Laufe des Lebens das individuelle Bedürfnisrelief und damit zugleich die Versagungen wandeln, so auch das Erleben der Unzulänglichkeit. Körperliche Kleinheit, äußere Armut, schwächere Leistungen auf körperlichem und geistigem Gebiet, soziale Unterlegenheit, moralisches Versagen sind Arten und Stufen des Minderwertigkeitserlebens. Welcher Art diese Erlebnisse sind und in welchem Grade sie im einzelnen Menschen eine Rolle spielen, hängt neben der persönlichen Eigenart auch von den sozialkulturellen Wertmaßstäben ab. In einer Gesellschaft, die bevorzugt auf äußere Leistung, die Produktion an Lebensgütern eingestellt ist, wird z. B. der alternde und alte Mensch leichter zum Daseinszweifel gelangen als in einer Kultur, die auf die Vervollkommnung des Menschen ausgerichtet ist. Die Altersdepression mit ihren typischen Feststellungen (Ich zähle nicht mehr. Man sagt mir nichts mehr. Man nimmt mich nicht mehr ernst usw.) ist eine Störung, die vorzugsweise in einer aktivistischen Zivilisation entsteht.

Das weiter fortschreitende Beeinträchtigungserlebnis nimmt im so genannten *Ressentiment* eine ganz besondere Form an. Der Wortsinn weist darauf hin, dass wir es dabei mit einer reaktiven Gemütsbewegung zu tun haben. Im Ressentiment versucht der Mensch, seinen Missmut und seine Verbitterung über die Unzulänglichkeit durch eine Abwertung der anderen zu verschleiern. Neid auf die anderen Besserweggekommenen und Argwohn ihnen gegenüber fressen sich immer tiefer in die Seele ein, vergiften sie, bis zuletzt die Welt nur noch unter dem beunruhigenden Blick des Lebensneids, des Misstrauens und der Feindseligkeit erlebt wird. Während der *einfache Neid* auf das bessere Aussehen, den größeren Besitz, die höhere Stellung, den Erfolg der anderen gerichtet ist, richtet sich der *Lebensneid* auf das Dasein der anderen überhaupt, darauf, dass sie überhaupt leben. Der andere wird bei diesem Existenzneid für den vom Ressentiment erfassten Menschen zu einem ständigen »Vorwurf«. Es kommt zu massiven Wahrnehmungseinschränkun-

gen und -verzerrungen: das illusionäre Herunterdrücken der
wertvollen Eigenschaften anderer und die spezifische Blindheit
für diese Eigenschaften. Der Lebensneid lenkt und fesselt den
Blick auf Erscheinungen der Mitwelt, die den im Lebensneid
vereinigten Gefühlen der Missgunst, Bosheit, des geheimen Ra-
chedurstes Stoff geben und sie zu rechtfertigen vermögen.

Der im Ressentiment befangene Mensch isoliert sich von der
Gemeinschaft; er kritisiert sie, entwertet ihr Tun und ihre
Werke. Mit gesteigerten Verstandeskräften erhebt er sich über
sie, und dennoch ist er im Geheimen an ihre Beachtung gefesselt. Seine Gier, sich hervorzutun, kann ihn auch für massive
aggressive Reaktionen bereit machen.

Unsicherheit und Unzulänglichkeit, die sich in Fällen schwerer Beschränkung und Bedrohung zu einem Minderwertig-
keitskomplex verdichten, erlangen in der Tiefenzone der Seele
eine größere Mächtigkeit. Sie lassen sich in die komplexe Er-
lebniseinheit des Ressentiments ein und verschmelzen mit dem
Moment der Feindseligkeit. Alle diese hervorgehobenen Erleb-
nismomente und -einheiten verweisen auf eine in der seelischen Grundschicht gelegene Zone der Eindruckssensibilität,
die *Grundangst*.

Grundangst und Angstbereitschaft

Der Grundangst wird sich der Mensch normalerweise nicht
bewusst. Sie ist auch in der Forschung lange Zeit nicht beachtet worden. Es gibt aber eine Reihe von seelischen Tatbestän-
den, die ohne die Annahme einer solchen latenten Tiefenangst,
einer Angstbereitschaft, nicht zu verstehen sind. Hierher
gehören vor allem das Phänomen der Panik sowie die Tatsache, dass bei allen psychischen und den meisten psychosomatischen Störungen ein Angsteinschlag nachzuweisen ist und dass

die Angst in bestimmten Krankheitsbildern mit elementarer Gewalt durchbricht, z. B. bei schweren Depressionen, bei bestimmten Formen der Schizophrenie und im Delirium.

Wenn das Fließgleichgewicht unserer vitalen und seelisch-geistigen Existenz über ein bestimmtes – sicher individuell verschiedenes – Maß hinaus gestört ist, verwandelt sich die an sich latente Grundangst in eine expansive Form und bricht in das Erleben ein.

Die Grundangst ist Ausdruck der dem Menschen innewohnenden Spannung von Körper (Vitalität) und Geist, Stetigkeit und Veränderung, chronischer Bedürftigkeit und zunehmender Weltoffenheit, von Geborgenheit und Freiheit, Endlichkeit und Todesgewissheit. In der freigesetzten Grundangst bricht die Vertrautheit der Welt und der eigenen Person zusammen.

> Wir unterscheiden Grundangst als Disposition bzw. Bereitschaft, als gebundener Erlebnisbestand und als entbundene, freigesetzte Angst. Während die Grundangst ihre steuernde, warnende Funktion bei gewissen objektiven Gefährdungen gleichsam anonym zum Ausdruck bringt und als situationsbezogene Befürchtungen in das Erleben eindringt, somit als eminent wichtige Schutzfunktion aufgefasst werden muss, entfaltet dieselbe Grundangst, ist sie einmal durch tiefer dringende Beunruhigungen, Verdrängungen oder traumatische Störungen aus ihrer tiefenseelischen Verankerung losgelöst, eine hemmende, störende bis vernichtende Wirkung.

Die durch den fortschreitenden Frustrationsprozess freigesetzte Grundangst mündet oft in die Verzweiflung und existenzielle Entmutigung mit ihren fünf Sackgassen:
- der psychischen und psychosomatischen Störungen,
- der Alkohol- und Drogenabhängigkeit,
- des Suizids,
- der Kriminalität und letztlich
- der Psychose.

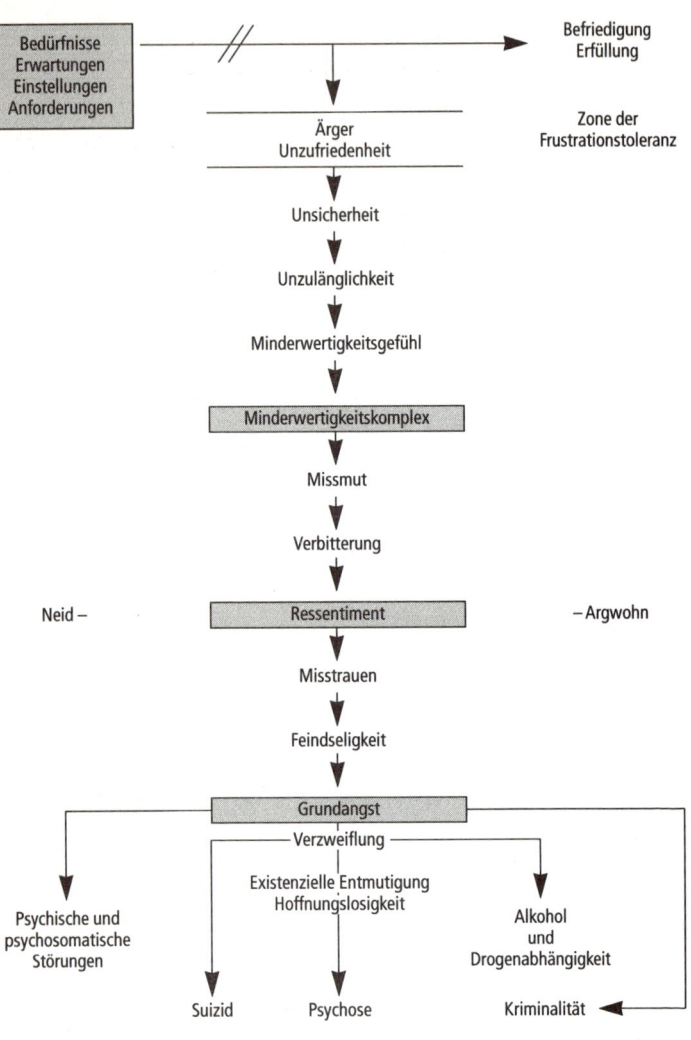

Abbildung 5: Die Abwärtsspirale des Ärgers

Stress und Stressreaktionen

Im Folgenden wird das Geschehen, das wir als Stress bezeichnen, näher beschrieben und dabei auf drei jeweils doppelte Reaktionen hingewiesen, auf:
- Anspannung und Angst,
- Gleichgewicht und Regulierung,
- Erregung und Bedrohung.

Anspannung und Angst

Stress bezieht sich sowohl auf die äußeren Umstände, die körperliche und seelische Anforderungen an einen Menschen stellen, als auch auf die in solchen Situationen hervorgerufenen emotionalen Reaktionen. Als typische Stresssituationen verstehen wir z. B.
- Arbeiten unter Zeitdruck,
- Zusammenleben mit einem rücksichtslosen Partner,
- Autofahren im Verkehrsstau,
- das Überqueren einer stark befahrenen Straße.

Die negativen Folgen von Stress auf unsere Gesundheit und unser seelisches Wohlbefinden sind zunehmend erkannt worden. Wenn wir wissen wollen, was Stress eigentlich ist, fragen wir am besten den Forscher, der sich zuerst und umfassend mit Stress befasst hat, den Immunologen Hans Selye. In seinem Buch »Stress without Distress« (1974) gibt er folgende Antwort:

»Jedermann kennt Stress, jedermann redet darüber, nur wenige Menschen machen sich jedoch die Mühe herauszufinden, was Stress wirklich ist ... Bei den verschiedensten Anlässen hören wir heutzutage eine Menge über Stress im Geschäftsleben, Stress im Rentenalter, Stress beim Sport, Stress in Familienkonflikten, Stress durch Luftverschmutzung, Stress in der Flugverkehrskontrolle oder Stress im Zusammenhang mit dem Tod eines nahen Verwandten … Der Begriff ›Stress‹, ähnlich wie die Begriffe ›Erfolg‹, ›Misserfolg‹ oder ›Glück‹ bedeutet für jeden Menschen etwas anderes, sodass es sehr schwer fällt, sich auf eine allgemein gültige Definition zu einigen.

Der Geschäftsmann, an den sowohl von seinen Kunden als auch von seinen Angestellten ständig neue Anforderungen gestellt werden, der Fluglotse, der genau weiß, dass ein Augenblick der Unaufmerksamkeit für Hunderte von Menschen den Tod bedeuten kann, der Athlet, der einen Wettlauf gewinnen will und der Ehemann, der hilflos zusehen muss, wie seine Frau langsam und qualvoll an Krebs stirbt – sie alle leiden unter Stress. Die Probleme und Anforderungen, mit denen sie konfrontiert werden, sind zwar völlig unterschiedlich, die medizinische Forschung hat jedoch gezeigt, dass der menschliche Körper in vielerlei Hinsicht gleichartige Reaktionen und dieselben biochemischen Veränderungen aufweist. Diese Reaktionen des Körpers zielen vor allem darauf ab, mit erhöhten Anforderungen an unseren Organismus fertig zu werden.«

Aus Selyes Ausführungen geht hervor, dass Stress viele Lebensbereiche berührt und dass es für unsere Gesundheit und Leistungsfähigkeit wichtig ist, Stresssituationen zu bewältigen. Stress ist ein komplexer psychobiologischer Prozess. Wenn wir das Phänomen Stress verstehen wollen, müssen wir zunächst einmal wissen, wie Stress und Angst zueinander in Beziehung stehen: Angst schließt Furcht, Sorge, Nervosität, Anspannung ein; Stress verursacht Spannungen.

Wenn bei Stress Nervosität, Anspannung und Bedrückung sowie physiologische Veränderungen und deren Ausdruck im Verhalten, wie z. B. Zittern, Herzklopfen, Schwindelgefühle, auftreten, so sind dies häufig Symptome von Angst.

Ob eine Stress verursachende Situation zu Angstreaktionen führt, hängt davon ab, *wie* man eine solche Situation *einschätzt* und *ob man in der Lage ist, damit fertig zu werden.* So reagieren manche von uns auf anstrengende Arbeit mit Sorge und Angst, während dieselben Aufgaben für andere Menschen eine Herausforderung darstellen und befriedigend sein können.

Es gibt prinzipiell zwei Arten von Stress, den negativen, schädlichen, lebenszerstörenden *Distress* und den positiven, vitalisierenden und lebensnotwendigen *Eustress.* Den Distress sollte der Mensch versuchen zu bewältigen; den Eustress sollte er bewusst suchen. Der Distress bringt Leid, Krankheit, Depression, weitere Angststörungen, also Lebenseinschränkung; der Eustress bringt Freude in unser Leben, Gesundheit, Zufriedenheit, Glück, also Lebenserweiterung.

Gleichgewicht und Regulierung

Um das Phänomen Stress zu analysieren, müssen zwei Fragen geklärt werden:

Die erste Frage: *Welche äußeren Bedingungen rufen Stressreaktionen hervor?*

In jeder Phase unserer Entwicklung und unseres Lebens werden wir von Stress auslösenden Situationen und Bedingungen begleitet. Dieselben Stressoren können jedoch bei verschiedenen Menschen durchaus unterschiedliche Auswirkungen haben.

Es gibt eine ganze Reihe von *krisenhaften Lebenssituationen*, die zu psychischen Erkrankungen (Angststörungen, Depressionen), aber auch zu körperlichen Krankheiten, wie z. B. Herzinfarkt, Magengeschwür, Arthritis, Allergien führen können.

Dazu gehören insbesondere:
- Schwerwiegende Krisen, wie z. B. Tod des Ehepartners oder Trennung bzw. Scheidung,
- eigene Verletzungen oder Krankheiten, die den Gesundheitszustand beeinträchtigen,
- Tod eines nahen Verwandten,
- Krankheit in der Familie,
- weitere Veränderungen in den familiären Beziehungen,
- Änderung in den wirtschaftlichen Verhältnissen,
- Erschütterung der Wert- und Glaubensvorstellungen,
- drastische Veränderungen in der sozialen Stellung.

Es handelt sich um Situationen und Ereignisse, die eine Umstellung des Lebens und der Lebensgewohnheiten erfordern. Die Reaktionen jedes einzelnen Menschen auf solche Lebensereignisse hängen stark davon ab, *wie* er das jeweilige Ereignis wahrnimmt und interpretiert. Dies hängt wiederum u. a. mit seinem aktuellen *Frustrationsniveau* zusammen, bei dem gewisse Grundbedürfnisse nicht befriedigt wurden.

Die zweite Frage: *Wie beeinflussen Stressoren unsere physischen und psychischen Prozesse, sodass es zu Stressreaktionen kommt?*
Es ist schwierig, im psychisch-psychosomatischen und psychosozialen Bereich einzelne Ursachen festzumachen. Nach der Bootstrap-Theorie von G. F. Chew sind die zu Grunde liegenden Faktoren mehrfach miteinander verknüpft (ähnlich wie die Schuhbänder = bootstrap).
Die Mechanismen, mit denen Stressreize ihren Einfluss zur Geltung bringen, sind noch weithin unbekannt. Einigkeit herrscht darüber, dass Homöostase und (vermeintliche oder tatsächliche) Bedrohung eine entscheidende Rolle dabei spielen.

Unter Homöostase verstehen wir die Fähigkeit unseres Organismus, sein inneres Gleichgewicht relativ konstant zu halten. Dies geschieht durch die Regulierung lebenswichtiger Körperfunktionen, wie z. B. der Atmung, der Blutzirkulation, der Körpertemperatur und der Regulierung der Flüssigkeitsmenge.

Wir können von Stress sprechen, wenn der homöostatische Zustand gestört oder über das Normalmaß hinaus strapaziert wird. Stress ist danach die Folge einer Störung der Homöostase.

In den 30er-Jahren begann Hans Selye mit seinen berühmt gewordenen Untersuchungen über die Auswirkungen von Stress auf die Körperfunktionen, z. B. bei extremer Einschränkung der Bewegung. Neben den speziellen reizgebundenen Stressreaktionen fand er ein gleich bleibendes Syndrom von physiologischen Veränderungen. Dabei spielt der Hypothalamus, das autonome Nervensystem, die Hypophyse, das Nebennierenrindenmark mit der Ausschüttung von Adrenalin eine besondere Rolle.

Die Funktionsveränderungen in einer Reizsituation stellen den Körper auf zwei Verhaltensweisen ein, die Kampf- oder die Fluchtreaktion:

- Das Herz beschleunigt seine Funktion und stellt für Gehirn und Muskulatur mehr Blut zur Verfügung.
- Die Blutgefäße direkt unter der Haut schließen sich und reduzieren damit die Blutgerinnungszeit, sodass die Gefahr großen Blutverlustes bei Verletzungen verringert wird. In gleicher Weise wirkt sich die vermehrte Bildung der Agglutinine aus.
- Die Atmung wird schneller und tiefer und stellt dem Körper somit mehr Sauerstoff bereit.
- Speichel- und Schleimbildung versiegen; dadurch wird die Luftzufuhr in die Lungen verbessert.
- Die Muskulatur strafft sich, um den Körper für eine schnelle und kraftvolle Aktion fit zu machen.

- Die Pupillen weiten sich und machen damit die Augen lichtempfindlicher.
- Zur Vermeidung von Infektionen werden verstärkt weiße Blutkörperchen produziert.
- Für die akute Situation unwichtige Funktionen und Signale des Körpers, etwa Nahrungsaufnahme (Hunger) oder Verdauung, werden vorübergehend suspendiert, um Energie zu sparen.

Alle Kräfte des bedrohten Individuums werden also mobilisiert, um sich entweder in der bedrohten Situation zum Kampf zu stellen oder um sich durch Flucht in Sicherheit zu bringen. Selye nennt die Summe all dieser Körperreaktionen, die auf Konfrontation mit einem Stressor folgen, das *Generelle-Anpassungs-Syndrom* (GAS).

Die Hauptstadien des Anpassungssyndroms sind:
- Beim Auftauchen eines Stressors wird eine Alarmreaktion ausgelöst. Die meisten der beschriebenen physiologischen Veränderungen treten während dieses Anfangsstadiums auf.
- Halten die Stressbedingungen an, so folgt auf die Alarmreaktion das Stadium des Widerstands. Die Anzeichen aus der Phase der Alarmierung verschwinden, und die Widerstandsfähigkeit steigt beachtlich über die Norm an. Aber der Widerstand verbraucht Energien, die für andere lebenswichtige Organe benötigt werden. Der Anpassungsleistung des Organismus sind also Grenzen gesetzt.
- Die Phase des Widerstands wird schließlich vom Stadium der Erschöpfung abgelöst. Besteht der Stressreiz fort, so können erneut Alarmreaktionen aus der ersten Phase auftreten, die nun aber nicht mehr oder nur noch zum Teil rückgängig gemacht werden können, weil die Anpassungsenergien sich erschöpfen. Andauernder Stress führt also schließ-

lich zur völligen Verausgabung der Anpassungsenergien und damit unweigerlich zum Tod.

Selyes Theorie vom Stress und Anpassungssyndrom hat in der Forschung weitgehend Zustimmung gefunden. Doch die Frage nach den *internen Prozessen,* die Stressor und Stressreaktionen miteinander in Verbindung bringen, ist noch nicht zureichend beantwortet. Wie kann man die Tatsache erklären, dass so unterschiedliche Stressreize in Selys Untersuchungen nahezu gleichartige Reaktionen auslösten? Oder anders gefragt: Welcher Vorgang führt dazu, dass so gänzlich verschiedene Auslösefaktoren alle in gleicher Weise das Signal Stress geben können?

Erregung und Bedrohung

Die letztgenannte Frage stellte sich John M. Mason in seiner zusammenfassenden Arbeit über Stress. Nach Masons Meinung ist es eine *emotionale Erregung,* die Stress signalisiert und das Anpassungssyndrom aktiviert. Bedrohung und Angst spielen dabei eine Rolle.

Die Wahrnehmung einer Situation als Bedrohung scheint der kritische Faktor zu sein, der zwischen Stressoren und Stressreaktionen vermittelt und das Entstehen von Angst sowie die Auslösung des Anpassungssyndroms zur Folge hat.

Reaktionen auf Stress hängen davon ab, ob eine spezifische Situation als bedrohlich oder nicht bedrohlich angesehen wird. Ob jemand Bedrohung verspürt, hängt von seiner subjektiven Einschätzung einer Situation ab. Natürlich wird die Einschätzung auch von den objektiven Gegebenheiten der Situation beeinflusst; und objektiv gefährliche Stressoren werden im Allgemeinen auch von den meisten Menschen als bedrohlich empfunden. Aber die Gedanken und Erfahrungswerte, die jemand an eine Situation knüpft, die Fähigkeit eines Menschen, mit einer schwierigen Situation fertig zu werden, und die schon früher in ähnlicher Lage gemachten Erfahrungen können einen weitaus größeren Einfluss haben.

Die *Einschätzung einer Bedrohung* hat also in erster Linie etwas mit unserem *Vorstellungsvermögen und Denken* zu tun und weist zwei Hauptmerkmale auf:

- Sie ist zukunftsgerichtet, d. h. wir können uns eine Bedrohung durch ein Ereignis vorstellen, das real noch gar nicht eingetreten ist.
- Die Einschätzung einer Situation hat zweitens mit mentalen Prozessen, wie beispielsweise Wahrnehmen, Denken, Erinnern und Urteilen zu tun.

Was wir wahrnehmen, ist in der Regel nicht nur die »objektive Realität«. Unsere Wahrnehmung wird ebenso durch Wünsche und Bedürfnisse, Erwartungen und Befürchtungen beeinflusst. Auch persönliche Eigenschaften und Emotionen können eine wichtige Rolle spielen. Ein misstrauischer und argwöhnischer Mensch hört vielleicht bei zwei sich unterhaltenden Bekannten boshaften Klatsch heraus, wobei er befürchtet, dass über ihn gesprochen wird. Diese negative Vermutung verursacht in ihm Stress. Mit anderen Worten: Selbst wenn keine objektive Bedrohung vorhanden ist, wird die Fehleinschätzung »bedrohlich« dem Betreffenden Stress signalisieren. Der Stressalarm wird ausgelöst. Angst kommt auf, und das Anpassungssyndrom läuft ab.

Reaktionen auf Bedrohung erfüllen, wenn sie einer realistischen Einschätzung aktueller oder künftiger Gefahr entsprechen, eine wichtige Funktion: Sie lösen jene emotionale Erregung aus, die ihrerseits ein Individuum dazu bringt, die Bedrohung durch entsprechende Reaktionen abzuwehren. Aber selbst wenn keine objektive Bedrohung vorhanden ist, wird die

Fehleinschätzung »bedrohlich« dem Betreffenden Stress signalisieren. Der Stressalarm wird ausgelöst, Angst kommt auf, und das Anpassungssyndrom läuft ab.

> Menschen unterscheiden sich in ihrer Angstneigung oder Angstbereitschaft. Es gibt Unterschiede in der individuellen Disposition, die Welt generell als bedrohlich zu erleben. Die Angstbereitschaft ist auch für die Unterschiede in der Häufigkeit von Angstzuständen und der Dauer solcher Zustände verantwortlich.
>
> Weil Menschen mit erhöhter emotionaler Labilität, Angstbereitschaft und Unsicherheit, also Menschen mit einem LAU-Syndrom, alle möglichen Situationen als bedrohlich ansehen, sind sie in besonderem Maße stress-, psychosomatisch und depressionsanfällig.

Frustrationstoleranz und Selbstwertgefühl

Wenn Bedürfnisse nicht befriedigt oder erfüllt werden, gerät der Mensch in einen Spannungszustand. Wir sprechen von vereitelter Bemühung oder Frustration.

> Die Menschen reagieren sehr verschieden auf Frustrationen. Einige sind schon bei geringen Behinderungen sehr erregt und unsicher, andere ertragen solche Situationen leichter. Wir haben uns in der Psychologie fast nur mit leicht Stör- und Irritierbaren befasst, viel zu wenig jedoch mit jenen, die bei allen ihnen begegnenden Schwierigkeiten in Form bleiben.

Worin unterscheiden sich diese Lebenstüchtigen und Unverwundbaren von den anderen?

Es sind insbesondere *fünf Eigenschaften*, die hier von Bedeutung sind.

Als *erstes* ist es die *Beweglichkeit*, d. h. die Fähigkeit, sein Verhalten den jeweiligen Situationen und ihren Anforderungen anzupassen. Sehr oft erweist sich ein beharrliches Bestehen auf einer Art des Verhaltens als nachteilig für die Bewältigung der Aufgaben.

Ein *zweites* Kennzeichen einer lebenstüchtigen Persönlichkeit ist die *produktive Erlebnisverarbeitung und persönliche Integration*. Der erfolgreiche Mensch handelt als ein ausgeglichenes Ganzes: Er erfasst die verschiedenen Aspekte der Situationen, denen er gegenübersteht, und setzt sie in Beziehung zu entsprechenden früheren Erfahrungen. Er begreift die sich bietenden Chancen der Anpassung und Situationsbewältigung.

Die *dritte* Eigenschaft des wohl geordneten Menschen zeigt sich in der *sozialen Aktivität*, der Stärke und Beständigkeit der sozialen Kommunikation, der Fähigkeit, sich in eine Gemeinschaft einzuordnen und darüber hinaus einzuleben.

Ein Mensch kann mit allen drei bisher genannten Zügen ausgerüstet sein und ist damit sicher vom äußeren Lebenserfolg her gesehen gut angepasst. Und dennoch kann ihn eines Tages die Leere seines Lebens in schwere Konflikte verstricken, weil alle drei Züge noch eines übergreifenden und tragenden *vierten* Moments entbehren: das *Geöffnet- und Erschlossensein für die inneren und äußeren Anrufe des Gewissens*; das *Vernehmen dieser Werte* ist der allein sichere Kompass der Lebensführung. Ohne es gerät der Mensch in die Irre oder subjektiv gesehen in den unausweichlichen Konflikt.

Und damit ist uns auch der Hinweis für die letzte und *fünfte* Eigenschaft gegeben. Sie stellt den Gegenpol der erstgenannten Kennzeichnung (Beweglichkeit – Anpassung), ihre komplementäre Begrenzung dar und kann mit den Begriffen *Festigkeit und Standort* umschrieben werden. Diese Charakterisierung bezieht sich vor allem auf die *ethische Lebensorientierung* und verweist damit auf die Tatsache, dass bei einer Bestimmung der Persönlichkeit die Psychologie nicht von der Ethik zu trennen ist.

Frustrationstoleranz

Ein und dasselbe Ereignis beeindruckt die Menschen auf ganz verschiedene Weise. Dieselbe Versagung, Beschränkung oder Bedrohung führt bei dem einen Menschen zu verstärkter Aktivität und Anstrengung, zur Bewältigung; den anderen verstrickt sie in Konflikte unlösbarer Art.

> Jeder Mensch hat ein bestimmtes Maß an Widerstandskraft, eine verschieden große Belastungsfähigkeit entfaltet. Vor allem sind hier frühkindliche Erfahrungen von Bedeutung. Eine gute Erziehung bereitet den Menschen auf das *Ertragen von Schwierigkeiten* vor; sie fördert in ihm die Fähigkeit, Aufschub, Beschränkung, Vereitelung, ja auch Bedrohung *zu ertragen,* ohne mit »abnormen Reaktionen« zu antworten. Die innere Konsistenz wird als *Frustrationstoleranz* bezeichnet. Wie man bei der Toleranz im medizinischen Sprachgebrauch gegen die Wirkung einer Droge oder eines Giftes gefeit ist, so ist man hier gegen die störende Wirkung von Beschränkung und Bedrohung – die Frustration – gewappnet.

Besinnung setzt einen Überblick der Situationen und eine ausgeglichene Gefühlslage voraus. Bei einem frustrierten Menschen sind jedoch die sonst wirksamen Steuerungskräfte der Besinnung, der Gefühlsgestimmtheit und der erworbenen Formen des sozialen Verhaltens mehr oder weniger gestört und im Extremfall ganz außer Kraft gesetzt. Einerseits wird sich der Mensch der Aussichtslosigkeit seines Tuns bewusst, andererseits sieht er die Notwendigkeit zu handeln, so kommt es zu einer affektiven Stauung, die den Kontakt mit der Umwelt stört und den Gestaltzerfall der Situationen und Intentionen herbeiführt. Der affektiv Ergriffene antwortet auf diesen Ein- und Zusammenbruch mit einer absoluten Reaktion: Er gerät »außer sich«. Der emotional-affektive Sturm und seine Entladung stellen eine der möglichen Reaktionen auf eine bedrohlich gewordene Frustration – den Situations- und Intentionsverlust – dar.

Zu den eingangs gegebenen Kennzeichen einer lebenstüchtigen Persönlichkeit ist also noch ein weiteres hinzuzufügen: die *emotionale Stabilität*. In ihr erfassen wir zugleich auch ein Wesensmerkmal der Frustrationstoleranz. Diese dem äußeren Verhalten abzulesende Eigenschaft wird innerseelisch durch die Selbstwerthaltung bzw. das Selbstwerterleben repräsentiert.

Selbstwertgefühl

Wegen der zentralen Bedeutung, die dem *Ich* oder *Ego-Selbst* in Struktur und Dynamik des Psychischen zukommt und im Hinblick auf noch zu erörternde Gegebenheiten, die sich auf das Ego-Selbst beziehen, soll – ehe der hier unmittelbar anstehende Gedankengang fortgeführt wird – Wesen und Art des Selbstgefühls dargestellt werden.

Während alle anderen Gefühlsregungen sich auf etwas Gegenständliches im Außenbereich beziehen, wird im Selbstwertgefühl die zentrale Instanz der Persönlichkeit, *das* Ego-Selbst, in besonderer Weise erlebt.

Ich ärgere mich über etwas, ich fürchte mich vor etwas, bin zornig auf etwas, zufrieden oder unzufrieden mit etwas. In allen diesen Regungen ist der Erlebende, wie wir erkennen, auf etwas außerhalb von sich selbst bezogen. In dieser Bezogenheit bildet sich das jeweils spezifisch gefärbte Gefühl.

Einen Schritt näher stehen dem Selbstwertgefühl Regungen, die sich auf ein Tun oder eine Eigenschaft der Person beziehen. So kann ich mich über eine Ungerechtigkeit, die ich selbst begangen habe, ärgern, und im gleichen Sinne kann ich auf mich zornig sein, mit einer meiner Leistungen, Handlungen zufrieden oder unzufrieden sein. – Alle diese Regungen kommen und vergehen mit der sie entfachenden Aktualität.

In allgemeinerer, tieferer, dauerhafterer Weise werden wir uns gewisser Stimmungen inne. Die Heiterkeit, Schwermut, Verdrossenheit scheinen unser Ego-Selbst bereits unmittelbar zu umkleiden und zu beeinflussen.

Von den auf einen äußeren Gegenstand, eine persönliche Leistung, ein Verhalten bezogenen Regungen und von den sich mehr ausbreitenden Stimmungen unterschieden ist nun eine weitere Gefühlsart, in der unser Ego-Selbst in einer ganz unmittelbaren Art und Weise gestützt oder gestört wird: *das Selbstwertgefühl.*

> Die Unvollkommenheit ist ein Grundzug der menschlichen Daseinsverwirklichung. Immer wieder versucht der Mensch, diesen Mangel in der äußeren Leistung wettzumachen und sich in Leistungswerten, im Gewinnen materieller und idealer Güter, im Schaffen und Wirken darzustellen. Oft bedarf es einer schicksalhaften Niederlage, damit er sich seines eigentlichen Wertes bewusst wird und dass er darüber hinaus erfährt, dass letzten Endes der Schwerpunkt nicht im Haben, sondern im Sein zu suchen ist.

In »Menschliches, Allzumenschliches« (II, 1. Abt. 343) hat Nietzsche diese Erkenntnis deutlich ausgesprochen:

»Wenn einen das Leben einmal recht räuberhaft behandelt hat und an Ehren, Freuden, Anhang, Gesundheit, Besitz aller Art nahm, was es nehmen konnte, so entdeckt man vielleicht hintendrein …, dass man reicher ist als zuvor. Denn jetzt erst weiß man, was einem so zu eigen ist, dass keine Räuberhand daran zu rühren vermag.«

Diese Selbstwerteinsicht, -enthüllung oder -entdeckung und die damit gewonnene emotionale Stabilität können das Geschenk eines stetig sich vollziehenden Reifungsprozesses, das Ergebnis einer sich über längere Zeit erstreckenden Krisenfolge oder gelegentlich auch das einer erweckenden Begegnung sein.

> Alle Erlebnisse, die unseren Selbstwert treffen, schließen sich zusammen zur Intimsphäre unseres seelischen Lebens. Wir sind bestrebt, diese Sphäre, deren wir uns im Selbstwertgefühl innewerden, nach außen hin zu verhüllen, bewerkstelligt sie doch die geheime Regulation unseres seelischen und geistigen Daseins. Störende Konflikte sind erst dort gegeben, wo diese Sphäre der intimen Innerlichkeit erschüttert oder verwundet worden ist; schwere Konflikte sind immer Selbstwertkonflikte. Zur Intimsphäre gehört auch das mit dem reifen Selbstwertgefühl aufs Engste integrierte Ehrgefühl, ein Hinweis, dass unsere Existenzverwirklichung auf einen Wert- und Sinnhorizont hin entworfen ist. Rechts- und Ehrenkränkungen treffen uns bis in die intime Innerlichkeit. Jede psychische Störung beginnt mit einer Erschütterung dieser Sphäre des Selbstwerterlebens.

Erschütterung des Selbstwertgefühls und »Neurotisierung« sind funktional eng aufeinander bezogene Prozesse. Über Spannung (I), Entmutigung (II) und Selbstwertkrise (III) schreitet die »Existenzeinschränkung«, die identisch mit der Einschränkung des Selbstwertgefühls ist, fort. Wir können die hier aufgezeigten Verhältnisse in einem Schema (Abb. 6) festhalten.

Nachdem wir die im Selbstwert fundierte emotionale Stabilität als ein Wesensmerkmal der Frustrationstoleranz herausgestellt haben, bleibt uns noch die Aufgabe, diese »tiefenpsychologische« Bestimmung durch eine Innerlichkeit und eine das Verhalten umgreifende Haltung zu kennzeichnen, die *Erleidenskraft*.

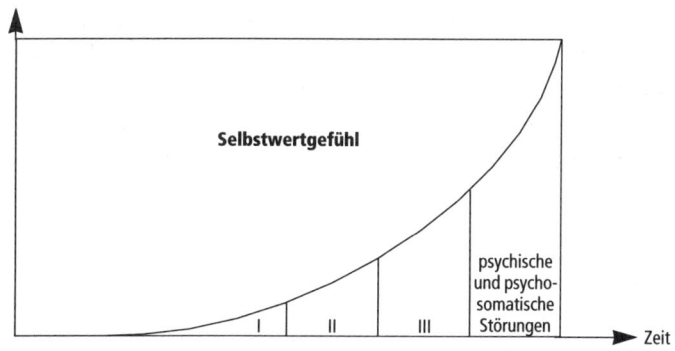

Abbildung 6: Einschränkung des Selbstwertgefühls

Montaigne berichtet in seinen »Essays« über eine schmerzhafte Krankheit, mit der er im Alter zu ringen hatte.

»Die zunehmenden Jahre haben mich mit der Nierensteinkolik beschenkt, und so ringe ich nun mit der schlimmsten, der jähesten, der schmerzlichsten, der unheilbarsten, der tödlichsten aller Krankheiten. Ich habe schon fünf bis sechs sehr lange und peinliche Anfälle von ihr ausgehalten. Immerhin, wenn ich mich nicht täusche, so kann man auch noch in diesem Zustand Haltung bewahren, ein Mann wenigstens, der sich von der Furcht des Todes losgelöst hat. Der Ansturm der Schmerzen ist nicht so herb und brennend, dass ein gesetzter Mensch darüber in Wut und Verzweiflung geraten müsste. Den Nutzen habe ich wenigstens von einer Kolik, dass sie vollenden wird, was mir bis jetzt noch nicht ganz gelungen ist, nämlich mich bekannt und vertraut zu machen mit dem Tod. Je mehr sie mich heimsucht und plagt, je weniger wird mir der Tod fürchterlich sein. Kommt die Kolik, so soll die Philosophie der Seele die Kraft erhalten, dass sie bei sich sei und ihren gewöhnlichen Gang geht, den Schmerz bekämpfend und ertragend, ohne sich schmählich vor ihm niederzuwerfen, erregt meinetwegen und erhitzt vom Kampf, aber nicht ganz darniederliegend und unterjocht, immer noch bis zu einem gewissen Grad fähig zur Unterhaltung oder zu einer anderen Beschäftigung. Ich klage, ich werde verdrießlich, wenn mir der stechende Schmerz gar zu arg zusetzt, aber ich lasse es nicht bis zur Verzweiflung kommen. Ich beobachte mich selbst noch im heftigsten Drang des Leidens und habe immer gefunden, dass ich noch sprechen, denken und vernünftig antworten kann, ebenso gut wie zu anderen Zeiten, nur nicht so zusammenhängend, da der Schmerz mich störte und ablenkte. Bis zur Stunde halte ich mein Gemüt in solcher Verfassung, dass, wenn ich nur durchhalten kann, ich mich viel besser befinde als tausend andere, die sich ihre Übel durch eigene Unvernunft geschaffen haben.«

In dieser autobiografischen Krankengeschichte gewährt uns der große Aphoristiker einen Einblick in die überwindende Kraft der geistigen Grundhaltung, der »Philosophie der Seele«. Sie befähigt den Menschen, Widerstände und Hemmungen, den Schmerz zu ertragen. Damit erweist sich die uns zunächst passiv anmutende Widerstandskraft als eine aktive Form der Lebens- und Konfliktbewältigung, als *Erleidenskraft*.

> Der Mangel an Erleidenskraft prädisponiert zur fehlgeleiteten Erlebnisverarbeitung, d. h. zu psychischen Störungen. Erleidenskraft ist nicht identisch mit Erleidensfähigkeit. Gerade der psychisch Gestörte zeigt oft eine außerordentliche Fähigkeit zum Leiden. Er verstrickt sich in das Leiden, ohne die positive Kraft der Leidensbannung zu entfalten.

In der Gegenwart ist das Missverhältnis von Lebensanspruch (Bedürfnissteigerung) und Weltgestaltung auf der einen Seite und Erleidenskraft und Selbstgestaltung auf der anderen zu einem typischen Symptom unserer Gesellschaft geworden.

Während das Tier auf eine Blockierung seiner Bedürfnisse in erster Linie mit vorgeformten Verhaltensweisen des Angriffs, der Verteidigung oder Flucht zu reagieren vermag, sind die Reaktionsmöglichkeiten des Menschen außerordentlich vielfältig. Im Gegensatz zum Tier, das nach einer Frustration in höherem Maße zu einem stabilen Gleichgewichtszustand zurückkehrt, steht der Mensch in einem sich viel intensiver verändernden Fließgleichgewicht. Nach jeder Spannungslösung erreicht er gewissermaßen eine höhere Ebene, auf der sich die Bedürfnisse und Gegenstände jeweils neu formieren und somit das Individuum zu neuen Tätigkeiten bewegen.

Ein entscheidendes Moment, das den Menschen über jedes Tier grundsätzlich erhebt, liegt darin, dass er in höherem Ausmaß störbar ist, dass ihm aber selbst in aussichtsloser äußerer Bedrängnis die Chance einer positiven, »inneren Verarbeitung« und damit eines »geordneten Verhaltens« gegeben ist.

III.

Spielarten der Angst

Es gibt eine Reihe von Versuchen, Ängste in Gruppen zu gliedern. Sie sind meist unzureichend, da die Ängste der Menschen einmal individuell sehr verschieden sind, zum anderen sich mehrfach überschneiden. Am zweckmäßigsten ist die Gliederung in

- Existenzängste,
- Leistungsängste,
- soziale Ängste,
- Phobien einschließlich ihrer schwersten Form, der Agoraphobie und den oft damit verbundenen Panikattacken.

Wir kennen bereits den Unterschied zwischen Grundangst und den freigesetzten störenden Ängsten – früher als »neurotische Ängste« bezeichnet –, zwischen der vorübergehenden aktuellen Zustandsangst und der zum Persönlichkeitszug gewordenen Eigenschaftsangst oder erhöhten Angstbereitschaft. In der Literatur wird des Öfteren noch auf einen Unterschied von Angst und Furcht hingewiesen, wobei Angst mehr als von innen kommend, allgemeiner und unbestimmter angesehen, die Furcht dagegen durch einen bestimmten Bezug auf einzelne Objekte und Situationen betrachtet wird.

Existenzängste

Drohende Einschränkung unseres Lebens, drohender Verlust eines Gutes oder drohende Überforderung können uns in Angst versetzen. Jede dieser Drohungen setzt jeweils besonders geartete Furchtzustände frei. Die Ängste unterscheiden sich also nicht nur in ihrer Intensität, sondern auch in ihrem Bezug. Die Furcht vor einer Bindung ist anders geartet als die Furcht vor der Freiheit, die Furcht vor einer Prüfung anders als die vor der Übernahme einer Verantwortung.

Es sind vor allem fünf Ängste bzw. Befürchtungen, die in Abwandlungen immer wieder den Menschen beunruhigen:
- Angst vor einer schweren Erkrankung,
- vor Verarmung,
- vor Einsamkeit,
- vor dem Sterben und dem Tod,
- vor Kontrollverlust und Wahnsinn.

Die Angst vor einer schweren Erkrankung

Stress und Angst sind stets mit körperlichen Veränderungen verbunden, z. B. mit nervösen Herz- und Atembeschwerden, Engegefühl in der Hals- und Brustgegend, gelegentlich auch mit Schwindelgefühlen und Unsicherheit auf den Beinen. Diese leibnahen Reaktionen treten oft in den Mittelpunkt des Erlebens, sodass der Zusammenhang mit Stress und Angst übersehen wird. Der Betreffende kontrolliert besorgt den Puls und fürchtet, einem Herzinfarkt zu erliegen. Benommenheit und Schwindelgefühle fasst er als Symptome einer Hirnerkrankung auf, Magenbeschwerden als Anzeichen einer Krebserkrankung usw. Durch wiederholt erfahrene leibliche Befindensstörungen

wird der Körper für schon geringe Abweichungen vom normalen Funktionsablauf sensibilisiert. Zugleich werden durch die
übertriebene Selbstaufmerksamkeit die Beschwerden einerseits
leichter ausgelöst, andererseits aber auch vertieft.

– Frau B., 42, hatte eine drei Jahre ältere Schwester, die seit
  längerer Zeit an Ess- und Verdauungsstörungen litt, ständig
  abnahm, aber erst bei der letzten Untersuchung in einem
  Krankenhaus erfuhr, dass sie an Darmkrebs erkrankt war.
  Frau B. machte sich große Sorgen um ihre Schwester, nahm
  ebenfalls geringfügig an Gewicht ab, ohne dass bei einer Untersuchung ihr vermuteter Verdacht bestätigt werden konnte.
  Sie traute der Diagnose nicht, suchte mehrere Ärzte auf, die
  zu demselben Befund kamen. Trotzdem wog sie sich täglich.
  Bei jeder kleinen Gewichtsabnahme steigerte sich ihre Krebs-
  befürchtung. Der letzte Arzt überwies sie zu mir in die Therapie. Im Laufe der Kurztherapie von 20 Sitzungen konnte
  sie ihre Befürchtungen über Einsicht und Übungen restlos
  abbauen.

Menschen mit erhöhter Angstbereitschaft vermuten in vielen Situationen Gefahren oder Bedrohungen. Sie entwickeln leicht eine
Furcht vor Krankheiten. Etwa 20 % der erwachsenen Bevölkerung
machen sich Sorgen über Krebs- und Herz-Kreislauf-Erkrankungen.

Die Angst vor Verarmung

Neben begründeten Sorgen, den erreichten ökonomischen und sozialen Status durch Rückschläge im Geschäft oder in der Beschäftigung nicht mehr halten zu können, gibt es Personen, die – wenn der Gang der Geschäfte mal vorübergehend stagniert oder ein Abschluss nicht zu Stande kommt – in depressive Verstimmung, Besorgtheit verfallen und vom Gedanken an eine Verarmung geplagt werden. Diese überwertige Idee kann sich bis zu einem Verarmungswahn steigern, der auch in einer Therapie schwer zu beheben ist.

Zumeist sind es erfolgreiche und erfolgsgewohnte Geschäftsleute, die bei einem kleinen Rückschlag ihr seelisches Gleichgewicht verloren haben und ihn als Ankündigung eines ökonomischen Zusammenbruchs auffassen. Auch wenn die Betreffenden dann nach einiger Zeit erfahren, dass ihre Sorgen völlig sinnlos waren, bleiben ihre Befürchtungen gleichsam ständig auf der Lauer.

> Die Aufregung, Angst und Sorge führen zum Vermeidungs- und Rückzugsverhalten im Sinne einer Vermeidung von persönlichen Kontakten und eines Rückzugs auf die eigene Person. Im Gegensatz zum Liebesbedürfnis steht das Streben nach Macht, Anerkennung und Besitz. Sich Liebe verschaffen, bedeutet Beruhigung durch engeren Kontakt mit anderen; das Streben nach Macht, Ansehen und Besitz bedeutet, die Beruhigung durch eine Lockerung des Kontakts mit anderen und durch eine Sicherung der eigenen Person zu gewinnen.

»Die spezielle Furcht, gegen die der Besitz schützen soll, ist eine Furcht vor Verarmung, vor Entbehrung und vor Abhängigkeit von anderen. Die Furcht vor Verarmung kann wie eine Peitsche einen Menschen dazu treiben, unentwegt zu arbeiten und sich keine Gelegenheit des Geldverdienens entgehen zu lassen« (Horney, K. 1951, S. 169).

Die Angst vor Einsamkeit

Es gehört zur Reife des Menschen, allein sein zu können. Allein sein ist aber nicht einsam sein.

> Einsamkeit beginnt erst dort, wo wir mit unserer Zeit nichts anzufangen wissen, wo wir nicht gelernt oder es verlernt haben, uns für etwas zu interessieren und zu engagieren. Die *Angst* vor Einsamkeit geht oft der Einsamkeit voraus, kann sie also herbeiführen.

Für allein stehende Personen kann der Zustand der Partnerlosigkeit sehr bedrückend sein. Viele von ihnen befürchten vor allem die Zeit am Wochenende. Auf ihnen lastet einmal die unerfüllte Sehnsucht nach Liebe, nach seelischer und körperlicher Zweisamkeit. Dazu gesellt sich – häufig bei Frauen – oft die Vorstellung, vor aller Welt als ungeliebt und somit als minderwertig dazustehen. Sicher ist diese Haltung bei heutigen Frauen weniger anzutreffen, wie das früher der Fall war, da sie sich freier bewegen können. Und doch berichten in der Therapie immer wieder mal Frauen ihre innere Not. Diese Unsicherheit lähmt sie häufig, von sich aus aktiv Kontakte zu anderen aufzunehmen.

Wer nach langjähriger Ehe, in der vieles gemeinsam unternommen wurde, den Partner durch Unfall oder Krankheit verliert, erleidet eine schwere Verlustkrise, zieht sich oft von anderen zurück, versteckt sich in gramvollem Schmerz, fühlt sich von Gott und der Welt verlassen. Nach meist ein bis zwei Jahren haben sie sich wieder gefangen und öffnen sich wieder anderen Menschen. Einige allerdings haben dann nicht mehr die Kraft, ein neues Leben aufzubauen. Sie bleiben in Resignation und Trauer gleichsam hängen und vereinsamen.

Die Angst vor dem Sterben und dem Tod

Die Todesangst gehört zur menschlichen Existenz. Nur der Mensch weiß um sein sicheres Ende. Die Todesangst gibt uns zu verstehen, dass wir Leben immer wieder schützen müssen und schätzen sollten. Der Tod ist eine dem Leben eingeborene Notwendigkeit.

> Wie sollte man sich gegenüber dem Unabänderlichen einstellen und verhalten? Die einzig sinnvolle Beantwortung dieser Frage ist die Bejahung; sie ist mehr als ein Sichabfinden. Bejahung setzt aber auch voraus, dass wir uns mit dem Problem »Sterben und Tod« in seinen verschiedenen Aspekten vertraut machen.

Wir unterscheiden die Angst vor dem eigenen Tod und vor dem Tod anderer und die Angst vor dem eigenen Sterben und dem Sterben anderer. Die Forschung hat eine Reihe von Bedingungen herausgestellt, die die Angst vor dem Tod beeinflussen.

Die Angst vor dem eigenen Tod bezieht sich auf die nicht zurücknehmbare Auslöschung und Vernichtung des eigenen materiellen Körpers, auf die Auflösung innerweltlicher Beziehungen und auf die damit einhergehende Unmöglichkeit, weiter etwas zu tun und zu gestalten. Die beunruhigende Erfahrung ist, dass das materielle Leben ein Ende hat – die Gewissheit der Endlichkeit. Darüber hinaus kann sich die Angst vor dem eigenen Tod auch auf das Danach beziehen: die Angst vor der Bestrafung durch Gott, die Angst vor dem Unbekannten, auch die Angst bzw. Sorge um das Schicksal zurückbleibender Angehöriger.

Die Angst vor dem Tod anderer Menschen richtet sich auf den Verlust persönlicher Beziehungen und Bindungen. Sie richtet sich auch auf das Fehlen von Anregungen und Bereicherungen, die vom Verstorbenen ausgegangen waren. Hinzu kommt noch die Angst vor Toten überhaupt. Der Anblick des Leich-

nams verweist den Betrachter auf die Möglichkeit des eigenen
Todes. Die Angst vor dem eigenen Sterben wird durch die Vorstellung von Leiden und Schmerzen im Verlaufe des tatsächlichen Sterbens ausgelöst und aufrechterhalten. Dabei spielen
auch Gedanken an die Hilflosigkeit und die Abhängigkeit eine
Rolle.

Die Angst vor dem Sterben anderer hängt auch mit der
Angst vor dem stellvertretenden Leiden bzw. dem Mit-Leiden
zusammen. Dazu mischt sich Angst vor der Unsicherheit und
Hilflosigkeit im Umgang mit Schwerkranken.

Formulieren wir ein Ergebnis: Die Angst vor dem Sterben
und dem Tod ist wie jede Angst eine Trennungsangst, die
Trennung vom eigenen Leben und die Trennung vom anderen.
Gelegentlich mischt sich in diese Angst noch Schuldangst,
Angst, etwas im eigenen Leben oder in der Beziehung zum an-
deren versäumt zu haben.

Die Angst vor dem Tode ist von verschiedenen Bedingungen
und Einflüssen abhängig, insbesondere von folgenden Variab-
len:
- *Lebensalter*
  Es scheint so, dass zwischen 50 und 60 Jahren eine erhöhte
  Angstbereitschaft besteht. Am wenigsten Angst finden wir
  bei Kindern und Jugendlichen, aber oft auch in hohem Alter.
- *Geschlecht*
  Männer scheinen sich im Allgemeinen intensiver mit der
  Angst vor dem Tode zu befassen; doch weisen einige Unter-
  suchungen darauf hin, dass Frauen emotional stärker bei
  der Begegnung mit Sterbenden und Toten aufgewühlt wer-
  den.
- *Risikotätigkeit*en
  Verschiedene Untersuchungen ergaben, dass Streifenpolizis-
  ten, Rennfahrer, Sportflieger, Bergsteiger im alltäglichen Le-

ben die gleichen Ängste und Angstgrade zeigten wie andere
Menschen.

* *Religiosität*
Die Untersuchungen zeigen, dass auch religiöse Menschen
zumeist die gleichen Ängste wie andere haben. Dies lässt
sich damit erklären, dass Todesangst sehr Verschiedenes bedeuten kann: Verlustangst, Trennungsangst, Angst vor dem
Unbekannten.

* *Gesundheitszustand*
Diese Variable spielt insofern eine Rolle, als bei längerer
Krankheit oft die Lebenskräfte – und damit auch die Angst-
intensität – geschwächt werden.

* *Lebenszufriedenheit*
Die mit ihrem Leben zufriedenen Menschen zeigen im Allgemeinen weniger Angst als die Unzufriedenen. Wahrscheinlich hat der Tod bei den Zufriedenen eher einen Sinn, weil
sie diesen Sinn auch im Leben erfahren haben.

* *Persönlichkeitsmerkmale*
Unter den Persönlichkeitsmerkmalen spielt zunächst das allgemeine Angstniveau eine Rolle. Menschen mit erhöhter
Angstbereitschaft haben im Allgemeinen auch vor dem Tod
mehr Angst. Wahrscheinlich bestimmt aber die Angst vor
dem Tod bereits das allgemeine Angstniveau. Auch zwischen emotionaler Labilität und Todesangst besteht ein Zusammenhang. Für emotional Labile bildet der Tod eine besonders starke Bedrohung.

Zusammenfassend stellen wir fest:
Die Angst vor dem Sterben ist im Allgemeinen größer als die
Angst vor dem Tod. Beim Denken an das Sterben denken wir
oft an die Schmerzen im Sterbeprozess, an die Vereinsamung
und Isolierung und letztlich an die Hiflosigkeit und Abhängigkeit.

Wenn wir Sterbende begleiten, erfahren wir oft etwas, das offenbar in der umfangreichen Literatur zum Thema Sterben bisher zu kurz gekommen ist: die zwei Erscheinungsweisen der Hoffnung:

Die *alltägliche Hoffnung* bezieht sich auf die mehr oder weniger bedeutsamen Ereignisse des Lebens, die eintreten oder ausbleiben können. Wenn sie eintreten, ist unsere Hoffnung erfüllt, wenn sie ausbleiben, sind wir enttäuscht. Im Allgemeinen kommen wir über diese Enttäuschungen hinweg. Wir behalten das, was wir wünschen, im Auge, hoffen, es bei anderer Gelegenheit unter günstigeren Umständen zu erreichen, oder wir geben den Wunsch auf, ersetzen ihn durch eine andere oft bescheidenere Erreichbarkeit. Wir sehen, unsere alltägliche Hoffnung ist immer auf bestimmte konkrete Ziele gerichtet, auf Ziele, die wir klar beschreiben können. Wir bemühen uns, sie mit Intelligenz, Geschick und Ausdauer zu erreichen.

Die *fundamentale Hoffnung* Sterbender entsteht gerade dann, wenn die alltäglichen Hoffnungen keine Rolle mehr spielen, wenn diese schon begraben sind. Im Grabe dieser alltäglichen Hoffnungen pflanzt der Mensch die ganz andere existenzielle Hoffnung auf. Diese fundamentale Hoffnung wird nicht durch Enttäuschungen, sondern angesichts drohender Verzweiflung mobilisiert. Diese Hoffnung bezieht sich auch nicht auf klar bestimmbare Ziele, also auch nicht auf ein Wiedergesundwerden. Das wäre noch ein Verhaftetsein in der alltäglichen Hoffnung mit ihrer so häufigen Illusion. Die fundamentale Hoffnung ist wohl auf die Zukunft gerichtet, aber nicht auf eine bestimmbare und beschreibbare Zukunft. Es geht hier um den Fortbestand der lebenslang erfahrenen Individualität, des sich seines selbst-bewussten Geistes. Diese Erfahrung ist uns nur in seltenen Augenblicken zugänglich, in denen wir aus unserer ichbezogenen Haltung heraustreten.

Der unheilbar Kranke gewinnt die fundamentale Hoffnung

aus dem Zusammenbruch der alltäglichen Hoffnung; er macht eine rangerhöhende Verwandlung durch. Diese zeigt sich in der Geduld, die nur durch die fundamentale Hoffnung ermöglicht worden ist, die nun die Stelle der überwundenen Angst einnimmt.

Wir werden bei diesem Gedankengang auf den Römerbrief 8,24-25 verwiesen, der unmissverständlich auf die beiden Formen der Hoffnung hinweist: »Denn durch die Hoffnung werden wir gerettet. Die Hoffnung auf das Sichtbare ist nicht Hoffnung. Denn wie sollte das Hoffnung sein, was man sieht. Wenn wir aber das hoffen, was wir nicht sehen, warten wir in Geduld.« Christliche Hoffnung ist nicht alltägliche Hoffnung, sie ist auch nicht nur fundamentale Hoffnung mit ihrer Sehnsucht nach bleibendem Person-sein; sie ist Auferstehungshoffnung, also Hoffnung auf Fortbestand und Vervollkommnung des sich seines Selbst bewussten Geistes.

Ist dies nicht nur eine schöne Rede, eine utopische Hoffnung, vielleicht sogar ein Trugbild? Wir wollen zum Schluss noch dieser Frage nachgehen.

Zwei Ereignisse in unserem Leben sind von besonderer Bedeutung: unsere Geburt und unser Tod. Beide sind – bei aller wissenschaftlichen Kenntnis, die wir haben – nach wie vor ein Geheimnis. Das menschliche Leben und dies nicht nur ab Geburt oder drittem Fötalmonat, sondern ab Beginn des keimenden Lebens, das ja schon eine ganz individuelle Gestalt hat, ist geistbegabtes Leben, das nach Erkenntnis und Liebe, nach Sinn und Gestaltung drängt.

Die Wege des Lebens sind – weil sie durch und durch individuell sind – sehr verschieden. Doch bei aller Verschiedenheit in den Fähigkeiten, Erfahrungen, in den Milieu- und Lebenschancen, eint uns das Wissen um unseren Tod, um das Ende des Lebens. Ist es aber wirklich das Ende, wie viele meinen? Stirbt mit unserem Leib auch die Blüte des geistbegabten Lebens, das reflexive Selbstbewusstsein? Religionen, wie Christentum und Islam sind von einem Weiterleben dieser ihrer Selbst bewussten Seele überzeugt. Ist diese Überzeugung aber nur Glaubenssache? Bisher war es so. Aber die Erfahrungen einiger, die sich als Wissenschaftler mit Leben und Tod, mit Nervensystem und Selbstbewusstsein oder Seele befassen, kommen gegenwärtig zu dem Ergebnis, dass der Glaube durch neuere wissenschaftliche Erkenntnisse gestützt werden könnte. Hierzu seien zunächst zwei Neurologen angeführt: der weltbekannte kanadische Neurochirurg *Wilder Penfield* und der australische Neurophysiologe und Nobelpreisträger *John Eccles*. Letzterer hat in seinem Buch »Gehirn und Geist« (1980, S. 194) unter Bezug auf Penfield (»The mystery of the mind«, 1975) zu unserem Problem Stellung genommen. Zitat:

»Ich bekenne mich zu der Überzeugung, dass es etwas gibt, was ich den übernatürlichen Ursprung meines einmaligen, sich seines Selbst bewussten Geistes oder meiner einmaligen Individualität oder Seele nennen möchte ... Dieses ganze Weltall läuft nicht, ohne dass irgendein Sinn dahinter steckt, bloß immer nur weiter und weiter. Ich bin zu der Überzeugung gelangt, dass wir Geschöpfe sind, die irgendeine übernatürliche Bedeutung haben, die aber bis jetzt noch nicht genau bezeichnet ist. Wir können nicht mehr tun, als daran zu denken, dass wir alle vielleicht Teil irgendeines großartigen Planes sind. Jeder von uns darf zumindest die Überzeugung haben, dass er eine Rolle in irgendeinem gewaltigen, unvorstellbaren, übernatürlichen Drama spielt. Wir sollten alles daransetzen, um unsere Rolle nach bestem Können zu verwirklichen. Dann mögen wir mit Ernst und zugleich auch voller Freude auf die künftigen Enthüllungen alles dessen harren, was uns nach dem Tode bevorsteht.«

Eccles vertritt die Theorie – ich wies in meinem Buch »Selbstheilung durch geistige Kräfte – Ein Handbuch der Me-

thoden und ihrer Anwendungen«, Zürich 1999 – schon darauf
hin, dass das Bewusstsein unabhängig sei vom materiellen
Körper, eine Aussage, die von bedeutenden Physikern, wie
David Bohm oder *Evan Harris Walker*, gestützt wird. Bohm
geht davon aus, dass das Bewusstsein seinen Ursprung im Im-
materiellen habe, d. h. in der impliziten Ordnung, also von
nichtphysiologischer Natur sei. Walker betrachtet Gehirn und
Bewusstsein quantenphysikalisch. Seine Aussage: Das Bewusstsein ist von nichtphysikalischer Realität. Jedoch sind Gehirn
und Bewusstsein durch eine bestimmte physikalische Größe
miteinander verknüpft. Und diese Größe zu finden, so meint
Walker, sei eine der größten Aufgaben der theoretischen Phy-
sik für die nächsten 100 Jahre.

Willis Harman, Professor an der Stanford University und bis
zu seinem Tod Leiter des »Institute of Noetic Science« hat sich
ebenfalls eingehend mit Gehirnfunktionen und Bewusstsein
befasst, und er sagt:

»Das Faszinierende an außerkörperlichen Erfahrungen oder
Nahtodeserlebnissen ist, dass das, was auch immer dabei den
Körper verlässt, die Erinnerung mitnimmt, die Fähigkeit zu
denken und die Fähigkeit wahrzunehmen. Das zwingt uns geradezu, unsere Definition von Erfahrung zu überdenken – sie
als etwas zu sehen, das nicht in den Gehirnzellen gespeichert
ist –, und die Definition von Wahrnehmung, die nicht allein
von körperlichen Organen geleistet wird ...

Außerkörperliche Erfahrungen und Nahtodeserlebnisse und
viele andere Informationen ..., all das weist auf ein Bild des
Universums hin, in dem unsere Existenz hier nur Teil eines
Lernprozesses ist und der Tod nur ein Übergang in eine andere
Lernebene, und ich bin davon überzeugt, dass unsere Wissenschaft innerhalb des nächsten Jahrzehnts sich in diese Richtung bewegen wird.«

Die Angst vor Kontrollverlust und Wahnsinn

Wir haben wohl alle schon einmal die Erfahrung gemacht, dass wir im Zustand erhöhter Erregung und Verärgerung außer Kontrolle geraten sind und uns »daneben benommen« haben. Zumeist bedauerten wir dieses Ausrasten kurz danach. Vielleicht entschlossen wir uns, nachdem wir uns wieder beruhigt hatten, zu einer Entschuldigung: »Ich war einfach so erregt, dass ich es nicht mehr ausgehalten und meine Beherrschung verloren habe.«

Ängstliche Menschen sind zumeist übererregt, angespannt und voller widerstreitender Gefühle. In ihren Angstzuständen haben sie häufig die Befürchtung, die Kontrolle über sich zu verlieren. Ihr Bemühen, die lästigen Gefühle zu vertreiben und sich zu konzentrieren, misslingt. »Ich weiß nicht, was mit mir los ist. Ich glaube, dass ich den Verstand verliere.« Diese Annahme vertieft ihre Angst. Es ist uns tatsächlich nicht möglich, *unmittelbaren* Einfluss auf unsere Gefühle zu nehmen. Die Angst wird zwar – wie wir wissen – durch unsere Wahrnehmungen, Gedanken und Vorstellungen erzeugt und durch unser Verhalten festgehalten. Ist das Gefühl Angst aber erst einmal da, dann erleben wir sie zumeist so, als hätte sie spontan direkt von uns Besitz ergriffen. Wenn sie sich steigert, »haben« wir keine Angst mehr, sondern »die Angst hat uns«.

Die Angstzustände können auch durch verschiedene funktionelle und psychosomatische Störungen ausgelöst werden. So kommt es z. B. bei der sog. Hypoglykämie zu erhöhter Ausschüttung von Insulin aus der Bauchspeicheldrüse, die zu einer Senkung des Zuckerspiegels im Blut führt. Wenn sich dies über Jahre hinzieht, wird der Körper schon bei geringer Aufnahme von Kohlehydraten sensibel, sodass ein hypoglykämischer Schock ausgelöst wird, der von Angst begleitet ist.

Auch bei akuter Erschöpfung können panikartige Angst und eine schwere depressive Verstimmung auftreten.

Bei hoher Erregung neigen Personen dazu, schnell, kurz und tief zu atmen. Dies führt zu einer vermehrten Kohlendioxidabgabe und einer chemischen Blutregulationsstörung der Sauerstoff-Kohlendioxid-Spannung im Blut, begleitet von Schwindelgefühlen, Lufthunger mit Seufzeratmung und Angst.

Bei Medikamenten-, Alkohol- und Drogenabhängigkeit können schwere Angstanfälle auftreten, welche die Abhängigen in Verwirrung führen.

Klienten, die längere Zeit unter Schlaflosigkeit, Konzentrationsstörungen, Abgespanntheit und depressiven Verstimmungen leiden, trotz medikamentöser Behandlung keine dauerhafte Besserung in ihrem Befinden erreichen, entwickeln häufig negative Zukunftsgedanken bezüglich ihrer eigenen Verfassung. Sie fürchten, verrückt und in eine Nervenklinik eingeliefert zu werden.

Angstpatienten berichten oft, dass sie sich wie gefangen von einer fremden Macht vorkommen, die ihnen zur Entlastung ihrer inneren Not feindselige Handlungen gegenüber anderen nahe legt. »Ich habe manchmal den Zwangsgedanken, Sie umbringen zu müssen«, sagte einmal ein Klient zu mir, der unter Zwangsgedanken und -handlungen litt. – Eine depressive Mutter wurde von dem Gedanken beunruhigt, sie könne ihren Mann und ihr Kind töten.

Leistungsängste

Die Angst ist bei einzelnen Menschen sehr verschieden stark ausgeprägt. Manche Menschen sind seit ihrer Kindheit allgemein ängstlicher als andere. Wir sprechen dann von höherer Angstbereitschaft. Wir unterscheiden Hochängstliche und Niedrigängstliche. Hochängstliche versagen im Gegensatz zu den Niedrigängstlichen oft bei der Lösung von komplexeren

Aufgaben. Wir nahmen früher an, dass der erhöhte Erregungsgrad die Hochängstlichen daran hindert, sich auf die Aufgabe
zu konzentrieren. Doch ist, wie Untersuchungen ergeben haben, der physiologische Erregungsgrad zwischen den beiden
Gruppen annähernd gleich hoch. Worin liegt also der Unterschied, der zur Leistungsbeeinträchtigung führt? *Er liegt in der
subjektiven Wahrnehmung (und Bewertung) der Erregung.*
   Leistungsangst ist die Besorgtheit und Aufgeregtheit bei Leis-
tungsanforderungen, die als selbstwertbedrohlich eingeschätzt
werden.

Die Drei-Komponenten-Theorie der Angst
• Auslösersituation (spezifische Anforderung),
• subjektive Einschätzung der Erregung (als Selbstwertbedro-
   hung) und
• der Kognitionsinhalt (Besorgtheit und Aufregung)
vermittelt uns ein zureichendes Verständnis für die Entstehung
vieler Ängste und gibt uns Hinweise für die Angstbewältigung.
   Der Gegenpol der ängstlichen Besorgtheit ist die Erwartung
der Selbstwirksamkeit auf Grund hoher Selbstwerteinschätzung.
   Der Hochängstliche richtet seine Aufmerksamkeit – statt
diese auf die anstehenden Aufgaben zu konzentrieren (aufga-
benrelevante Aufmerksamkeit) – zu sehr auf sich selbst (selbst-
relevante Aufmerksamkeit). Er ist dabei auch eher auf die
Bewertung seiner Person durch andere ausgerichtet, denkt an
öffentlichen Misserfolg und erwartet eine Selbstabwertung auf
Grund des selbstverschuldeten Versagens. Misserfolge sind für
den Hochängstlichen schwerwiegender als für den Niedrigängstlichen.
   Der Niedrigängstliche behält dagegen das Problem und
seine Bewältigung im Auge.
   Die Furcht zu versagen ist in unserer Leistungs- und Wettbe-
werbsgesellschaft weit verbreitet.

Zunächst ist eine Erkenntnis von größter Bedeutung:

> Wenn wir ein Versagen befürchten, laden wir dieses Versagen oft
> in die Wirklichkeit ein. Die Furcht vor dem Versagen kann unsere
> Leistungsfähigkeit beeinträchtigen und das Scheitern über das
> Zaudern verursachen.
> Diese Regel gilt für die drei großen Bereiche des
> * Leistungs-,
> * Kommunikations- und
> * Sozialverhaltens einschließlich des Sexualverhaltens.

Wir sollten uns auch klarmachen, dass gelegentliches Versagen
zu jedem Einsatz und Unternehmen gehört. Wer aktiv ist,
kommt in manchen Dingen nur über Versuch und Irrtum zum
Ziel. Gelegentliches Versagen macht noch keinen Versager aus.

Gefährlich ist es, sich sein Versagen nicht einzugestehen und
zu verschleiern, sich in die Position des Perfekten und Unfehl-
baren zu manövrieren. Wenn wir die Möglichkeit und Berechtigung gelegentlichen Versagens akzeptieren, nehmen wir dem
Versagen den Stachel. Wir arbeiten dann an uns, bauen unsere
Fähigkeiten auf, setzen sie ein.

Eine große Rolle spielt die Furcht vor dem Versagen im Arbeitsbereich. Wir unterscheiden hier entsprechend den Aufgaben zwei Gruppen von Befürchtungen: die *Leistungsbefürchtungen* und die *Führungsbefürchtungen*.

Zu den *Leistungsbefürchtungen* zählen die Furcht,
* den Anschluss an den fachlichen Fortschritt zu verpassen;
* von den anderen, besser vor- und ausgebildeten Nachwuchs-
  kräften überrundet zu werden;
* dass bestehende Unsicherheiten und Unzulänglichkeiten in
  der Leistung (und der Führung) entdeckt werden;
* durch die tägliche Routine- und Schreibarbeit die fälligen
  Entscheidungen zu verpassen;

- überfordert zu sein oder zu werden, der nervlichen Belastung auf die Dauer nicht gewachsen zu sein.

Zu den *Führungsbefürchtungen* gehört die Furcht,
- nicht den richtigen Führungsstil praktizieren zu können;
- bei erforderlicher Delegation die Arbeiten der Mitarbeiter nicht ausreichend kontrollieren zu können;
- in Krisensituationen nicht richtig zu reagieren;
- mit problematischen Mitarbeitern nicht umgehen zu können.

Die nun folgende Furcht erstreckt sich sowohl auf *Leistungs- als auch auf Führungsaufgaben:*
- die Furcht, krank und älter zu werden und damit in der Lernfähigkeit, Flexibilität und Leistungsfähigkeit nachzulassen.

Im *Leistungsbereich* ist heute oft auch
- die Furcht vor Verantwortung
festzustellen. Diese Furcht ist in unseren Tagen beunruhigend aktuell. Es ist die Furcht vor Verpflichtungen, eine Befürchtung, die dazu geführt hat, dass Menschen aus Situationen weglaufen, in denen ihre Hilfe gebraucht wird. Man will sich nicht hineinziehen lassen. Furcht vor Verantwortung und Heuchelei gehen häufig zusammen. Wir tun so, als wollten wir uns nicht einmischen; in Wirklichkeit haben wir Furcht, dass wir etwas für andere tun müssen. Die Furcht vor Verantworung ist im Wirtschaftsleben und in der Politik heute verbreitet. Immer mehr Entscheidungen werden auf immer mehr Kommissionen verlagert.

Mit dem Streben nach Leistung ist oft das Streben nach Macht, Ansehen und Besitz verbunden, das zur Distanzierung von anderen und zur Rechtfertigung der eigenen Position führt.

Die so zu erreichende Sicherheit soll den Betreffenden gegen Angst, Hilflosigkeit und Schwäche schützen. Ausgesprochene Leistungsmenschen folgen meist dem irrationalen Ideal von Kraft: »Ich muss im Stande sein, jede noch so schwierige Situation auf der Stelle zu bewältigen.« Solche Menschen klassifizieren sich und die anderen in Gewinner, Starke und in Verlierer, Schwache. Sie müssen immer Recht behalten, alles wissen, ihren Willen durchsetzen. »Alle müssen das tun, was ich von ihnen erwarte. Ich darf niemals nachgeben, einen Rat annehmen; das würde nur Schwäche bedeuten. Ich muss andere beeindrucken und von ihnen bewundert werden.«

Der Besitz, der den Leistungsmenschen gegen die Furcht vor Verarmung und Abhängigkeit von anderen schützen soll, treibt ihn zu unermüdlicher Arbeit an. Er ist unfähig, das verdiente Geld für einen Lebensgenuss zu benutzen. Er ist unfähig, sich auf eine Beziehung einzulassen, in der jeder die gleichen Rechte hat.

Befürchtungen können aber auch Hinweise auf wirklich bestehende Schwächen sein. Hier sollten wir diese Schwachpunkte genauer bestimmen, an der Verbesserung der geforderten Fähigkeiten arbeiten und so unsere Kompetenz erweitern und festigen. Leider bleiben viele oft an den Befürchtungen hängen; sie machen sich Sorgen, die ihre Aktivität hemmen und dann gerade das, was sie befürchten, bestätigen.

Menschen, die in übersteigerter Weise auf Erfolg, Wirkung und Ansehen, den Ehrgeiz, stets der Beste zu sein, ausgerichtet sind, haben eine große Empfindlichkeit in Bezug auf Enttäuschungen. Meist können sie den Erfolg auch nicht genießen, dabei wird ihnen manchmal sogar bewusst, dass es ihnen wichtiger ist, im Konkurrenzkampf andere zu besiegen als selber Erfolg zu haben. Die Furcht vor Misserfolg ist die Furcht vor der Demütigung: »Die anderen werden sich über meinen Misserfolg freuen.« Zugleich macht sich die Furcht vor Erfolg breit. Sie fürchten sich dann vor dem missgünstigen Neid anderer.

Soziale Ängste

Soziale Ängste – wir können sie auch als soziale Phobien bezeichnen – sind weit verbreitet, gründen in Selbstunsicherheit
und einem Mangel an Selbstbehauptung. Viele Menschen sind
sich dieser Ängste gar nicht bewusst; sie meinen, sie seien einfach gehemmt oder gelegentlich aggressiv. Soziale Ängste beziehen sich auf den Umgang mit anderen Menschen und die
Furcht vor Verhaltensweisen, bei denen sie von anderen auf
Ablehnung stoßen könnten.

Die meisten sozialen Ängste kreisen um Befürchtungen, wie:
- von anderen nicht beachtet und anerkannt zu werden,
- von ihnen abgelehnt und zurückgewiesen zu werden,
- unsicher und unbeholfen ihnen gegenüber aufzutreten,
- eigene Gefühle, eigene Meinungen, eigene Bedürfnisse zu
  äußern,
- was andere über einen denken könnten,
- sich für einen Partner zu entscheiden oder sich von ihm zu
  trennen.

Weit verbreitet ist auch:
- die Angst vor Autoritätspersonen,
- vor Konflikten,
- vor öffentlichen Reden,
- berechtigte Forderungen anzumelden,
- Kritik zu äußern.

Die Ängste entstehen aus Vorstellungen, Einstellungen und öffentlicher Selbstaufmerksamkeit. Sozial Ängstliche fragen sich,
ob sie in bevorstehenden Situationen akzeptiert oder abgelehnt
werden. Durch negative Selbstbewertungen entstehen unangenehme Gefühle. Sie fürchten sich davor, schwach zu wirken oder

zu versagen. Die Umweltanforderungen werden als bedrohlich eingeschätzt. Es handelt sich nicht um eine Bedrohung der körperlichen Unversehrtheit, sondern um eine Bedrohung des Ich oder des Ego-Selbst. Beim Ego-Selbst unterscheiden wir das private und das soziale (öffentliche) Ego-Selbst. Im privaten Selbstbewusstsein beziehen wir uns unmittelbar auf unsere Werte, Fähigkeiten, Fertigkeiten und Möglichkeiten; im sozialen Selbstbewusstsein beziehen wir uns auf das Bild, das andere sich von uns machen oder machen könnten.

Es gibt verschiedene *selbstschädigende Einstellungen,* die soziale Ängste auslösen und festhalten. Diese Einstellungen gehen oft auf unsere Kindheitserfahrungen zurück, als wir noch unreif und abhängig waren. Sie spiegeln sich vor allem in der Aussage: »Ich bin so wie ich bin nicht in Ordnung.« Diese Einstellung kann sich auf unsere äußere Erscheinung, Größe, Figur, aber auch auf unsere geistigen Fähigkeiten und sozialen Geschicklichkeiten beziehen. Sie führt dazu, dass der Betreffende sich an andere wendet, die ihm sagen und zeigen sollen, was zu tun ist. Er braucht ständig jemand, der ihn stützt und bei ihm ist. Weil er glaubt, das Leben nicht meistern zu können, braucht er Beistand. Ihn plagt z. B. die Angst vor dem Alleinsein, die Angst, seine Bedürfnisse und Meinungen zu äußern. Solches Verhalten führt dazu, dass gerade das, was er befürchtet, eintritt: Andere ziehen sich von ihm zurück.

Seine *Grundeinstellung* äußert sich etwa in einer Reihe von Gedanken, wie:
- Ich muss bei allen, die ich kenne, beliebt sein.
- Ich muss unter allen Umständen Konflikte vermeiden.
- Ich darf meinen Ärger und meine Enttäuschungen nicht zeigen.
- Ich darf keine Schwäche zeigen und keinen Fehler machen.

Bei der sozialen Angst sehen wir uns selbst als soziales Objekt oder öffentliches Ich bzw. Ego-Selbst. Wir achten darauf, *wie* wir bei anderen ankommen, *wie* sie uns sehen und bewerten werden; wir sind also fremdbestimmt. Die Grundlage der sozialen Angst ist daher die öffentliche Selbstaufmerksamkeit.

Es gibt nach Ralf Schwarzer (1987) vier Arten der sozialen Ängstlichkeit:
* Verlegenheit,
* Scham,
* Publikumsangst,
* Schüchternheit.

Bei der Beschreibung stützt sich Schwarzer auf die Arbeit von R. B. Buss (1980):

Verlegenheit

Sie äußert sich vor allem
* im Erröten, unsicheren Lächeln,
* im ungeschickten oder gehemmten Verhalten,
* im Abbruch bzw. Vermeiden des Blickkontaktes,
* im leiseren Sprechen und in verzögerten Antworten.

Unmittelbare Ursache für die Auslösung von Verlegenheit ist häufig ungeschicktes und fehlerhaftes Verhalten: Man kommt falsch gekleidet zu einer Versammlung oder Veranstaltung. Es rutscht einem beim Reden eine Vertraulichkeit oder ein Geheimnis heraus. Man vergisst den Namen des Gesprächspartners. Eine weitere Ursache kann die soziale Hervorgehobenheit sein, so wenn man einen Fahrstuhl betritt, in dem nur Personen des anderen Geschlechts sind. Man wird bei einer Geburtstagsrede übertrieben gelobt. Letztlich kann auch die

Verletzung der Privatsphäre Verlegenheit auslösen, z. B. wenn sich deutlich hörbar Verdauungsgeräusche bemerkbar machen, man als Zuhörer eines Konzerts niesen muss, usw.

> Besonders anfällig für Verlegenheitsreaktionen sind Menschen mit hoher öffentlicher Selbstaufmerksamkeit (Fremdbestimmtheit). Sie fühlen sich ständig beobachtet, bewertet und hervorgehoben. Sie handeln nicht spontan, sondern nur mit Blick auf die anderen. Oft ist es aber einfach Mangel an sozialer Kompetenz, der zur Verlegenheit führt. Die Betreffenden haben wenig Gelegenheit gehabt, öffentlich aufzutreten, vor einer Gruppe zu sprechen oder ähnliches. Weiter sollten wir bedenken, dass die Menschen sehr unterschiedlich bereit sind, ihre Wünsche, Gefühle, Einstellungen und Absichten zu äußern. Für manche ist es ein Problem, über ihre Herkunft, ihr Alter, ihren Beruf und ihre Parteizugehörigkeit Auskunft zu geben.

Menschen, die leicht in Verlegenheit geraten, neigen dazu, manche Situationen zu meiden bzw. »aus dem Felde zu gehen«. Darüber hinaus sind sie schnell bereit, Hilfe zu leisten und so ihre Verlegenheit zu überspielen. Viele der hier geschilderten Merkmale finden sich bei der vierten Form der sozialen Ängste, der Schüchternheit, allerdings zum Teil in einem anderen Zusammenhang.

Scham

Während Verlegenheit kurzfristig auftritt und relativ unbedeutend ist, dauert Scham länger an; sie ist schwerwiegender und moralbezogener.

> Scham ist ein Innewerden einer Wertminderung durch Enthüllung eines (selbstverschuldeten) Entblößtseins, eines Bloßgestellt-Seins, und dies im tatsächlichen oder vermeintlichen Sinne.

Ein leichtfertiges Sichöffnen, Sichmitteilen kann nachträglich als Preisgabe und Verletzung der Distanz in der Scham zum Bewusstsein kommen. Während sich das Schuldigfühlen im Allgemeinen zuerst an einem dem anderen zugefügten Leid entfacht, bezieht sich die Scham in erster Linie auf eine tatsächliche oder vermeintlich selbstverschuldete Entwürdigung – bezogen auf einen praktischen Handlungsbereich oder auf geistige Leistungen, z. B. die Verletzung der intellektuellen Redlichkeit.

Die Scham einer Person kann sich auch auf andersartige vermeintliche oder tatsächliche Minderleistung beziehen, so z. B. im Sport, wenn die Person Schuld an der Niederlage der Mannschaft hatte, also ihre Erwartungen und die der Mannschaft nicht erfüllt wurden. Der Betreffende empfindet dann ein Mischgefühl von Schuld und Scham.

In der Scham erlebt man einen Verlust an Selbstwertschätzung. Man ist über sich enttäuscht und/oder hat andere auch enttäuscht. Schwarzer hat auf einen wichtigen Unterschied von Schuld und Scham hingewiesen. Die Richtung der selbstbezogenen kognitiven Prozesse ist bei beiden verschieden. Um sich schuldig zu fühlen, bedarf es der privaten Selbstaufmerksamkeit; um sich zu schämen, der öffentlichen Selbstaufmerksamkeit.

»Wenn niemand das Fehlverhalten beobachtet hat, liegt keine Veranlassung für Scham vor. Unentdeckte Taten können Schuldgefühle, nicht aber Schamgefühle hervorrufen. Das nachfolgende Handeln der betreffenden Person ist in beiden Fällen verschieden. Schuld kann man vor sich selbst abbauen, indem man sich z. B. bestraft, sich besser verhält und alles tut, um das Selbstkonzept zu korrigieren. Scham erfordert dagegen öffentliches Handeln, indem man sich vor anderen als kompetent oder moralisch beweist« (Schwarzer, S. 131 f.).

> Zu den Umkreisphänomenen der Scham gehören Schuld- und Minderwertigkeitsgefühle, Hemmungen, Peinlichkeitsgefühle und die allen diesen Gefühlen zu Grunde liegende und begleitende Angst.

Scham-Angst ist die Angst vor möglichen Schamerlebnissen, die eintreten *könnten* durch Unachtsamkeit, Schuld, widrige Umstände und dadurch, dass man sich vor anderen zu sehr exponiert. Immer geht es dabei um die Frage, welches Ansehen und welcher Wert meiner Person von anderen verliehen wird. Aber nicht nur tatsächliches oder vermeintliches Fehlverhalten kann Scham auslösen, sondern auch unsere körperliche Erscheinung, sofern wir sie nicht akzeptieren: rote Haare, vernarbtes Gesicht, große abstehende Ohren, zu kleiner oder zu großer Wuchs, Fettleibigkeit, gelegentlich auch Herkunft, Partner- und Kinderlosigkeit.

Publikumsangst

ist die Furcht einer Person vor einer größeren Gruppe oder Gesellschaft, eine Handlung durchzuführen, sei es nun eine Ansprache vor Gästen, ein Referat in einem Seminar, das Aufsagen eines Gedichts, Arbeitsproben vor den Augen der Mitarbeiter oder/und des Vorgesetzten, ein Vortrag oder eine Vorführung musikalischer, sportlicher oder anderer Art. Die Blicke der Zuschauer und Zuhörer sind auf die Person gerichtet. Vor und neben der Handlung ist dessen Aufmerksamkeit gespalten. Einerseits ist sie auf ihr Können (private Selbstaufmerksamkeit), andererseits auf ihr Ankommen beim Publikum (öffentliche Selbstaufmerksamkeit) gerichtet. Selbst Profis berichten immer wieder von einer inneren Spannung, dem Lampenfieber.

Wir unterscheiden wie bei allen Ängsten auch hier die überdauernden Ursachen und die unmittelbaren Ursachen.

Neben hoher allgemeiner Angstbereitschaft ist Publikums-
bzw. Redeangst verbunden mit einer Reihe sozialer Ängste,
z. B. der Angst
* von anderen nicht beachtet, nicht anerkannt, abgelehnt zu
  werden,
* Fehler zu machen,
* lächerlich zu wirken, damit einhergehend noch die Angst,
  was andere von dem Vortragenden – seiner Intelligenz, seiner Fachkundigkeit, seiner Redeweise – denken könnten.

Die Publikumsängstlichkeit kann den Betreffenden so stark
hemmen, dass er unfähig ist, vor seinem Publikum zu sprechen.

Die unmittelbaren Ursachen der Publikums- bzw. Redeangst liegen in der sozialen Hervorgehobenheit der eigenen
Person. Schon die gedankliche Vorwegnahme des Auftretens
führt zum Lampenfieber. Weiter spielt eine Rolle, ob der Betreffende es gewohnt ist, einem Publikum ausgesetzt zu sein
oder er bisher solche Situationen nur als Zuschauer bzw.
Zuhörer kennen gelernt hat. Letztlich ist für den Publikumsängstlichen auch die Zusammensetzung und Reaktion des Publikums von Bedeutung. Ein Lehrer kann vor der Klasse sicher
und gelassen sein, jedoch bei einem Bericht vor Kollegen oder
den Eltern in Publikumsangst geraten. Auch reagiert der Betreffende bei einer kleineren Gruppe oft sicher, bei einer größeren unsicher. Wichtig ist beim Publikumsängstlichen auch die
Reaktion des Publikums während der Handlungsausübung.
Wenn keiner eine Miene verzieht und einige sich ihren vorliegenden Unterlagen zuwenden, kann er dies z. B. als Nichtbeachtung und Interesselosigkeit bewerten. Er gerät in Erregung,
die Stimme wird unsicher, die Körperhaltung verkrampft; er
vergisst, was er sagen wollte und blättert nervös in seinen Unterlagen.

Ein Beispiel soll dies verdeutlichen:
– »Malen Sie sich folgende Szene aus. Zwei Menschen, die über die gleiche Redegewandtheit verfügen, werden – jeder zu verschiedener Gelegenheit – gebeten, eine öffentliche Rede zu halten. Die beiden Individuen unterscheiden sich im Grad ihrer Angst vor öffentlichem Sprechen: der eine hat darin einen hohen Messwert, der andere einen niedrigen. Während des Vortrags des einen wie des anderen verlassen einige Zuhörer den Raum. Dieser Umstand löst in den Individuen mit den verschiedenen Redeangstwerten völlig verschiedene Selbstaussagen oder Selbstbewertungen aus. Der mit dem hohen Redeangstwert sagt vermutlich zu sich selbst: ›Ich langweile die Leute. Wie lange muss ich noch reden? Ich wusste, dass ich nie und nimmer eine Rede halten kann‹ usw. Diese Selbstabwertungen erzeugen Angst und ergeben genau das Redeangstverhalten, das der Betreffende fürchtet (d. h. sie werden zu sog. sich selbst erfüllenden Prophezeiungen). Auf der anderen Seite: das Individuum mit dem niedrigen Redeangstwert sieht das Weglaufen der Zuhörerschaft doch vermutlich als Zeichen ihrer Unzivilisiertheit an oder schreibt es äußeren Ursachen zu. Er sagt etwa: ›Gewiss müssen sie zu einer Vorlesung. Wie dumm, dass sie weg müssen. Sie verpassen einen guten Vortrag‹« (Meichenbaum, D.W. in: Kanfer, F.H. und Goldstein, A.P. <Hrsg.>, 1977, S. 408).

Schüchternheit

ist eine Sonderform der sozialen Ängstlichkeit. Man erkennt sie an der Beeinträchtigung des Sozialverhaltens.

Mir ist aus der Zeit, als ich an der Universität München ein Seminar über Frühförderung hielt, noch gut ein Beispiel in Erinnerung:

– Ich hatte den Psychologen Samuel Kirk von der Universität Illinois eingeladen. Ich fragte unter den Studenten, wer ihn am Flughafen abholen wollte und erwartete die Meldung einer Studentin, die sich eingehend mit dem Buch von Kirk befasst hatte. Ich merkte zwar an ihren wechselnden Blickkontakten – mich anblicken und unter sich schauen –, dass sie mit sich im Widerstreit war; doch dann meldete sich eine andere Kommilitonin. Später, als der Kollege bereits abgereist war, kamen wir im Gespräch noch einmal auf den Besuch zurück. Sie sagte etwas vorwurfsvoll, warum ich sie nicht zum Flughafen geschickt hätte. Ich hätte sie doch ansprechen sollen. Sie sei viel zu schüchtern, um sich selbst vor der ganzen Gruppe »anzubieten«. Aus dem weiteren Gespräch entnahm ich, dass sie den Vorfall als Lernprozess aufgefasst und sich vorgenommen hatte, sich in Zukunft selbstsicherer zu verhalten.

> Schüchternheit hindert den Betreffenden daran, eine Überzeugung, einen Wunsch auszusprechen, die eigenen Interessen anzumelden. Sie macht es ihm schwierig, neue Kontakte zu knüpfen, soziale Erfahrungen zu buchen und daraus Nutzen zu ziehen. Sie macht ihn nur begrenzt aufnahmefähig gegenüber dem Lob von anderen. Sie wird begleitet von Angst, depressiven Verstimmungen und Einsamkeit.

Im Einzelnen äußert sich Schüchternheit, Gehemmtheit darin, dass der Betreffende
- den Blickkontakt meidet,
- Abstand von anderen hält,
- sich in die Ecke setzt, um außerhalb der »Schusslinie« zu sein und um schnell entweichen zu können.
- Der Gehemmte spricht wenig und leise, macht lange Pausen, bleibt dabei ernst, zurückhaltend und
- reduziert seine Körperbewegungen.

Schüchternheit ist jedoch von Höflichkeit zu unterscheiden.
Der Höfliche setzt seine sozialen Verhaltensweisen gezielt und
bewusst ein, und er meldet seine Interessen an. Der Schüchterne kann nicht anders als schüchtern sein. Der Höfliche
bleibt ruhig und gelassen. Der Schüchterne wird von sozialen
Ängsten eingeengt und befindet sich im Zustand öffentlicher
Selbstaufmerksamkeit. Er ist angespannt, fühlt sich belastet,
kommt sich linkisch und befangen vor.

Sie können sich des folgenden Angst-Fragebogens bedienen,
der Aussagen zur Selbstbeantwortung (trifft nicht zu – trifft zum
Teil zu – trifft ganz und gar zu) enthält. Dadurch können Sie feststellen, ob Sie im selbstunsicheren Formenkreis der Schüchternheit bzw. Gehemmtheit angesiedelt sind. Liegen Sie mit mehr als
sechs Antworten bei »trifft ganz und gar zu«, besteht eine
höhere Angstbereitschaft.

- Ich bin angespannt, wenn ich mit Leuten zusammen bin, die
  ich nicht kenne.
- Ich fühle mich in sozialen Situationen befangen und beein-
  trächtigt.
- Im Beisein anderer bin ich etwas unbeholfen.
- Bei Partys und anderen geselligen Anlässen fühle ich mich oft
  unbehaglich.
- Bei einer Unterhaltung bin ich besorgt, dass ich etwas Dummes
  sagen könnte.
- Wenn ich mit einer Autoritätsperson spreche, bin ich ganz ner-
  vös.
- Ich bin schüchtern gegenüber Angehörigen des anderen Ge-
  schlechts.
- Es bereitet mir Schwierigkeiten, jemandem direkt in die Augen
  zu blicken.
- Ich vermeide Streit, Auseinandersetzungen und Konflikte.
- Mir fällt nach einer Unterhaltung meist erst nachher ein, was
  ich hätte sagen oder antworten sollen.

Gehemmte Personen haben oft den Wunsch und auch die Fähigkeit, etwas Bestimmtes zu tun; sie schreiten aber dennoch nicht zur Tat. Sie gehen z. B. auf eine Tanzveranstaltung, können tanzen, und dennoch hält sie etwas in ihrem Inneren davon ab, jemanden zum Tanz aufzufordern oder eine Aufforderung anzunehmen. Sie gehen zu einem Vortrag mit anschließender Diskussion mit dem Publikum. Sie hätten etwas Wichtiges zu sagen; doch melden sie sich nicht. Sie vermeiden Situationen, in denen sie ihrer Ansicht nach irgendwie bloßgestellt werden oder versagen könnten.

Schüchternheit kann in sehr verschiedenen Graden auftreten. Besonders ausgeprägte Schüchternheit kann wie eine schwere körperliche Behinderung das Leben des Betreffenden einschränken. Schüchternheit kann

- verhindern, den Bekannten- und Freundeskreis zu erweitern,
- den Betreffenden davon abhalten, seine eigenen Bedürfnisse, Wünsche und Interessen zu äußern und sich wirkungsvoll mit anderen auseinander zu setzen,
- klares Denken und Planen erschweren und verhindern, dass der Betreffende seine Fähigkeiten entwickelt und erprobt,
- zur Vereinsamung, zu Misstrauen und Depression führen.

Schüchterne sind vorsichtig im Reden und Handeln; sie scheuen sich vor Selbstbehauptung, fühlen sich in Gegenwart anderer unbehaglich, besonders gegenüber Fremden, Gruppen und Autoritäten.

Schüchterne sind besorgt darüber, dass andere ihre Schüchternheit wahrnehmen könnten, dass sie unter den körperlichen Symptomen der Beklemmung und des Errötens und letztlich an Unsicherheit im Umgang mit anderen, an ihrem gebremsten Gedanken- und Gefühlsaustausch, an Schweigsamkeit leiden.

Der Schüchterne neigt dazu, sich auf seine körperlichen Symptome, wie z. B. Pulsrasen, Herzklopfen, sichtbares Schwitzen, sein flaues Gefühl im Magen und nicht zuletzt auf das Erröten zu konzentrieren. Dabei wartet er oft nicht die Situation ab, in der er sich schüchtern fühlen *könnte*. Er spürt die Symptome schon im Voraus, sieht unangenehme Ereignisse auf sich zukommen und bleibt den gefürchteten Situationen fern.

> Es sind zwei Typen der Schüchternen zu unterscheiden, den öffentlich (sozial) Schüchternen und den privaten Schüchternen. Der eine ist besorgt darüber, er könne sich schlecht benehmen, der andere, er könne sich schlecht fühlen. In beiden Fällen sind die Auswirkungen gravierend, da sich Schüchterne vom aktiven sozialen Zusammenleben immer mehr zurückziehen, sodass sie von anderen keine Aufmunterung und Anerkennung bekommen, die jeder von Zeit zu Zeit braucht.

Es gibt einige persönliche und soziale Probleme, die u. a. sowohl Ursache als auch Folge von Schüchternheit, Gehemmtheit, sein können:
• Alkoholismus,
• unpersönlicher Sex,
• Gewalttätigkeit und
• Unterwürfigkeit.

Alkoholismus

Das Trinken und oft der Alkoholismus lassen sich auf das Bedürfnis des Schüchternen zurückführen, seine Gefühle der Unzulänglichkeit zu überwinden, akzeptiert zu werden, Teil einer sozialen Gruppe zu sein. Im leicht angeheiterten Zustand ist der Schüchterne gesprächs- und mitteilungsbereiter.

Unpersönlicher Sex

Untersuchungen von Philip G. Zimbardo, Professor für Sozialpsychologie an der Stanford-Universität in Kalifornien, haben – kurz angedeutet – ergeben:

- Schüchterne sind in sexuellen Belangen unbeholfen;
- sie ergreifen ungern die Initiative;
- sie sind unfähig, ihre sexuellen Gefühle und Wünsche auszudrücken;
- sie praktizieren Sex, ohne sich emotional zu engagieren und sich um eine engere Beziehung zu bemühen.

Gewalttätigkeit

Schüchterne lassen ihre Gefühle nicht zum Ausdruck kommen. Sie unterdrücken vor allem negative Gefühle, wie Enttäuschung und Ärger.

Dabei entwickeln sich gleichsam im Untergrund starke aggressiv-feindselige Tendenzen. Bei vielen Schüchternen erzeugt die Selbstwahrnehmung bösartige Rache- und Vergeltungsgedanken, Schuldgefühle und weitere Angst. Der Frustrationsärger wird zurückgehalten, bis er sich eines Tages durch irgendeine störende Kleinigkeit in einer mörderischen Raserei Luft verschafft.

Unterwürfigkeit

Schüchterne Menschen sind – sozial gesehen – angenehme Mitmenschen, die in den meisten Fällen das tun, was von ihnen erwartet wird. Sie halten sich an alle Regeln und Vorschriften. Vor allem haben sie gelernt, Autoritäten zu fürchten. Sie lassen sich deshalb in autoritären Gesellschaften leicht überreden, Sicherheit gegen Freiheit einzutauschen. Dabei entwickeln sie Misstrauen gegenüber ihren Mitmenschen und Loyalität gegenüber den Machthabern. Salter beschreibt den Schüchternen wie folgt:

»Nur die vorwiegend *gehemmte Person* ist egoistisch, da sie ständig mit sich selbst befasst ist. Die Rücksicht, die die gehemmte Person auf andere nimmt, ist nicht mehr als die *Angst des Kindes,* das sich einmal verbrannt hat, vor dem Feuer. Für andere hat sie keinen Gedanken übrig, weil ihr die Kraft fehlt, nach draußen auf die zu sehen, die um sie herum sind. Sie liebt nicht, obwohl sie geliebt werden will. Liebe ohne Beteiligung gibt es nicht, und sie bleibt in ihrem eigenen Schneckenhaus. Gefühle der Liebe zum Ausdruck zu bringen, das ist ihr weg-konditioniert worden. Sie hat Angst vor anderen Menschen; sie hat Angst vor Verantwortung; sie hat Angst, Entscheidungen zu treffen. Ihre Ängste können die Erscheinung von *Aggression, Egozentrik* und *mangelnder Rücksicht* annehmen. Dieser Typ der gehemmten Person macht sich außerdem ständig Sorgen, und er ist so fehlangepasst wie sein überhöflicher und scheuer Mitmensch. Er leidet genauso stark« (Salter, A., in Corsini, R. J. ›Hrsg.‹, 1983, S. 1175).

Phobien

Der Begriff »Phobie« kommt aus dem Griechischen (phobos) und bedeutet »Furcht«. Die Liste der Phobien ist sehr umfangreich. Es gibt über tausend bekannte und über zweihundert klinisch benannte Phobien. Manche sind weit verbreitet, andere seltener.

In der Therapie haben wir es hauptsächlich mit folgenden Phobien zu tun:
- Angst, sich in geschlossenen engen Räumen aufzuhalten,
- eine verkehrsreiche Straße zu überqueren,
- von einer Menschenmenge umgeben zu sein,
- in einer Menschenschlange an der Kasse eines Kaufhauses zu stehen,
- durch einen Tunnel zu fahren,
- Lifte oder Rolltreppen zu benutzen,
- von einem hohen Balkon hinab zu blicken,

Befürchtungen bezüglich spezifischer Orte und Naturereignisse	Befürchtungen spezifischer Situationen und Tätigkeiten	Befürchtungen bezüglich bestimmter Tiere	Befürchtungen spezifischer Krankheitserreger, Krankheiten und was mit Krankheit und Krankenhausaufenthalt zusammenhängt	Befürchtungen bei bestimmten Körpersensationen, die auf Krankheit hindeuten können
• Höhen und Abgründe, z. B. Berge, Hochhäuser • Brücken • geschlossene Räume • Dunkelheit • Blitz, Donner und Sturm	• von einer Menschenmenge umgeben zu sein • Kaufhausbesuch, besonders Schlangestehen an der Kasse • öffentliche Verkehrsmittel benutzen • Auto fahren, besonders durch einen Tunnel fahren, neben Lastwagen fahren • Fliegen • Aufzug benutzen • vor einer Gruppe sprechen bzw. eine Rede halten, etwas vorführen • auf Partys gehen • Schreiben in Anwesenheit anderer • allein aus dem Haus gehen, auf die Straße, über einen Platz gehen.	• Mäuse • Ratten • Schlangen • Spinnen • Insekten, speziell Bienen, Wespen	• Ansteckung, Bakterien, Bazillen, Viren • Schmutz, Glasscherben • Herz-Kreislaufstörungen • Krebs, Aids • Blut, Wunden • chirurgischer Eingriff, Operation • Zahnarztbesuch	• erhöhter Pulsschlag • Herzklopfen • Atembeschwerden • Globusgefühl im Hals • Schwitzen der Hände • Schwindelgefühl • Magenschmerzen

- auf einem schmalen Bergpfad zu gehen,
- mit dem Flugzeug zu fliegen,
- öffentliche Verkehrsmittel zu benutzen,
- mit dem eigenen Auto (allein) zu fahren,
- eine Injektion zu bekommen,
- Angst vor Mäusen,
- harmlosen Spinnen und Schlangen,
- fliegenden Insekten.

Weit verbreitet ist auch
- die Furcht vor Bakterien und Schmutz.

> Die Therapieforschung hat herausgestellt, dass irrationale (unangemessene) Ängste *erlernte* Ängste sind. Was wir einmal gelernt haben, können wir aber auch wieder »entlernen«.
> Durch nicht dem Willen unterworfene Lernprozesse kann man phobisch werden. Wir haben irgendwann in unserem Leben einmal eine negative Erfahrung gemacht und diese *nicht gleich adäquat verarbeitet.* Wir haben gleichsam in unserem Gehirn auf Grund fehlerhaften Lernens ein Warnsignal etabliert.

Beispiel:
– Eine junge Frau hatte seit vielen Jahren eine Beziehung zu einem Mann, wohnte mit ihm zusammen. Zur Heirat kam es nicht, obwohl sie dies wünschte. In all den Jahren des Zusammenlebens unterdrückte sie eigenständige Regungen; sie äußerte keine negativen Gefühle, keine Wünsche, keine Kritik, gab ständig nach, aus Angst, ihn zu verlieren.

Die Beziehung flachte daraufhin immer mehr ab, bis der Partner schließlich eine Trennung herbeiführte, was sie als sehr schmerzlich empfand.

In diesem Zustand der Verunsicherung und erhöhten Verwundbarkeit fuhr sie mit ihrem Auto Wochen nach der Trennung auf einer Landstraße. Es ereignete sich ein kleiner

fremdverschuldeter Auffahrunfall. Kurze Zeit danach war
es ihr zunehmend unbehaglicher, mit ihrem Auto zu fahren.
Sie vermied daraufhin das Autofahren. Nach einigen Wochen war es ihr überhaupt nicht mehr möglich, das Auto zu
benutzen. Eine Fahrphobie hatte sich fixiert.

> Wie im vorliegenden Beispiel, so ist in der Therapie bei Phobikern
> immer wieder festzustellen, dass *eine* Auslösersituation im Zuge
> einer schon länger bestehenden Verunsicherung, Selbstunsicher-
> heit bzw. emotionalen Labilität in ihrer Bedrohlichkeit zum Teil
> maßlos überbewertet und oft dann auch die Bedrohlichkeit auf
> andere, meist ausgesprochen harmlose Situationen und Hand-
> lungen ausgedehnt wird.

Dieser Hintergrund ist auch bei den folgenden zwei Beispielen
zu erkennen:

Beispiel 1:
– Sie haben sich einmal in einem Raum mit vielen Menschen
  befunden. Sie konnten sich kaum vor- und rückwärts bewegen. Die Luft war stickig. Ihnen würde übel. Sie versuchten,
  so schnell wie möglich den Raum zu verlassen und atmeten
  draußen befreit auf. – In Zukunft haben Sie in Situationen,
  in denen Sie sich beengt, eingeengt oder eingeschlossen empfinden, Angst. Sie erkennen das z. B. daran, dass es Sie unangenehm berührt, in einem Zimmer zu sein, dessen Tür
  oder Türen geschlossen sind.
     Ganz schlimm erging es Ihnen vielleicht bei einer Schiffs-
  reise. Sie mussten am Abend Ihre Kabine, die gut mit frischer Luft versorgt war, fluchtartig verlassen, um auf dem
  Gang oder dem Deck »Luft zu bekommen«.
     In solchen Situationen helfen weder Einsicht noch Rat.
  Man kann Ihnen die Unangemessenheit und Unsinnigkeit
  Ihrer Not, Ihrer Klaustrophobie, noch so klarmachen, Ihre

Angst wird davon nicht berührt. Sie spielt sich auf einer anderen Ebene ab. Für Sie ist der Aufenthalt bedrohlich. Alles schnürt sich in Ihnen zusammen – das ist Ihre Wirklichkeit, die Sie sehen, denken, fühlen, körperlich empfinden.

Beispiel 2:
– Viele Befürchtungen können wir gar nicht mehr in Bezug auf ihre Entstehung erkennen. Wir wissen z. B., dass wir eine Höhenphobie haben. Zuerst ist uns das aufgefallen, als wir bei Freunden in einem Hochhaus im 11. Stockwerk vom Balkon hinunterschauten. Die gleiche Angst tritt aber auch bei Bergwanderungen, beim Lift oder bei der Rolltreppe, wenn Sie sich aufwärts oder abwärts bewegen, auf. Sie erinnern sich auf einmal, dass Sie als kleines Kind, oft vom Vater plötzlich hochgehoben, Angst empfanden. Ob die heutige Angst damit zusammenhängt, bleibt eine offene Frage. Vielleicht haben Sie aber auch später, als Sie irgendwann einmal »oben« waren, etwas gesehen, gehört, erlebt, das Sie erschreckte oder unangenehm berührte. Auf diese Weise könnte die Höhe mit negativen Reizen besetzt worden sein.

Das Ausfindigmachen oder Entdecken der Entstehungssituation – einer Ursache – hilft Ihnen nicht aus Ihrer Lagebefindlichkeit und Befangenheit heraus. Sie erleben immer wieder, dass Sie von Angst überflutet, erregt und gelähmt werden.

Eine Phobie bzw. Angst kann nicht nur nach einem einmaligen negativen Erlebnis entstehen, sondern auch auf Grund chronischer Frustration. Neben den und mit den genannten zwei Ursachengruppen – den negativen Erfahrungen und chronischen Frustrationen – verbunden, spielen bei Ängsten stets auch Befürchtungsgedanken eine Rolle. Eine genauere Analyse dieser Gedanken zeigt uns, dass wir oft gar nicht von tatsächlich gegebenen Bedrohungen geängstigt werden, sondern von uns selbst ausgedachten und erfundenen Bedrohungen.

Eine ganz besondere Rolle spielen hier *Selbstaufmerksamkeitsprozesse*. Bei erhöhter *privater* Selbstaufmerksamkeit achten Phobiker auf ihre *inneren* Vorgänge, auf Veränderungen und Abweichungen ihrer normalen körperlichen und seelischen Befindlichkeit. Sie sehen darin Anzeichen kommender schwerer Störungen. Einige zumeist beachtete innere Veränderungen sind beispielsweise:

- Herzrhythmusstörungen,
- erhöhter Puls und Blutdruck,
- erhöhte Atemfrequenz,
- Schweißausbruch,
- Schwindelgefühle,
- Zittern,
- Globusgefühl im Hals,
- Magen-Darm-Verstimmungen.

Hinzu kommt die erhöhte *öffentliche* Selbstaufmerksamkeit. Der Phobiker macht sich übertrieben Gedanken darüber, dass andere Personen seine Befindensveränderungen und ihn als unsichere Person, als Versager erkennen und beurteilen könnten. Dadurch können die angstbedingten Veränderungen bis zu einer Panik mit Ohnmachtsanfällen gesteigert werden.

Es ist nicht sinnvoll und weiterführend, nach einzelnen, weiter zurückliegenden und schwerlich auszumachenden Bedingungen zu suchen. Für die Therapie wichtig ist die Feststellung der *gegenwärtig bestehenden Auslöserbedingungen,* die zugleich die Symptome festhalten. Allerdings sollte – wenn dies klar erkennbar ist – nach den Bedingungen und der Situation des ersten Angstanfalls gefragt werden. Wir wissen, dass wir in unserem Leben oft nicht von den Dingen und Situationen, wie sie wirklich sind, beeindruckt werden, sondern davon, wie wir diese Dinge und Situationen *bewerten.*

Meistens wird irritierenden und bedrohlich erscheinenden Situationen – wenn eben möglich – ausgewichen. Durch dieses Vermeidungs- und Rückzugsverhalten wird zunächst zwar eine Erleichterung (Angstreduktion und damit Erregungsminderung) erreicht. Langfristig gesehen ist der Betreffende aber immer weniger in der Lage, sich Situationen und Anforderungen zu stellen. Er gerät in eine gelernte Hilflosigkeit bzw. in depressive Verstimmungen. Nach oft schon kurzer Zeit entwickeln sich diverse psychosomatische Störungen. Auch hier bewirken diese körperlichen Symptome anfangs zumeist eine Erleichterung der psychischen Beschwerden; die Angst wird erträglicher, die depressiven Verstimmungen werden zunächst gedämpft.

Wie schon erwähnt: Manche Menschen können sich nicht in engen geschlossenen Räumen aufhalten. Einige von ihnen werden von extremen Angstgefühlen bis zur Panik befallen. Wir bezeichnen diese Raumangst als *Klaustrophobie*. Die Angst kann z. B. im Büroraum, im Aufzug, bei einer U-Bahnfahrt, Schiffsreise oder im Flugzeug ausbrechen. In Fahr- und Flugzeugen kommt noch hinzu, dass die Phobiker ihre Beförderung nicht unterbrechen, ihren Platz während des Transports nicht verlassen können.

Viele haben schon einmal an einem Abgrund, im Hochhaus auf dem Flachdach oder am oberen Fenster stehend, den seltsamen Drang verspürt, sich hinabzustürzen. Dann erschraken sie und traten schnell zurück. Oft haben Menschen, die an einer Höhenphobie leiden, eine extreme Furcht zu fallen bzw. zu stürzen.

Wir lesen, hören oder sehen im Fernsehen, wie ein Flugzeug abgestürzt ist. So kann sich bei einigen Menschen eine Flugangst entwickeln. Es kann aber auch sein, dass sie während einer Flugreise unangenehme Gedanken, sei es im Hinblick auf einen Geschäftsabschluss oder im Hinblick auf eine bevorstehende Scheidung, plagten und sie diese unangenehmen Gefühle auf Flugzeuge übertrugen.

Einigen Menschen kann auch Verschiedenes beim Flug Angst machen. Sie sind nicht Herr der Lage, vermögen keine Kontrolle auszuüben, müssen sich ganz und gar auf die Besatzung verlassen. Es gibt keine Notbremse, die sie ziehen könnten. Im Notfalle können sie nicht einmal hinausspringen.

Manche denken bei jeder Änderung der Motorengeräusche, bei Vibrationen, wenn die Stewardess zur Pilotenkabine eilt, gleich an eine Katastrophe.

Die *Angst vor Schlangen und Spinnen* ist weit verbreitet. Es gibt verschiedene Erklärungen für die Entstehung dieser Ängste. Oft sind es unliebsame Geschichten, die man in der Kindheit aufgenommmem hat. Es können diese Phobien auch einfach bei den Eltern wahrgenommen und über Modelllernen erworben worden sein. Gelegentlich spielen auch symbolische Deutungen eine Rolle; so gilt z. B. die Schlange als böse und verführerisch, wie im biblischen Paradiesmythos beschrieben. Andererseits ist die Schlange – man denke an den Äskulapstab – auch ein Symbol der Heilkunst. In ähnlicher Weise werden Spinnen in verschiedenen Mythen als gefährlich oder mit Heilkräften ausgestattet dargestellt. Noch bis in die Mitte des 18. Jahrhunderts empfahlen Ärzte, bei Fieber Spinnen mit Butter aufs Brot zu streichen und zu verzehren.

Wenn man die Phobiker fragt, was sie an Schlangen und Spinnen ängstigt, geben sie an, dass diese Tiere ihnen unheimlich und gefährlich vorkommen. Doch sind gefährliche Schlangen in unserer Umgebung kaum anzutreffen. Schlangenphobiker können kein Picknick im Freien machen, weil sie ständig im Gras eine gefährliche Schlange *vermuten*. Spinnen sind hier zu Lande keineswegs gefährlich, im Gegenteil sogar nützlich, weil sie kleines Ungeziefer fressen.

Wie alle Phobien finden wir die Schlangenphobie bevorzugt bei Frauen. Freud hatte dafür eine recht abwegige Erklärung. Nach ihm repräsentiert die Schlange den Phallus. Die Frauen haben nach seiner Auffassung Angst vor dem Penis, da der Penisneid angeblich die weibliche Psyche beherrscht. Plausibler erscheint eine andere Theorie: Männer werden eher als Frauen ihr Leben lang dafür belohnt, dass sie die Initiative ergreifen. Auf Befragungen: »Was würden Sie tun, wenn Ihnen eine gefährliche Schlange im Garten begegnete?«, antworten die Männer zumeist, sie würden das Problem dadurch lösen, dass sie die Schlange mit einer Hacke oder Latte töten, mit einem Wasserstrahl aus dem Gartenschlauch vertreiben oder mit einem Feuerlöscher ansprühen. Frauen gaben häufig an, sie würden ihren Mann, einen Nachbarn, eventuell die Polizei herbeirufen.

Gelegentlich begegnen uns Personen mit einer *Mäuse- und Rattenphobie*. Allein das plötzliche Auftauchen und schnelle Verschwinden dieser Tiere macht ihnen Angst. Ratten gegenüber haben die meisten Menschen Abscheu. Die Ratten sind verhasst, weil man sie mit der Verbreitung von Krankheiten und Seuchen in Zusammemhang bringt und weil sie sich an unappetitlichen Orten aufhalten. Mäuse kann man im Allgemeinen schnell im Haus vertreiben. Mäusephobiker haben aber nicht nur Angst vor Mäusen in der Wohnung oder im Haus, sondern auch, wenn die possierlichen kleinen und flinken Tiere auf der Terrasse oder im Freien vorbeieilen.

Die seltenere *Katzenphobie* geht oft darauf zurück, dass diese Tiere auf Tische springen, dort ihre Nahrung suchen. Doch scheint vor allem ihre »Sprunghaftigkeit« die Phobiker zu stören.

Es gibt viele Dinge und Situationen, die wir als unangenehm empfinden, z. B. haben manche Erwachsene Aversionen gegen das Essen von Spinat. Sie können oft keinen vernünftigen Grund dafür angeben. Bei dem Versuch einer Begründung kommen sie dann häufig auf ihre frühe Kindheit zu sprechen, wo sie angeblich gegen ihren Willen gezwungen wurden, den Spinat wegen seines Eisengehaltes zu essen oder sie geben an, der Spinat erinnere sie an – sit venia verbo – Kuhscheiße.

Zwischen (starken) Aversionen und Phobien gibt es gleitende Übergänge. Scheu und Abneigung gegenüber der Benutzung technischer Geräte bezeichnen wir noch nicht als »Technophobie«, obwohl sie manchmal phobischen Charakter haben.

Von Phobien sprechen wir jedoch erst dann, wenn die Betreffenden sich in den aversiven Situationen stark erregen, ängstlich, gehemmt und eingeschränkt fühlen.

– Herr N., Bankkaufmann, 35, unverheiratet, leidet seit Jahren an Zwangsgedanken und Phobien, die sich hauptsächlich auf Schmutz und Bakterien richten. Er muss, wenn er zum Dienst geht, meist mehr als viermal nachschauen, ob das Licht, der Elektroherd abgeschaltet sind und die Türe abgeschlossen ist. Aus Angst vor Schmutz und Bakterien steht er immer sehr früh auf, um sich zu duschen, zu rasieren, anzuziehen und frühstücken zu können, Prozeduren, die ihn etwa drei Stunden täglich in Anspruch nehmen. Eines Tages findet er auf dem Weg zum Büro eine größere Glasscherbe auf der Straße. Er nimmt sie mit, um sie im Büro in den Abfallcontainer zu werfen. Seine Gedanken kreisen seitdem darum, dass Autos durch die Scherben Pannen haben, Kinder sich verletzen könnten. Seitdem sucht er bei jedem Gang im Freien zwanghaft nach Scherben.

Wir sehen an diesem Beispiel zweierlei:

- Verschiedene psychische Störungen sind oft eng miteinander verbunden und stützen sich gleichsam gegenseitig.
- Phobien treten nicht nur dann auf, wenn die Betreffenden etwas unternehmen sollen oder unternehmen. Sie können auch ständig und überall, ganz gleich wie die Betreffenden sich verhalten, ausgelöst werden, ist doch die Welt, in der wir leben, niemals klinisch sauber.

Phobien sind das Ergebnis eines fehlerhaften Lernens.

Bekannt geworden und vielfach zitiert wird der Versuch des amerikanischen Psychologen John Broaders Watson, den er Anfang der Zwanzigerjahre mit dem elf Monate alten Albert durchführte. Er ließ das Kind einige Wochen lang mit einer weißen Ratte spielen. Diese Albino-Ratten sind klassische Versuchstiere, und sie bewegen sich recht flink. Eines Tages, als Albert gerade mit der Ratte spielte, erschreckte Watson das Kind durch einen plötzlichen lauten Gongschlag. Albert zuckte zusammen und begann zu schreien. Der Versuch wurde noch ein paarmal wiederholt. Das Kind zeigte von nun an Angstreaktionen, wenn es die Ratte sah. Dann übertrug Albert die Bedrohlichkeit auf ein Kaninchen, auf Hunde und bald auf alle Felltiere, sogar auf einen Bausch Watte. Auch der Anblick von Pelzmänteln versetzte das Kind seitdem in Angst.

Ein anfänglich neutraler Reiz durch ein zugleich stattfindendes Schrecksignal wird also in ein Angstobjekt verwandelt.

Viele unserer Aversionen sind durch solche *Konditionierungen* entstanden. Beispiele:

- Wir essen etwas, und es wird uns – sei es aus welchem Grunde – übel; dann neigen wir dazu, diese Speise und oft noch die Gaststätte, in der wir sie gegessen haben, zu meiden.

– Wir fahren mit dem Auto oder einem öffentlichen Verkehrsmittel durch eine Unterführung. Unterwegs wird uns übel.
Danach entwickeln wir eine Phobie vor Fahren durch Unter-
führungen.

– Ein Geschäftsmann, der im Flugzeug sitzt, macht sich Sorgen wegen seiner Scheidung; er denkt an die Kinder, an Un-
terhalt und anderes mehr. Die dadurch ausgelösten unangenehmen Gefühle können sich auf das Flugzeug bzw. Fliegen
übertragen. Dann kann sich eine Flugphobie entwickeln.

Die Beschäftigung mit vermeintlich oder tatsächlich bedrohlichen Dingen, die uns in einer bestimmten Situation widerfah-
ren *könnten*, kann zur *seelischen Inkubation von Angst* führen.
Zumeist sind es vergangene negative Erlebnisse, Gehörtes, Ge-
sehenes oder Gelesenes, gelegentlich sogar ein Traum, der eine
Phobie auslösen kann. Jeder Angst- oder Panikanfall kann die
Furcht verstärken.

Menschen, die unter Phobien leiden, behalten dies meist für sich
und verheimlichen ihre Ängste. So kommt es, dass sie oft glauben, sie seien nicht in Ordnung. Sie sehen andere, die in gleicher Situation keinerlei Furcht haben. Allein, dass sie durch
ein Buch oder in der Therapie erfahren, dass Phobien recht
verbreitet sind oder ihre Störung als Phobie bezeichnet wird,
die zu überwinden ist, lässt sie schon aufatmen. Ich werde
dabei an die Aussage eines Mediziners erinnert: Ein Patient
kommt zum Arzt und klagt über Schmerzen an der Fußsohle.
Die Schmerzen sind lästig, und er befürchtet eine beginnende
Arthrose. Der Arzt beruhigt ihn mit der Bemerkung: »Das ist
eine vorübergehende Metatarsalgie«. Metatarsalgie bedeutet
lediglich Schmerzen zwischen Ferse und Zehengelenken. Der
Patient weiß jetzt, worum es sich handelt, und er beruhigt sich.
Allerdings können Bezeichnungen auch krank machen, z. B.

wenn jemand die Diagnose »endogene Depression« erhält und irrtümlich meint, dass er nun lebenslang krank sein wird.

Phobische Angstreaktionen reichen von milder bis panischer Furcht. Phobische Personen meiden in der Mehrzahl die Situationen und Dinge, vor denen sie sich erschrecken und ängstigen. Das kann ihr tägliches Leben erheblich einschränken.

Beispiele:
- So musste ein erfolgreicher Angestellter seinen Job im fünfzehnten Stockwerk aufgeben, weil er an Höhen- und Fahrstuhlangst litt.
- Andere suchen einen Arbeitsplatz in ihrer Nähe, weil sie Angst vor Autofahren und der Benutzung öffentlicher Verkehrsmittel haben.
- Ehen sind gestört oder werden zerbrechen, weil der Ehemann an phobischer Impotenz leidet und beide der Auffassung sind, dass diese Phobie kaum zu beheben ist.

Verschiedene Psychotherapien neuerer Richtung weisen darauf hin, dass Phobien durch Konditionierung gelernt werden und von daher auch wieder »entlernt« werden können. Dabei wirkt eine noch immer populäre Theorie der Klinischen Psychologie hinderlich, nach der eine Phobie das Symptom eines ihr zu Grunde liegenden verborgenen Konflikts in den ersten sechs Lebensjahren sein soll. Solche psychoanalytischen Annahmen sind abwegig und die sich darauf gründende Therapie langwierig und zumeist erfolglos.

Wir alle haben drei grundlegende negative Gefühle:
Angst – Wut – Depression.
Sie sind weitgehend unabhängig voneinander, was sich z. B. darin zeigt, dass Wut und Depression unter Umständen die Angst verringern können.

Jede der Emotionen ist angeboren und nicht dem Willen unterworfen. Als genetische Ausstattung sollen sie Überleben sicherstellen. Das Gefühlszentrum des Gehirns kontrolliert automatisch unsere Gefühle und alle Körperfunktionen, die uns am Leben erhalten, die Drüsentätigkeit, den Blutkreislauf, Herzschlag, die Verdauung, Ruhe, das Schlafen und Wachsein. Das Denkzentrum des Gehirns ist für alles Denken, Wollen, Planen und Ausführen von Handlungen verantwortlich. Wir können aber selbst bei aller Willensanstrengung die grundlegenden Operationen unseres Gefühlszentrums *nicht direkt* kontrollieren.

Wir können uns nicht willentlich von unserer Angst befreien, wie wir auch Angst nicht willentlich erzeugen können.

Die Reaktionen auf eine plötzlich eintretende realistische Gefahr (Einbrecher in der Nacht, Hai beim Schwimmen im Meer, auf uns zukommender Geisterfahrer) – ebenso wie bei irrationalen Ängsten – führen dazu, dass das Gefühlshirn je nach der tatsächlichen oder vermeintlichen Schwere der Bedrohung zwei Strategien einsetzt. Einmal leitet es große Mengen von Blut aus den Verdauungsorganen ab und führt sie der Skelettmuskulatur der Arme und Beine zu, sodass wir in Wut geraten, uns mit gerötetem Gesicht verteidigen, kämpfen oder fliehen. Zum anderen entzieht das Gefühlshirn bei Situationen, in denen wir weder kämpfen noch fliehen können, dem Gehirn Blut. Es kommt zum Absinken des Blutdrucks im Gehirnbereich, dem dadurch Sauerstoff entzogen wird, sodass wir fröstelnd in Angst geraten und mit fahlem Gesicht in Starre oder Ohnmacht verfallen.

Diese Ohnmacht hat nichts mit irgendeiner Krankheit zu tun. Die Ursache ist rein mechanischer Art. Wir kommen aus solcher Ohnmacht schnell heraus, wenn uns jemand einen

Schmerzreiz – etwa einen Schlag ins Gesicht oder einen Stoß gegen die Brust – zufügt. Die Ohnmacht als Angstreaktion dient Überlebenszwecken.

Die mit der Angst eintretende Blockade des Denkprozesses bezweckt, dass sich die Ängstlichen nicht müßigen Spekulationen hingeben, sondern die Gefahr abwehren oder weglaufen.

> Für den Abbau der Angst ist u. a. die Wut von Bedeutung, steht doch in unserem Nervensystem die *Wut mit der Angst in Konkurrenz*. Wir können physiologisch nicht gleichzeitig ängstlich und wütend sein. Die Wut ist auch eine dem Überleben dienende Emotion. Die dabei ausgesandten Botschaften des Gefühlshirns an das autonome Nervensystem dienen dazu, dass wir bei Bedrohung, in die uns andere Menschen oder ein Tier versetzt haben, maximale Anstrengungen unternehmen können. *Die Wut beherrscht also die Angst*; sie hilft uns, alles außer Acht zu lassen, vor allem Dinge, die uns gewöhnlich in Angst versetzen.

Es gibt verschiedene Angst- bzw. Phobie-Kombinationen, so zwischen der Klaustrophobie und der Flugangst oder der Klaustrophobie und der Befürchtung, mit öffentlichen Verkehrsmitteln zu fahren. Erst durch eine genauere Analyse der Phobieentstehung und der -situationen lassen sich die Ausgangs- und Folgephobie oder -phobien feststellen. So hat z. B. die Mehrheit derjenigen Personen, die Angst vor einem öffentlichen Auftritt oder einer Rede haben, nicht Angst vor Menschenmengen, sondern Angst, in den Augen des Publikums schlecht oder schlechter als andere abzuschneiden (= soziale Angst).

Nach dem von uns vertretenen Lebensbewältigungsmodell unterscheiden wir leichtere und schwerere Phobien. Grundsätzlich sollte man von Phobie im klinischen Sinn erst dann sprechen, wenn sie sich im Alltag behindernd und einschränkend auswirkt.

Neben leichteren und schwereren Phobien, Phobiekombinationen, Ausgangs- und Folgephobien gibt es nun aber noch eine äußerst schwere komplexe Phobie, die das Leben der Betroffenen extrem einschränkt – die *Agoraphobie.*

Agoraphobie

Die Furcht, über einen großen Platz zu gehen, die man nach dem griechischen Wort *agora* für Marktplatz als Agoraphobie bezeichnet, ist missverständlich. Der so charakterisierte Phobiker könnte ja leicht ausweichen und um einen Platz herumgehen. Wie kann dann die Agoraphobie, die im Folgenden gekennzeichnet wird, die schwerste und lähmendste Form aller Phobien sein?

> Der Agoraphobiker hat große Angst, über Plätze zu gehen, hohe Gebäude zu passieren, in Einkaufsläden, Bürohäuser und besonders in überfüllte Kaufhäuser zu gehen, sich in einer Menschenmenge aufzuhalten, auf Bahnhöfen zu sein, Restaurants, Theater, Filmcasinos, Veranstaltungen usw. zu besuchen, öffentliche Verkehrsmittel zu benutzen. Die Ängste der Agoraphobiker beziehen sich allesamt auf Orte und Situationen außerhalb ihrer Wohnung.

Die Betroffenen sind psychisch blockiert, befürchten, dass etwas Schlimmes, etwa ein Ohnmachtsanfall, passiert. Sie geraten in Panik, wenn sie an das Verlassen der Wohnung denken oder sie verlassen müssten. Meistens können sie dann auch in ihrer Wohnung nicht allein bleiben. Sie brauchen immer eine Stützperson um sich, Menschen, die bei einem eventuellen Panikanfall Hilfe holen können.

Es gibt in der Bundesrepublik etwa 800 000 Agoraphobiker, zwei Drittel und mehr sind Frauen. Interessant ist, dass unter dieser Störung fast nur Mittel- und Oberschichtfrauen leiden. Sie können es sich erlauben, agoraphobisch zu sein. Frauen, die für den Lebensunterhalt zu sorgen haben, auch allein stehende Frauen, die arbeiten müssen, sind selten von dieser Krankheit betroffen.

> Die Agoraphobie ist eine Kombination aus allgemeinen sozialen Ängsten, Ängsten vor Menschen und Ängsten vor Dingen und Orten außerhalb der eigenen Wände. Die Betroffenen können sich in Gesellschaft nicht bewegen, sich nicht mit anderen Menschen treffen, mit ihnen sprechen, arbeiten, essen, Geschäfte machen oder die Freizeit mit ihnen verbringen.

Viele Agoraphobikerinnen – es sind ja zumeist Frauen – verlangen, dass ihr Ehemann oder Partner sich nach ihnen richtet, ihnen beisteht und hilft. Sie können nicht allein sein, geschweige denn allein ausgehen. Sie belasten die Ehe und stiften Verwirrung in der Familie. Männer leiden gelegentlich auch an einer Agoraphobie; doch leben sie ihre Störung nicht so aus wie Frauen. Sie kämpfen unter Hergabe hoher psychischer Kosten dagegen an, weil sie mehr Angst haben, als Weichlinge und Versager zu gelten.

Wenn jemand längere Zeit unter der Angst vor dem Verlassen der Sicherheit und Geborgenheit des Heims, also unter pathologischen Angstzuständen, leidet, gerät er mit der Zeit in depressive Verstimmungen und in eine reaktive Depression.

Es lassen sich bei der Entstehung einer Agoraphobie oft fünf Stadien nachweisen, die Doris Wolf (Mannheim, 1990, S. 104 ff.) beschrieben hat:

1) Panikreaktion
Der Betroffene erlebt meist in einer Phase körperlicher und seelischer Schwächung bzw. Labilität in einer bestimmten Situation eigenartige körperliche Zustände, wie einen Schwächeanfall oder Kreislaufstörungen. Damit geht eine Panikattacke einher. Gewöhnlich ist der erste Anfall der schlimmste.

2) Erwartungs- und Vermeidungsangst

Der Betroffene ist verunsichert und erlebt den Panikanfall so bedrohlich, dass er von dem Gedanken beherrscht wird, einen solchen Zustand nie mehr erleben zu wollen. Er entscheidet sich, alles zu unternehmen, um diesen Zustand zu vermeiden. Zwei Fragen beherrschen sein Denken: Werde ich wieder einen Anfall bekommen? Wie kann ich dies verhindern? Gewöhnlich erkennt er keine Regel, warum Panikattacken auftreten. Er ist zunächst bestrebt, die Situation zu vermeiden. Erwartungsangst bestimmt den Tagesablauf. Die Vermeidung dehnt sich dann auf immer mehr Situationen aus. Schließlich fühlt er sich nur noch zu Hause sicher.

3) Furcht vor Verrücktwerden

Der Betroffene glaubt, er leide an einer schweren geistigen Störung. Er lebt in der Furcht, eines Tages verrückt zu werden. Er fürchtet sich vor seinen Gefühlen, hat Angst vor der Angst und läuft von Arzt zu Arzt.

4) Auslöser Bedrohungsgedanken

Mit der Zeit genügt schon die Vorstellung der bedrohlichen Situation und des dabei auftretenden Kontrollverlustes, um einen Panikanfall auszulösen.

5) Depression

Da der Betroffene Angst hat, verrückt zu werden, befürchtet er, dass die Öffentlichkeit dies bemerkt. Er zieht sich in sich selbst zurück und wertet sich von Tag zu Tag wegen seiner Unfähigkeit ab. Er wird depressiv.

Tatsächlich leidet der Betroffene unter irrationalen Gedanken und den damit verbundenen körperlichen Reaktionen. Er überbewertet die Gefährlichkeit der Situationen.

Die Agoraphobie wird vor allem durch vier verschiedene Verhaltensweisen *aufrechterhalten, gestützt, befestigt*:

- *Zurückhaltung*
  Das Persönlichkeitsprofil der Agoraphobiker unterscheidet sich von dem anderer Personen durch eine erhöhte Sensitivität, eine geringe intrapsychische Verarbeitung und Ableitungsunfähigkeit. Dadurch sind Phobiker besonders stressanfällig. Sie reagieren intensiver als andere auf äußere und innere Reize, z. B. Schreck- und Schmerzreize, halten diese Reaktionen länger fest, mobilisieren bei Störungen weniger ihre Bewältigungsfähigkeiten und halten ihre inneren Nöte, negativen Gedanken und Gefühle zurück. Statt sie auszudrücken und anderen mitzuteilen, ergehen sie sich in Besorgtheitsgedanken.

- *Vermeidungs- und Rückzugsverhalten*
  Sie schränken, wie wir bereits wissen, ihre Aktivitäten zunehmend ein, gehen nicht mehr einkaufen, fahren nicht mehr mit öffentlichen Verkehrsmitteln und dem Auto, benutzen keinen Lift, gehen nicht auf Veranstaltungen, ziehen sich zuletzt in ihre Wohnung zurück.

- *Inanspruchnahme von Helfern*
  Agoraphobiker nehmen in verschiedenen Situationen Beistandspersonen in Anspruch. Sie benötigen beim Gang in die Stadt, z. B. beim Einkaufen, eine Begleitperson, beim Autofahren einen Beifahrer. Um in der Wohnung nicht allein sein zu müssen, laden sie sich jemand in die Wohnung ein. Sie haben ständig die Telefonnummer des Hausarztes bei sich.

- *Tabletten und Alkohol*
  Die Einnahme von Medikamenten und Alkohol verschafft Ängstlichen vorübergehend eine Erleichterung. Die Mittel können übergangsweise das Ausmaß an Angst reduzieren, führen aber oft zusätzlich zu einer Abhängigkeitsstörung.

Panikanfälle

Panikartige Anfälle treten nach Ansicht der Betroffenen plötzlich auf. Sie können sich diese Anfälle in den meisten Fällen nicht erklären. Sie befürchten, schwer krank zu sein und gleich zu sterben. Sie wissen nicht, dass sie von einer *angstbedingten Fehldeutung* gepeinigt werden.

> Normale Abweichungen der verschiedenen physiologischen Funktionen, wie etwa übermäßiges Herzklopfen, sind im Allgemeinen keine Anzeichen einer gesundheitlichen Störung. Sie werden durch gesteigerte Ängstlichkeit, Befürchtungsgedanken und -vorstellungen erzeugt.

Panikanfälle haben in sich die Tendenz zur Wiederholung. Wenn sie mehrmals aufgetreten sind, verfestigt sich dieses Reaktionsmuster, wie der Bericht einer Hausfrau zeigt:
– »Auf dem Heimweg kurz vor der Ecke der Straße, in der sich meine Wohnung befindet, wurde mir schwindelig. Mich erfasste ein panischer Schrecken. Ich kam nur mühsam zum Haus, schleppte mich bis zu meiner Wohnung, warf mich aufs Bett und war wie benommen. Als ich am nächsten Tag das Haus verließ, um einzukaufen, geriet ich bereits nach wenigen Schritten in Panik. Ich hatte dabei das Gefühl, gar nicht ich selbst zu sein. Alles um mich herum kam mir eigenartig fremd vor. Bei der Umkehr ging mir dauernd der Satz ›Ich werde verrückt‹ durch den Kopf.«

Agoraphobie kann sich gelegentlich auch im Verlaufe einer Depression entwickeln:
– Herr R., 42, Postbeamter, litt zwischendurch immer wieder an depressiven Verstimmungen. Als er eines Tages früh morgens zum Dienst gehen wollte, den Bus bestieg, wurde ihm

nach kurzer Zeit übel; er geriet in Angst mit allen bereits geschilderten körperlichen Begleiterscheinungen, wie übermäßiges Herzklopfen, Schweißausbruch, Muskelschwäche. Er stolperte zum Fahrer, ließ anhalten, sich mit einem Taxi nach Hause fahren und konnte in den nächsten Tagen nicht mehr aus dem Haus gehen.

Jürgen Margraf und Silvia Schneider (Berlin 1989) haben sich eingehend mit Panikanfällen befasst. Die beiden Autoren leiten ihre Ausführungen durch Fallbeispiele aus ihrer Forschung und Praxis ein:

– Eine 23-jährige Sekretärin leidet bei ihrer Arbeit immer wieder plötzlich an Anfällen eines unheimlichen Gefühls, »als würde ich in einen Nebel getaucht. Alles um mich ist unwirklich, losgelöst. Ich habe Angst, fortzutreiben und mich zu verlieren«. Da sie keine Ursache für die Anfälle bemerkt, fürchtet sie, an einem Hirntumor zu leiden.

– Ein Geschäftsmann fährt nach einem Gewinn bringenden Abschluss mit seinem Wagen nach Hause. Bei Tempo 180 bekommt er, ohne erkennbaren Grund, Schweißausbrüche; sein Herz hämmert gegen den Brustkorb, und ihm wird schwarz vor den Augen. Er lenkt seinen Wagen rechts auf den Parkstreifen.

– Eine junge Frau liegt mit ihrem Freund am Strand. Plötzlich verspürt sie einen stechenden Schmerz in der Brust. Sie bekommt keine Luft und fürchtet um ihr Leben. Ihr Freund bringt sie zum Notarzt.

– Eine Hausfrau steht längere Zeit im Supermarkt in der Schlange. Gerade als sie an die Reihe kommt, lässt sie ihren vollen Einkaufswagen stehen und läuft unter den verwunderten Blicken der anderen Menschen aus dem Geschäft.

– Eine junge Malerin hat ihr erstes Bild einem Museum verkauft. Gerade möchte sie ihren Freund anrufen und ihm die

gute Nachricht überbringen. Da spürt sie ein wildes Herzklopfen, ihre Beine fangen an zu zittern, und sie fühlt sich
benommen. Innerhalb von Sekunden geht es ihr so schlecht,
dass sie statt ihren Freund den Arzt anruft.

Bei keiner dieser Personen konnte bei der ärztlichen Untersuchung eine körperliche Ursache für die Angsterlebnisse festge-
stellt werden. Sie berichten, dass sie zunächst in der Situation
gar keine Angst hatten, sondern sehr starke körperliche Symptome, die für sie Anlass zu großer Sorge waren, sie aber dann
in Schrecken und Angst versetzten.

Wenn jedoch Angstanfälle im Zentrum der Beschwerden stehen,
bezeichnet man diese Störung als *Paniksyndrom*. Etwa 10 %
der Menschen, also etwa 8 Millionen Bundesbürger, leiden im
Laufe ihres Lebens an spontanen Angstanfällen. Die meisten
überwinden sie ziemlich schnell, wiederum etwa 10 % von
ihnen geraten in die *sich selbst verstärkende Abwärtsspirale
einer schweren Agoraphobie oder/und Depression*.
Kurz vor und während des Angstanfalls, der durchschnitt-
lich etwa eine halbe Stunde dauert, erleben die Betroffenen
verschiedene somatische und kognitive Symptome.

Somatische Symptome
- Verstärkter unregelmäßiger Herzschlag (Herzklopfen),
- Schwindel und Benommenheit,
- Atemnot,
- Übelkeit oder/und Magen-/Darmprobleme,
- zitternde Hände, »weiche Knie«, Beben des Körpers,
- Druck oder Schmerzen in der Brust,
- Schwitzen oder Frösteln,
- Erröten oder Erblassen im Gesicht.

Kognitive Symptome
- Angst vor Kontrollverlust, in Ohnmacht zu fallen,
- etwas Unangenehmes zu tun,
- verrückt zu werden,
- Angst vor katastrophalen Konsequenzen der wahrgenommenen körperlichen Symptome, wie Tod durch Herzinfarkt, Sturz bei Schwindel,
- Depersonalisation und Derealisation.

Nach dem ersten Anfall lenkt der Betroffene seine Aufmerksamkeit nach innen und sucht fortan den Körper nach möglichen Anzeichen drohender Gefahr ab. Diese gesteigerte Suchhaltung und private Selbstaufmerksamkeit lassen die Betroffenen das finden, was sie suchen. Das Herz arbeitet z. B. nicht im gleichmäßigen Takt wie eine Maschine, sondern in einem sensiblen Rhythmus, der auf Umweltveränderungen, deren Wahrnehmung und auf eigene Tätigkeiten anspricht.

Die körperlichen Symptome gehen den Angstanfällen voraus. Oft werden sie von den Betroffenen anfangs kaum bemerkt; sie meinen dann, der Anfall käme »aus heiterem Himmel«. Im Durchschnitt treten die Anfälle in mittlerer Stärke auf. Margraf und Schneider haben bei ihren Untersuchungen und Erhebungen eine Liste von 14 Paniksymptomen in der Reihenfolge ihrer zunehmenden Stärke und entsprechenden Abnahme ihrer Häufigkeit aufgestellt:

Über die Hälfte erfährt
- verstärkte beschleunigte Herztätigkeit (Herzklopfen),
- Benommenheit und Schwindelempfindungen,
- Atemnot;

etwa 30 %
- Derealisation, depressive Verstimmungen,

- Magen- und Darmbeschwerden,
- Zittern der Hände und Beben des Körpers,
- Schwitzen,
- Brustschmerzen und Beklemmungen;

etwa 20 %
- Hitze- und Kältewallungen,
- Todesangst,
- Kribbeln der Haut,
- Erstickungs- und Würgeempfindungen,
- Angst, verrückt zu werden,
- Ohnmachtsempfindungen.

Margraf und Schneider weisen darauf hin, dass Angstklienten zuerst die körperlichen Symptome, wie z. B. starkes Herzklopfen, wahrnehmen und dann diese Symptome als hochgefährlich interpretieren.

Es werden bei der Entstehung der Angstanfälle also *interne Auslöser* hervorgehoben. Die Angstanfälle entstehen durch Rückkopplung zwischen körperlichen Symptomen, deren Assoziation mit Gefahr und der daraus resultierenden Angstreaktion.

Bei Panikklienten von Margraf und Schneider ließen sich keine besonderen disponierenden Persönlichkeitsmerkmale, wie z. B. Passivität, Schüchternheit oder Abhängigkeit, nachweisen. Ebenfalls konnten keine Belege für Ausgangsstörungen in der Kindheit, z. B. durch überbeschützendes Verhalten der Mütter oder instabile Familienverhältnisse, gefunden werden.

Nach unseren Beobachtungen spielen jedoch
- eine erhöhte allgemeine Angstbereitschaft bzw. Selbstunsicherheit,
- eine höhere Sensibilität für äußere und innere Reize,
- eine Schwäche intrapsychischer Verarbeitung und

- eine geringe Ableitungsfähigkeit, kurz: eine schnellere Verwundbarkeit,

eine Rolle.

Weitgehende Übereinstimmung besteht darüber, dass der Beginn einer Agoraphobie und damit einer Panikreaktion mit *Belastungen und Lebensereignissen* zusammenhängt, wie eigenen Krankheiten, dem Ende einer Partnerbeziehung oder finanziellen Problemen.

IV.

Angst und Depression

In den vorangegangenen Kapiteln wurde zwischendurch mehrmals auf depressive Verstimmungen und Depressionen hingewiesen. Im Mittelpunkt dieses Abschnitts wird der bedrückende Gemütszustand der Depression skizziert. Doch zuvor wollen wir uns zum einen mit den Schutz- und Abwehrmechanismen der Angst, zum anderen mit den die Angst oft begleitenden Gefühlsregungen des Missmuts und Misstrauens befassen. Die zwei nachgeordneten Kapitel weisen zunächst auf zwei Phänomene hin, die eng mit der Depression verbunden sind: Schuldgefühle und die Suizidgefährdung. Abschließend nehme ich zur Frage der medikamentösen Krisenverordnung Stellung.

Masken der Angst

Bisher habe ich die Ängste, die sich offen im Erleben und Verhalten zeigen, dargestellt. Dabei war zu erkennen, dass die meisten psychischen und psychosomatischen Störungen angstbedingt sind oder die Angst deren Leitsymptom ist. Klar erkennbar ist dies bei den Angststörungen, die man früher als Angstneurosen bezeichnete, und bei der Depression.

Weniger offenkundig ist der Zusammenhang mit der Angst bei einer Reihe von anderen psychischen Haltungen und Störungen. Ich bezeichne sie deshalb als *Masken der Angst*. Mit ihnen schützen wir uns gegen das Ansteigen der Angst, wehren sie gleichsam ab. Es werden folgende sieben Abwehr- und Schutzmaßnahmen herausgestellt:

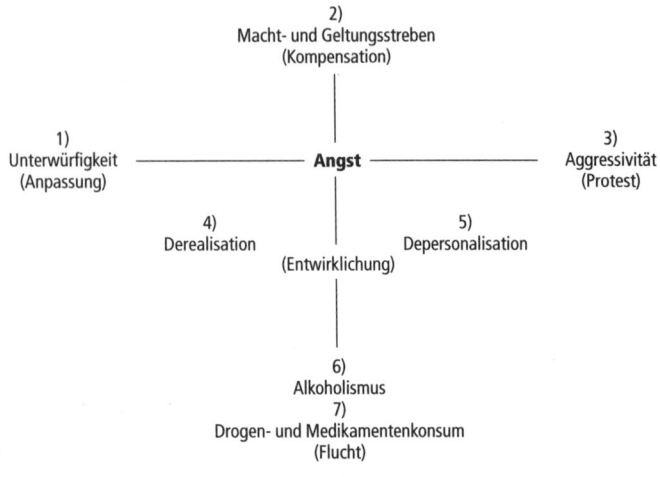

Abbildung 7: Masken der Angst

Unterwürfigkeit

Die Unterwürfigkeit kann leicht als eine Abwehr der Beeinträchtigung durch Angst erkannt werden. Wir müssen uns in vielerlei Hinsicht auf die Eigenarten und Forderungen der Situationen und der Mitmenschen einstellen und uns ihnen auch anpassen. Ohne ein gewisses Ausmaß von Anpassungsleistungen geraten wir ständig in Schwierigkeiten. Wir müssen einen Kompromiss zwischen unseren eigenen Bedürfnissen und Auffassungen und denen anderer Personen eingehen, ist doch sonst ein geregeltes Zusammenleben erschwert. Wenn hier aber von Anpassung gesprochen wird, dann im Sinne des ständigen Nachgebens, der Unterordnung und Unterwürfigkeit.

Der Unterwürfige betont seine angstbesetzte Persönlichkeitsschwäche durch den dauernd akzentuierten Hinweis auf die Wertüberlegenheit der anderen. Bei einer Geste eigener Herabsetzung schielt er zugleich nach einer Anerkennung für seine Selbstabwertung und dienernde Haltung.

> Aus der Sozialpsychologie wissen wir, dass Kommunikation unter »Ungleichwertigen« komplementär verläuft, das heißt, unterwürfiges Verhalten führt regelmäßig zu sich steigerndem dominantem Verhalten auf der anderen Seite.

Zur Verdeutlichung der komplementären Kommunikation möchte ich den gekürzten Bericht einer depressiven Klientin (Hausfrau, 26 Jahre, zwei kleine Kinder) wiedergeben:
– »Ich lernte meinen Mann vor vier Jahren auf einem Einführungsseminar für Computerbedienung kennen. Mein Mann ist Leiter der kaufmännischen Abteilung eines mittelgroßen Betriebs; ich war Sachbearbeiterin bei einer Behörde. Nach dem Kurs, der sechs Wochen dauerte, trafen wir uns zwischendurch, unternahmen gemeinsame Wanderungen am Wochenende, gingen oft zum Essen, besuchten Konzerte und Theater. Wenn er zu mir kam, brachte er immer einen wunderschönen Blumenstrauß mit. Mir imponierte seine Aufmerksamkeit mir gegenüber und die Großzügigkeit; z. B. suchte er auf den Speisekarten in den Restaurants immer ganz besondere Gerichte aus und gab dem Ober, der uns bediente, großzügig Trinkgeld. Nach drei Monaten des Kennenlernens heirateten wir und machten anschließend Urlaub in der Schweiz. Es schien alles bestens zu laufen. Wir richteten die neue Wohnung ein; dabei fiel mir auf, dass er alles bestimmen wollte und auch bestimmte. Ich machte ein paar Mal schüchterne Einwände, doch er ließ sich hier nicht um-

stimmen. So ging es nun weiter in allen Dingen, die auch das Haushaltsgeld und seine Verwendung betrafen. Wir bekamen dann unser erstes Kind. Auch hier ging es im selben Stil weiter. Ich wurde danach immer depressiver, zumal von der früheren herzlichen Zuwendung auch nur noch wenig zu spüren war. Am Wochenende blieb er länger im Büro, traf sich häufig mit Kollegen. Ich war oft allein. Er schickte mich dann zum Arzt. Dieser verschrieb mir ein Antidepressiva. Als sich mein Zustand nicht besserte, überwies mich der Arzt zu Ihnen in Therapie.«

Ich will hier den Bericht abbrechen, nur noch erwähnen, dass der Ehemann auf meine Empfehlung zwischendurch an der Therapie teilnahm. Die reaktive Depression der Klientin konnte innerhalb von fünf Monaten behoben werden. Der Mann bemühte sich, sein dominantes Verhalten zu korrigieren. Die ehelichen Beziehungen sind seitdem kooperativer geworden. Beide haben gelernt, über ihre Ansichten, Wünsche und Konflikte rechtzeitig miteinander zu sprechen und auf sie einzugehen.

> Die Unterwerfung schützt die ängstliche Person vor körperlichen und seelischen Verletzungen. Indem sie sich Menschen und Institutionen im *Verzicht auf Eigenbestimmung* unterwirft, die eigenen Wünsche zurückstellt, sich den Verhaltensregeln einzelner Gruppen oder Institutionen oder autoritärer Personen blind unterordnet, erreicht sie die Sicherheit des Mitläufers.

Durch den Abbau eigenverantwortlicher Lebensgestaltung verarmt der Unterwürfige innerseelisch. Oft geht der Abwärtsprozess bei länger andauernder Selbstverleugnung weiter. Über die Resignation verfällt er der Apathie, Gefühlsverarmung und Depression, ein Prozess, der in seinem Endstadium zum »lebenden Leichnam« führt, wo alle Innerlichkeit, alle Gefühle und Antriebe versanden.

Unterwürfigkeit, aber auch Machtstreben, stehen als Überwindungsversuche der eigenen Schwäche, Angst und Isoliertheit in einem hintergründigen Zusammenhang. Gefügigkeit und Unterwürfigkeit können als Schutzmaßnahme gegen die Verwundbarkeit des erschütterten Selbstwertgefühls und als Flucht vor der Verantwortung und eigenen Selbstgestaltung angesehen werden. Ein eindrucksvolles Beispiel für diese Haltung können wir in der Gegenwart bei vielen Menschen der ehemaligen DDR beobachten.

Mit dem fortschreitenden Rückzug der Selbstbestimmung und Selbsttätigkeit sind einige umschriebene Gefühlszustände verbunden. Ausgangsstimmung ist eine sich ausbreitende Unsicherheit gegenüber den Anforderungen der Mitwelt und des Lebens überhaupt. Von der Verhaltensmaxime: »Was nützt mir schon alle Anstrengung?«, bis zur völligen Lethargie gibt es mannigfache Spielarten des resignierenden Verhaltens. Hierher gehört die *Flucht in die Trägheit*. Der Mensch rafft sich immer seltener dazu auf, die Anforderungen der Umwelt und Gemeinschaft zu beantworten. Aber irgendwie muss auch der resignierende Mensch leben. Welcher Weg steht ihm offen? Zur Zukunft und Gegenwart hat er kein Vertrauen mehr, die Enttäuschungen waren zu groß. Er flüchtet in das unverbindliche Erinnerugsfeld der Vergangenheit. Durch diese Verlegung des Lebensschwerpunktes entgeht er den Gegenwartsproblemen. Das Refugium der eigenen Vergangenheit ist aber bald nach allen Richtungen hin durchschritten. Es bietet keinen Anreiz zum Aufenthalt und zu neuen Entdeckungen mehr. Nun wird auch dieses Stück Welt schaler, und mit der Verödung der Welt verarmt auch das Innenleben weiter.

Solange der Mensch noch auf dem Wege und aktiv ist, die reale Möglichkeit eines Erfolgs seiner Bemühungen erfasst, begleitet ihn das Gefühl der Hoffnung. Anders ist es, wenn er sich der Unüberwindbarkeit der Hindernisse bewusst wird, sich von der Aussichtslosigkeit des Suchens, der Nutzlosigkeit des Bemühens überzeugen muss; dann macht sich das Gefühl der Hoffnungslosigkeit breit. Im ersteren Falle spornt ihn das Gefühl an, im letzteren verstärkt es seine Tendenz zum Aufgeben, zur *Resignation*.

Während wir bei dem resignierenden Menschen immer noch die gefühlsmäßige Beteiligung feststellen, wenn auch im Sinne der Enttäuschung, der Unlust, des Missmuts, finden wir bei den in *Apathie* verfallenen Menschen bereits einen fortgeschrittenen Abbau der Teilnahme, Aktivität und eigenen Lebensgestaltung. Ein solcher Mensch wird zunehmend antriebs- und teilnahmslos.

Er fühlt sich leer und ausgebrannt.

Den geistig Schaffenden überfällt gelegentlich auch eine solche Zeit der Leere, des Ausgebranntseins. Es sind Tiefpunkte des Erlebens, aus denen ihn dann meist plötzlich und unvorhergesehen der Lichtstrahl einer neuen Erkenntnis, einer neuen Konzeption, eines neuen Werkes zu neuem Leben erweckt und emporhebt.

Es ist wichtig, darauf hinzuweisen, dass viele der hier aufgezeigten Prozesse akut, vorübergehend, zyklisch oder chronisch, das heißt sich über längere Zeit erstreckend, auftreten können.

Menschen, die von einem Gefühl der Zwecklosigkeit des eigenen Lebens erfüllt sind, können aus dieser Haltung heraus auch leicht sadistische Züge entwickeln. Solche vom Ressentiment bestimmten Menschen können anderen ihr Glück nicht verzeihen. Der Triumph über andere betäubt die eigene Niederlage und Leere. Andere zu unterjochen, Macht über die Opfer zu gewinnen, ist für sie von größerer Bedeutung als das Interesse am eigenen Leben.

Eine sublime Art des *Sadismus* hat Kierkegaard in seinem »Tagebuch eines Verführers« beschrieben:

»Auf den Gefühlen eines anderen Menschen spielen wie auf einem Instrument, ihn durch erotische Gefühle erregen und in Schach halten, ihn anzuziehen und abzustoßen, zu bezaubern und zu enttäuschen, zu erheben und zu erniedrigen, zu beglücken und zu betrüben. Eine andere Form des Sadismus liegt dort vor, wo man versucht, den Partner durch sich immer steigernde Forderungen und Ansprüche zu demütigen und schuldig zu machen. Weiter kann der Sadist darauf aus sein, die Erwartungen anderer zu vereiteln, ihre Pläne zu durchkreuzen. Er entwickelt bei diesem Geschäft oft eine bemerkenswerte Begabung, die Unzulänglichkeiten anderer aufzuspüren und aufzuweisen.«

Mit diesem Hinweis werden wir auf den verborgenen Zusammenhang von

Angst, Machtstreben und Aggression

aufmerksam gemacht.

Macht- und Geltungsstreben

Die Macht, liege sie nun im äußeren Erfolg des Besitzes oder in der sozialen, politischen oder geistigen Überlegenheit, ist ein mächtiger Schutz gegen Angriffe und damit selbst eine Angriffswaffe. Dabei ist zu beachten, dass dieses Streben nicht mit den Grundbedürfnissen nach Erfolg und sozialer Beachtung verwechselt werden sollte. Alle sekundären, abgeleiteten, reaktiv entstandenen Tendenzen zeichnen sich durch die Momente der Übersteigerung und des Scheins aus. Bei der Macht kommt es also weniger auf die tatsächlich erlangte Machtstellung, sondern in erster Linie auf die mit ihr verbundene Geltung an; die Gebärde wird hier zum eigentlichen Motiv. Von hier aus verstehen wir auch das andere Moment der Übersteigerung, das Theatralische. Der Erfolg liegt in der Krone des Königs, in der Berühmtheit des Filmstars oder Sporthelden, im

Auftreten, der Faszination des Predigers, Dozenten, Politikers. Die außerbewusste Regie treibt uns in die Pose dessen, der von sich sagen kann, dass alles ihm zu Füßen liegt. Im Hintergrund einer solchen Haltung stehen die Angst, das Gefühl der Minderwertigkeit, die Schwäche.

> Im Hintergrund des Machtstrebens steht die Befestigung der eigenen Position, sie führt notwendig zur Lockerung bzw. Auflösung des mitmenschlichen Kontaktes.
> Das Streben nach Macht ist aber auf dieser Ebene nicht nur eine Abwehr, sondern zugleich eine Ableitung der unterdrückten Feindseligkeit. Eine solche Macht schützt den Menschen gegen seine Hilflosigkeit; sie verschafft ihm den Schein der Selbstachtung.

Ein solcher Mensch baut seine mühsam erkämpften Armierungen zu einem starren System aus. Es gibt nur noch Schwache und Starke, und der Starke hat sich nicht mehr anzupassen; das ist Sache der Schwachen.

> Diese Menschen sind nicht mehr frei in ihrem Handeln und Sichgeben; ein innerer Zwang bestimmt ihr Tun; sie müssen Eindruck machen, bewundert werden. Dabei befürchten sie dauernd Demütigungen; und diese Befürchtungen lassen sie nie zur Ruhe kommen. Das Prestigebedürfnis hält sie in gespannter Wachheit. Besitz ist nicht mehr etwas, das zur Verantwortung aufruft, sondern nur noch ein Mittel zur Machterlangung. Hinter dieser Tendenz steht aber die Furcht vor Verarmung und Entbehrung.

Das Machtstreben dehnt sich aus in Daseinsweisen, die ursprünglich, ihrem Wesen nach, der Macht grundsätzlich fern stehen. So wird unter dem Zugriff des Machtstrebens die Liebe zur Liebesforderung, zur despotisch-egoistischen »Liebe«. Der Mensch liebt nicht mehr aus einer inneren Freiheit und einem inneren Überfluss heraus. Kennzeichen seiner Liebeszuwendung ist nicht mehr die schenkende Begegnung, sondern der durch sie zu erreichende Machtgewinn. Liebe, die in ihrer höchsten Form »freilassende Liebe« ist, wird zur »fordernden Liebe«. Sie hat wie alle Psychismen zwanghaften Charakter.

Sehr oft können wir die frei hingebende Liebe und diese zwanghafte Liebeszuwendung im äußeren Verhalten nicht gleich unterscheiden. Erst die genauere Beobachtung konstatiert dann im letzteren Falle das Fordernde, Aufdringliche, aber auch die ängstliche Besorgtheit und Kleinmütigkeit.

Menschen, welche unter solchem Zwang von den anderen Liebe verlangen, sind ängstlich darauf bedacht, überall zu gefallen, beliebt zu sein. Hinter der großen Empfindlichkeit steht die latente Feindseligkeit, die keine echte Liebesbeziehung gestattet. Der andere wird gleichsam liebend vereinnahmt. Die Parole des Verhaltens heißt nicht: »Ich möchte gern geliebt werden«, sondern: »Ich *muss* geliebt werden.« Im Gegensatz zu der echten Liebe, die sich durch ein Gefühl warmer Zuneigung, Verlässlichkeit und Beständigkeit des Gefühls auszeichnet, ist dieser Liebesbezug leicht irritierbar, unberechenbar und maßlos. Solche Menschen leben in der ständigen Furcht vor Verlust des »Besitzes«, das Gefühl der Eifersucht lässt sie nie zu einem beglückenden Vertrauen kommen. Ängstlich überwachen diese Menschen das Leben und die Beziehungen des von ihnen »geliebten« Partners. Sie verlangen von diesem, dass er alle Beziehungen abbreche und sich ausschließlich ihnen widme. Einmal kann man versuchen, durch Liebe oder Gefälligkeit andere zu bestechen. Das Motto des Handelns lautet hier: »Ich liebe dich innig, darum musst du mich auch lieben und mir zuliebe alles aufgeben.« Aber auch in der Berufung auf das Mitleid oder die Gerechtigkeit kann sich die Forderung geltend machen. In einem Falle ist das Motto: »Du sollst mich lieben; denn ich leide und bin hilflos«, im anderen Falle: »Ich habe so viel für Dich getan, wenn Du ein guter

Mensch sein willst, musst Du Entsprechendes für mich tun.« Am offensichtlichsten kommt der Charakter der Forderung dort zum Ausdruck, wo ein Mensch die Liebe über den Weg der Drohung, sich etwas antun zu wollen, zu erlangen bzw. zu erhalten versucht. »Wenn Du mich nicht liebst, dann nehme ich mir das Leben«, ist hier die Parole.

Aggressivität

Die meisten Forscher gehen davon aus, dass wir es bei der Aggression nicht mit einem (angeborenen) »Trieb« zu tun haben. Vielfältige Untersuchungen, vor allem an Kindern, haben ergeben, dass eine ganze Reihe von Situationen, z. B. länger andauernde Demütigungen, Nichtbeachtungen, autoritäre lieblose Erziehung die Frustrations- und Aggressionsbereitschaft erhöhen und zu aggressiven Handlungsweisen drängen können, wobei sich die Aggressionsbildung nicht als bewusste Veranstaltung vollzieht.

Im Folgenden werden die Hauptformen der Aggression dargestellt. Der *offenen* stehen die *verdeckte* und *stellvertretende* Aggression mit ihren jeweils spezifischen Formen gegenüber. Die Reihenfolge der zu betrachtenden Aggressionsformen lässt sich an beigegebener Übersicht ablesen.

Unter einer *offenen Aggression* verstehen wir alle Handlungen, die sich als direkter Angriff auf Bestand und Wert einer Person oder Sache erweisen, die als Hindernis der Selbstentfaltung erlebt werden.

Der direkte Weg wird auf primitiver Stufe durch die Anwendung von Gewalt begangen. Wir sprechen von *brachialer Aggression* und fassen darunter alle körperlichen Aktionen, wie Schlagen, Stoßen, Treten, Zerstampfen, Zerreißen, Beißen usw.

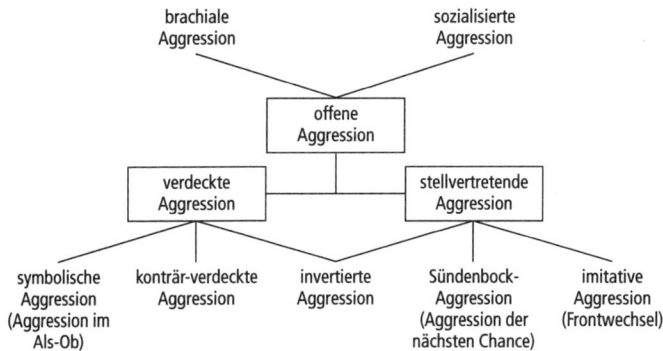

Abbildung 8: Formen der Aggression

zusammen. Im Kindesalter und im Affekt des Erwachsenen sind
dies natürliche Formen der Spannungslösung. Es sollte jedoch
hier zwischen *blinden Aggressionen* und *gezielten Aggressionen*
unterschieden werden. Oft sind die ersteren als reine Entladung, als Folge einer Affektsummierung zu verstehen. Häufig
wird der innere Druck am nächstbesten Objekt ausgelassen.
Bekannt ist bei familiären Szenen das Zerschlagen des Ge-
schirrs und Mobiliars. Die Sinnlosigkeit des Tuns wird dadurch
offenbar, dass der Aggressive nach einem solchen Anfall selbst
für die Zerstörung seines Eigentums aufzukommen hat und
nach der augenblicklichen Entspannung meistens das Vorge-
fallene bedauert oder sogar bereut. Wir werden diese *Aggression »der nächsten Chance«* weiter unten unter der Gruppe
der stellvertretenden Aggressionen noch näher betrachten.

Durch die Erziehung übernimmt der Mensch die kollektiven
Verhaltensnormen, welche die brachiale Gewalt im Allgemeinen verurteilen. Es kommt zu den *sozialisierten Aggressionen,*
das heißt, die aggressiven Tendenzen werden in die verbale
Sphäre transformiert.

Diese *verbalen Aggressionen* können einmal offen, zum anderen mehr verdeckt und letztlich unter der Maske des Wohlwollens versteckt sein. Im ersteren Falle kennen wir die Drohung, Beschimpfung, Verwünschung und Verfluchung; zur zweiten Gruppe rechnen wir das Bewitzeln, Sticheln, Kritisieren, Heruntersetzen und, mehr getarnt, das Gerüchte-Verbreiten und die anonyme Mitteilung. Durch eine »wohl gemeinte« Nebenbemerkung versteht es der Aggressive, getarnt und hintenherum, der Stellung und dem Ruf des von ihm »aufs Korn« Genommenen zu schaden. Zu den offenen Aggressionen können wir nur die oben angeführte erste Gruppe rechnen. Daran ist zu sehen, dass die hier gegebene Gliederung nur gewisse Akzente heraushebt.

Als zweite Aggressionsgruppe sind die so genannten *verdeckten Aggressionen* zu nennen. Ihnen gemeinsam ist, dass die Richtung, man könnte auch sagen, die Spitze der Aggression nicht so klar erkennbar ist.

Wenn eine Freundschaft oder Partnerschaft für jemanden enttäuschend verlief, zerreißt er manchmal ein Erinnerungsfoto, zerstört ein erhaltenes Geschenk, tilgt alle angenehmen Erinnerungen, sieht den anderen – gleichsam in symbolischer Vergeltung – in schwierigen Lagen (Krankheit, Unfall, Tod). Wir bezeichnen solche Vorstellungen als *symbolische Aggressionen.*

Während bei der symbolischen Aggression das Aggressionsziel zum Teil verdeckt erscheint, ist bei der nächsten Form – der *konträr verdeckten Aggression* – auch die Aggressionstendenz selbst verhüllt, ja darüber hinaus äußerlich (d. h. im Verhalten) geradezu in ihr Gegenteil abgewandelt. So wissen wir, dass die verzärtelnde, überängstliche Erziehung recht häufig der Ausdruck einer verborgenen Ablehnung ist. Die junge Mutter ist durch ihr Kind zu stark an das Haus gefesselt. Sie kann den Verlust ihrer Selbstständigkeit nicht verwinden. Die Trennung von dem entfremdeten Gatten ist durch das Kind erschwert. – Alle diese Momente bestimmen sie, das Kind abzulehnen. Das Bewusstsein und die Moralität lassen jedoch nicht zu, dass sich diese Regungen frei äußern. Sie verstärken die sozial anerkannten »Formen« der Mütterlichkeit, sodass die zu Grunde liegende Ablehnung von der Mutter selbst nicht mehr erkannt werden kann. Es entwickeln sich in der Persönlichkeit Haltungen und Verhaltensweisen, die gewissen teilweise verdrängten Neigungen oder Wünschen entgegengesetzt sind. Auf diese Weise wird die Verdrängung getarnt, und es gelingt, sie von der Konfliktauslösung abzuhalten.

– Eine Mutter kommt mit ihrem Kind zur Untersuchung und behauptet, ihr Kind sei kränklich. Sie bittet um eine eingehende Untersuchung des Kindes, ist anscheinend sehr um ihr Kind besorgt. Die Untersuchung ergibt, dass das Kind kerngesund ist. Im Gespräch mit der Mutter konnte der Therapeut dann noch erfahren, dass die Mutter sich mit übertriebener Sorge um das Kind und sein Wohlergehen bemüht (dreimal täglich baden; nicht mit anderen Kindern spielen lassen aus Angst vor Ansteckung). Aus der Anamnese ergab sich dann weiter, dass die Mutter ursprünglich kein Kind haben wollte. Sie hatte eine Stellung, die sie anscheinend voll befriedigte. Aber ihr Mann wollte gern ein Kind, und widerstrebend gab sie dann seinem Verlangen nach. Nach der Geburt des Kindes glaubte sie zu bemerken, dass sich die Liebe des Mannes abkühlte, da er einen Teil seiner Zuneigung und Aufmerksamkeit auf die Kleine verwendete. Dieses Bemerken vollzog sich aber nicht in der Helle des Bewusstseins, nur eine dumpf empfundene Unzufriedenheit und Unsicherheit machte sich geltend. Außerbewusste Instanzen protestierten gegen die herannahende Gefahr, forderten die Entfernung des Kindes, die allein eine Rückkehr zur früheren Lebensweise zu gestatten schien. Die Mutter hasste im Grunde ihr

Kind; und nun erhob sich – als Prozess der Umkehrung – die übertriebene Ängstlichkeit und Beschützung und verhinderte damit, dass der Wunsch nach Beseitigung des Kindes in das Bewusstsein trat und einen schweren Konflikt erzeugte.

Stets wenn wir im Gespräch feststellen, dass ein sozial anerkannter Zug übertrieben wird (übertriebener Moralkodex, peinliche Ehrlichkeit, übertriebene Rücksicht auf andere, betonte Demut, übertriebene Freundlichkeit usw.), liegt der Verdacht nahe, dass ein entgegengesetzter, teilweise verdrängter Zug wirksam ist.

Die Aggression kann sich aber nicht nur in ihrer Thematik, sondern auch in ihrer Richtung umkehren und auf das Subjekt beziehen. Vorformen dieser *invertierten Aggression* kann man gelegentlich schon früh im Kindesalter erkennen, nämlich dort, wo das Kleinkind die Nahrungsaufnahme und -verwertung verweigert. Die »Aggression« richtet sich hier also gegen das eigene Wachstum.

Missgeschicke wie Krankheiten und Unfälle sind nicht nur auf äußere Umstände zurückzuführen; sie sind öfter außerbewusst *gewählt* und erweisen sich nicht selten als Selbstbestrafungen.

> Warum der eine Mensch in der gleichen oder ähnlichen Situation mehr auf die ausgreifende, der andere mehr auf die selbstzerstörende Aggression verfällt, ist noch nicht geklärt. Sicher spielen hier konstitutionelle Momente und die Art und Weise der frühkindlichen Erziehung (Härte – Verwöhnung) eine bedeutende Rolle.

Der extremsten Form einer *invertierten Aggression* begegnen wir in der Selbsttötung. Diese kann einmal durch den Verlust eines geliebten Menschen oder Objekts, andererseits durch den lastenden Druck der Umwelt ausgelöst werden. Im ersten

Falle lässt sich der Suizid als Ergebnis einer Identifizierung mit dem Verlorenen, im zweiten als eine gegen die eigene Person gerichtete Aggression interpretieren. So beweisen ethnologische Erhebungen, dass bei vielen Stämmen die Selbsttötung mit dem Ziel verübt wird, ein verlorenes Liebesobjekt wieder zu gewinnen.

Tolstoi gibt als Motiv für die Selbsttötung der Anna Karenina ihren Wunsch an, sich an ihrem Geliebten zu rächen: »Der Tod erschien ihr als das einzige Mittel, seine Liebe wieder zu erwecken und ihn zu strafen ... Ein einziges interessierte sie: ihn strafen. Da, sagte sie, und schaute auf den Schatten des Wagons und auf den mit Kohle vermengten Sand, den der Schienenstrang bedeckte, da quer darüber liegen ... So werde ich ihn bestrafen und mich von allem und von mir selbst befreien.«

Garma hat in einer psychoanalytisch ausgerichteten Arbeit diese Beziehung herausgestellt. Wir können die beiden Hauptmotivationen der Selbsttötung anhand des dort gegebenen Schemas wie folgt veranschaulichen (Garma, A., 1937).

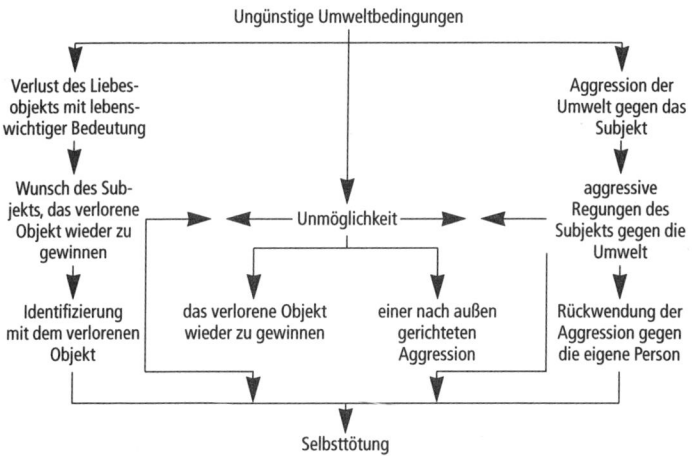

Abbildung 9: Motive der Selbsttötung

Die *invertierte Aggression* mit ihrem Grenzfall des Suizids wurde als eine *Sonderform der verdeckten Aggression* dargestellt. Verdeckt ist sie insofern, als normalerweise die Aggression nach außen auf die beeinträchtigende Sache oder Person gerichtet ist. Andererseits tritt aber hier die Eigenperson als stellvertretendes Angriffsobjekt leidend in Aktion, sodass die *invertierte Aggression* zugleich als eine *Sonderform* der nun zu behandelnden dritten Gruppe von Aggressionen – der *stellvertretenden Aggression* – erscheint:

Viele Beispiele zeigen, dass Aggressionen, die sich nicht in ihrer ursprünglich adäquaten Form – dem Angriff auf Personen oder Sachen – entladen können, sich an anderen, leichter zu erreichenden Personen oder Objekten auslassen. Wir bezeichnen diesen Formenkreis als stellvertretende Aggression.

Beispiele:
– Der Vater, der die Zurechtweisung durch seinen Vorgesetzten erfuhr, »lässt« seinen Ärger und seine Verbitterung an der Familie »aus«.
– Der abgewiesene Freier rächt sich an anderen Mädchen oder zündet – beeinflusst durch die symbolische Entsprechung von Liebe und Feuer, Liebesbrunst und Feuersbrunst – das nächstgelegene Gehöft oder Haus an.
– Oft richtet sich die Aggression auch gegen ein Kollektiv, gegen Anders- und Fremdartige, und hier wieder – nach dem Prinzip der nächsten Chance – gegen eine Minorität (Sündenbockpraxis; vgl. Projektion S. 164).

Wenn der Aggressionsdrang kein geeignetes Objekt findet, so kann das vielleicht Anlass gebende Objekt im Sinne eines Aggressionszieles umgeformt werden. Recht häufig finden wir diese Art der selbstveranstalteten Aggressionsszene im Bereich geistiger und idealer Auseinandersetzungen:

– Der Gegner wird unvollständig zitiert, seine Argumente und Bedenken werden unterschlagen, um ihn dann leichter angreifen und »fertig machen« zu können.

Einer eigenartigen Form begegnen wir in der *imitativen Aggression*. In Gefangenenlagern kann man immer wieder beobachten, dass nach einiger Zeit einige Gefangene das Gebaren der Wachmannschaft übernehmen (Frontwechsel). Sobald neue Gefangene eintreffen, schikanieren sie diese und übernehmen die brutale Haltung ihrer Quäler. Die überstarke Aggression gegen die Wachmannschaft hat sich umgekehrt und von ihnen selbst Besitz ergriffen. Die innere Dynamik dieses Vorgangs ist noch nicht restlos geklärt. Am nächsten kommt man ihr wohl mit folgender Hypothese auf die Spur: Die Gefangenschaft und die Aussichtslosigkeit der Lage, der außergewöhnliche äußere und innere Druck (das Ohnmachtsgefühl) führen zu einer durchgreifenden Regression. Der Mensch sinkt gleichsam in das frühkindliche Stadium der völligen Hilflosigkeit zurück. In diesem Stadium wird auch die infantile Identität – die »symbiotische Einheit« – und damit der Vorgang der infantilen Identifizierung wieder aktiviert. Diese Identifizierung dient, wie alle Psychismen, der Selbsterhaltung.

Derealisation

Unter diesen Begriff fallen *einige psychische Prozesse*, die auf eine je besondere Weise die Wirklichkeit in Richtung einer *subjektiven Passform* ab- und verwandeln.

 Wenn wir ein Ziel, das wir anstreben, nicht erreichen, empfinden wir dies als Niederlage, und unsere Selbstachtung ist bedroht. Gegen die Gefährdung verteidigt sich der Mensch sehr oft durch das *Rationalisieren*. Dieser Prozess ist nicht mit der Lüge zu verwechseln, denn die Personen sind sich der Unwahrheit ihrer Einstellung und Aussage nicht bewusst. Sie täuschen sich selbst, und eine Täuschung anderer braucht dabei nicht notwendig mitgegeben zu sein. Im Gespräch erkennen wir die Rationalisierung vor allem daran, dass die vorgebrachten Gründe der Überzeugungskraft entbehren, dass überhaupt das Vorbringen der Gründe verzögert und diese dann aber heftig »mit dem Brustton der Überzeugung« angeboten werden.

Beispiele:
- Ein Mädchen wird von seinem Freund »sitzen gelassen«; die Kränkung bedroht das Selbstwertgefühl; die rationalisierende Verteidigung befreit es von dem Druck, »die Heirat in einer so unsicheren Zeit wäre ein zu großes Wagnis«, »überhaupt hat man als allein stehende Frau viel mehr Freiheiten« usw., kurz, das nicht erreichte Ziel wird verkleinert.
- Ein Lehrer studierte neben seinem Beruf Psychologie. Da er noch einigen anderen Interessen nachging, konnte er den Anforderungen eines Studiums nicht gerecht werden, sodass er schließlich das Studium aufgab. Im Gespräch äußerte er, dass er in seiner Schularbeit genug Gelegenheit habe, Psychologie zu studieren.
- Ein Mädchen, dessen brennender Wunsch es gewesen war und im Geheimen noch ist, Lehrerin zu werden, heiratete etwas übereilt. Nun hat sie bereits zwei Kinder. Auf ihren ursprünglichen Wunsch befragt, teilt sie mit, es genüge ihr völlig, ihre eigenen Kinder zu erziehen. Hier wird also nicht nur die Erwünschtheit des Ziels verkleinert, sondern gerade umgekehrt wird die Erwünschtheit der augenblicklichen Lage überhöht.

Wir haben im Allgemeinen die Tendenz, unsere augenblickliche Lage, Stellung und Bedeutung zu überschätzen. Die meisten Menschen sind davon überzeugt, dass ihr Heimatort, ihre Schule, ihre Konfession, ihr Land in der besten Verfassung sind. Diese Vorurteile versteifen sich im Laufe der Zeit immer mehr und machen uns blind für eine gerechte Beurteilung des Fremden. Das Positive des Rationalisierens als psychischer Prozess der Derealisation liegt in der Anpassung an die augenblickliche Situation; ihre Gefahr liegt in der Erschwerung der Selbstfindung und des echten sozialen Kontakts. Bewirkt der vorübergehende Anpassungserfolg, dass dieser Akt der Anpassung bei immer mehr auftauchenden Situationen in Aktion tritt, dass sich die vorübergehende Anpassungsweise zu einem verfestigten Anpassungsstil oder Reaktionssystem ausformt, so wird die Persönlichkeit im Laufe der Zeit immer mehr in ihrer Beweglichkeit beschränkt. Es bilden sich Reservate unaufhebbarer »Überzeugungen« und Vorurteile, die den Menschen immer mehr in seiner Freiheit einschränken.

Eng verwandt mit dem Rationalisieren ist die *rationale Verabsolutierung*. Gerät ein Mensch bei Auseinandersetzungen mit anderen häufig außer Kontrolle, dann ist er geneigt, diese seine Schwäche auf eine allgemeine These zu bringen: »Der Mensch ist eben ein Triebwesen.« Im großen Stile begegnen wir einer solchen rationalen Verabsolutierung in den Lebens- und Weltanschauungen des Pessimismus und Nihilismus.

Im Rationalisieren messen wir begrenzten Erfahrungen und Erlebnissen eine Bedeutung bei, die sie an sich nicht haben. Die eingebildeten Erklärungen und Verallgemeinerungen sichern unser gefährdetes Selbstgefühl.

Die jetzt zu besprechende Gruppe spezieller Subjekt-Objekt-Beziehungen steht mit ihren Gliedern in einer mehrfachen dynamischen Beziehung zueinander.

Das Ziel der *Identifikation* – einer der ursprünglichsten Psychismen der Derealisation überhaupt – liegt im Umgang und in der Abwehr Angst erregender Objekte der Außenwelt. Wie sich einst die Geisterbeschwörer selbst als Geist verkleideten, um

ihn zu beherrschen, so übernimmt das Kind etwas von der gefürchteten Person und verarbeitet auf solche Weise ein eben
vorgefallenes Angsterlebnis. Der Bedrohte verwandelt sich auf
diese Weise zum Bedroher. Dieser Frontwechsel begegnete uns
bereits als Form der Aggression.

> Auf Grund der Identifizierung ist es dem Menschen möglich, eine
> mehr oder weniger empfundene Unzulänglichkeit auszuglei-
> chen, indem er sein Verhalten an einem bewunderten Menschen
> ausrichtet. Auf diese Weise gelingt es ihm gleichzeitig, sein Min-
> derwertigkeitsgefühl zu überwinden und sein Selbstwertgefühl
> zu heben und zu steigern. Auf der anderen Seite bewirkt die
> Identifizierung oft eine stellvertretende Befriedigung blockierter
> Bedürfnisse.

Mädchen legen sich die Frisur eines Filmstars zu; Jugendliche
üben sich im Auftreten und Gebaren bekannter Fernseh-
größen.

Weit verbreitet ist trotz – oder vielleicht gerade wegen – der
oft vorfindbaren Ehestörungen die *Identifizierung der Frau
mit ihrer Ehe.* Solche Frauen ermangeln der Eigengestalt, sie
sind die Ehe, was sich nach außen darin kundtut, dass sie nur
in der Wir-Form von sich sprechen. Andere Identifizierungen
liegen dort vor, wo sich eine Frau mit ihrer Kleidung, ein
Mann mit seiner Krawatte, seinem Titel, seiner Partei identifi-
ziert.

Bei der *Projektion* als weiterem Derealisationsphänomen neigen wir dazu, eigene negative Einstellungen, Absichten, Gefühle, Eigenschaften auf andere zu übertragen. Zur Projektion
neigen vor allem Menschen, die misstrauisch, eifersüchtig und
fanatisch sind. Pathologisch gesteigert finden wir die Projektion im Beziehungswahn oder in der Paranoia.

Die Projektion spielt im zwischenmenschlichen Kontakt eine große Rolle. Sehr oft werden eigene Unzulänglichkeiten, z. B. die eheliche Untreue oder der geheime Wunsch dazu in den Partner hineingesehen. Auf diese Weise wird eine außerbewusste Schuldentlastung inszeniert bzw. das eigene Tun als Antwort und Vergeltung gerechtfertigt.

Zu welchen Folgen die unerlöste Verstrickung in die sexuelle Sphäre führen kann, zeigen die grausigen Hexenverbrennungen des Mittelalters und der beginnenden Neuzeit. Der »Hexenhammer«, den die beiden Inquisitoren und schlechten Dominikaner Heinrich Institoris und Jakob Sprenger gleichsam als Kommentar zur Bulle Innozenz VIII. von 1484 verfassten, ist eine allzu beredte Projektion der verdrängten und als Frauenhass wieder geborenen Sexualität.

In einer experimentellen Studie ließ man Studenten sich selbst und ihre Kameraden hinsichtlich einer Reihe von Eigenschaften beurteilen und einstufen (Faulheit, Widersetzlichkeit, Geiz, Unordentlichkeit, Schüchternheit). Einige Ergebnisse zeigten eine Übereinstimmung von Selbst- und Fremdbeurteilung. Die meisten übersahen ihre eigenen Mängel, überschätzten aber die Splitter im Auge der übrigen Mitglieder der Gruppe.

Neben tiefer gelagerten Projektionen, wie z. B. die *Rechtfertigung des Verhaltens* (besonders des Versagens) durch den Hinweis auf die Vererbung, »die Verführung durch die Frau«, die Ungerechtigkeit des Prüfers (die Fragen waren schuld daran) konstatieren wir den Vorgang der Projektion bei allen möglichen Missgeschicken. Hier wird dann auch oft die Schuld einem unbelebten Gegenstand zugeschoben. – Wir stoßen an einen Stuhl und sind geneigt, nicht uns selbst, sondern den Stuhl dafür verantwortlich zu machen. – Wir schlagen beim Tennisspiel daneben, schauen dabei fragend auf den Schläger, den Ball oder das Netz.

> Die Projektion ist in vielen Fällen eine Scheinverteidigung; sie gestattet dem Menschen eine oberflächliche Seelenruhe, behindert aber die Selbstfindung und echte soziale Anpassung.
> Bei der Projektion benutzen wir die Mitwelt als Spiegel unserer Wesenszüge, wobei wir die Spiegelung für das Wesen der anderen halten.

Wir setzen im anderen Menschen die eigene Psychologie voraus, sind der Ansicht, dass die anderen unsere Vorlieben und Abneigungen, Sympathien und Antipathien zu teilen haben. So wie der Verliebte überall sein Echo vernimmt, so bewegt sich der projizierende Mensch im Grunde nur in seiner Eigenwelt, ohne je den Eigengehalt des ihn Umgebenden zu erkennen.

Das Phänomen der Projektion ist – wie schon gesagt – im Zusammenleben der Menschen und Menschengruppen von sehr großer Bedeutung. Im primitiven Erleben wird kein besonderer Unterschied zwischen Körperlichem und Gedanklichem gemacht. So kommt es, dass man hier ohne Unterschied körperliche und seelische Lasten einem anderen aufladen kann. Das berühmte Beispiel einer solchen Zeremonie finden wir im dritten Buch Mose. Am Tage des Versöhnungsfestes wurden einem lebendigen Bock durch einen Priester die Missetaten der Kinder Israels aufgeladen. Nach dieser symbolischen Schuldübertragung wurde der Bock in die Wüste geführt und seinem Schicksal überlassen; und das Volk fühlte sich von der Schuld befreit. Diese Tendenz, unsere eigene Schuld auf andere, den Sündenbock, abzuladen, ist auch in der heutigen Gesellschaft weit verbreitet.

Der bekannte amerikanische Psychologe Gordon W. Allport ist diesem Phänomen in einer Studie nachgegangen. Er stellt fest, dass die Tendenz, andere für unsere Missgeschicke verantwortlich zu machen, in Zeiten der Depression, bei Krieg, Hungersnot, Revolution, schlechter Geschäftslage, außerordentlich verstärkt wird. Die Treibjagd auf Sündenböcke hat ihre Vorstufe in der Parteilichkeit, dem Vorurteil und der Diskriminierung. In der Diskriminierung wird bereits das Vorurteil in die Tat umgesetzt; die Abgelehnten werden ausgeschlossen. In der Treibjagd kommt es dann zu Angriffshandlungen in Wort und Tat.

Den Hintergrund für diese Praktiken bilden stets Schuldgefühle, Furchtzustände und ein diese kompensierendes übersteigertes Selbstbewusstsein. Ihrem Einsatz liegt die primitive verallgemeinerte Denkweise zu Grunde, die das stets komplexe Geschehen und Ursachennetz auf einige wenige Hauptfäden reduziert. Damit wird es für die Gruppe zugleich greif- und angreifbarer.

Wieder einer anderen Form der Derealisation als Entlastungsmöglichkeit begegnen wir bei dem *Pläneschmieden, Projektemachen und dem Tag- und Wachträumen.* Was in der realen Wirklichkeit nicht ausgelebt werden kann, findet seine Nachholung im Traum. Aber auch im Tageserleben – in der fantasierenden Erledigung – kann sich diese Entlastung vollziehen.

Wie im Schlaftraum, so finden wir auch im *Wachtraum* eine Abkehr von der Außenwelt. Der Träumer versinkt in sich, gibt sich der eigenen Erlebniswelt hin. Im Unterschied zum Schlafträumer hat der Wachträumer meist noch ein Situationsbewusstsein, d. h. er weiß, wo er ist, dass die aufsteigenden Bilder Fantasieprodukte sind. Das Wachträumen ist dem hellen Tagerleben näher; die Motive sind durchsichtiger als im Traum; es kommt selten zu alogischen Bildverbindungen. In der Regel sind die wachgeträumten Situationen real möglich, wenn auch gelegentlich Übersteigerungen vorkommen. Der Wuscherfüllungs-Charakter lässt sich bei den meisten Wachträumen deutlich aufzeigen. Situationen, in denen die Klarheit des wachen Erlebens herabgemindert ist, sind wachtraumfördernd (Dämmerung, Dunkelheit – Müdigkeit – einförmige, vor allem rhythmische Geräusche, wie Wellen, Eisenbahnfahren, sanfte Musik, langweilige Vorträge).

> Das Tag- oder Wachträumen kann sich nach einer Reihe von Entmutigungserlebnissen einstellen. Solche Menschen verlegen ihre Aktivität auf den Nebenkriegsschauplatz der inneren Erlebniswelt. Die reale Bedürfnisbefriedigung findet auf solche Weise ihren Ersatz in der seelischen Selbstbefriedigung.

Reale Situationen, Märchen, Heldensagen und abenteuerliche Reiseberichte vermischen sich zu einheitlichen, auf das eigene Leben bezogene Fantasien. In wundersam verflochtenen Geschehnissen erleben sich kleinere und größere Wachträumer dann als erfolgreiche Forschungsreisende, Entdecker, als Besitzer märchenhafter Reichtümer, als gefeierte Rennfahrer, Künstler, als Filmhelden oder Filmdiven, gewaltige Redner.

> Wie alle Erlebnisweisen des Menschen stellt dies eine Gefahr, aber auch eine Chance zugleich dar. Zur Gefahr wird diese Erlebnisweise als Fluchtweg. Ihrer positiven Möglichkeit begegnen wir in der schöpferischen, ekstatischen oder denkerischen Versunkenheit, aber auch dort, wo der Wachtraum als eine vorübergehende Erscheinung die Anpassung an die Realität vorbereitet und ermöglicht. So hat der Wachtraum in Notzuständen eine bedeutende lebenserhaltende Funktion.

Wenn sich etwa in der Gefangenschaft einige Leute zusammentun und sich wochenlang mit der Konstruktion von Einfamilienhäusern befassen, bei der alles Gemütliche und Behagliche von ganz besonderer Bedeutung ist (Diele mit Skatecke, Bad, Speiseschrank, Heizanlagen usw.), so lässt sie diese Arbeit leichter über ihr Los hinwegkommen.

> Wir sind von der uns umgebenden Wirklichkeit unbefriedigt und finden den vorübergehenden Ausgleich dieser Spannung im

Rückzug in eine schöne Fantasiewelt. Die im Allgemeinen nach außen gewandte seelische Energie flutet zurück; es kommt zu einer Überbetonung der Fantasie gegenüber unserer Wirklichkeitszuwendung. Als vorübergehendes Geschehen kann es ausgleichend und belebend wirken. Gefährlich wird es jedoch dann, wenn die Beziehung zur Umwelt dadurch gestört ist. Solche Menschen kehren sich immer mehr von der Wirklichkeit ab; sie leben im Refugium einer fantastisch geformten Eigenwelt, bis sie die Wirklichkeit in ihrer Unerbittlichkeit stellt und unterwirft.

Depersonalisation

Der Begriff der Depersonalisation wird hier nicht im engen psychiatrischen Sinne verwendet. Die so geartete Persönlichkeitsspaltung ist gleichsam der letzte Schritt im stufenreichen Prozess der Entpersönlichung.

Die *Depersonalisation* reicht mit vielen ihrer Besonderheiten in das normale Alltagsleben – sie ist ein Psychismus der Spannungsreduktion und darüber hinaus ein allgemeiner seelischer Vorgang, der die Existenz der Persönlichkeit, ihren Selbstwert in tatsächlich oder scheinbar bedrängender oder bedrohender Situation aufrechtzuerhalten und zu retten vermag.

Während sich in der Derealisation der Mensch durch die Entwirklichung seine Welt sichert, versucht er es in der Depersonalisation durch die Entwirklichung seiner Person. Genauer besehen sind beide Formen Ausdruck eines gleichen Grundvorgangs; nur liegt der Akzent der Verwandlung einmal mehr im Objekt, das andere Mal mehr im Subjekt.

Eine erste Art, der inneren oder äußeren Bedrängnis bzw. Angst auf diesem Wege zu entfliehen, kennzeichnen wir als *Betäubung*. Will ich der inneren Auseinandersetzung ausweichen, dann kann ich mich mit vollen Segeln in die kleinen und großen Abenteuer des Alltags stürzen, in die *Ablenkung* und

Zerstreuung. Von gelegentlich so geartetem Tun, den »Ferien vom Ich« bis zum völligen Aufgehen in der Betriebsamkeit gibt es mannigfache Übergangsstufen.

Eine gänzlich andere Form der *Betäubung* oder *Selbstflucht* liegt dann vor, wenn ich mich von jeglicher Beziehung, Teilnahme an außenweltlichem und mitmenschlichem Geschehen auf die isolierte vereinzelte Existenz meiner Person zurückziehe. Wie kann ein solches Tun aber »Selbstflucht« sein, wenn sich der Mensch doch gerade auf dieses Ich oder Ego-Selbst zurückzieht? Verständlich wird uns das Ganze, wenn wir uns daran erinnern, dass sich seelisches Leben nur in der Kommunikation mit den anderen vollzieht, ja in dieser Kommunikation selbst begründet ist.

> Seelisches Leben ist dort, wo der Mensch mit der Welt im Dialog steht. Von hier aus verstehen wir jetzt, dass der Abbau einer solchen Beziehung im tieferen Sinne eine Flucht, ja eine Selbstflucht bedeutet, die stets mit Angst gekoppelt ist.

Die soziale Beziehung wird auch völlig aufgegeben, wenn der Mensch z. B. in die künstlichen Paradiese flüchtet, wie sie im *Rauschzustand* der Opiate gegeben sind. Aber auch hier gibt es mannigfache Stufen gelegentlich gestatteter »Ferien vom Ich« bis zum völligen Versinken in die »Wirklichkeit der Bilder«.

> Die Betäubung löst jedoch nicht den Konflikt, sondern verstrickt uns nur noch tiefer in ihn. Wir können der Auseinandersetzung mit uns selbst auf die Dauer nicht entfliehen. Die Betäubung ist nur Aufschub, Flucht vor uns selbst; aber wir können unser Leben nicht in der Flucht halten. Irgendwann werden wir vom Leben selbst gestellt, mit uns selbst konfrontiert. Der Konflikt, dem wir zu entfliehen hofften, verlangt dann gebieterisch nach echter Lösung.

– Das Leben des französischen Malers Henri de Toulouse-
Lautrec war eine einzige Flucht vor sich selbst. Von Kindheit
an verkrüppelt und entstellt, opferte er sein adeliges Erbe für
eine Künstlerlaufbahn. Seine erstaunliche Begabung und
Energie machten ihn früh berühmt. Doch alles dies brachte
ihm nicht das, wonach er sich bis zum Ende sehnte: erfüllte
und erwiderte Liebe. Rastlos jagte er dem Glück in einem
wilden Leben voller Arbeitswut und Ausschweifungen nach,
ein ruheloses Leben in den Ateliers, Nachtlokalen und Bor-
dellen des Montmartre. Immer wieder rettete ihn die sinn-
lose Betrunkenheit über die traurige Gegenwärtigkeit seines
Unglücks. Wenn um ihn alles zu wanken begann, sich die
Konturen der Umgebung auflösten, erhoben sich die trügeri-
schen Visionen eines gesunden starken Lebens.

Nicht immer sind die Konflikte so schwer wie im Leben Henri
de Toulouse-Lautrecs. Extreme Beispiele zeigen uns aber besonders deutlich die Schicksalslinien solcher Fehlhaltungen
und Scheinlösungen auf. Und in vergleichbarer Weise kehren
sie bei jeder Art von Betäubung wieder.

Einer heute weit verbreiteten Form der Betäubung begegnen
wir in der *Fernseh- und Videosucht.*

Neben der massiven Betäubung steht die mehr sublime
Form der Depersonalisation, die *Flucht in das Unverbindliche.*
Das Leben und die eigene Existenz werden nicht mehr ernst
genommen.

Durch die Verwandlung der Lebensbezüge in das Spielerisch-Ma-
rionettenhafte schützt sich der Mensch vor wirklichen Angriffen,
enthebt er sich zugleich der Pflicht einer bemühenden Welt- und
Selbstgestaltung.

Wenden wir uns nun jedoch wieder den konkret aufweisbaren Grundphänomenen zu, die den engen Zusammenhang von Derealisation und Depersonalisation und zugleich auch den anthropologischen Sinn der letzteren verdeutlichen:
In lebensbedrohenden Situationen kann es zu einer vorübergehenden *Emotionslähmung* kommen.

> Bedeutungsvoll ist, dass sich eine solche Ausschaltung des Gefühlslebens speziell auch auf die höheren Wertgefühle beziehen kann, dass eine zeitweise Alteration und »totale Eliminierung der Wertschätzungsgefühle«, wie sie in den Phänomenen des Mitleids, der Pflicht, der Fürsorge usw. gegeben sind, unsere Grundorientierung stören können.

Auf der Jahresversammlung des Vereins deutscher Irrenärzte zu Berlin am 22. April 1901 berichtete der Mediziner Baetz ein beachtenswertes Selbsterlebnis. Er weilte während des schweren Erdbebens im Jahre 1894 in Tokio. Die ganze Stadt befand sich in schwerer Gefahr. Baetz hatte die Absicht, zu seiner in der Stadt wohnenden Familie zu eilen und nachzusehen, ob alles in Ordnung sei. Es war ihm aber unmöglich; denn es ging – und hier wollen wir Baetz selbst sprechen lassen –
»eine völlige Veränderung in meinem Innern vor. Alles höhere Gefühlsleben war erloschen, alles Mitgefühl mit anderen, alle Anteilnahme an möglichem Unglück, ja selbst das Interesse für die bedrohten Angehörigen und für das eigene Leben waren verschwunden bei völlig klarem Verstande, ja mir war, als ob ich freier und leichter und rascher dächte als je. Es war, als sei eine bisher vorhandene Hemmung plötzlich weggenommen; ich fühlte mich als Nietzsches Herrenmensch niemandem verantwortlich, frei alles zu tun und zu lassen, wie es mir beliebte, jenseit von gut und böse. Ich stand da und betrachtete all die schrecklichen Vorgänge um mich mit derselben kalten Aufmerksamkeit, mit

der man ein spannendes physikalisches Experiment verfolgt. Ich sagte mir: ›Ei, das kann ja höchst interessant werden; noch ein oder zwei solche Stöße und alle Häuser um mich stürzen ein; die ganze Stadt wird ein Trümmerhaufen ...‹ alles das, ohne dass ich mich irgendwie dabei beteiligt fühlte. Dann, ebenso plötzlich, wie er gekommen, verschwand dieser abnorme Zustand und machte meinem früheren Ich Platz« (Baetz, E., 1902, S. 718).

Eine Emotionslähmung ist – wie im vorliegenden Fall – als Reaktionsform insofern zweckmäßig, als sie es einem Menschen möglich macht, auf der Höhe der Gefahr vermittels des Signals »Angst« mit hoch konzentrierter, auf das Objekt der Angst stark fokussierter Aufmerksamkeit zu handeln, ohne von der Emotion gestört zu werden.

In ausweglosen Situationen verfällt der vasolabile Mensch der *Ohnmacht*. Durch die Aufhebung aller Emotionen beseitigt er in radikaler Weise den unlösbaren Konflikt. Es geht ihn »nichts« mehr an. In der Ohnmacht steht das Nichts im Dienste des Lebens. Sie hebt die Emotionen auf, die das Leben blockieren, und entrückt damit die drückende Gegenwart in die Bewusstlosigkeit, aus der uns nichts mehr berührt.

Die vielfältigen Erscheinungen der Abwehrformen der Angst oder Psychismen deuten alle auf eine schon mehrfach angeführte seelische Grundtatsache hin. Die letzte Bastion, die bei einer realen oder angenommenen Bedrängnis oder Bedrohung verteidigt wird, ist das Ich oder Ego-Selbst. Wenn der Mensch bedroht wird, wird zugleich auch seine Welt bedroht. Mensch und Welt stehen in einem unaufhebbaren Dialog. Wie die zwei Brennpunkte einer Ellipse sind sie aufeinander zugeordnet. Die sich zwischen beiden abspielende Beziehung – das Seelische – symbolisiert sich in der Ellipsenlinie, die beide umschließt. Jede,

auch die geringste Veränderung eines der Brennpunkte drängt
auf eine Neuorientierung des Ganzen.

Bei zentralen tatsächlichen oder scheinbaren Bedrohungen stehen dem Menschen eine große Anzahl von Möglichkeiten der
Abwehr- und Selbstverteidigung – Psychismen – zur Verfügung. Die meisten von ihnen sind janusköpfig, weil sie einerseits als Primärvorgang das Seelische kennzeichnen und regu-
lieren und andererseits als Sekundärvorgang den Charakter
von Notfallfunktionen haben. Als solche fallen sie uns zumeist
überhaupt erst auf. So ist z. B. die Projektion ein Grundphäno-
men der Wahrnehmung, die Identifikation ein solches der mit-
menschlichen Begegnung. Erst in den zugespitzten Situationen
wird ihre Wirksamkeit sichtbar.

Es erübrigt sich, diesen Aspekt bei jedem einzelnen Psychismus hervorzuheben. Wichtig ist allein, dass man sich die Grund-
auffassung vom Dialog und der produktiven Ego-Steuerung
klargemacht hat. Ihre Erscheinungen bzw. Auswirkungen
wird man dann leicht in allen seelischen Besonderheiten entdecken.

Am eindrucksvollsten konnten wir diese Ego-Steuerung in
den geschilderten Phänomenen der Derealisation und Depersonalisation studieren. Um das Ich oder Ego-Selbst zu retten,
wird entweder die Welt in ihrer Realität aufgelöst, im eigentlichen Sinne entwirklicht oder die Persönlichkeit ihrer Persona-
lität entkleidet und dem Drama der Auseinandersetzung entrückt.

Wenn auch *Alkohol-, Drogen- und Medikamentenkonsum*
unter dem Gesichtspunkt einer *Flucht vor der Auseinandersetzung* mit der frustrierenden, ängstigenden und schmerzvollen
Welt- und Selbsterfahrung – als Derealisation und Depersonalisation – zu sehen sind, so sollen diese Probleme noch einmal
besonders hervorgehoben werden.

Alkoholismus/Alkoholabhängigkeit

Der Alkoholkonsum sollte nicht nur unter dem Aspekt der Angst gesehen werden. Er gehört bei uns zu vielen gesellschaftlichen, freudigen und festlichen Anlässen.

Der Alkoholkonsum kann aber auch schweren Schaden anrichten. Bei ca. 50 % aller Autounfälle und bei einem Drittel aller Selbstmorde spielen erhöhter Alkoholkonsum eine entscheidende Rolle. Die meisten dieser Personen sind nicht alkoholabhängig. Wir müssen also zwischen Alkoholisierung bzw. Trunkenheit und Alkoholmissbrauch bzw. Alkoholabhängigkeit unterscheiden.

> Zur Voraussetzung einer Suchtentwicklung gehören Missbrauch, Gewöhnung bzw. Toleranzerwerb und Abhängigkeit. Missbrauch findet dann statt, wenn zu viel Alkohol zu häufig in unangemessener Zeit konsumiert wird (z. B. während der Arbeit, vor einer Autofahrt). Auch spielt die Motivation eine besondere Rolle: Zum Missbrauch und zur Abhängigkeit neigen Personen, die Alkohol als Angst- und Spannungslöser, also zur Lockerung und zur Aufhellung ihrer Stimmung, aber auch zur Überwindung ihrer Langeweile und Einsamkeit brauchen.

Hier spielt der lernpsychologische Effekt der Sofortverstärkung eine entscheidende Rolle. Jedes Verhalten, das zunächst und unmittelbar zu einer Erleichterung und einem gewünschten Erfolg führt, wird verstärkt, d. h. festgehalten, und entwickelt sich zu einer psychischen und pharmakologischen Gewöhnung, zu einer Abhängigkeit und einem Toleranzerwerb.

Die *psychische Abhängigkeit* zeigt sich darin, dass der Betreffende ein unwiderstehliches Verlangen nach Alkohol hat, ihn zur Lösung seiner alltäglichen Probleme braucht, sich von diesem Verhalten nicht mehr befreien kann. Die *pharmakolo-*

gische Abhängigkeit zeigt sich darin, dass der Körper bei häufiger Zufuhr Alkohol schneller verarbeitet und der Betreffende, um die gleiche Wirkung zu erzielen, mehr Alkohol bedarf. Letztlich kommt es zu Organfunktionsstörungen mit einer einhergehenden Toleranzverminderung, sodass der Abhängige nun immer weniger Alkohol verträgt.

Der Alkoholabhängige bedarf der täglichen Alkoholzufuhr, um ausreichende Leistungen erbringen zu können. Er ist unfähig, das Trinken zu reduzieren oder damit aufzuhören. Die wiederholten Bemühungen, das Trinkverhalten tageszeitlich und in der Menge zu begrenzen oder ganz mit dem Trinken aufzuhören, gelingen nicht. Der Alkoholabhängige setzt meistens trotz schwerer körperlicher Schäden das Trinken fort. Dabei wird er oft im Rausch gewalttätig, lässt in seinen Leistungen nach, bleibt der Arbeit fern, verliert seine Arbeit, hat Streit mit der mittlerweile zerrütteten Familie. Das sexuelle Bedürfnis lässt nach; dabei entwickelt sich häufig Eifersucht. Der ständig überhöhte Alkoholkonsum hat neben den körperlichen Störungen, besonders der Leber, vor allem auch Störungen der Gedächtnis- und Denkleistungen und eine massive Beeinträchtigung des Selbstwertgefühls zur Folge.

Die Rückfallquote nach einer Therapie ist hoch. Ca. 80 % bleiben weiter alkoholabhängig, wobei allerdings bei 15 % das weitere Trinken dann keine beruflichen und privaten Probleme ergibt. Ca. 15 % bleiben abstinent, und etwa 5 % können mit Abstinenzphasen kontrolliert trinken.

Die bisherigen Erhebungen sind deshalb unbefriedigend und nur grob zu schätzen, weil sich die Ergebnisse noch nicht auf eine differenzierte Typologie des Trinkverhaltens beziehen.

Drogen- und Medikamentenabhängigkeit

Der Missbrauch von Drogen und Medikamenten bzw. die Abhängigkeit von ihnen dient einerseits zur Linderung von Schmerz, Angst, Anspannung und zur Lösung von Konflikten, andererseits zur Herbeiführung von angenehmen Zuständen. Da die Wirkung der Substanzen durch die Anpassung des Stoffwechsels geringer wird, benötigt der Abhängige eine immer höhere Zufuhr. Beim Absetzen der Mittel entstehen zum Teil sehr schwere Entzugserscheinungen, wie z. B. Fieber, Schüttelfrost oder Gliederschmerzen.

> Die körperlichen, psychischen und sozialen Folgen sind beträchtlich. Neben Magen- und Darmerkrankungen wird das Immunsystem geschwächt, sodass Abhängige in höherem Maße anfällig für Infektionen aller Art sind. Psychisch gesehen kommt es zum Abbau der für die Lebensbewältigung wichtigen Gedächtnis-, Konzentrations-, Motivations- und Leistungsfunktionen und zum Abbruch von Beziehungen, sodass letztlich die Fähigkeit zur selbstständigen Lebensführung versiegt.

Die Entstehung und Aufrechterhaltung des Drogenkonsums hängt von vier Faktoren ab:
• der Verfügbarkeit der Drogen,
• der positiven Bewertung des Drogenkonsums in der Bezugsgruppe,
• der Beeinflussbarkeit des Individuums durch den Gruppendruck und nicht zuletzt
• durch die Sofortverstärkung, also die erlebte positive Gestimmtheit oder High-Erlebnisse und die Entlastung von Alltagsproblemen.

Die Therapie findet am zweckmäßigsten stationär statt. Dabei gewinnen verhaltenstherapeutische Methoden immer mehr an

Bedeutung. Abbruchraten und Rückfallquoten sind allerdings hoch. Es finden aber neuerdings auch ambulante verhaltenstherapeutische Behandlungen von etwa zehn Monaten statt. Es scheint so, dass ein Drittel derjenigen, die die Therapie planmäßig beenden, mit einer Heilung rechnen kann. Dabei kann es zwischendurch bei einigen zum Rückfall kommen, der dann aber in einer kurztherapeutischen Behandlung verarbeitet werden kann. Es sollte jeder Therapieentlassene wissen, dass Rückfälle als Lernprozesse und nicht als endgültige Niederlagen aufzufassen sind. Rückschritte und Umwege können Heimwege sein.

> Im Übrigen gilt hier, wie auch sonst in der Psychotherapie: Der Klient sollte sich darüber im Klaren sein, dass der Psychotherapeut kein Heiler, sondern nur Lernbeistand ist. Er kann Irrtümer aufzeigen; der Klient muss die Wahrheit finden und sein Leben danach ausrichten und gestalten. Letztlich kann er sich nur selbst helfen, genauso, wie er das Pferd nur zum Wasser führen, es aber nicht zum Trinken veranlassen kann.

Missmut und Misstrauen

Missmut ist eine unfrohe Stimmungslage, die sich auf Grund von Enttäuschungen, schlechten Erfahrungen und Versagen entwickelt. Während Unzufriedenheit und Ärger vorübergehende Gefühlsregungen sind, entwickelt sich der Missmut oft zu Persönlichkeitszügen der Furchtsamkeit und Verbitterung. Im Missmut empfindet der Mensch eine innere Leere, zugleich aber auch eine Gereiztheit gegenüber Mitmenschen. Er neigt ihnen gegenüber zur Aggressivität und Missgunst.

> Missmutige Menschen sind sozial ängstliche Menschen. Sie ziehen sich oft von ihren Mitmenschen zurück; sie misstrauen ihnen.

> Eine gesteigerte Form des Misstrauens ist der *Argwohn*. Im Misstrauen fehlt der Glaube an die Gunst der Verhältnisse und das Wohlwollen der Mitmenschen. Der Argwöhnische rechnet damit, dass die Ereignisse bzw. die Menschen etwas gegen ihn im Schilde führen.

Wie kommt ein Mensch zu dieser Abwehrhaltung?
Recht häufig hatte er in seiner Vergangenheit unkritisch ein zu großes Vertrauen zu anderen. Er wurde enttäuscht und verfiel dann dem *Denkfehler der Verallgemeinerung*, der ihn zu der Auffassung führte, dass man keinem Menschen trauen kann.

> Der Misstrauische lebt in einer Welt, in der nichts mehr harmlos ist. Er sieht überall Bedeutungen in an sich bedeutungslosen Ereignissen. Es gibt für ihn keinen belanglosen Zufall, sondern nur Absichten. Zahlreiche Vorgänge der Umgebung erregen seine Aufmerksamkeit und rufen für uns kaum verständliche Gefühle bei ihm wach. Den Misstrauischen irritiert jedes beliebige Geschehen. Alles erscheint ihm so, als sei es gerade auf ihn gerichtet. Wenn sich Menschen in seiner Umgebung unterhalten, meint er, dass sie über ihn sprechen.

Der Misstrauische steht unter einem ständigen Druck öffentlicher Selbstaufmerksamkeit: »Was könnten die anderen jetzt über mich denken?« »Was werden sie gegen mich unternehmen?« Der Misstrauische kommt sich vor, als lebe er in Feindesland. Da er bei der Bewältigung seiner Lebensprobleme durch Angst behindert ist, versucht er – wie einst Don Quichote –, seine Probleme durch einen Kampf gegen Windmühlen zu lösen. Es ist ein Scheinkampf gegen *selbstgeschaffene Schwierigkeiten*. Durch seine vorausgerichteten negativen (selbstschädigenden) Vermutungen versucht er, sich gegen weitere Verletzungen und Niederlagen zu schützen.

Das Thema Misstrauen spielt in der Therapie beim *Abbau von selbstschädigenden Vermutungen* eine besondere Rolle. Ich will dies an drei Beispielen verdeutlichen, bei denen sich die Vermutungen als haltlos erwiesen haben, was allerdings nicht immer der Fall ist. Die drei Situationen wurden im Laufe der Jahre bei verschiedenen Klientinnen und Klienten in verschiedenen Variationen vorgebracht.

Vermutung, dass der Ehemann eine Freundin habe und seine Frau bald verlassen könnte und sich scheiden lassen würde.
– Frau E. K., 44, seit zwanzig Jahren verheiratet, zwei Töchter im Alter von 19, 16 und einen Nachkömmling im ersten Schuljahr, bemerkte seit einiger Zeit, dass ihr Mann nicht mehr so aufmerksam ihr gegenüber wie bisher war, oft schwieg, Alkohol trank, später vom Dienst nach Hause kam und einen bedrückten »schuldbewussten« Eindruck machte.

Sie geriet in depressive Verstimmungen, wurde von Woche zu Woche argwöhnischer, entwickelte mehrere psychsomatische Beschwerden, vor allem Ein- und Durchschlafstörungen. Der Hausarzt und ein Internist konnten keinen organischen Befund feststellen.

In der relativ kurzen Therapie von zwanzig Sitzungen (Doppelstunden) konnte die Situation geklärt werden. »Ich konnte mir die Veränderungen meines Mannes nicht erklären, wagte auch nicht, ihm meine Beobachtungen mitzuteilen und ihn nach dem Grund zu fragen, weil ich befürchtete, eine niederschmetternde Antwort zu erhalten. Ich dachte, er hat eine andere Frau kennen gelernt, und es ergeht mir wie meiner Freundin.« In der Therapie, zu der zwischendurch auch der Mann kam, berichtete dieser: »Im Betrieb, in dem ich seit über zwanzig Jahren arbeite, standen Entlassungen wegen des Rückgangs der Aufträge bevor. Ich befürchtete, dass der Betrieb schließen müsste, machte mir große Sorgen. Ich arbeitete oft länger, hatte dabei die fixe Idee, als könnte ich dadurch den Untergang des Betriebs aufhalten. Ich wollte meine Frau, die sich selbst bei kleinen

Schwierigkeiten schnell aufregt, nicht belasten.« Ergebnis: Der Betrieb konnte inzwischen durch neue Aufträge im annähernd gleichen Umfang weiterproduzieren. Die Befürchtungen konnten sowohl bei ihm als auch bei ihr abgebaut werden. Die Vermutungen haben sich beiderseits als haltlos erwiesen. Vorgenommen haben sich beide, Schwierigkeiten des einen dem anderen rechtzeitig mitzuteilen, um dadurch Ungewissheit und Vermutungen erst gar nicht aufkommen zu lassen.

Vermutung, dass die jüngere, attraktive und diensteifrige Sekretärin sie aus ihrer Stellung verdrängen wolle.
– Frau Ch. B., 48 Jahre, seit 18 Jahren Chefsekretärin in einer größeren süddeutschen Bank, ist seit einem Vierteljahr sehr beunruhigt, da sie vermutet, dass sie wegen ihres Alters ihre Position an die neue jüngere Kollegin abtreten müsste, zumal sie zunehmend eine – wie sie es nannte – »Tipphemmung« entwickelt hat. Nach wenigen Anschlägen verkrampfen sich ihre Finger, sodass sie nicht weiterarbeiten kann. Da sie über eine Taubheit der Finger und Empfindungsstörung der Hohlhand klagte, empfahl ihr der Chef, sich ärztlich untersuchen zu lassen. Sie wurde in einer neurologischen Abteilung, weil die Symptome dafür sprachen, auf das Vorliegen eines Karpaltunnel-(Handwurzel-)Syndroms untersucht. Es ergab sich jedoch kein Befund, sodass eine neurologische Störung ausgeschlossen werden konnte.

In der psychotherapeutischen Behandlung wurden die Befürchtungen und Vermutungen ausgiebig besprochen und vermittels Gedanken- und Verhaltensübungen sowie Systematischer Desensibilisierung abgebaut. Frau B. konnte keine Argumente beibringen, die ihre Vermutungen rechtfertigten. Sie erkannte, dass sie einfach Eifersucht auf die Kollegin wegen deren ansprechender äußerer Erscheinung und deren munteren offenen Verhaltens hatte. Ihr Chef hatte sich, als sie ihm ihre Beschwerden mitteilte, besorgt gezeigt und ihr ärztliche Untersuchung angeraten, ihr auch nach der neurologischen Untersuchung eine psychotherapeutische Behandlung und den Psychotherapeuten empfohlen. Sie hat allerdings vermieden – wohl zu Recht – ihrem Chef den sie beunruhigenden Verdacht mitzuteilen.

Da die Systematische Desensibilisierung im Rahmen eines Selbstsicherheits-, Kommunikations- und Selbstkontroll-Trainings stattfindet, konnte sie bereits nach anfänglicher Intensivtherapie von drei Wochen ihre Arbeit mit wieder gewonnener Leistungsfähigkeit aufnehmen. Die Behandlung selbst erstreckte sich über ca. vierzig Therapiestunden.

Ergebnis: Frau B. führt ihre Arbeit gestärkt, bemüht und zuversichtlich weiter aus. Sie hat gelernt, sich auf ihre Arbeit zu konzentrieren, sich abzugrenzen, d. h. sich nicht durch besorgte öffentliche Selbstaufmerksamkeit und ungerechtfertigte Vermutungen irritieren und stören zu lassen.

Vermutung, dass der Vorgesetzte ihn schlecht beurteile und bei der nächsten Gelegenheit loswerden wolle.
– Herr W. F., 52, seit 15 Jahren in einem größeren pharmazeutischen Werk als Ausbilder von Ärztebesuchern tätig, hat seit einiger Zeit die Vermutung, dass sein Chef etwas gegen ihn habe.

Th. Woran haben Sie das gemerkt?
Kl. Es hat sich ein Teilnehmer des letzten Lehrgangs, ein Herr K., über meine Art zu unterrichten bei der Betriebsleitung beschwert, und mein Chef hat mich diesbezüglich angesprochen.
Th. Was hat Herr K. denn bemängelt?
Kl. Ich würde alle wie Volksschüler behandeln. Sie hätten sich bei der Produktbeschreibung die einzelnen Punkte zu

merken und sie mehrfach einzuüben. Dazu brauche er nicht den Kurs zu besuchen; das könne er sich auch zu Hause besser aneignen.

Th. Ist dies alles?

Kl. Nein, er erwähnte noch, dass ich die offensichtlichen Streber im Kurs bevorzuge und die weniger sich hervortuenden und vordrängenden Teilnehmer weniger oft drannähme. Dabei bevorzuge ich keineswegs eine Gruppe. Was Herr F. als »Streber« und »hervortun«, »vordrängen« bezeichnet, beurteile ich eher als Interesse und aktive Mitarbeit.

Th. Also können wir diesen Punkt streichen. Was fiel Ihnen denn am Verhalten des Herrn K. auf?

Kl. Dass er häufig gelangweilt meinen Ausführungen folgte und sich dann oft seinen Unterlagen zuwandte.

Th. Wie haben Sie sich das erklärt?

Kl. Dass er weniger Interesse am Kurs hat.

Th. Offensichtlich hat Ihr Chef Ihnen die Kritik gezeigt oder vorgelesen. Wie hat denn Ihr Chef dabei reagiert?

Kl. Er hat das Schreiben – meiner Ansicht nach – zu ausführlich mit mir besprochen und sich über meine Ansicht dazu und meine Lehrmethode zu interessiert gezeigt.

Th. Dies hat Sie also verunsichert?

Kl. Ja. Er hätte mir das kurz zur Kenntnis geben und abtun können. Mir kam seine Aufforderung, mich zu meiner Lehrmethode zu äußern, wie eine kritische Prüfung vor.

Th. Wie ist denn bisher Ihre Arbeit beurteilt worden?

Kl. Gut bis sehr gut.

Th. Haben sich denn noch andere Kursteilnehmer mal über Sie beschwert?

Kl. Nein, dies war das erste Mal.

Th. Könnte die ausführliche Besprechung mit Ihrem Chef nicht auch sein Interesse an Ihrer Arbeit bekunden?

Kl. Vielleicht. Das fällt mir jetzt erst ein. Man könnte es

auch so sehen, zumal er während der ganzen Besprechung freundlich und mir zugewandt war.

In der Therapie, die sich über 30 Sitzungen erstreckte, kam heraus, dass Herr F. sich sehr *bemühte*, seine Arbeit gut durchzuführen, aber nicht recht überzeugt war, als Schulungsleiter »perfekt« zu sein. Dieses Streben nach Perfektion beruhte darauf, dass er immer noch darunter litt, sein Medizinstudium abgebrochen zu haben, in dieser Hinsicht in den Augen seiner ärztlichen Bekannten und Freunde als Versager zu gelten.

Ergebnis:
Herr F. hat gelernt, sich bei seinen Wahrnehmungen und Urteilen auf *reale* Tatsachen zu stützen, vergangene Fehler abzuhaken, sich auf seine Arbeit zu konzentrieren und sich nicht in Vermutungen zu ergehen, was andere eventuell über ihn denken und von ihm halten könnten. Er hat außerdem gelernt, dass es darauf ankommt, sich um gute Leistungen zu *bemühen*, nicht aber eine irreale Perfektion erreichen zu müssen.

Zwei Grundhaltungen und Lebensanschauungen sind Abkömmlinge des Misstrauens und der Enttäuschung:

Pessimismus und Nihilismus

Pessimismus bezeichnet zunächst keinen Gefühlszustand, sondern Urteilsaussagen über Verhältnisse und Umstände, von denen unser Leben abhängt – auch im Hinblick auf das, was in der Zukunft zu erwarten ist. Die Zukunft kann niemand mit Sicherheit voraussehen und vorhersagen; sie enthält unberechenbare Möglichkeiten. Die Beurteilung dessen, was zu erwarten ist, beruht immer auf einer subjektiven Gewissheit, und diese entspringt einer Gefühlslage. Der Pessimismus enthält sich misstrauisch jeder Hoffnung; er rechnet nur mit der schlechtesten Möglichkeit (lat. pessimum = das Schlechteste). Für den Pessimisten ist die Welt unzulänglich; ihr Verlauf lässt nichts Gutes erwarten, und das Dasein in dieser Welt ist nur eine Kette von Not und Leid. Je nach sonstiger Persönlichkeitsstruktur neigt der eine Pessimist eher zur Resignation, der andere eher zum Missmut.

Weitere Aussagen zum Thema Pessimismus finden Sie unter »Neues Denken und Vorstellen«, hier: Kognitive Umstrukturierung, Seite 280.

Nihilismus reicht weiter als die Enttäuschung, die im Pessimismus zum Ausdruck kommt. Der Nihilist ist der Überzeugung, dass hinter allem, was Menschen vom Leben erwarten können, die trostlose Leere absoluter Sinnlosigkeit steht. Der Nihilismus ist extremer Ausdruck des verängstigten Menschen. Auch hier gibt es individuelle Spielarten. Der eine Nihilist begnügt sich damit, die Welt ohne Illusion durchschaut zu haben und hält sich über der Bodenlosigkeit des Nichts (nihil) auf. Der andere Nihilist lehnt sich gegen alles Bestehende auf. Wie sagt doch Mephistopheles im »Faust«: »Ich bin der Geist, der stets verneint. Und das mit Recht; denn alles was entsteht, ist wert, dass es zu Grunde geht.«

Der Lastcharakter der Depression

Das zuerst und zumeist auffallende Merkmal der Depression ist die herabgedrückte Stimmung. Die Bezeichnung kommt aus dem Lateinischen, wo depressus niedergedrückt bedeutet.

Der Depressive empfindet sich total verändert gegenüber seinem früheren Leben und abgeschnitten von der Teilhabe an seiner Umwelt. Er hat es sehr schwer, seinen Zustand und das schwarze Loch, in das er gefallen ist, zu beschreiben und anderen seine Notlage zu schildern. »Ich kann so nicht weiterleben. Ich bin von allem, was mich umgibt, wie durch eine Mauer getrennt.«

Wie können die Angehörigen und Bekannte ihn verstehen? Sie sind ratlos und hilflos, die Qualen der Krankheit zu begreifen. Aufmunterungen wie: »Reiß Dich doch zusammen, Du kannst schon, wenn Du willst!«, bestätigen den Depressiven in seiner Auffassung, dass die anderen sich in seine Lage überhaupt nicht hineinversetzen können, da er ja auch nicht mehr wollen kann. Die Angehörigen geben mit der Zeit ihre Appelle auf, ziehen sich von dem Kranken zurück, lassen ihn »links liegen«, wodurch dieser nur noch unglücklicher wird. »Keiner versteht mich; keiner kann mir helfen. Ich bin von Gott und der Welt verlassen.«

Wir erkennen vielleicht schon jetzt, dass die depressive Erkrankung nichts zu tun hat mit den depressiven Verstimmungen, der Niedergeschlagenheit, der Trauer, den Sorgen, dem Kummer, ja der Ratlosigkeit und Verzweiflung, die den gesunden Menschen gelegentlich nach einer Enttäuschung, nach einem Verlust oder einer schweren Niederlage befallen können.

Es gibt eine Reihe realistischer Probleme, bei denen wir oft annehmen, dass sie Depressionen hervorrufen, z. B. geschäftlicher Bankrott, hohes Alter, Körperbehinderung, schwere

Krankheiten, Scheidung oder Verlust eines geliebten Menschen. Es gibt aber keine »realistischen Depressionen«.

> Depressionen sind stets das Ergebnis eines verzerrten Denkens, wobei zunächst an die weit überwiegende Zahl der so genannten »neurotischen« oder reaktiven Depressionen zu denken ist, die durch Lebensumstände hervorgerufen werden.

Auf Verlusterlebnisse reagieren Menschen zumeist mit Traurigkeit, ein normaler Gefühlszustand, der durch realistische Wahrnehmungen ausgelöst wird. Durch das Erlebnis und die Erinnerung daran wird die Selbstachtung nicht angegriffen. Im Gegensatz zum Traurigen wird der *Depressive durch verzerrte Gedanken niedergedrückt.* »Ich werde nie wieder auf die Beine kommen. Ich werde nie wieder glücklich sein können.« Solche Gedanken wecken Gefühle der Ausweglosigkeit und Hoffnungslosigkeit, die festgehalten werden und ständig wiederkehren. Depressive können sich an nichts mehr freuen.

> Komplizierter ist die Beurteilung der so genannten endogenen Depressionen, wobei gewisse höhere Erkrankungsbereitschaften durch Abweichung biologischer, d. h. neurologischer und hormoneller Art vorliegen. Dies lässt sich oft erst an der Schwere der Erkrankung, ihrer Unbeeinflussbarkeit durch eine Psychotherapie sowie an ihrer phasenhaften Wiederkehr ohne auszumachende Situationsbelastung erkennen.

Ich möchte aber darauf hinweisen, dass hier noch mehrere ungelöste Probleme vorliegen:

Erstens sind auf Grund meiner Erfahrungen Mediziner eher geneigt, eine schwere Depression als endogen einzustufen, wo diese gar nicht vorliegt. Mir sind im Laufe meiner jahrelangen Praxis verschiedene Klienten in Erinnerung, die ärztlicherseits als »endogen erkrankt« bezeichnet wurden, die sich dann nach einer vergeblichen Medikamentenkarriere in der Therapie von ihrer Störung befreien konnten.

Zweitens ist meines Erachtens noch nicht ausreichend erforscht worden, wie weit eine psychisch bedingte depressive Störung nicht auch zu einer neurologisch-hormonellen Störung führen kann. Zumindest legen neuere Untersuchungen der so genannten Psychoneuroimmunologie die Wahrscheinlichkeit dieser Annahme nahe.

Ich möchte mit den zuletzt angeführten Äußerungen nicht von einer pharmakologischen Behandlung, die seit Ende der fünfziger Jahre eine neue Qualität erreicht hat, abraten. Sie hat sich gerade in panikartigen und depressogenen Krisensituationen bewährt.

Drittens sind die Bedingungen der Chronifizierung (Verfestigung) und Resistenz (Hartnäckigkeit) von Depressionen weitgehend unbekannt. Gelegentlich zeigt sich, dass selbst bei optimaler Anwendung der Medikamente (Wahl, Reihenfolge, Dosierung) kein Erfolg zu verzeichnen ist.

Viertens besteht auch Unsicherheit in der Kombination verschiedener antidepressiver Behandlungsverfahren, besonders im Hinblick auf eine Kombination der Antidepressiva mit Tranquilizern, Hypnotica, Beta-Blockern und MAO-Hemmern.

Die Wahrscheinlichkeit, im Laufe ihres Lebens an einer Depression zu erkranken, beträgt bei Männern ca. 10 % und bei Frauen ca. 25 %.

Wir rechnen die Depression nicht zu den so genannten Geistes-
krankheiten, sondern zu den *affektiven Störungen*, ein Sammel-
begriff für die von der Norm abweichenden Veränderungen in
der Ansprechbarkeit, Verarbeitung und Äußerung der Gefühle.
Durch die zentrale Stellung der Gefühle in unserer Lebensorientierung werden durch die Affektstörung alle Erlebnis- und Verhaltensweisen massiv beeinträchtigt. Wir können also die Depression als eine *komplexe psychische Grundstörung* bezeichnen.

Um Ansatzpunkte für den Umgang der Betroffenen mit ihrer
Depression und für eine Therapie zu gewinnen, müssen

• die Erscheinungsbilder,
• die Erscheinungsformen,
• Verlauf und Dauer,
• die Entstehungsbedingungen und Auslöser sowie
• das Erleben

der Depression näher betrachtet werden:

Erscheinungsbilder bzw. Symptome der Depression

Die Symptome erstrecken sich auf folgende Bereiche:

• *Körperliche Symptome:*
Schlafstörungen,
Appetitverlust,
schnelle Ermüdbarkeit und Abgespanntheit,
verschiedene psychosomatische Beschwerden, wie z. B. Kopfschmerzen, Herzrasen, Atem- und Verdauungsbeschwerden;

• *motorische Symptome:*
Veränderung des Aktivationsniveaus, meist absinkend in
Richtung eines Vermeidungs- und Rückzugsverhaltens, einer
Passivität (seltener steigernd, dann jedoch ruhelose Antriebs-
losigkeit),

Körperhaltung: kraftlos, gebeugt, spannungslos,
Gesichtsausdruck: weinerlich-besorgt oder maskenhaft erstarrt,
Sprechweise: leise, monoton, langsam;

- *emotionale Symptome:*
  gedrückte Stimmungslage, Niedergeschlagenheit,
  Gefühl der Gefühllosigkeit,
  Erleben von Kontrollverlust, Hilflosigkeit und Hoffnungslosigkeit,
  Verlassenheits- und Einsamkeitsempfindungen,
  sich an nichts mehr freuen können;

- *motivationale Symptome:*
  Antriebs- und Energieverlust,
  Interesseverlust und Lernbehinderung,
  Verlust der Liebesfähigkeit,
  Empfinden einer ständigen Überforderung,
  Nicht-wollen-können;

- *kognitive Symptome:*
  Selbstvorwürfe, Selbstbeschuldigungen, zirkuläre Grübeleien,
  Empfindungen der Wertlosigkeit,
  negative Einstellung zu anderen (Misstrauen, Feindseligkeit),
  Empfindung von Ausweglosigkeit, Suizidgedanken,
  sich nicht konzentrieren können.

Erscheinungsformen

Es werden verschiedene Typen der Depression unterschieden, so vor allem die *reaktive* und *endogene Depression.*

Bei der *reaktiven Depression* stehen äußere Auslöser, belastende Lebensereignisse, Verluste oder Kränkungen im direkten Zusammenhang mit ihrer Entstehung. Diese zumeist unzureichend verarbeiteten und selbsterhöhten Belastungen entsprechen dem Schweregrad der depressiven Störung.

Bei der *endogenen Depression* können auch Lebensereignisse als Auslöser eine Rolle spielen; doch steht sie zu diesen Ereignissen nicht in einem ursächlichen Zusammenhang. Sie steht nachweislich in Zusammenhang mit neurovegetativen Störungen.

Die Unterscheidung dieser beiden Formen kann oft erst auf Grund des Verlaufs mit wiederholten depressiven Episoden getroffen werden. Auch dann bleibt sie meist noch fragwürdig. Da es noch weitere Formen gibt, vermeidet man neuerdings diese Unterscheidung und spricht nur von »typischer Depression« und »spezifischen Depressionen«. So stehen bei der so genannten *agitierten Depression* Angst und Unruhe im Vordergrund; bei der *larvierten Depression* konzentrieren sich die Beschwerden auf das gestörte Körpererleben.

Meines Erachtens sollten die Unterscheidungen mehr therapieorientiert vorgenommen und verschiedene Schweregrade und Verlaufsformen unterschieden werden. Oft stellt sich der Schweregrad einer Depression – wie schon angedeutet – erst im Laufe einer psychotherapeutischen und/oder medikamentösen Therapie heraus.

Verlauf und Dauer

Vor Einführung der medikamentösen Therapie vor etwa vierzig Jahren zog sich die Depression über drei bis sechs Monate hin, nach ihrer Einführung verläuft sie in kürzerer Zeit und in wesentlich milderer Form.

Etwa zwei Drittel der Depressiven können nach der Therapie ihrer gewohnten Arbeit nachgehen.

Wann setzt eine Depression ein? Ganz allgemein kann gesagt werden, dass etwa ein Viertel der endogenen Depressionen in den mittleren Jahren von zwanzig bis fünfzig und darüber erstmals auftreten. Die endogene Depression hat danach relativ wenig mit der Kindheit zu tun.

Die vorherrschenden reaktiven Depressionen beginnen bereits häufig in der Pubertät oder in den darauf folgenden Jahren. Jenseits des fünfzigsten Lebensjahres sind weniger als zehn Prozent dieser Depressionen zu finden.

Bei Frauen treten zu einem Drittel die so genannten endogenen Depressionen zwischen zwanzig und dreißig, bei Männern zwischen vierzig und fünfzig Jahren erstmals auf.

Viele endogene Depressionen klingen nach einer einzigen Phase ab und treten nie wieder auf. Einige erstrecken sich über längere Zeit mit einem Zykluswert von etwa zwei bis drei Jahren. Ein Drittel aller depressiven Phasen hält nicht länger als zwei Monate an. Weit über die Hälfte aller depressiven Phasen klingen nach vier Monaten ab.

Entstehungsbedingungen und Auslöser

Die Depressionsforschung hat sich vorwiegend auf die Erforschung der Verwundbarkeit von Personen gerichtet, die später als Patienten unter psychisch bedingten und besonders unter endogenen Depressionen leiden. Der Begriff »endogen« bedeutet keineswegs – wie man früher annahm – nur angeboren und/oder vererbte Bereitschaft, die zur Erkrankung führt, sondern auch und vorzugsweise physiologische Abweichungen neurologischer und hormoneller Art, die durch Infektionen und Immunschädigungen zu Stande kommen können.

Es gibt Charakterzüge, die zu einer Depression disponieren. So wird zum Beispiel der *Melancholiker* durch folgende Eigenschaften charakterisiert: wenig vital, emotional labil, auf Sicherheit bedacht, pedantisch, übertrieben ordnungsliebend, autoritätsgebunden, konventionell, einseitig interessiert und wenig fantasiebegabt.

Besondere Risikofaktoren bestehen für *allein stehende, getrennt lebende* oder *geschiedene* Personen, solche, *die Schwierigkeiten im Berufsleben* haben oder durch *besondere Lebensereignisse* belastet sind, z. B. dem Tod eines nahe stehenden geliebten Menschen.

Innerhalb der Belastungsfaktoren kommt dem *Dauerstress* im Berufs- und Familienleben eine große Bedeutung zu. Kielholz hat für die so entstehende Depression den Ausdruck »Erschöpfungsdepression« geprägt. Auch wenn verschiedentlich an dieser Formulierung Kritik geübt wurde, so kann ich aus meiner Erfahrung bestätigen, dass Erschöpfung oft ein Auslöser von Depression sein kann.

Es gibt zwei grundsätzlich *verschiedene Erklärungsmodelle* für die Entstehung von Depression:
• das biologische und
• das psychologische bzw. psychosoziale Modell.

Zum biologischen Modell:
Ich möchte, da die Zusammenhänge genaueres physiologisches und neurologisches Fachwissen voraussetzen, hier nur kurz darauf hinweisen, dass nachgewiesen ist, dass Depressive

häufig ein funktionelles Defizit des Gehirnbotenstoffes (Neu-rotransmitters) Norepinephrin an kritischen Stellen der zentralen nervösen Reizübertragung aufweisen. Andere Forscher weisen mit ihrer Serotonin-Hypothese darauf hin, dass bei Depressionen eine erniedrigte Konzentration des Botens Serotonin eine Rolle spielt.

Depressive und ängstliche Patienten zeigen häufig psychophysiologische Abweichungen von der Norm. Die Erregung äußert sich
- in der Beschleunigung der Puls- und Atemfrequenz,
- in der Erhöhung des Muskeltonus und
- in der Verminderung des Speichelflusses.
- Zugleich treten verlängerte Reaktionszeiten und psychomotorische Verlangsamung auf.
- Besonders hervorzuheben sind die Schlafstörungen: Die Einschlafzeit ist verlängert, nachts klagen die Patienten über einen »zerhackten Schlaf«.

Was beim Studium der biologisch-medizinischen Darstellungen auffällt, ist, dass sie nicht erklären, *warum* es zu den physiologischen, speziell neurologischen und immunologischen Veränderungen bei einigen Menschen kommt, bei anderen unter den gleichen äußeren Bedingungen und mit den gleichen charakterologischen Besonderheiten jedoch nicht. Wir wissen also noch nichts über die speziellen Entstehungsursachen, sondern können nur – weil alle Untersuchungen an Depressiven stattfanden – einiges über deren biologisch-organische Störungen aussagen. Allerdings reicht dies aus, um auch von medizinischer Seite her die schweren Depressionen anzugehen und zu ihrer Heilung beizutragen.

Zum psychologischen bzw. psychosozialen Modell:
Hier gibt es – wie Martin Hautzinger und Renate de Jong-Meyer in ihrer Abhandlung zur »Depression« aufgezeigt haben – vier einander ergänzende Erklärungsmodelle für die Entstehung der Depression (In: Reinecker, H. <Hrsg.>, 1990, S. 126–165).

Seligman weist darauf hin, dass Menschen, die subjektiv bedeutsame Ereignisse nicht kontrollieren können, zur Depression neigen. Sie erfahren, dass ihr Verhalten und die Konsequenzen ihres Verhaltens in der Umwelt unabhängig voneinander sind. Daraus entwickelt sich die Erwartung, auch zukünftig über ihr Verhalten keine Kontrolle zu haben. Es entwickelt sich das Gefühl der Hilflosigkeit in vielen Situationen. Der Depressive erlebt aber, dass er für das Misslingen der Kontrolle verantwortlich ist, und dies führt zu sich verfestigenden Veränderungen seiner gestörten psychischen und körperlichen Funktionen. Durch die Misserfolgserwartungen bei zukünftigen Ereignissen kommt es zusätzlich zur Verschlechterung und Verfestigung des depressiven Befindens (Seligman, M. E. P., 1975).

Beck sieht in der depressiven Erkrankung eine kognitive Störung. Die negative Sichtweise der Welt, der eigenen Person und der Zukunft und die damit gegebene Verzerrung der Realität führen zu den diversen depressiven Symptomen. Die kognitive Störung zeigt sich u. a. in willkürlichen Schlussfolgerungen, in Übertreibungen, Verallgemeinerungen und in der eingeengten Wahrnehmung (Tunnelphänomen). Diese Denkweisen führen zu sich wiederholenden Rückmeldungen und bestätigen damit die depressiven Annahmen, wodurch die depressiven Symptome aufrechterhalten, verfestigt und vertieft werden (Beck, A. u. a., 1986).

Lewinsohn hebt hervor, dass bei Menschen, die für ihr Verhalten wenig Beachtung und Anerkennung (Verstärkung) erhalten, dieses Verhalten schrittweise gelöscht wird, die Betreffenden also inaktiv und passiv werden (Lewinsohn, F. M. u. a. in: Reiss, S. u. Bootzin, R. R. <Eds.>, 1985).

Brown weist darauf hin, dass *drei Faktoren der Depression* zu Grunde liegen: *Erstens* die Verwundbarkeitsfaktoren: ein Mangel an intensiven, emotional-positiven und unterstützenden Sozialbeziehungen; drei und mehr Kinder unter 14 Jahren im Haushalt; Verlust der Mutter durch Tod in der Kindheit; keine Berufstätigkeit außerhalb des Haushalts. *Zweitens* die auslösenden Faktoren: belastende Lebensereignisse, chronische Lebensschwierigkeiten. *Drittens* die symptombestimmenden Faktoren: Art der frühen Verlusterlebnisse; Lebensalter; frühere depressive Episoden (Brown, G. W. u. Harris, T., 1978).

Weitere *neuere Theorien* heben bestimmte Persönlichkeitseigenschaften hervor die zu einer depressiven Störung führen können, z. B. dispositionelle Faktoren, wie Introversion und Neurotizismus (erhöhte Angstbereitschaft, emotionale Labilität), erhöhte Selbstaufmerksamkeit, besonders in Bereichen, in denen Kompetenzabnahme wahrgenommen wird, erhöhtes Anspruchsniveau, also hohe Selbstanforderungen in bestimmten Lebensbereichen, begrenzte soziale Fertigkeiten, erhöhtes Ausmaß an Selbstkritik.

Das Erleben

Depression ist eine schwere psychische Krankheit, die in ca. fünf Prozent zum Suizid führt. Sowohl Angehörige als auch Freunde und Bekannte, die den Kranken in seinen gesunden Tagen kannten, verwechseln die Krankheit – wie ich an anderer Stelle schon ausführte – mit ihnen vertrauten vorübergehenden »depressiven Verstimmungen«, der Traurigkeit, Langeweile oder Verzweiflung und ähnlichem. Die meisten Depressiven sind zum einen unfähig, ihre verwirrte Erlebnislage auch nur annähernd zu beschreiben und zum anderen plausible Gründe für ihre veränderte Lagebefindlichkeit anzugeben. Auch nach der Depression vermögen die Depressiven sich kaum in ihren quälenden Zustand zurückzuversetzen.

Depressive empfinden ihren Zustand unausdrückbar, unerklärlich und unvergleichbar mit dem ihres früheren Lebens und Erlebens und dem anderer Personen. Es gibt für sie nur die Möglichkeit, sich der für die gesunde Umwelt plausiblen Bezeichnungen zu bedienen, wie »traurig«. »Es ist alles in mir abgestorben«. »Ich kann nicht mehr«. »Ich traue mir nichts mehr zu«. »Ich bin nicht mehr in mir«. »Ich bin nichts mehr«. Die vermeintliche Traurigkeit hat aber nicht das Geringste mit der normalpsychologisch verständlichen Traurigkeit zu tun. Das »Nichttraurigseinkönnen« ist ein wesentliches Merkmal der Depression. Wenn wir Depressive jedoch fragen, ob sie sich wie von einer Mauer eingeschlossen, wie in einer Höhle eingesperrt vorkämen, werden sie dem sofort zustimmen. Wir können uns dem Erleben oft nur über solche bildhaften Vergleiche nähern.

Gerhard Irle hat den Versuch unternommen, uns in seinem Buch über »Depressionen« (1974, S. 137-170) das Erleben Depressiver näher zu bringen und ihre Äußerungen, die ich ergänze, in Merkmalsgruppen aufzugliedern. Die Angaben beziehen sich zum Teil auf Äußerungen während der Depression, zum Teil auf einen Zeitabschnitt nach der überwundenen Depression.

Die qualvolle Isolierung:
»Ich bin von meiner Umwelt, den Menschen und von Gott seelisch abgeschnitten. Ich habe keinen Kontakt mit allem um mich herum.« »Ich werde von keinem Wort errejcht. Von einem tröstenden Verständnis habe ich nicht das Geringste.« »Ich habe nur unter Wasser gewohnt, ohne Licht und Luft,

Raum, Zeit und Farbe.« »Meine Frau, meine Kinder, sie gehen mich nichts mehr an. Was sie reden, betrifft mich nicht; ich kann dem allen nicht folgen und bleibe in meiner Ecke sitzen.« »Der Himmel ist nicht mehr blau, die Sonne strahlt nicht mehr.« »Ich mag nicht mehr aus dem Haus gehen. Das Spazierengehen bringt mir nichts; die Natur sagt mir nichts mehr.«

Der Gefühlsschwund:
»Ich bin wie ausgebrannt, versteinert und regungslos, als sei ich gar nicht mehr da.« »Ich kann auch nicht mehr weinen. Ich kann auch meinem Gefühl nicht mehr Luft machen. Ich fühle mich vertrocknet und verdorrt.« »Alles kommt mir vor wie ein Marionettentheater.« »Die Gedanken kommen automatisch wieder, wie ein Mechanismus kommt mir das vor, dem ich nicht entrinnen kann.« »Ich bin ganz weit weg und kann mich nicht aufraffen wieder zu kommen, so dringend ich es möchte.« »Nicht das Gefühl des Ausgestoßenseins ist das Belastende, sondern überhaupt nichts zu sein, gar nicht mehr da zu sein, sodass, wenn ich mit jemand anderem im Zimmer sitze und er hinausgeht, dann überhaupt niemand mehr im Zimmer ist.« »Alles um mich herum kommt mir fremdartig vor, so als wäre ich in einer anderen Welt.«

Der gestörte Schlaf:
»Die Schlafstörung macht mich ganz fertig. Ich habe manchmal den Eindruck, dass sie die Ursache aller weiterer Störungen ist. Am Morgen habe ich jedes Mal den Tiefpunkt.« »Ich wälze mich nachts von einer Seite zur anderen, ohne eine Erleichterung zu verspüren.« »Ich glaube, dass mein Nichtschlafenkönnen eine Strafe und der Beweis für eine schwere Schuld ist. Ich befinde mich auf einer abschüssigen Straße. Die Schlafmittel sind schleichende Gifte, die meinen Körper zusätzlich zerstören. Am Tage bin ich jedes Mal zerschlagen, lähmend

müde.« »Mein Schlaf, wenn ich überhaupt noch einen habe, ist in kleine Stücke zerhackt.«

Leistungsschwund:
»Mein Haushalt verwahrlost. Ich kann mich bei der zunehmenden Unordnung, dem zunehmenden Schmutz nicht mehr aufraffen, etwas zu ändern.« »Ich kann die Erwartungen meiner Mitarbeiter nicht erfüllen. Ich bin mein hohes Gehalt nicht wert.« »Im Betrieb geht es seit einiger Zeit bergab. Ich bin an alledem schuld.« »Selbst Arbeiten, die mir früher leicht von der Hand gingen, erscheinen mir so schwer, dass ich sie überhaupt nicht mehr bewältigen kann.« »Ich sitze oft über einer Arbeit, die ich früher in einer Stunde erledigt habe, stundenlang. Es dauert Zeit, bis ich überhaupt anfange, und es geht alles nur noch im Schneckentempo voran.«

Die Missbefindlichkeit des Körpers:
»Ich leide an einer fortschreitenden Gehirnerkrankung. Mein Kopf ist nicht mehr in Ordnung.« »Es knarrt in meinen Gelenken. Das ist ein Zeichen, dass das Gelenkwasser heraus ist, da werde ich verrückt.« »Ich habe Schmerzen im Kreuz, im ganzen Leib, Druckgefühl auch im Kopf, Herzschmerzen.« »Die Schmerzen ziehen bis in die Beine hinunter.« »Ich bin innerlich verfault. Alles stockt in mir. Die Därme arbeiten nicht mehr; mein Herz bleibt bestimmt bald stehen.« »Der Kopf ist wie Blei; es drückt wie eine Zentnerlast auf den Kopf.«

Der Stillstand der Zeit:
»Mir scheint die Zeit stillzustehen.« »Es bleibt alles stehen. Es regt sich nichts.« »Die Zeit dehnt sich über den Tag hinweg, und der Tag hört nicht mehr auf.« »Die Zukunft ist versperrt. Es gibt kein Ziel mehr, auf das sich hinzugehen lohnt.« »Ich denke oft, dass die Zeiger der Uhr stehen geblieben sind oder

sich nur ganz langsam drehen.« »Die Zeit geht zurück. Ich sehe zwar, dass sich der Zeiger vorwärts bewegt, aber es kommt mir vor, als ob die tatsächliche Zeit nicht mit ihm geht, sondern alles stillsteht.«

Schuldgefühl und Suizidgefährdung

Unsere Lebensführung und unser Verhalten werden weitgehend bestimmt durch Regeln und Normen, die wir über die Erziehung von unseren Eltern und darüber hinaus von der Gesellschaft, in der wir leben, übernommen haben. Verstoßen wir gegen diese Regeln, sei es absichtlich oder aus Unachtsamkeit, dann melden sich bei dem Einzelnen mehr oder weniger deutliche *Schuldgefühle*. Dabei wird offenkundig, dass wir uns als erwachsene Menschen selbst die Verantwortung für unser Verhalten, Handeln oder Unterlassen zusprechen.

Es ist schon merkwürdig, dass einzelne Ausdrucksweisen der Depressiven mit denen übereinstimmen, die sich schuldig fühlen: gesenkter Kopf, abgewandter Blick, also Vermeiden von Blickkontakten mit anderen Menschen. Was veranlasst den Depressiven zu seinen Selbstvorwürfen? Es ist doch kaum ein Grund, für sein quälendes Empfinden im Unrecht zu sein, auszumachen. Er kann doch nicht dafür verantwortlich gemacht werden, dass er seiner gesellschaftlichen Rolle nicht mehr nach zu kommen in der Lage ist. Und doch übernimmt er die Verantwortung für seine Krankheit bzw. seine krankheitsbedingte Selbstabwertung. Die Schuldgefühle des Depressiven, die sich auf die Nichtverwirklichung seiner Möglichkeiten körperlicher und geistiger Art beziehen, sind Symptom und Verstärkung seiner Krankheit. Sie zeigen an, dass etwas nicht in Ordnung ist in der Beziehung zu anderen und zu sich selbst.

Die Schuldgefühle des Depressiven, die seinen Leidensdruck massiv verstärken, sind vielleicht ein Appell des dem Menschen eingeborenen Lebenswillens, alles zu tun, um aus der bedrückenden Lagebefindlichkeit herauszukommen. In den weitaus meisten Fällen können sich Depressive – sei es durch medikamentöse und/oder psychotherapeutische Behandlung – von ihrer Krankheit befreien. Doch in einzelnen Fällen wird oder kann der Appell nicht vernommen und befolgt werden.

Angst und Depression führen dazu, dass die Betroffenen sich in ihrem Erleben, Verhalten und damit in ihrer Lebensgestaltung und ihren Beziehungen zu anderen immer mehr eingeschränkt fühlen. Dies kann so weit gehen, dass sie keinen Ausweg mehr aus ihrer Lagebefindlichkeit sehen. Als einzige »Rettung« aus ihrer inneren Not und Isolierung bleibt ihnen die Selbsttötung. Nach dem Gedankenspiel über die Art der Vollstreckung kann häufig kurz vor der Abschlusshandlung bei den Betroffenen eine »unheimliche Ruhe« eintreten, die oft von den Angehörigen falsch gedeutet wird.

Da bei Depressiven alle nach außen gerichteten Aktivitäts- und Aggressionsimpulse gehemmt sind, kommt es – wie bereits *Freud* annahm – zur Umkehr der Aggressionsrichtung auf die eigene Person. Ich habe an anderer Stelle diesen Vorgang als invertierte Aggression bezeichnet.

Neben der Einengung der persönlichen Möglichkeiten spielen beim Selbsttötungsentschluss die »Selbsttötungsfantasien« eine besondere Rolle. Dabei werden anfangs einige Möglichkeiten noch abwägend durchgemustert, bis sich dann aber die gefundene Lösung geradezu zwangartig aufdrängt und den Betroffenen zur letzten Handlung zwingt. So gesehen erscheint die Bezeichnung »Freitod« für die Selbsttötung unangebracht.

Eine Suizidgefährdung besteht besonders bei folgenden vier Konstellationen:

- der situativ bedingten Panikreaktion,
- der agitierten endogenen Depression,
- der gehemmten endogenen Depression und
- den Existenzängsten (Bilanzkrise, Verarmungsangst, Todesangst).

Die situative Panikreaktion

kann eintreten bei plötzlich hereinbrechender situativer Bedrängnis, z. B. bei der Absage einer Stellenbewerbung, dem Arbeitsplatzverlust, der Partnerenttäuschung oder nach einem Autounfall reagieren bestimmte Personen mit einer Panikreaktion. Die hochgradige Angst führt zu einer Situationsverkennung, Wahrnehmungsverzerrung und zu unbedachten, blinden, sog. Kurzschlusshandlungen. Manche Fahrerflucht und die meisten Selbsttötungen finden im Zustand eines herabgesetzten Bewusstseins und in einer akuten Krise (vom Entschluss bis zur Tat weniger als sechs Stunden) statt. Allerdings können die Betreffenden schon längere Zeit mit dem Gedanken »gespielt« haben.

Die agitierte endogene Depression

Diese Art der Depression ist gekennzeichnet durch ein erhöhtes Erregungsniveau. Solche Patienten sind durch ihre motorische Enthemmung besonders suizidgefährdet.

Die gehemmte endogene Depression

tritt als Schwermut oder Melancholie in Erscheinung. Bei ihr ist die Dynamik keineswegs versiegt, sondern nur zurückgehalten, sodass Aggression, Motorik und Zuwendung zu anderen stark gebremst sind. Dadurch kann der Eindruck entstehen, dass diese Patienten nicht suizidgefährdet sind. Es ist nur eine Frage der Zeit, dass die zurückgehaltene (retardierte) Angst die Hemmung durchbricht und sich in einer Selbsttötung entlädt.

Existenzängste

Wer mehrfach in seinem Leben schwere Enttäuschungen und Misserfolge erlebte, dann noch seinen Arbeitsplatz oder durch Tod den geliebten Partner verlor und/oder chronisch krank wurde, gerät, wie ich dies an anderer Stelle im Zusammenhang mit dem Frustrationsprozess zeigte – in eine existenzielle Verzweiflung und Entmutigung. Die Trümmer der leidvollen Vergangenheit verstellen dem Ängstlichen den Blick auf eine mögliche Zukunft. Die Bilanzkrise steigert seine Angst vor dem Leben, sodass er sich letztlich – selbst bei Todesangst – nicht mehr im und am Leben halten kann.

Notverordnung Medikamente

Wir beschränken uns hier auf einen kurzen Überblick zur medikamentösen Behandlung von Angst, Panik und Depressionszuständen.

Wie die Überschrift andeutet, sollten Psychopharmaka *nur in Notfällen mit zeitlicher Begrenzung* bei Agoraphobie und Panikattacken, bei extremen Angstzuständen und akuten Depressionen verschrieben werden. Die Medikation sollte speziell auf die jeweilige Störung abgestimmt und eingestellt sein und laufend kontrolliert werden. Längerer bzw. wiederholter Gebrauch ist allerdings bei Patienten mit endogener (Anfalls-

und Phasen-) Depression, bei Suchtkranken und psychotisch
Erkrankten angezeigt.

> Zunächst sollten wir zur Kenntnis nehmen, dass Befürchtungen
> und Ängste zum Leben gehören, eine wichtige Warnfunktion
> haben und gelegentlich Kräfte zur Überwindung von Schwierig-
> keiten und Konflikten freisetzen. Es zeugt von Unkenntnis und
> Unverantwortlichkeit, bei der Überwindung von Lebensschwie-
> rigkeiten etwa Tranquilizer zu verordnen oder einzunehmen. Die
> Konsumenten können zwar dadurch ihre Erregungen und Span-
> nungszustände leicht und schnell dämpfen; sie nehmen sich
> selbst aber damit die Kraft und Zuversicht autonomer Lebens-
> meisterung. Sie nehmen mit den Tranquilizern ihrer Emotiona-
> lität den affektiven Wind aus den Segeln. Sie können zwar gut
> funktionieren, doch sind sie in ihrer Kreativität und ihrem per-
> sönlichen Ausdruck behindert, wie dies z. B. bei Sängern beob-
> achtet wurde, die ihr Lampenfieber vor ihrem Auftritt durch die
> Einnahme von einem Tranquilizer überspielten.

Da die Erregung leicht und schnell durch die Einnahme von
Tranquilizern behoben werden kann, wird dieses Verhalten
nach dem *Gesetz der Sofortverstärkung* beibehalten und in
Zukunft schon bei geringeren Unpässlichkeiten fortgesetzt.
Der Betreffende entwickelt eine selbstschädigende Abhängig-
keitskrankheit.

Tranquilizer führen zu einer affektiven Entspannung, die
meist mit erhöhter Ermüdung verbunden ist. Da die Emotionen und besonders die Angst adäquate Reaktionen auf eine bedrückende Lage sind, lindern sie den Leidensdruck und unterdrücken die Empfindungen der Ratlosigkeit und Hoffnungslosigkeit. Sie reduzieren die Angst, indem sie deren Erregungs-
und Antriebskraft herabsetzen.

> Viele Menschen unserer Gesellschaft nehmen über Jahre, ja Jahr-
> zehnte »Tablettentröster« ein, um nach der Hetze des Tages ab-

schalten zu können. Sie vernehmen dann durch diese *emotionale Amputation* und Konfliktverschleierung nicht mehr den Appell zur Korrektur ihrer Lebensweise.

Tranquilizer sind kein Auffangnetz für normale oder stressbedingte Lebensschwierigkeiten und Konflikte. Seit den letzten Jahrzehnten leiden viele Menschen unter psychosomatischen Beschwerden, die nicht generell durch Medikamente beeinflusst werden können. Leider entsprechen viele Ärzte den Erwartungen der Patienten und verordnen Medikamente an Stelle einer erforderlichen psychotherapeutischen Beratung bzw. Behandlung. Sie entlasten damit ihre Patienten von der sicher mühsameren Umstellung ihrer Lebensgewohnheiten. Oft sind Ärzte auch, da sie nur die langwierige Psychoanalyse kennen, nicht über die Entwicklung und Möglichkeiten der neueren Psychotherapie informiert.

Medikamente sollten nur bei krankhafter Angst zeitlich befristet verordnet werden. Wie ist diese Angst von den normalen Ängsten zu unterscheiden? Paul Kielholz gibt darauf eine kurze Antwort:

»Krankhafte Angst ... ist eine überschießende, unangepasste, gewöhnlich länger anhaltende Gemütsreaktion, die meist weder objekt- noch realitätsbezogen ist und sich im psychischen, somatischen und sozialen Bereich manifestiert. Sie lähmt die intellektuellen Funktionen und lässt sich weder durch Vernunft noch durch Willensimpulse bekämpfen. Derartige Angstzustände sind deshalb grundsätzlich behandlungsbedürftig, und zwar psychotherapeutisch und in der Regel medikamentös« (Kielholz, P. u. Adams, C. <Hrsg.>, 1989, S. 12).

Folgende Fragen an den Patienten bzw. Klienten können uns bei der Entscheidung helfen, eine krankhafte Angst festzustellen. Die ersten vier Fragen sind von Kielholz übernommen.

- Fühlen Sie sich dauernd in Spannung, überfordert und innerlich unruhig?
- Haben Sie Schwierigkeiten durchzuschlafen?
- Empfinden Sie Angst vor bestimmten Situationen oder/und Tieren?
- Haben Sie gelegentlich heftige, plötzlich auftretende Angstzustände, für die Sie keinen Anlass angeben können?
- Werden Sie manchmal durch Herzrasen und -springen, würgende Erstickungsgefühle und Benommenheit oder Schwindelgefühle beunruhigt?
- Neigen Sie dazu, Konflikte und Auseinandersetzungen mit anderen zu vermeiden, sich bei Gesprächen in einer Gruppe zurückzuhalten?
- Grübeln Sie lange darüber nach, wenn Sie eine Enttäuschung erlebt haben, wenn etwas nicht so verlief, wie Sie es erwartet haben?
- Fühlen Sie sich durch Ihre Angst in Ihrer Leistungs-, Kommunikations- und Liebesfähigkeit beeinträchtigt?
- Haben Sie manchmal das Gefühl, nicht ganz bei sich zu sein, empfinden Sie sich dabei selbst und die Umgebung fremdartig, wie von Ihnen abgehoben?
- Haben Sie manchmal das Gefühl, die Kontrolle über sich zu verlieren und verrückt zu werden?

Wenn mehr als sechs dieser Fragen bejaht werden, umso wahrscheinlicher leidet der Betreffende unter einer krankhaften Angst.

Überschießende Ängste und schwere bzw. länger anhaltende depressive Verstimmungen bezeichnen wir als »affektive Störungen«. Die pharmakologische Behandlung ist deshalb auf einige Komponenten der Affekte und Gefühlsregungen gerichtet, vor allem auf

- die *Erregungskomponente* mit den Polen Aufgeregtheit und Beruhigung,
- weiter auf die *Antriebskomponente* mit deren zu schwacher und zu starker Ausprägung (Motivation) und

• auf die *Stimmungskomponente,* zumeist auf die herabge-
setzte Stimmung.

Damit wird zum Teil auch die kognitive Bezugskomponente
beeinflusst: der Bezug des Betreffenden einerseits zu sich selbst,
zu anderen Personen und zur Umwelt (zu Situationen, Tieren,
Gegenständen), andererseits zur Gegenwart, Zukunft und Vergangenheit.

Die Psychopharmaka wirken hauptsächlich auf dreierlei Weise:
• erregungsdämpfend,
• antriebsfördernd und
• stimmungsaufhellend.

Zum Teil werden durch diese Medikationen auch die positiven
Bezugsmomente erschlossen und gefördert. Die Hauptaufgabe
hat aber hier die Kognitive Verhaltenstherapie zu leisten oder
genauer gesagt, der Klient unter Anleitung der hier einzuüben-
den Umorientierungen im kognitiven Bereich (Wahrnehmung,
Denken, Vorstellen, Selbstgespräche) und im Bereich der Verhaltensweisen (Ausdrucks-, Leistungs-, Kommunikations- und
Liebesverhalten).

Warum ist eine kombinierte Therapie bei massiven Depressionen und Angstzuständen sinnvoll?

Zum einen, weil eine medikamentöse Begleitung oft erst die
Voraussetzungen für psychotherapeutische Ansprechbarkeit
des Klienten schafft. Zum anderen, weil die angeführten
Störungen eine organische und eine psychische Ausprägung, in
einzelnen Fällen auch Ursache und Auslöser in der einen oder
anderen Richtung, haben.

Schon vor über fünfundzwanzig Jahren habe ich auf die
Notwendigkeit eines Kooperationsmodells hingewiesen. Da-
mals waren viele Mediziner noch sehr zurückhaltend. Doch

mehren sich auch von dieser Seite zunehmend Befürworter einer engeren Zusammenarbeit.

> Der Patient bzw. Klient sollte allerdings wissen, dass mit der Einnahme von Psychopharmaka mehr oder weniger gravierende Nebenwirkungen verbunden sind. Verschiedene Medikamente zeigen erst dann ihre Wirkung, wenn Nebenwirkungen vom Arzt festgestellt werden können. Da diese Nebenwirkungen jedoch kontrolliert werden können, die medikamentöse Therapie auch *zeitlich begrenzt sein sollte* und sich dann die unangenehmen Begleiterscheinungen auflösen, braucht sich der Klient nicht zu beunruhigen.

Da sich die Kognitive Verhaltenstherapie, wie im Kapitel V. noch genauer zu sehen sein wird, auf die Korrektur selbstschädigender Denk- und Verhaltensweisen bezieht, erhebt sich die Frage, ob diese vom Klienten zu erbringende Denk- und Verhaltensarbeit durch die pharmakologische Behandlung erschwert ist. Ich wies bereits darauf hin, dass bei starken Angstanfällen und schweren Depressionen sowie der Agoraphobie eine *anfängliche* Medikation erforderlich ist, damit der Klient psychotherapeutisch ansprechbar wird.

Viele Klienten sind durch die Einnahme der Medikamente in ambulanter Praxis zumeist nur in geringem Maße in ihren intellektuellen Funktionen beeinträchtigt. Sie vermögen also den Anregungen und Anleitungen des Psychotherapeuten zu folgen. Auf die schnellere Ermüdbarkeit können sich beide – Therapeut und Klient – einstellen.

> Wichtig ist, dass der Klient die Medikamente als notwendige *vorübergehende* Hilfsmittel betrachtet und sie nicht als jederzeit erforderliche Heilmittel ansieht. Die Medikamente können in keinem Falle die Arbeit des Klienten an sich selbst ersetzen.

Pharmakotherapie wird von manchen Psychotherapeuten oft als reine *Symptomtherapie mit gravierenden Nebenwirkungen* und der *Gefahr des Rückfalls* sowie der Gefahr *der Abhängigkeit* angesehen. Ich halte von dieser pauschalen Abwertung nichts, zumal in den letzten vier Jahrzehnten die Pharmaindustrie unleugbare Fortschritte gemacht hat, die ich in Zusammenarbeit mit Psychiatern und Neurologen in meiner Praxis bestätigen konnte. Ich möchte aber zu den vier Vorwürfen kurz Stellung nehmen:

Zum Vorwurf der Symptomtherapie

Diese Kritik kommt vor allem von Vertretern der Psychoanalyse und den tiefenpsychologisch orientierten Therapeuten. Da sie der Auffassung sind, dass die psychischen und psychosomatischen Störungen auf unbewältigte Kindheitskonflikte zurückzuführen sind und die Angst- und Depressionssymptome ihre Wurzeln darin haben, meinen sie, dass nur durch die Verarbeitung dieser weit zurückliegenden Konflikte Heilung möglich wird. Hier sei kurz nur zweierlei gesagt: Der Klient kommt zur Therapie – sei es nun eine ärztliche oder/und psychotherapeutische – nicht wegen seiner Kindheitsprobleme, sondern wegen seiner *gegenwärtigen* Probleme. Diese haben sich in der letzten Zeit zugespitzt und sind zum Konflikt für den Klienten geworden. Er leidet an seinen Symptomen. Diese sind seine Krankheit. Hier und nur hier können Arzt und Psychotherapeut wirksam helfen.

Und nun zur zweiten Bemerkung:
Um ärztlich und psychotherapeutisch arbeiten zu können, brauchen wir nicht nach weit zurückliegenden, oft gar nicht erkennbaren Ursachen zu suchen. Allerdings ist das Behandeln der Ursachen wichtig. Doch es gibt nicht nur Vergangenheits-,

sondern auch Gegenwartsursachen, wobei sich die Gegenwart auf die letzten Jahre des Klienten erstreckt, über die wir verlässliche Daten erheben können. Diese Gegenwartsursachen, welche die Symptome entstehen ließen, auslösten und gegenwärtig festhalten, müssen über die Symptome angegangen, d. h. »behandelt«, werden. Vergangenheitsursachen (frühkindliche Konflikte, seien sie durch Krankheit, traumatische Erlebnisse, ungünstige Familienkonstellationen, falsche Erziehung usw. zu Stande gekommen) können wir nicht mehr ändern, auch nicht durch eine nachholende Erlebnisverarbeitung. Beachtenswert ist, dass durch die Behebung der Symptome und den Abbau der Gegenwartsursachen (unzulängliche Lebensgestaltung, verzerrte Wahrnehmung, selbstschädigende Einstellung, unrealistische Erwartungen usw.) die eventuell weiter zurückliegenden tatsächlichen oder auch nur vermuteten Schädigungen an Bedeutung und Wirksamkeit verlieren.

Zum Vorwurf der gravierenden Nebenwirkungen

Nebenwirkungen treten bei den einzelnen Klienten und Medikamenten recht unterschiedlich auf. Sowohl Wirksamkeit als auch Nebenwirkungen hängen von der Dosierung der Medikamente und von der Dauer ihrer Einnahme ab. Gelegentlich muss daher das Medikament gewechselt werden. Der Arzt hat die Feineinstellung des Medikaments, die Nutzen- und Belastungseffekte bei seiner Verordnung laufend zu prüfen. Im Allgemeinen schwinden die Nebenwirkungen nach schrittweisem Absetzen des Medikaments. In einer erfolgreich verlaufenden Psychotherapie – wie ich sie mit der Kognitiven Verhaltenstherapie (Aktivationstherapie) vertrete – sind normalerweise spätestens bei Therapieabschluss keine Medikamente mehr erforderlich.

Durch eine *langfristige* Behandlung mit Psychopharmaka (besonders Thymo- und Neuroleptika), vor allem, wenn die Symptomüberwachung vernachlässigt wurde, können allerdings schwer wiegende Zusatzstörungen auftreten, z. B. ein medikamentös ausgelöstes Parkinson-Syndrom (mangelhafte oder fehlende Mimik, sog. Maskengesicht, zusätzliche Antriebsschwäche, Verlangsamung und Störung der Bewegungen, gebückte Haltung, kleinschrittiger, u.a. schlürfender Gang, leise und monotone Stimme usw.).

Zum Vorwurf der Rückfallgefahr

Die Rückfallgefahr ist bei der isolierten medikamentösen Therapie tatsächlich hoch. Sie wird auf 70 bis 80 % geschätzt. Von daher ist das kombinierte Behandlungsmodell – Psychopharmaka- und Psychotherapie – dringend notwendig. Selbst dann kann es in dem einen oder anderen Falle einmal zu einem Rückfall kommen. Meine Erfahrungen zeigen, dass allerdings ein solcher Rückfall nicht den Schweregrad der anfänglichen Erkrankung aufweist und durch eine kurze psychotherapeutische Nachbehandlung behoben werden kann. Der Klient sollte während der Therapie auf die Möglichkeit eines Rückfalls aufmerksam gemacht werden. Er sollte wissen, dass ein eventueller Rückfall zum Heilungsprozess gehört.

Zum Vorwurf der Abhängigkeitsgefahr

Auch hier hängt, wie bei den Nebenwirkungen, vieles von der Art des Medikaments, der Art der Dosierung und der individuell verschiedenen Verarbeitung ab.

Wichtig erscheint mir, dass die Dosierung der Medikamente mit niedrigen Dosen beginnt, das Ergebnis stets überprüft, die Dosis nur langsam gesteigert wird und, nachdem der Erfolg während der Psychotherapie dann voll einsetzt, das jeweilige

Medikament wieder ebenso langsam »ausgeschlichen« wird. In fast allen Fällen lässt sich auf diese Weise die Abhängigkeit vermeiden, die ja bekanntlich nach längerer medikamentöser Therapie eher eintritt. Aber auch hier kann der Klient durch die Zusammenarbeit von Arzt und Psychotherapeut von einer solchen Abhängigkeit befreit werden.

V.

Therapie der Angst

Die meisten Menschen, die unter Ängsten, Phobien, Panikanfällen, depressiven Verstimmungen, Depressionen und psychosomatischen Beschwerden leiden, können diese Störungen gut beschreiben. Sie verstehen diese aber nicht, weil sie selten etwas über die Entstehung und nichts über eine mögliche Bewältigung wissen. Die meisten glauben, dass ihre psychischen Beschwerden, da sie sich auch in körperlichen Störungen zeigen, körperliche Ursachen haben.

Von daher haben viele Betroffene verschiedene Allgemein- und Fachärzte, Heilpraktiker und sonstige Heiler aufgesucht, auch eine Reihe von Medikamenten ausprobiert. – Zwar zeigt sich manchmal anfänglich eine Besserung, die aber zumeist nur kurze Zeit anhält, sodass der alte Leidenszustand wieder auftritt. Wen kann es da wundern, dass die Betroffenen meinen, es könne ihnen nicht geholfen werden? Doch diese Resignation ist nicht angebracht.

Die wenigsten sind über die neuere Entwicklung der psychologisch orientierten und fundierten Therapie informiert. Bei Psychotherapie denken viele an Psychoanalyse mit ihrer aufwendigen und langwierigen Behandlung. Deshalb sind Betroffene es meist gewohnt, wenn sie ihre Schwierigkeiten als psychisch bedingt erkennen, die Fehlformen ihres Erlebens und Verhaltens auf ihre ursprüngliche Entstehung hin zu untersuchen. Es leitet sie dabei der Gedanke, dass ihnen die Kenntnis der Entstehungsursachen ausreichende Hinweise geben könne, die vorliegenden Symptome wirkungsvoll anzugehen und zu beheben. Dieses Vorgehen ist jedoch – wie die kritische Auseinandersetzung mit der psychoanalytischen Methode zeigt – mit einer Reihe von Schwierigkeiten belastet. Es soll hier nur das wichtigste Argument angeführt werden:

> Schädigende Eindrücke und damit Erlebnisse werden zu ihrer Zeit vom Kind im Maße seiner Erlebnisfähigkeit verarbeitet und im Verlaufe der weiteren Entwicklung zumeist abgewertet, gelegentlich aber auch aufgewertet, in jedem Falle umgeformt.

Im Einzelnen lassen sich diese Transformationen von einem späteren Lebensstadium her nicht mehr zuverlässig erfassen. Alle Versuche, gegenwärtiges Verhalten aus vergangenen Ereignissen und Erlebnissen abzuleiten, sind zum Scheitern verurteilt, da uns die ursprüngliche Lagebefindlichkeit und die Einflussfaktoren nur über die gefilterten Erinnerungsfragmente des Klienten, also unvollkommen und verzerrt, zugänglich werden können. Um diesem Dilemma zu entgehen, hat man sich bemüht, eine Reihe exemplarischer kritischer Phasen und Lebensereignisse zu konstruieren und gegenwärtiges Verhalten darauf zurückzuführen. Diese Deutungs- und Konstruktionsmanöver sind unzuverlässig; sie sind daher auch therapeutisch nicht verwertbar. Im Übrigen können wir alles, was sich in der Vergangenheit ereignete, nicht mehr rückgängig machen. Vergangenheit bleibt Vergangenheit. Auch wenn wir versuchen, sie noch einmal in der Vorstellung wieder zu beleben, bleiben ihre Spuren und Narben. Es gibt keine Löschung der Vergangenheitsspuren, noch nicht einmal eine kosmetische Vergangenheitsbewältigung.

Therapeutisch wichtig ist, dass wir unseren Blick auf die *Gegenwart* richten. Was uns hier in der Erlebnisfähigkeit und Lebensbewältigung hemmt und behindert, können wir ändern; hier können wir angreifen, lernen und umlernen. Wir müssen Ausschau nach den *Gegenwartsursachen* halten, nach jenen Ursachen, die uns in unserer *jetzigen* bedrückenden Lage festhalten, diese immer wieder neu belasten. Im Modell des im Folgenden dargestellten LAU-Syndroms erweisen sich die Äußerungsweisen dieses Syndroms zugleich als die nachweisbaren *gegenwärtigen* Stützursachen. Mit dem Abbau dieser Ursachen, mit der Neuorientierung in der Gegenwart – die ja die Vergangenheit von morgen ist – erreichen wir eine tragfähige Erlebnis- und Verhaltensgrundlage, um das Leben aktuell und zukünftig zu bewältigen.

Die seit über zwei Jahrzehnten auch hier zu Lande praktizierte kürzere und effektivere Kognitive Verhaltenstherapie oder Aktivationstherapie, wie ich diese bezeichne, um die enge Beziehung zur neurophysiologischen Forschung zu betonen, befasst sich im Unterschied zur gängigen Psychoanalyse in der Praxis nicht mit den weiter zurückliegenden Entstehungsursachen von Lebensschwierigkeiten im Erwachsenenalter. Sie konzentriert sich vielmehr auf die Behebung der Stützursachen, die bestimmend sind für die *gegenwärtigen* Erlebnisbeschränkungen und Verhaltensweisen. Die Erkenntnisse lassen sich in sieben Thesen zusammenfassen:

Erste Erkenntnis

Ein Bewusstmachen früherer Frustrationssituationen birgt die Gefahr in sich, die komplexen Einflussbedingungen von Erziehung, Umwelt und Entwicklung zu simplifizieren, auf den Nenner der von der Therapie bevorzugten einfachen und damit unzutreffenden Ursachen zurückzuführen.

Zweite Erkenntnis

Kinder machen in den weitaus meisten Fällen in ihrer frühen familiären Umwelt nicht nur schädigende, sondern auch förderliche Erfahrungen, sodass sich im Allgemeinen die positiven und negativen Erlebnisse etwa gleichermaßen verteilen. Damit entfällt aber der Berechtigungsgrund für die einseitige Auswahl negativer Frühursachen.

Dritte Erkenntnis

Kinder haben – und dies kann empirisch nachgewiesen werden – frühe Negativerlebnisse zu ihrer Zeit und danach auf ihre Art und Weise *verarbeitet*. Allerdings sind bei einigen von ihnen aus dieser Verarbeitung bestimmte unproduktive Gewohnheiten, unproduktive Erlebnis- und Verhaltensstile hervorgegangen, wie die Neigung zu erhöhter Störanfälligkeit bzw. zum Vermeidungs-, Rückzugs- und Fluchtverhalten (Depressivität) bzw. zum Abwehr-, Verteidigungs- und Angriffsverhalten (Aggressivität).

Vierte Erkenntnis

Es ist für den erwachsenen Klienten schädlich, ihm die Verantwortung für sein gegenwärtiges Verhalten abzusprechen und die Schuld auf die frühen familiären Beziehungs- und Erziehungserfahrungen oder personalisiert auf die Eltern und Geschwister zu schieben. Dieser Entlastungsvorgang mag manchem Betroffenen vorübergehend helfen; auf die Dauer erweist sich aber diese Verschiebung der Verantwortung – die therapeutische Infantilisierung – als nicht förderlich. Sie lenkt den Betroffenen von der für ihn wichtigen Selbstverantwortung ab, schwächt ihn also in seiner Selbststeuerung und Selbstgestaltung.

Fünfte Erkenntnis

Weder die Einsicht noch die Verarbeitung wirklicher oder vermeintlicher Vergangenheitsursachen, sich darauf beziehender Erinnerungen und Träume können dem Betroffenen helfen; sie lenken ihn nur von seiner Aufgabe ab und bedeuten eine Vergeudung von Zeit und Geld. Die Verarbeitung muss sich auf die *gegenwärtig wirksamen Stützursachen* des Leidens beziehen. Dabei bedarf der Betroffene der Information, dass er seine Gefühlslage nicht direkt angehen kann, indem er sich etwa willentlich vornimmt, keine Angst und Unsicherheit mehr zu haben. Sein Leiden würde sich bei solchem Vorgehen nur verschlimmern.

Sechste Erkenntnis

Von den zwei Fehlentwicklungen des Verhaltens, dem Aggressions- und dem Vermeidungsverhalten, ist das letztere das den Menschen am meisten gefährdende Verhalten; denn das Vermeidungsverhalten führt ihn über das Rückzugsverhalten leicht in die Lethargie und Depression, d.h. in eine erlernte Untätigkeit und Hilflosigkeit. Die Gefahr dieser Entwicklung liegt darin, dass mit ihr auch die zentrale Antriebskraft erlahmt. Solche Menschen machen dann die Erfahrung, dass sie sich nicht mehr verändern können; denn was sich nicht bewegt, vermag man auch nicht zu steuern. In solchen Fällen hat die Therapie zunächst die Aufgabe, die Lebens- und Bewältigungskräfte wieder in Gang zu bringen.

Siebte Erkenntnis

Die gegenwärtigen Lebensschwierigkeiten einer Person hängen mit einem aktuellen zentralen emotionalen Syndrom gestörter Aktivation zusammen. Die bei der Gruppe der psychisch verwundbaren Personen konstitutionell vorgegebene oder durch den Druck kritischer Ereignisse erworbene emotionale Labilität entlässt aus sich eine erhöhte Angstbereitschaft und Unsicherheit. Wir bezeichnen dieses Syndrom, das die Ausgangsbasis aller psychischen und psychosomatischen Fehlentwicklungen und Störungen ist, als LAU-Syndrom. Die Therapie hat sich darauf zu konzentrieren, dieses Syndrom aufzulösen und das Vakuum durch den schrittweisen Aufbau von Selbstsicherheit auszufüllen. Den Zuwachs an Selbstwertgefühl und Kompetenz kann nur der Klient selbst erreichen, etwa unter dem Lernbeistand des Therapeuten.

Fazit der Erkenntnisse

Ganz gleich, welcher Art die störenden Vergangenheitsursachen und in welchem Alter sie gegeben waren, im *gegenwärtigen* Leben des Betroffenen verweisen lediglich gewisse belastende Erlebnis- und Verhaltensgewohnheiten auf unzulänglich verarbeitete negative Einflüsse der Vergangenheit. Diese Gewohnheiten werden täglich durch vielerlei Äußerungen jedes Mal neu gestützt. So wirkt z. B. jeder Befürchtungsgedanke, der sich angesichts bevorstehender Aufgaben im Bewusstsein (Selbstgespräch) meldet und jedes Vermeidungsverhalten, das der Betroffene in einer Anforderungs-, Aufforderungs- und Entscheidungssituation zeigt, als Bestätigung und Verstärkung, d.h. als Stützursache seiner zentralen Unsicherheit und Angst. Die Therapie hat sich also auf die Behebung dieser Äußerungsweisen bzw. Stützursachen zu konzentrieren. Damit werden Angst und Unsicherheit schrittweise abgebaut und Selbstsicherheit und Zuversicht aufgebaut.

Allerdings kommt es nur bei etwa einem Drittel der Klienten schon durch die Befreiung von Unsicherheit und Angst zur Entwicklung einer kompetenten Persönlichkeit. Die überwiegende Anzahl bedarf noch eines regelrechten therapiegeleiteten Aufbautrainings in den leistungs- und besonders sozialorientierten Bewältigungsfunktionen. Diese Tatsache verweist darauf, dass die meisten Klienten auf Grund ihrer schon länger bestehenden psychischen Behinderung wichtige Lernerfahrungen versäumten, das zur Gewohnheit gewordene Fehlverhalten bei ihnen also auch zu einem Defizitverhalten führte.

Um Ansatzpunkte einer Veränderung zu finden, muss man zunächst die Äußerungsweisen von Unsicherheit und Angst (er)kennen. Sie liegen:

- in der *körperlichen Verspannung und Verkrampfung* (man ist in einem oder mehreren muskulären Bereichen, etwa dem Halswirbel-, Rücken-, Extremitätenbereich oder in einem vegetativ-innerleiblichen Bereich übermäßig angespannt und unelastisch);
- in den *Wahrnehmungslücken und Wahrnehmungsverzerrungen* (man sieht in seiner Umwelt nichts Positives mehr, missdeutet viele Wahrnehmungen im Sinne von Bedrohungen);
- in den *Befürchtungs- und Utopiegedanken oder negativen und irrationellen Selbstgesprächen* (man stellt sich eine bedrückende Zukunft, weitere Einschränkungen und Niederlagen seines Lebens und Erlebens vor – man erwartet utopische Lösungen, die große Chance bzw. das große Zufallsglück oder Zufallsgeschäft und spricht mit sich selbst in diesem Sinne); und
- *Angst und Unsicherheit* äußern sich recht häufig im *sozialen Rückzugs- und allgemeinen Vermeidungsverhalten oder im aggressiven Abwehr-, Verteidigungs- und Unterdrückungsverhalten oder/und in Täuschungsmanövern*, über die man

andere an sich zu binden versucht (man traut sich nichts
mehr zu und schränkt seine Aktivitäten ein – man ist ständig
auf Selbstsicherung bedacht, was man u.a. dadurch zu erreichen sucht, dass man sich einigelt oder andere – wo man
kann- verunsichert, heruntermacht und unterdückt – man
spielt sich als der große Könner auf, vertuscht sein bisheriges
berufliches Scheitern, versucht, andere in fragwürdige Ma-
chenschaften als Teilhaber zu locken und sie dadurch sowohl
psychisch als auch materiell auszubeuten).

Diese *vier Äußerungsweisen* der Angst und Unsicherheit sind
rückwirkend zugleich die vier wichtigsten Stützursachen der
Angst und Unsicherheit. Die therapeutische Auflösungs- und
Aufbauarbeit bezieht sich auf die vier genannten Funktionsbe-
reiche, wobei je nach Leidenssymptomatik Schwerpunkte ge-
wählt werden. Sie gliedern sich in
• Entspannungstraining,
• Wahrnehmungstraining,
• Mentales Training,
• Verhaltenstraining.

Das Schema der Aktivationstherapie verdeutlicht die dargestellten Sachverhalte und die vier therapeutischen Ansatzpunkte und Vorgehensweisen (I – IV).
   Bei der Entstehung des LAU-Syndroms spielen sowohl gewisse konstitutionelle Faktoren als auch bedrückende Lebensereignisse und in entscheidendem Maße eine fehlgesteuerte Erlebnisverarbeitung eine Rolle. Wir sind heute in der Lage, über
die Korrektur der Erlebnisverarbeitung das LAU-Syndrom
aufzulösen, selbst wenn eine konstitutionelle Anfälligkeit und
leichtere Verwundbarkeit vorliegt.

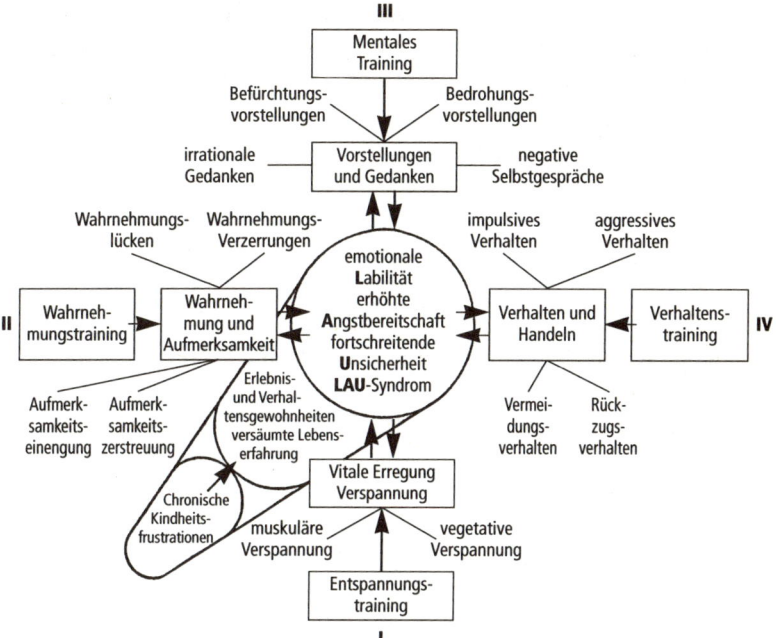

Das Axialsyndrom aller psychischen und psychosomatischen Beschwerden ist das LAU-Syndrom.

Das LAU-Syndrom und das Erregungsmuster, d. h. die Aktivation, sind Grundbegriffe der Aktivationstherapie.

Aktivation ist die zentrale Motivation unserer körperlichen und psychischen Spannkraft, unserer Erlebnisfähigkeit und Selbstkontrolle. Forschungen sowohl der Neurophysiologie als auch der Psychologie haben ergeben, dass ein *mittleres* Erregungs- bzw. Aktivationsniveau eine Grundbedingung für optimale Lern- und Leistungsfähigkeit, sensible Konfliktverarbeitung und produktive Lebensführung ist.

Abweichungen in Richtung übersteigerter Erregbarkeit führen zu erhöhtem Energieverbrauch, körperlich-psychischer Verspannung, hektischer Betriebsamkeit, chronischer Verärgerung und Aggressionsbereitschaft.

Abweichungen in Richtung herabgesetzter Erregbarkeit führen zum Abbau der Interessen und zum Abbau der Verantwortungsbereitschaft, zum Vermeidungs- und Rückzugsverhalten, letztlich zu chronischer Hilflosigkeit und Depression.

Mit den beiden Erlebnis- und Verhaltensabweichungen sind oft noch diverse Tarn- und Täuschungsmanöver verbunden. Man spielt z.B. die Rolle des Könners, Machers, Helfers oder des vom Schicksal Verfolgten, den Missverstandenen und Ausgebeuteten. Andererseits werden durch einhergehende Minderung der Selbststeuerung und Zielorientierung, des Stresswiderstands und der Erholungsfähigkeit verschiedene psychosomatische Beschwerden produziert.

Abbildung 10: Schema der Aktivationstherapie nach H.-R. Lückert

In Anlehnung an die zuvor beschriebenen vier Äußerungsweisen psychischer Störungen werden in diesem Buch fünf Wege aufgezeigt, auf denen Betroffene schrittweise die Befreiung von ihren Beschwerden erreichen können:

• Entspannung und Gelassenheit,
• neues Denken und Vorstellen,
• Selbstsicherheit und Kommunikation,
• Selbstkontrolle und Selbststeuerung,
• Imagination und Kreativität.

Diese Wege führen die Betroffenen aber nicht nur zum Abbau ihrer angstbedingten Einschränkungen, sondern auch zu einer Stärkung und Erweiterung ihrer Persönlichkeit, sodass sie ein aktives, erfolgreiches und befriedigendes Leben führen können.

Entspannung und Gelassenheit

Angst hängt mit physiologischer Erregung, Unruhe, Anspannung und Hemmung zusammen. Ängstliche verbrauchen deshalb für alle Tätigkeiten übermäßig viel seelische Energie. Die Spannungen erstrecken sich einerseits auf das willentlich zu steuernde muskuläre System und andererseits auf die dem Bewusstsein schwer zugänglichen Bereiche leiblicher Funktionen, wie Kreislauf, Verdauung, hormonelle und immunologische Regulation. Dabei können verschiedene psychosomatische Beschwerden, wie z. B. Bluthochdruck, Herz-Rhythmus-Störungen, Schlafstörungen und Magenbeschwerden auftreten.

Entspannung ist mit Angst unverträglich; denn zur Angst gehört Erregung und Anspannung. Wenn wir uns also entspannen, wird Angst abgebaut. Zugleich können wir uns im entspannten Zustand besser konzentrieren; wir können besser lernen und Bewältigungsfähigkeiten aufbauen.

Lernziel ist das Erreichen einer Entspannung, Beruhigung und die Haltung besonnener Gelassenheit auch in Stress- und Konfliktsituationen. Wir sprechen von verfügbarer Beruhigung, weil der Betroffene diese Fähigkeit lernen und jederzeit anwenden kann. Man kann durch verschiedene Übungen erreichen, schnell eintretende Erregungen und Aufregungen zu dämpfen und mit der Zeit selbst in kritischen Situationen ruhig und besonnen zu bleiben. Da sich die *Erregung* in den drei Symptomen der *muskulären, vegetativen* und *mentalen Verspannung* äußert, ist es zweckmäßig, die Übungen zunächst getrennt auf diese Bereiche in der angegebenen Reihenfolge durchzuführen. Nach meiner Erfahrung kann das jeweilige Entspannungsziel gemäß dem steigenden Schwierigkeitsgrad in einem Monat, in drei und sechs Monaten erreicht werden. Danach können die drei Übungen gekürzt und miteinander zu einer Übung verschmolzen werden.

Häufig haben Patienten bzw. Klienten schon Entspannungsübungen, vor allem Autogenes Training, in speziellen Kursen oder Seminaren kennen gelernt und dann an sich selbst ausprobiert. Viele geben die Einübung jedoch nach einiger Zeit zumeist aus zwei Gründen auf:

Einmal glauben sie, die Entspannung nach kurzer Zeit erreichen zu können. Da sie keine anhaltende Wirkung verspüren, geben sie, enttäuscht und gelangweilt durch die gleich bleibenden Anweisungen, ihre Bemühungen auf.

Zum anderen empfinden sie bei zwischendurch einmal erreichter Tiefenentspannung eine ihnen unverständliche störende Erregung und Angst, sodass sie die Übungen dann auch abbrechen.

Schnelle Wirkungen bei einer Auflösung alter Gewohnheiten, einer Veränderung gewohnter Erlebens- und Verhaltensweisen sind aber nicht zu erwarten, dauert doch Um- und Entlernen im

Allgemeinen länger als Neulernen. Beim Lernen und Einüben von Bewältigungsfertigkeiten tritt auch normalerweise zwischendurch ein Stillstand ein, und gelegentlich kommt sogar ein Rückfall vor. Beim Stillstand soll der erreichte Lernfortschritt, das Lernniveau verankert oder gefestigt werden. Beim Rückfall werden wir zum einen vorübergehend provisorisch entlastet, weil uns die Prozedur mühselig, langweilig oder fragwürdig wurde, zum anderen doch wohl auch deutlich daran erinnert, unsere Bemühungen engagierter fortzusetzen.

Es wäre schon vorteilhaft, wenn Therapeuten ihre Klienten zu Beginn der Therapie mit folgender Erkenntnis vertraut machten: *Eventuell vorkommende Stillstände und Rückfälle gehören zum Lern- und Heilungsprozess.*

Der Erfolg eines Entspannungstrainings hängt weitgehend von den folgenden fünf Bedingungen ab:

- Die Klienten sollten vor Beginn ausreichend über die Grundlagen und Ziele, die Durchführung und den persönlichen Nutzen des Trainings informiert werden. Das Lernen verläuft bei einer so zu erreichenden Erwartungshaltung am besten.
- Ebenfalls sollten vor Beginn des Trainings die Klienten über Übungen zur sensiblen Körperwahrnehmung und zu bildhafter Vergegenwärtigung der sich während des Trainings im muskulären, vegetativen und mentalen Bereich abspielenden Vorgänge informiert werden.
- Die Klienten sollten nach einigen Übungen, die unter der Leitung des Therapeuten stattfinden, schrittweise die Übung in eigener Regie durchführen, eventuell vermittels einer Kassette, die in den ersten Sitzungen der Therapeut für den Klienten erstellt.
- Die Übungen sollten regelmäßig über einen längeren Zeitabschnitt bei gleich bleibender (Selbst-)Anweisung durchgeführt werden.
- Die Übungen sollten möglichst zu gleicher Tageszeit, am besten morgens nach dem Erwachen oder/und abends vor dem Schla-

fengehen, stattfinden. Sollte die Übung am Abend unmittelbar vor dem Schlafengehen stattfinden, darf keine so genannte »Rücknahme« mehr erfolgen (siehe Seite 235).

Das folgende Schaubild gibt einen Überblick über die Entspannungsmethoden:

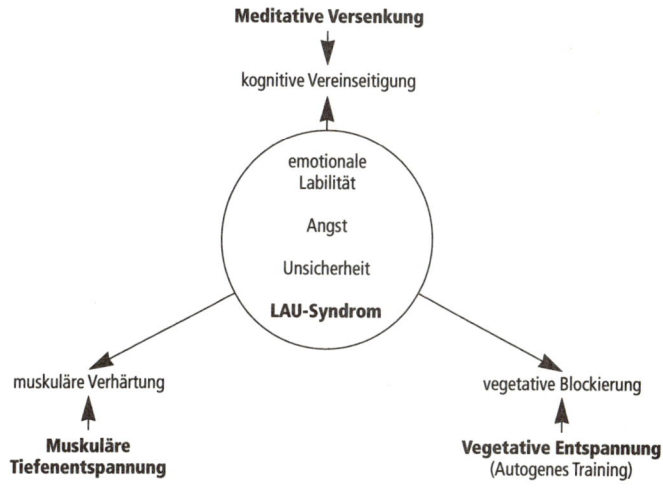

Abbildung 11: Die Entspannungsmethoden

Die Entspannungsmethoden richten sich gegen:
- *muskuläre Verspannung* und die damit oft verbundene Unfähigkeit, die körperlichen Empfindungen und gefühlsartigen Zustände angemessen wahrzunehmen (Alexithymie);
- *vegetative Störungen*, die Regulationsstörungen der Lebensfunktionen und das damit gestörte Organbefinden;
- die *kognitive Einseitigkeit*, die Überbetonung logischen und rationalen Denkens und gegen die Geringschätzung von Gefühl, Fantasie, Sensibilität und Kreativität.

Muskuläre Tiefenentspannung

Die Muskuläre Tiefenentspannung richtet sich gegen muskuläre Verspannungen. Oft ist schon am Gesichtsausdruck,
der Gangart, den Bewegungen des Kopfes, am Hinsetzen usw.
zu erkennen, dass Menschen in ihrem Bewegungsspielraum gehemmt und eingeengt sind. Ganz besonders auffällig ist dies
bei ängstlich bzw. erregt Depressiven und Aggressiven.

Woher kommen diese Verspannungen?

> Wir haben vielfach nicht gelernt, unseren Gefühlen Ausdruck zu
> geben. Auch verleugnen wir häufig unsere Bedürfnisse. Wir ver-
> treten nicht offen unsere Meinungen und berechtigten Forderun-
> gen. Jede Verleugnung von Bedürfnissen und Gefühlen erhöht
> unsere innere Spannung und führt zu Muskelverkrampfungen.

Wir lernen schon früh, unsere Gefühle zu unterdrücken: »Reiß
Dich zusammen!« »Lass Dir nichts anmerken!« »Ein Junge
weint nicht!« Wir scheuen uns dann, wenn unsere Gefühle
nach Ausdruck verlangen, halten sie zurück. Das führt zu einer
Anspannung der Muskulatur, die im Laufe der Zeit zu einer
Gewohnheit und in einem entsprechenden Verhaltensmuster
festgehalten wird. Der Betreffende gewöhnt sich dann so an
die Spannung, dass er sie gar nicht mehr bemerkt.

Erst wenn die Spannung schmerzhaft wird, wird der Betreffende auf sie aufmerksam. Später übersieht er auch noch diesen Schmerz, sodass es zu psychosomatischen Störungen, wie
Kopfschmerzen, Hals-Wirbel-Syndrom, Brust-Wirbel-Syndrom
usw. kommt.

> Die Verkrampfung der Skelettmuskulatur bringt zunächst eine
> gewisse Erleichterung, eine Lösung vom psychischen Druck. An-
> genehme unmittelbare Konsequenzen – auch wenn sie nur von

kurzer Dauer sind – halten das Fehlverhalten nach dem Gesetz
der Sofortverstärkung fest, machen es resistent gegenüber Veränderungen.

Die Skelettmuskulatur erfüllt mehrere Funktionen im täglichen
Leben:
- Die Entwicklung von Kraft durch Anspannung (Kontrak-
  tion der Muskeln), sodass sich der Mensch aktiv mit seiner
  Umwelt auseinander setzen kann;
- die Äußerung der Gefühle, aber auch ihre Unterdrückung
  mit Hilfe der Gesichtsmuskeln. Gefühle sind immer mit gewissen Ausdrucksbewegungen gekoppelt;
- die Stützung des Körpers durch die Skelettmuskulatur. Sie
  hält den Körper aufrecht. Die Muskeln sind im Normalzu-
  stand nicht völlig entspannt. Beachten Sie, dass Sie normalerweise Ihren Mund geschlossen halten.

Alle Muskeln haben einen so genannten Tonus, eine Spannung.
Der Muskeltonus ist abhängig von
- der momentanen Körperhaltung (Liegen, Sitzen, Stehen),
- dem allgemeinen Grad »gespannter« Aufmerksamkeit. In
  einer gefährlichen Situation kommt es zu einer erhöhten
  Grundspannung aller Muskeln. Sie macht den Körper reakti-
  onsbereit. Wir sprechen von einer Orientierungsreaktion und
  Erwartungsspannung. Ihre Motorik ist auf Kampf- und
  Fluchtreaktion eingestellt. Für den vorgeschichtlichen Menschen war diese schnelle Umschaltung lebenswichtig, denn
  alles Neue in vertrauter Situation bedeutete Gefahr.

Der Mechanismus unseres Nervensystems trägt noch vorge-
schichtliche Züge. Wir reagieren bei jeder auffälligen Reizver-
änderung in unserer Umwelt noch so wie unsere Vorfahren –
auch wenn sich die Umwelt völlig gewandelt hat. Im Allgemei-

nen ist nur noch der Straßenverkehr ein gefährdendes Überraschungsfeld. Reize haben normalerweise keine lebensbedrohende Bedeutung mehr. Sie erzeugen aber im Organismus Muskelspannung – auch wenn wir die Reize gar nicht deutlich merken.

Unser Organismus ist ständig Abertausenden von Minireizen ausgesetzt. Sie treffen auf die Sinnesorgane. Sie sind nicht schädlich, weil wir uns an sie gewöhnt haben. Man nennt diesen bionomen, ja lebensrettenden Vorgang Habituation (Gewöhnung).

Völlig anders ist die Lage, wenn die Reize aus der Umgebung intensiv und bedeutsam sind. Hier erfolgt keine Habituation. Der Körper reagiert immer wieder mit einer Erhöhung des Muskeltonus und anderen vegetativen Prozessen. Das kann einmal dazu führen, dass wir entsprechend reagieren: zur Seite springen, angreifen, zupacken, zuschlagen, abwehren, uns zurückziehen, aus dem Wege gehen, unsere Lage verändern, fliehen usw.

Häufig kommt es aber zu einer »inneren« Abwehr des Reizes mit der damit einhergehenden Unterdrückung von »äußeren« Verhaltensreaktionen. Dabei kann sich eine zusätzliche Sensibilisierung auf diese Reize entwickeln, sodass die Abwehrreaktion immer stärker und intensiver wird. Erscheint dann ein neuer Reiz, bevor die alte Reaktion abgeklungen ist, setzt die neue Reaktion auf einem höheren Erregungsniveau und Spannungszustand an. Nicht abgebaute Einzelreaktionen summieren sich damit zu einer sich steigernden Reaktionskurve.

Die Übergänge zwischen Orientierungs- und Abwehrreaktion sind fließend. Ob ein Organismus sich an Umweltreize gewöhnt oder immer empfindsamer reagiert, hängt von verschiedenen Faktoren ab:

- der objektiven Intensität der Reize,
- der allgemeinen Erregbarkeit und Labilität,
- dem individuellen Organismus
- und besonders von der subjektiven Bedeutung, die wir selbst – bewusst oder unbewusst – den Reizen zuschreiben.

Die Tonuserhöhung der Spannungszunahme wird hervorgerufen durch ein zentrales Erregungszentrum im Hirnstamm, das *retikuläre Aktivationssystem (RAS)* oder die *Formatio reticularis*.

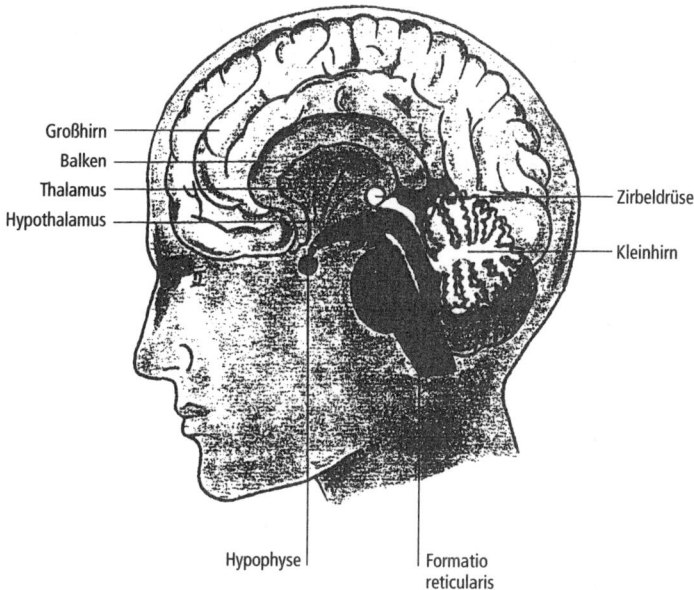

Abbildung 12: Das retikuläre Aktivationssystem

Dieses Erregungszentrum wird zum einen durch Reize aus der Umgebung, zum anderen durch Reize aus dem Körperinnern, wie dem momentanen Spannungszustand der Muskeln, beeinflusst. Reize, die von der angespannten Muskulatur und dem

übrigen vegetativen System an das Aktivationssystem abgege-
ben werden, können rückwirkend zu einer weiteren Span-
nungs- und Erregungszunahme führen. Wenn wir unsicher
sind und uns ängstigen, wird die körperliche Komponente dieser Unsicherheit und Angst – die allgemeine physiologische Erregung – durch das Reticularsystem vermittelt.

> Die meisten Menschen befinden sich ständig in einem erhöhten
> Erregungs- und Spannungszustand. Von daher wird die Wichtig-
> keit der muskulären Entspannung verständlich. Die Entspannung
> der Muskulatur wirkt hemmend auf das Reticularsystem und be-
> wirkt eine allgemeine Entspannung, die sich auch im vegetativen
> System auswirkt. Dabei kommt es zu einer organismischen Um-
> schaltung von der Aktivität des Sympathikus auf die des Parasym-
> pathikus. Nach dem Entspannungstraining sinken Pulsfrequenz
> und Blutdruck, nimmt die Herzfrequenz ab, ebenfalls die Atem-
> frequenz und die Muskelspannung. Wir fühlen uns entspannt.

Es gibt verschiedene Entspannungstechniken (siehe Seite 225).
Für die muskuläre Entspannung eignet sich in ganz besonderer
Weise die von Edmund Jacobson eingeführte und vielfach be-
währte *Progressive Muskelentspannung* oder *Muskuläre Tiefenentspannung* (Jacobson, E., Chicago 1938).

Im Folgenden gebe ich eine etwas **abgewandelte Form der
Muskulären Tiefenentspannung**, die sich in meiner Praxis bewährt hat, wieder.

Die Entspannung kann im Sitzen oder Liegen durchgeführt
werden. Manche Personen reagieren leichter auf die Anwei-
sung, wenn im Hintergrund leise Largo-Musik ertönt. Ich gehe
auf diesen Punkt noch näher im Zusammenhang mit der Darstellung der Vegetativen Entspannung ein und führe dabei
auch geeignete Musikstücke an.

Vor den regulären Übungen zur Muskulären Tiefenentspannung empfehlen sich einige Vorübungen, damit Sie erfahren, was Muskelentspannung ist:

- Setzen oder legen Sie sich bequem hin und heben Sie beispielsweise einen Arm etwas an. Spannen Sie die Armmuskeln kurz an und lassen Sie dann den Arm entspannt fallen.

Während das Anspannen leicht fällt, haben einzelne Personen Schwierigkeiten, den Arm zu entspannen, was leicht daran zu erkennen ist, dass sich der Arm nur ganz langsam senkt. Solche und ähnliche Vorübungen sind wichtig, um sich das Ziel Entspannung zu verdeutlichen.

Hier nun die Anweisungen zur Muskulären Tiefenentspannung.

Die Sterne (☆) vor dem Text zeigen die jeweils neue Übung an, die einzelnen Quadrate zwischen den Texten die Pausen (■ = 3 Sekunden). Diese Quadrate erscheinen bei allen nachfolgenden Entspannungsmethoden.

Übung
der Muskulären Tiefenentspannung

Setzen oder legen Sie sich bequem hin.
Schließen Sie die Augen.

■

Konzentrieren Sie sich auf Ihren Körper.
Spüren Sie seine Schwere.

■ ■ ■

☆ Atmen Sie bei geschlossenen Augen langsam und tief ein.

■

Spüren Sie, wie sich beim Ausatmen
die Spannungen verflüchtigen.
Sagen Sie zu sich selbst: Entspanne!

■ ■ ■

Atmen Sie wieder langsam und tief ein

■

und jetzt aus.

Spüren Sie beim Ausatmen, wie die Spannungen
mit Ihrem herausgelassenen Atem entweichen.

▪ ▪ ▪

Atmen Sie wieder langsam und tief ein

▪

und nun wieder aus.
Stellen Sie sich jetzt vor, wie die Spannungen aus Ihren Muskeln
entweichen. Sagen Sie zu sich selbst: Entspanne!

▪ ▪ ▪

☆ Strecken Sie Ihre Beine so weit wie möglich
von sich fort, und ziehen Sie Ihre Zehen so weit Sie können
zum Schienbein hin.
Halten Sie diese Anspannung ein wenig.

▪ ▪

Entspannen Sie Ihre Beine und Füße wieder. Lassen Sie sie ganz
locker werden. Fühlen Sie die Entspannung.

▪ ▪ ▪

☆ Spannen Sie jetzt Ihre Beine mit Oberschenkeln, Knien,
Waden, den Füßen und Zehen an, so fest wie möglich.
Spüren Sie die Anspannung.

▪

Entspannen Sie all diese Muskeln. Fühlen Sie, wie Ihre Muskeln
nachgeben und locker werden.

▪ ▪ ▪

☆ Spannen Sie Ihre Gesäßmuskeln an.
Halten Sie die Anspannung.

▪ ▪

Entspannen Sie Ihre Gesäßmuskeln.
Fühlen Sie die Entspannung.

▪ ▪ ▪

☆ Spannen Sie Ihre Bauchmuskeln an, indem Sie Ihren Bauch
stark herauspressen, dass er ganz hart wird.
Machen Sie sich das gespannte Körpergefühl bewusst.
Spannen Sie die Muskeln noch etwas mehr an.

▪

Spüren Sie die Spannung.

▪ ▪

Entspannen Sie die Bauchmuskulatur. Lassen Sie Ihren Bauch
locker werden. Fühlen Sie die Entspannung.
Machen Sie sich das Gefühl der Entspannung bewusst.
☆ Ziehen Sie Ihre Schultern so hoch Sie können zum Kopf hin.
Halten Sie die Anspannung.

Spannen Sie noch mehr an, und spüren Sie die Spannung.

Entspannen Sie die Schultermuskeln.
Fühlen Sie die Entspannung.

Atmen Sie tief ein und aus.

Spüren Sie, wie sich alle Muskeln in der Brust und im Rücken
entspannen. Spüren Sie, wie die Muskeln sich lockern
und die Spannung nachlässt.

Lassen Sie Ihre Muskeln ganz locker.

☆ Spannen Sie jetzt Ihre Arme an,
und ballen Sie die Fäuste.
Machen Sie sich das Gefühl der Anspannung bewusst.

Entspannen Sie die Arme und Hände. Genießen Sie
die Lösung der Spannung.

☆ Spannen Sie jetzt alle Gesichtsmuskeln,
so gut Sie es können, an: Spannen Sie Ihren Kiefer an.
Beißen Sie die Zähne fest aufeinander.
Kneifen Sie die Augen zusammen.
Halten Sie die Spannung ein wenig.

Lassen Sie Ihre Gesichtsmuskeln wieder locker. Entspannen Sie
Augen, Mund und Kiefer. Lassen Sie die Spannung des Kopfes
abklingen. Machen Sie sich die Entspannung bewusst.

☆ Strecken Sie Ihre Arme und Beine so weit Sie können
nach vorne von sich weg. Spannen Sie Ihren gestreckten Körper
stark an. Fühlen Sie die Anspannung.

Entspannen Sie Ihren Körper.

Die Entspannung durchströmt Ihren Körper. Genießen Sie das
Gefühl der Entspannung.

Ihr Körper ist jetzt entspannt. Sie sind ruhig, entspannt, ruhig,
entspannt.

Sie atmen ruhig und regelmäßig ein und aus –
ohne jede Anstrengung.

Sie fühlen sich wohl, ganz wohl. Sie sind ganz ruhig
und entspannt, ruhig, entspannt, ruhig, entspannt.

Wellen der Entspannung strömen durch Ihren ganzen Körper.
Genießen Sie dieses Gefühl.

Sie sind ruhig, entspannt, ganz ruhig, entspannt, ruhig,
entspannt.

Verweilen Sie noch ein wenig in dieser Lage. Sie fühlen sich
ganz wohl, entspannt, ruhig, entspannt.

(Ruhezeit bis zur »Rücknahme« ca. 2-3 Minuten)

Rücknahme der Entspannung:

☆ Ich werde jetzt bis 5 zählen. Wenn ich bei 5 angelangt bin,
werden Sie wieder ganz da sein:
1 Sie sind ruhig und entspannt,

2 ruhig und entspannt,

3 entspannt und frisch,

4 erfrischt und ganz wach.

5 Augen auf! Wach und frisch.
Recken und strecken wie eine Katze!

Es ist sinnvoll, sich die Muskuläre Tiefenentspannung auf Kassette aufzunehmen und sie – wie schon gesagt – täglich zu praktizieren. Sie kann z. B. auch in Du- oder Ich-Form aufgenommen werden.

(Setze Dich bequem hin/
Ich setze mich bequem hin; ...)

- Die *Rücknahme,* die bei: »Ich werde jetzt bis 5 zählen ...« beginnt, sollte *nicht* am Abend vor dem *unmittelbaren* Schlafengehen vorgenommen werden, da eine Person, die sich besonders gut entspannen kann, sonst hellwach bliebe. Die Rücknahme ist also nur für den Tag gedacht.

Die **Muskuläre Tiefenentspannung** kann, nachdem sie ausreichend eingeübt wurde, dann in **zwei Kurzformen** fortgeführt werden:

- *Einmal* dadurch, dass man im Sitzen oder Liegen bei regelmäßigem Ein- und Ausatmen den ganzen Körper mehrmals an- und entspannt;
- *zum anderen*, indem man beim Gehen, z. B. beim Gang durch ein Zimmer, während man regelmäßig ein- und ausatmet, von unten nach oben schrittweise alle Muskeln anspannt, dann wie ein Roboter noch einige Schritte geht und danach von oben nach unten wieder alle Muskeln lockert, am Ende einige Tanzfiguren vollzieht.

Vegetative Entspannung

Viele Vorgänge in unserem Körper, wie z. B. die Atmung, die Körpertemperatur, der Herzschlag, der Blutdruck usw., senden so schwache Signale, dass wir sie normalerweise nicht bemerken. Es funktioniert alles von selbst, automatisch. Das sind die vegetativen Vorgänge. Sie lassen uns leben. Diese Vorgänge werden von einem besonderen Nervensystem gesteuert, dem *autonomen Nervensystem.* Der Ausdruck besagt, dass man es als völlig eigenständig, unbeeinflussbar durch unseren Willen ansah. Das so genannte autonome Nervensystem ist also für das Funktionieren bzw. für die Beschwerden sehr vieler Leibfunktionen verantwortlich, z. B. für erhöhten Blutdruck, Herz-Kreislauf-Beschwerden, Störungen der Magen-Darmtätigkeit.

> Bisher glaubte man, das autonome Nervensystem sei nur durch regulierende Medikamente zu beeinflussen. Heute wissen wir, dass die *vegetativen Vorgänge durch mentale, also geistige Konzentration beeinflusst werden können.* Das autonome Nervensystem ist also nicht autonom. Für den Wandel der Auffassung war die wissenschaftliche Kontrolle von Berichten über Zen- und Yoga-Meister aus den fernöstlichen Kulturen entscheidend.

In der physiologischen Forschung jedoch ist die Beeinflussbarkeit des autonomen Nervensystems bereits seit den zwanziger Jahren bekannt. Der russische Physiologe Bykow konnte 1924 bei seinen Konditionierungsversuchen an Tieren feststellen, dass die Tätigkeit des autonomen Nervensystems vom zentralen Nervensystem beeinflusst werden kann. Heute ist dies durch eine Fülle von Untersuchungen, speziell durch die Forschungen zum Biofeedback, belegt.

Unsere Sinnesorgane sind nach außen gerichtet und zumeist nur in dieser Tätigkeit geschult. Nach innen, auf unsere Leibfunktionen gerichtet, ist die Wahrnehmung im Allgemeinen unsensibel, stumpf und gefühllos. Überzeugende Belege für diese »Blindheit« haben wir vor allem durch die Herzinfarktforschung erhalten. Die meisten Menschen sind gegenüber den Warnzeichen des Körpers »blind«, so bei Herz-Rhythmus-Beschwerden, Magen-Darm-Beschwerden, Muskelspannungen und -verkrampfungen.

Die Gewöhnung (Habituation) an gleich bleibende Umweltreize hilft uns, unseren Organismus vor einer Reizüberflutung zu bewahren. Die zentralnervöse Tätigkeit sortiert die Reize nach dem Schema lebenswichtig – lebensunwichtig. Es leitet unserem Bewusstsein nur die wichtigen Informationen zu. Dieser Mechanismus ist auch für die Reize aus dem Körperinneren wirksam. Wir hören unser Herz nicht permanent schlagen. Leider gewöhnen wir uns auch an stärkere Aktivierungen der vegetativen Funktionen. Es ist eine langsame, schleichende Gewöhnung an immer stärkere Signale aus unserem Körper. Wir übersehen die ersten noch schwachen Alarmzeichen einer drohenden Überbelastung. Erst wenn die kritische Toleranzschwelle überschritten wird, wenn schmerzhafte vegetative Beschwerden auftreten oder das System kollabiert, erfahren wir unsere bedrohliche Befindlichkeit. Zumeist sind dann schon psychosomatische Einzelreaktionen durch Nichtbeachtung zu einer andauernden psychosomatischen Erkrankung geworden:

Magendrücken → Magenbeschwerden → Magen-/Darmgeschwüre

Wir gewöhnen uns an Reize, die wir als unwichtig oder bedeutungslos ansehen. Wir selbst bestimmen den Bedeutungsgehalt eines Reizes. Dieses Auswahlkriterium der Gewöhnung benützen wir nicht immer mit vollem Bewusstsein.

Wir könnten die vegetativen Prozesse auch ohne elektronische Verstärkung wahrnehmen, wenn sie uns nur wichtig genug wären. Wir gehen aber lieber den bequemen Weg, nehmen das Angebot der Pharma-Industrie an. Damit entledigen wir uns einer Verantwortung, der selbstverantwortlichen Sorge und Achtsamkeit über unseren Körper.

Vielleicht verstehen wir jetzt auch die heute weit verbreitete Alexithymie, die Unfähigkeit, seine Gefühle deutlich wahrzunehmen und auszudrücken. Gefühle sind nicht nur psychische Erscheinungen; sie haben auch eine physiologische Grundlage. Sie werden von vegetativ-körperlichen Erscheinungen begleitet. Den unterschiedlichen Gefühlen, z. B. Angst oder Ärger, unterliegt jeweils ein spezifisches physiologisches Reaktionsmuster.

Wer seine unterschiedlichen Körperzustände oder Körperempfindungen nicht wahrnehmen und unterscheiden kann, kann auch die seelischen Empfindungen, wie Gefühle, nicht erkennen und differenzieren. Je bewusster und feinfühliger wir also unserer Körperlichkeit gegenüber sind, desto differenzierter und sensibler sind wir in unserem Gefühlsleben.

Es gibt allerdings auch das andere Extrem der Übersensibilität, die Hypochondrie.

Wenn sehr intensive Reize, die eine lang anhaltende Reaktion zur Folge haben, in kurzen Abständen aufeinander folgen, tritt der Aufschaukelungseffekt (die Sensibilisierung) ein. Diese Erregung kann dann nicht mehr ausgeglichen werden; das ganze vegetative System verliert das Gleichgewicht. Normalerweise verhindert ein eingebauter Sicherungsmechanismus den sofortigen Zusammenbruch. Es tritt vorübergehende Ermüdung und Erschöpfung ein. Wenn aber diese Alarmzeichen längere Zeit nicht beachtet werden, treten Dauerschäden auf, und letztlich kollabiert das System. Es kommt zum Kreislaufkollaps, Herzinfarkt, Nervenzusammenbruch. Eine permanente Störung des

Gleichgewichts in Form der Überbelastung des sympathischen (mobilisierenden) Nervensystems führt schließlich zu einer erhöhten Anfälligkeit für diverse Krankheiten. Möglicherweise entsteht so auch Krebs, da auf diese Weise die körpereigene Immunabwehr geschwächt wird.

Durch die Störung des Gleichgewichts in unserem Nervensystem kommt es zur Verzögerung oder zum Ausfall der Alarmphase. Es kommt zu einer Dauerbelastung auch des parasympathischen Nervensystems; die Störungen werden chronisch.

Was bringen Menschen durch mentale Konzentration fertig? Sie können die Temperatur einer Hand steigern, der anderen senken, sodass Unterschiede von 6 Grad Celsius zu Stande kommen. Sie können den Stoffwechsel des Körpers beeinflussen, den Grundumsatz außerordentlich herabsetzen, sodass sie zwei Wochen radikal zu fasten in der Lage sind. Sie können den Blutdruck senken, die Körpertemperatur steigern. Sie können den Herzschlag beeinflussen. In einem Bericht wurde ein Yogi beschrieben, der still und unbeweglich dasaß, seinen Herzschlag auf 300 Schläge pro Minute steigerte (normal = etwa 70-80 Schläge).

Zum Erreichen der *Vegetativen Entspannung* wird zumeist das *Autogene Training* eingesetzt, das der Berliner Arzt und Therapeut J. H. Schultz bereits in den zwanziger Jahren in Verbindung mit Hypnoseexperimenten entdeckte (Schultz, J. H., Stuttgart 1950).

Folgende Wirkungen werden durch Vegetative Entspannung (Autogenes Training) erzielt:

• *Senkung der Muskelspannung,*
  spürbar am Empfinden einer Schwere des Körpers und seiner Extremitäten;

- *verstärkte Durchblutung der Gefäße,*
  spürbar als ein Kribbeln in den Fingern oder als ein Wärmege-
  fühl in den Händen und Unterarmen oder Füßen und Unter-
  schenkeln;
- *Verlangsamung und Gleichmäßigkeit der Atmung,*
  spürbar an der Umstellung von der Brustatmung auf Bauchat-
  mung, und an einer Verlangsamung der Pausen zwischen Ausatmen und Einatmen;
- *Veränderung der Hirnstromaktivität,*
  messbar durch ein Elektroencephalogramm (EEG), spürbar an
  einem Zustand des Dösens und An-nichts-Denkens;
- *psychische Veränderungen,*
  spürbar durch das Gefühl zunehmender körperlicher und psychischer Gelöstheit, das Erlebnis von Ruhe und Gelassenheit
  sowie ein Gefühl der Erhöhung geistiger Frische nach den
  Übungen.

Es hat sich gezeigt, dass bei einer Hintergrundmusik wie z. B.
dem Andante aus dem Konzert für Klavier und Orchester C-
dur, KV 467 von Wolfgang Amadeus Mozart, die Konzentration verbessert, der Entspannungszustand intensiviert, das
Ruhe-, Schwere- und Wärmeerlebnis vertieft werden können.
Eine solche musikalisch induzierte Entspannungsvertiefung
sollte jedoch nur in den Anfangsstadien der Einübung stattfinden, da die Vegetative Entspannung (das Autogene Training)
auf die verbale Selbstinstruktion hin angelegt ist. Im klassischen Autogenen Training geht man erst jede der einzelnen
Übungen getrennt über einen Zeitraum von jeweils ein bis
zwei Wochen täglich durch.

Sie finden hier eine **abgekürzte Form,** die bereits nach zwei bis
drei Monaten täglicher Übungen zum Erfolg führen kann.

Übung der Vegetativen Entspannung
(des Autogenen Trainings)

Es ist zweckmäßig, eine Kassette zur Vegetativen Entspannung anzufertigen, die sich aus *vier Teilen* zusammensetzt und die ebenfalls in Du- oder Ich-Form aufgenommen werden kann:

Eingangs hören Sie Musik (eine Liste der geeigneten Stücke finden Sie auf Seite 243). Geben Sie sich ihr ganz hin.

Es folgt die **Einleitung**:

• Setzen oder legen Sie sich bequem hin.
• Schließen Sie Ihre Augen.
• Konzentrieren Sie sich ganz auf Ihren Körper.
  Wenn Sie Linkshänder sind, konzentrieren Sie sich bei den ersten beiden Übungen auf Ihren linken Arm.
• Sprechen Sie die nun folgenden Sätze der Vegetativen Entspannung im Stillen nach, und stellen Sie sich die Wirkung *bildhaft* und *konkret* vor.
• Wiederholen Sie diese Sätze ruhig und eindringlich im Stillen jeweils sechsmal und die dazwischen gesprochenen Ruhesätze jeweils zweimal.

Vegetative Entspannung:

Ich bin vollkommen ruhig. (2 x)
Arm ganz schwer. (6 x)
(2 Minuten Pause)
Ich bin vollkommen ruhig. (2 x)
■ ■ ■
Arm ganz warm. (6 x)
(2 Minuten Pause)
Ich bin vollkommen ruhig. (2 x)
■ ■ ■

Herz schlägt ruhig und kräftig. (6 x)
(2 Minuten Pause)
Ich bin vollkommen ruhig. (2 x)

■ ■ ■

Atem ruhig und gleichmäßig. Es atmet mich. (6 x)
(2 Minuten Pause)
Ich bin vollkommen ruhig. (2 x)

■ ■ ■

Sonnengeflecht strömend warm. (6 x)
(2 Minuten Pause)
Ich bin vollkommen ruhig. (2 x)

■ ■ ■

Stirn angenehm kühl. (6 x)
(2 Minuten Pause)
Ich bin vollkommen ruhig. (2 x)

■ ■ ■

Als Nächstes sprechen Sie zu sich eine **Wunschformel:**
– »Ich schlafe bald ein und durch.« Oder:
– »Schwierige Situationen sind für mich nur ein Anreiz zur Bewältigung.« Oder:
– »Beim Trinken von Alkohol halte ich Maß.« Oder:
– »In kritischen Situationen bewahre ich einen klaren Kopf.« Oder:
– »Ich bin aktiv. Ich gestalte mein Leben.«

- Wiederholen Sie Ihre Wunschformel (vgl. Beispiele vorstehend), die angibt, was Sie konkret erreichen möchten. Wiederholen Sie den Satz etwa 30-mal, und stellen Sie sich bildhaft vor, Sie erreichen das Ziel.
- Nach einer Pause von etwa vier bis sechs Minuten folgt noch zweimal der Satz: »Ich bin vollkommen ruhig.«

■ ■ ■

- Rücknahme:
  Öffnen Sie langsam Ihre Augen. Recken und strecken Sie sich wie eine Katze. Sie sind entspannt und fühlen sich wohl. Sie

sind ganz wach und frisch, wach, entspannt und frisch. Lassen Sie danach noch die zu Beginn eingespielte Musik auf sich einwirken (2 bis 3 Minuten).

Die Wunschformel bezieht sich auf die Auflösung Ihrer Erregungen, Ängste, Hemmungen oder Zwänge, Fehlverhaltensweisen oder Beschwerden. Sie sollten Ihre Aufmerksamkeit dabei nur auf *ein Ziel* richten. Stellen Sie sich das Ziel so vor, als ob Sie es schon erreicht hätten. Später können Sie mit der gleichen Übung andere Ziele ansteuern. Zum Abschluss hören Sie wieder Musik.

Das Sonnengeflecht, auf das Sie sich an einer Stelle konzentrieren werden, ist ein Nervengeflecht, das alle Bauchorgane beeinflusst und im Bauch zwischen Nabel und Rippenbogen liegt.

Liste geeigneter Musikstücke:

- *Johann Sebastian Bach*
  Largo aus dem Flötenkonzert in G-moll nach BWV (Bach-Werk-Verzeichnis) 1056. Bearbeitung für Flöte; Original: Cembalo (*James Galway spielt Bach,* RCA RL 25119 AW).
  Largo aus Konzert für Cembalo solo in G-moll, BWV 975 (nach Vivaldi) (Cembalokonzerte nach Antonio Vivaldi EMI IC 065-28336).
  Largo aus Konzert für Cembalo solo Nr. 5 in G-dur, BWV 976 (dieselbe Platte oder CD wie (4)).
  Largo aus Konzert für Cembalo solo in F-dur (FSM 34 287).

- *Georg Friedrich Händel*
  Alle langsamen Sätze aus Concerti grossi op. 6, Nr. 1-12 (EMI IC 153-99645/47 Q).
  Largo aus Konzert Nr. 3 in G-dur (Feuerwerksmusik, EMI IC 065-99690).

Largo aus Konzert Nr. 1 in B-dur (Concerti grossi op. 3, 1-6, EMI IC 151-99622/23).

- *Arcangelo Corelli*
  Alle langsamen Sätze aus Concerti grossi op. 6, Nr. 1-12 (DG 2710011 MS).

- *Georg Philipp Telemann*
  Largo aus Fantasien für Cembalo, Nr. 17 in G-moll (PR 70 124).

- *Antonio Vivaldi*
  Largo aus Konzert für Flöte, Streicher und Basso continuo in C-dur PV 79 (DG 25 35 200).

Meditative Versenkung / Meditative Konzentration

Meditation bedeutet nach dem lateinischen Verb meditare nachdenken, sinnende Betrachtung, religiöse Versenkung.

> Meditierende Entspannung richtet sich in erster Linie gegen die Überbetonung des Intellekts sowie der technischen Intelligenz und die Vernachlässigung der gefühlsmäßig-intuitiven Fähigkeiten des modernen Menschen.

Unsere Lebensorientierung ist vorzugsweise auf Leistung, Berufserfolg und gesellschaftliches Prestige ausgerichtet und nur zu einem geringen Teil auf unser Erleben, unsere soziale und ästhetische Sensibilität, Bewusstseinserweiterung und Persönlichkeitsvervollkommnung. Dieses vereinseitigte Leben ist die hintergründige Ursache vieler Lebensschwierigkeiten. Die Vereinseitigung und Beschränkung auf unsere private eingeengte Existenz behindert uns auch darin, die uns verfügbaren Selbstheilungskräfte freizusetzen.

Viele Experten der Meditation sehen in ihrer zunehmenden Verbreitung ein Anzeichen dafür, dass der Mensch auf der Suche nach dem ist, was er einmal besessen hat, das ihm aber verloren ging:

• die Ausweitung der in ihm liegenden Kräfte;
• die Annäherung an sich selbst und die Wirklichkeit durch eine Erweiterung der Wahrnehmung;
• der Erwerb von Gelassenheit, Liebesfähigkeit, Lebensfreude und Begeisterung;
• der Zugang zu dem Wissen, dass wir Menschen ein Teil des Universums sind (im Erlebnis der Verbundenheit);
• die Fähigkeit, wirkungsvoller zu handeln und damit größere Leistungsfähigkeit im Alltag zu erreichen.

Die Wege der Meditation sind – wie bei jedem körperlichen Trainingsprogramm – individuell verschieden. Wie in Letzterem Körperbau, Belastbarkeit, Spannkraft, Muskeln und Blutkreislauf zu berücksichtigen sind, so bei der Meditation die besonderen intellektuellen, emotionalen und sensorischen Fähigkeiten.

Meditation und Psychotherapie sind zwei verschiedene Wege zur Persönlichkeitsentwicklung. Sie unterscheiden sich in ihren Akzenten, Zwecken und Bereichen. Meditation ist im Wesentlichen ein Vorgehen des Einzelnen ohne besondere Bedeutung für jemand anderen. Therapie vollzieht sich in Wechselwirkung mit dem Therapeuten und anderen Menschen. In der Meditation geht es um die Erlangung eines erweiterten Bewusstseins, in der Therapie um die Beseitigung spezieller Probleme. Die Meditation führt zu einer Neugestaltung der Persönlichkeit; die Therapie ist in erster Linie auf die Behebung psychischer und psychosomatischer Störungen gerichtet.

Meditation wird in die Therapie eingebaut, um die in den therapeutischen Entspannungsübungen angestrebte *Gelassenheit* zu vertiefen und darüber hinaus den Klienten zu einer *tragbaren Lebensphilosophie* zu führen

- durch die Förderung der sinnlichen Wahrnehmung vermittels der körperbezogenen Meditation;
- durch die Förderung der Sensibilität, des Gefühlslebens und der Kreativität;
- durch die Förderung des geistigen Lebens und der inneren Disziplin.

Die Meditation wirkt sich sowohl körperlich als auch seelisch aus. Als *körperliche Wirkungen* treten auf:

- ein Zustand tiefer Entspannung, verbunden mit einem wachen und aufgeschlossenen Geist,
- Verlangsamung des Stoffwechsels, der Herz- und Atemtätigkeit,
- eine Veränderung im Muster der Gehirnwellen (Zunahme der langsamen Alphawellen – 8 bis 13 Zyklen pro Sekunde).

Als *seelische Wirkungen* sind hervorzuheben:

- Gewinnung einer neuen Beziehung zur Wirklichkeit durch den Erwerb von Heiterkeit, Gelassenheit und der Fähigkeit, auch widrigen Umständen gegenüber standzuhalten;
- Stärkung des Willens und zielbewussten Handelns;
- Fähigkeit der rückhaltlosen Hingabe an eine Aufgabe;
- Neugestaltung der Persönlichkeit.

Die Meditation als Versenkung in eine sinnliche Erscheinung (Bild, Ton, Text) hat eine doppelte Richtung:

- eine rationale mit der Erfassung des Wesentlichen und
- eine emotionale mit der Vergegenwärtigung des Lebensbezugs.

Meditiere ich zum Beispiel über das Haus, so komme ich zu dem Ergebnis, dass das Urhaus nur drei Bestimmungsstücke enthält: eine Grundlage, eine Umgrenzung, eine Tür zum Eintritt und Austritt. Ich lasse also bei dieser Gegenstandsanalyse alle Besonderheiten weg, abstrahiere von diesen, beziehe mich also nur auf das Ikon des Hauses.

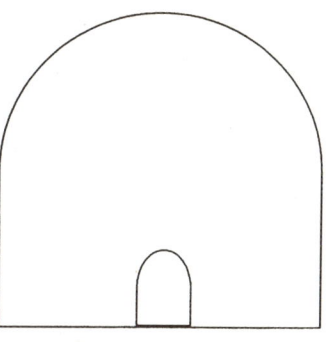

Abbildung 13:
Das Urhaus

Diese Art der abstrahierenden Erkenntnis ist in der Seele des Menschen angelegt und schon früh entwickelt. Wir können es bereits bei urzeitlichen Höhlenzeichnungen und an den Zeichnungen kleiner Kinder beobachten. Zugleich fallen dabei weitere lebensbezogene Aspekte auf: Geborgenheit, Schutz vor Witterungseinflüssen, Zufluchtsort, Abgeschiedenheit, Schlafstätte. Wir konzentrieren uns bei dieser Betrachtung auf die Lebensdienlichkeit.

Es gibt eine kaum überschaubare Vielfalt von Wegen und Wegweisungen im Bereich der Meditation, jedoch eine an den Fingern abzählbare Anzahl von Stufen. Ich beschränke mich hier nur auf die grundlegenden Aspekte der Meditation.

Wir konzentrieren uns in der Meditation nur auf *einen* Denkinhalt. Durch die willentlich eingeleitete Konzentration schalten wir alle übrigen Reize aus. Wir geraten über die Entspannung in einen Bewusstseinszustand völliger Ruhe und hoher Sensibilität, in einen gesteigerten Wachzustand ohne physiologische Erregung. In diesem Zustand der *entspannten Wachheit* erscheinen uns unsere persönlichen Probleme in einem anderen Licht. Schwierigkeiten – und dies ist ein erster therapeutischer Effekt –

muten uns anders an. Wir können sie mit einem gewissen Abstand betrachten und von daher auch besser Alternativen für ihre Lösung finden.

Bei der Meditation können wir uns beispielsweise konzentrieren auf:
- *den Atem*;
- *den Körper*
  z. B. die Innenfläche der Hand, das gleichmäßige Kopfnicken oder die gleichmäßige Bewegung des Oberkörpers;
- *ein Bild,*
  z.B. Punkt, Kreis, Dreieck, Rad, Kreuz; Tor, Brücke, Treppe, Baum, Blüte, etwa Seerosen;
- *eine bildhafte Vorstellung,*
  z. B. Rauch, dahinziehende Wolken, schwimmender Baumstamm auf breitem langsam dahinfließendem Strom, aufsteigende Luftballons oder Seifenblasen;
- *einen Gedanken oder kurzen Text,*
  z. B. Sicherheit, Geborgenheit, Frieden, Freundschaft, Liebe;
- *Klänge,*
  Ton, Rhythmus, Musik, Murmeln einer Lautkombination, z. B. am-om-am;
- *Gegenstände,*
  wie Schale, Vase, Stab.

Es fällt anfangs vielen schwer, sich auch nur eine Minute auf eine der vorgenannten Wahrnehmungen, Vorstellungen und Gedanken zu konzentrieren, sind doch die Gedanken, wie es in einer östlichen Meditation heißt, wie Affen, die von einem Ast zum anderen hüpfen.

Viele Menschen mit seelischen Schwierigkeiten neigen zu selbstschädigenden Assoziationen. Immer wieder werden sie von negativen neuen oder sich wiederholenden Gedanken bzw.

Befürchtungen geplagt. Die *Meditative Konzentration* kann ihnen helfen, sich davon zu befreien. *Meditation ist erlerntes Einengen der Gedanken auf einen selbst gewählten Gedanken.*

Erst wenn wir die Meditative Konzentration über längere Zeit, täglich, regelmäßig und eindringlich üben, erreichen wir den für die Meditation charakteristischen Zwischenzustand der wachen Versunkenheit in einem sensiblen und erweiterten Bewusstsein.

Meditative Übung

- Setzen oder legen Sie sich bequem (evtl. bei Kerzenlicht und/oder Räucherstäbchen) in ein ruhiges Zimmer.
- Sagen Sie zu sich:
  Ich bin ganz ruhig und entspannt. Ich höre die Stille (mehrmals wiederholen).
- Stellen Sie sich vor:
  Sie werfen einen Stein in einen stillen Waldsee und beobachten die sich ausbreitenden runden Wellenkreise. Lassen Sie störende Gedanken wie unruhige Wellen auslaufen, bis sie sich auflösen und der See wieder ganz ruhig und glatt wird.
- Während Sie ruhig und friedlich sind, atmen Sie mehrere Male tief ein, halten den Atem etwas an, und atmen Sie dann die Luft langsam wie bei einem tiefen Seufzer aus. Sie fühlen sich erleichtert in einem Zustand der Heiterkeit.
- Jetzt sprechen Sie jeweils mehrmals die folgenden fünf Sätze zu sich:

Ich bin ganz ruhig und entspannt.
Ich höre die Stille.

▪ ▪ ▪

Freude kehrt ein.

▪ ▪ ▪

Ich sehe etwas Schönes.

▪ ▪ ▪

Ich erwarte Gutes.

▪ ▪ ▪

• Nun stellen Sie sich einen Wunsch vor, der in Erfüllung gehen, ein Problem, das gelöst werden sollte. Dann sagen Sie nach einer Pause mehrmals zu sich:

Ich finde einen guten Weg.

■ ■ ■

Ich erwarte die Erfüllung des Wunsches
und die Lösung des Problems.

■ ■ ■

• Verbleiben Sie im Zustand gelassener Erwartung. Lassen Sie die Wunschantworten zu, betrachten Sie sie wie ein Geschenkangebot. Suchen Sie sich das Ihnen brauchbare Geschenk aus, und halten Sie es in Gedanken fest.

• Jetzt sagen Sie mehrmals zu sich:

Ich habe Vertrauen in mein kreatives SELBST.

■ ■ ■

Ich überwinde … Schwierigkeiten.

■ ■ ■

Ich werde das Problem … lösen.
Ich werde mein Ziel erreichen.

■ ■ ■

• Abschließend wenden Sie sich in Ihrer Vorstellung erneut dem Waldsee zu und sprechen wieder jeweils mehrere Male die folgenden fünf Sätze zu sich:

Mein Geist ist jetzt so still
und friedlich wie der See.

■ ■ ■

Meine Sorgen und Ängste werden von dem See
in sich aufgenommen.

■ ■ ■

Ich überwinde alle Spannungen und Schmerzen.

■ ■ ■

Die schöpferischen Kräfte fließen aus dem Zentrum
meiner Seele auf mich ein.

■ ■ ■

Ich bin frei von allen Spannungen und Befürchtungen.

■ ■ ■

• Nehmen Sie nun die Entspannung zurück *(Rücknahme* – nur am Tage), indem Sie sich recken und strecken wie eine Katze und zu sich sagen: »Ich bin ganz wach und frisch, wach, entspannt und frisch.«

Vasen-Meditation

Wir haben im Institut eine Sammlung von etwa zwanzig kleinen bunten Vasen, legen sie einzelnen Klienten, die sich für diese Art der Entspannung für aufgeschlossen und empfänglich halten, gegen Ende der Therapie vor und lassen sie eine, die sie besonders schön finden, auswählen.

• Nach einer Kurzentspannung setzt sich der Klient vor einen Tisch, auf dem die Vase steht und betrachtet die Vase. Diese Einführung dient dazu, sich das Bild der Vase einzuprägen und die mit ihr gegebenen zwei Merkmale:
Stehen auf festem Grund –
nach oben geöffnet sein –
mit seiner eigenen Lebensgestaltung und -orientierung zu verbinden.

Später kann dann die Meditation im Sitzen, Stehen oder Liegen bei geschlossenen Augen durchgeführt werden.

Anfangs geraten einige Klienten allein durch das Betrachten der Vase und nur der Vase über einige Minuten hinweg bereits in einen tranceartigen Zustand, bei dem sich die Vase verändert. So berichtete eine Klientin, dass die Vase bunter, eine andere, dass sie heller, wieder eine andere, dass sie beim Einatmen kleiner und weiter weg, beim Ausatmen größer und näher herangerückt erschien.

Wenn Sie diese Meditation durchführen möchten, sprechen Sie sich den folgenden Text am besten in langsamem Tempo auf eine Audiokassette. Statt der gewählten Ich-Form können Sie natürlich auch die Du-Form benutzen:

Ich stelle eine (mir angenehme) Vase auf den Tisch
und setze mich bequem davor.
Ich betrachte zunächst etwa eine Minute lang die Vase
(bei Kassettenaufnahme eine Minute Zeit verstreichen lassen).
Nun schließe ich meine Augen.
Ich strecke meine Arme und Beine so weit wie möglich nach
vorne und vor mir weg. –
Ich spanne meinen gestreckten Körper an,
fühle die Anspannung.

▪ ▪

Ich entspanne meinen Körper, fühle die Entspannung.

▪ ▪

Ich atme regelmäßig ein und aus – ohne jede Anstrengung.

▪ ▪ ▪ ▪ ▪ ▪

Ich bin ganz ruhig und entspannt.

▪ ▪ ▪ ▪ ▪ ▪

Nun stelle ich mir die Vase so deutlich wie möglich vor,
und ich sage im Stillen zu mir
(es folgt der Text der ersten fünf Zeilen,
der nach jeder neuen Gedankeneingabe wiederholt wird):

Die Vase steht auf festem Grund.
Die Vase ist nach oben geöffnet.
Ich bin wie die Vase:
Ich stehe auf festem Grund.
Ich bin nach oben geöffnet.

Ich lasse alle guten Gedanken und alle
guten Vorstellungen kommen.
Gute Gedanken und Vorstellungen.
(Pause)
Die Vase steht auf festem Grund …

Ich lasse innere Ruhe und Gelassenheit ein.
Ich spüre Sicherheit und
fühle mich geborgen.

Nichts kann mich jetzt beunruhigen.
Ich ruhe in mir selbst.
Ich spüre den inneren Frieden.
Ruhe und Gelassenheit.
(Pause)
Die Vase steht auf festem Grund ...

Ich lasse Sicherheit und Geborgenheit ein.
Ich spüre Sicherheit und fühle mich geborgen.
Nichts kann mir etwas anhaben.
Ich werde mit Problemen und Konflikten fertig.
Sicherheit und Geborgenheit.
(Pause)
Die Vase steht auf festem Grund ...

Ich lasse Energie und Lebensmut ein.
Ich spüre in mir Kräfte der Lebensbewältigung.
Ich sehe zuversichtlich der Zukunft entgegen.
Ich habe neue Hoffnungen.
Energie und Lebensmut.
(Pause)
Die Vase steht auf festem Grund ...

Ich lasse Wohlbefinden und Freude ein.
Ich fühle mich körperlich und seelisch wohl.
Ich bin ausgeglichen.
Ich freue mich über mich selbst und habe Freude am Leben.
Wohlbefinden und Freude.
(Pause)
Die Vase steht auf festem Grund ...

Ich lasse Güte und Hilfsbereitschaft ein.
Meine Seele weitet sich.
Sie ist erfüllt von Wohlwollen.
Sie ist sensibel für Beistand.
Güte und Hilfsbereitschaft.
(Pause)

Die Vase steht auf festem Grund ...

Ich lasse Sympathie und Liebe ein.
Ich fühle mich mit allem verbunden.
Ich liebe die Menschen.
Ich empfange Liebe,
Sympathie und Liebe.
(Pause)
Die Vase steht auf festem Grund ...

Ich sammle in mir die sieben Kräfte:
Gute Gedanken und Vorstellungen,
innere Ruhe und Gelassenheit,
Sicherheit und Geborgenheit,
Energie und Lebensmut,
Wohlbefinden und Freude,
Güte und Hilfsbereitschaft,
Sympathie und Liebe.

- Wie schon zuvor gesagt: Am Ende einer solchen Übung sollte, sofern diese nicht unmittelbar vor dem Zubettgehen stattfindet, wieder eine *Rücknahme* erfolgen, z. B.: »Ich recke und strecke mich. Ich bin ganz wach und frisch, wach, entspannt und frisch.« (zweimal) Ich öffne meine Augen.

Abschließend noch **zwei meditative Kurzentspannungen:**

1) Konzentration auf die innere Kraftquelle

- Setzen oder legen Sie sich ganz bequem hin.
- Schließen Sie die Augen.
- Achten Sie jetzt nur auf Ihren Atem.
  Langsam einatmen, kurz ausatmen – ohne jede Anstrengung.
  Wiederholen Sie diese Atmung etwa 10-12-mal.
- Jetzt sagen Sie langsam im Stillen zu sich:
  »Ich bin ganz ruhig und entspannt.«
  Wiederholen Sie diesen Satz etwa vier- bis sechsmal.

- Nun konzentrieren Sie sich auf Ihre verborgene innere Kraftquelle.
  Sagen Sie still zu sich vier- bis sechsmal:

  > Ich habe in mir eine Kraftquelle – das SELBST.
  > Ich vertraue auf seine fördernden Kräfte.
  > Ich erwarte die fördernden Kräfte;
  > ich spüre sie.

- Öffnen Sie alsdann Ihre Augen. Sagen Sie zu sich:
  »Ich recke und strecke mich.
  Ich bin ganz wach und frisch, wach, entspannt und frisch.«

(»Rücknahme« nur am Tage vornehmen und nicht vor dem unmittelbaren Schlafengehen.)

2) Baumstamm-Meditation

- Setzen oder legen Sie sich ganz bequem hin.
- Schließen Sie Ihre Augen.
- Atmen Sie mehrmals tief ein und aus – ohne jede Anstrengung.
  Wiederholen Sie diese Atmung etwa 10–12-mal.
- Jetzt sagen Sie langsam im Stillen zu sich:
  »Ich bin ganz ruhig und entspannt.«
  Wiederholen Sie diesen Satz etwa vier- bis sechsmal.
- Stellen Sie sich *bildhaft* einen breiten langsam dahinfließenden Strom vor. Er kommt von links und fließt nach rechts. Sie sitzen auf einem Stein am Ufer.
  Auf dem Strom gleiten einzelne große Baumstämme dahin. Sie wenden Ihren Blick nach links, sehen in etwa 300 Metern Entfernung einen Baumstamm und verfolgen ihn, bis er in der Ferne rechts verschwindet.
- Wiederholen Sie das Vorstehende etwa vier- bis sechsmal. Dabei sagen Sie zu sich im Stillen jedes Mal:
  > Mit dem Baumstamm schwimmen meine Sorgen
  > und Beschwerden dahin. Sie lösen sich langsam auf.

- Öffnen Sie Ihre Augen. Sagen Sie zu sich:
  »Ich recke und strecke mich. Ich bin ganz wach und frisch, wach, entspannt und frisch.«

(*Rücknahme* – wie vor – nur am Tage.)

Neues Denken und Vorstellen

Seit der kognitiven Wende in der Verhaltenstherapie in den letzten drei Jahrzehnten haben wir einen entscheidenden Schritt bei der Behebung von psychischen und psychosomatischen Störungen gemacht. Die Therapie ist nicht nur effektiver, sondern auch kürzer geworden. Doch immer noch gibt es eine Reihe von Vorurteilen, wie:

- Wenn die ersten Ursachen, die hinter einem Fehlverhalten stecken, nicht aufgedeckt und angegangen werden, kann man sich nicht ändern.
- Es dauert lange, sich zu ändern, da auch das Problem seit längerer Zeit besteht.
- Wenn sich jemand schnell ändert, ist diese Änderung nur oberflächlich und hält nicht lange an.

Dagegen ist einzuwenden, dass die psychischen Schwierigkeiten des Erwachsenen nicht in erster Linie durch äußere Ereignisse und Umstände zu Stande kommen, sondern selbst verursacht sind. Wenn ein Patient bzw. Klient berichtet: »Dieser oder jener, dies oder jenes hat mich aufgeregt«, so ist dies psychologisch falsch. In der Therapie erfährt er die neue Sicht und lernt die neue Sprache: »*Ich* habe *mich* über diesen oder jenen, dies oder jenes (z. B. die Bemerkung eines anderen) aufgeregt.« Der Kontrollpunkt liegt nicht in den äußeren Ereignissen, sondern in der *Auffassung und Bewertung* der Ereignisse.

Die Erlebnis- und Verhaltensschwierigkeiten im Kommunikations- und Leistungsbereich haben ihre aktuelle aufrechterhaltende Ursache vor allem in unproduktiven, falschen und selbstschädigenden Denk- und Vorstellungsmustern.

Bei Kindern, besonders Kleinkindern, ist dies anders. Hier können äußere Ereignisse, z. B. harte, strafende Erziehungsmaßnahmen und Lieblosigkeit, länger anhaltende Schädigungen verursachen, hat doch das abhängige Kind noch keine ausreichenden Verarbeitungs- und Bewältigungsfähigkeiten entwickelt. Diese Schäden werden jedoch in den meisten Fällen in der weiteren Kindheit – wenn auch oft nur in unzureichender Weise – »verarbeitet«. Es kann sich ein **LAU-Syndrom**, d.h. eine erhöhte emotionale Labilität, Angstbereitschaft und Unsicherheit bilden. Dieses Syndrom kann allerdings – wenn wir die es festhaltenden Denk- und Verhaltensmuster korrigieren – abgebaut und aufgelöst werden. Es wird gar nicht bestritten, dass die frühen Erfahrungen und seelischen Verletzungen zu unangemessenen, selbstschädigenden Erlebnis- und Verhaltensweisen, etwa Schüchternheit, Ängstlichkeit, Vermeidungs-, Rückzugs- und Aggressionsverhalten sowie zu Depressivität führen können. Für das Kind sind z. B. auch (falsche) Einstellungs- und Verhaltensmuster der Eltern »die Wahrheit«. Sie werden von ihm gleichsam *im Lernen am Modell* übernommen. Ist etwa eine Mutter überbeschützend auf Grund eigener Ängstlichkeit, *macht* sie damit ihr Kind meist ängstlich. Sind beispielsweise Eltern sehr abhängig vom Denken anderer, *verinnerlicht* das Kind häufig dieses fremdbestimmte Muster: Es kann als Erwachsener dann auch derartige selbstschädigende Denk- und Verhaltensmuster haben, die psychische Schwierigkeiten im weiteren Leben bedingen bzw. mit bedingen. Die Entstehungsursachen lassen sich allerdings nicht mehr angehen und korrigieren, wohl aber die *gegenwärtigen Stützursachen*, die klar erkennbar das (unproduktive) Erleben und Verhalten festhalten.

Lernziel ist die Auflösung selbstschädigender Denk- und Verhaltensweisen und der Aufbau realistischer Zuversicht. Da Denken und Vorstellen zu den Kognitionen gehören, können wir auch das Lernziel – und das ist der wissenschaftliche Ausdruck – als »Kognitive Umstrukturierung« bezeichnen.

Im Folgenden werden einfach zu erlernende Techniken beschrieben, wie wir uns z. B. von aufdrängenden und fehlsteuernden Gedanken und Vorstellungen abwenden und sie schrittweise verarbeiten können. Zuletzt wollen wir den Denkfehlern genauer nachgehen, die uns in seelische Not und Bedrängnis bringen.

Ablenkung

Die Empfehlung, sich bei Angst, Sorgen, Grübeleien, depressiven Verstimmungen *bewusst abzulenken*, erscheint dem Betroffenen, aber auch manchem Psychotherapeuten als untauglich und oberflächlich, emotionale Probleme zu bewältigen. Es geht bei der Ablenkung nicht darum, solche Probleme zu verarbeiten, sondern zunächst darum, ihre Verankerung und Vertiefung aufzuhalten oder zu unterbrechen, sich vorübergehend von dem Problem abzuwenden und zu lösen, die Aufmerksamkeit auf etwas anderes zu richten.

Durch sein Stellung nehmendes Bewusstsein verfügt der Mensch über diese Fähigkeit. Wir können uns – selbst wenn unsere Wahrnehmungen, Vorstellungen und unser Denken von der Angst eingeschränkt sind und diese Aktivitäten uns wie gefesselt erscheinen – *durch einen Willensruck vorübergehend anderen Wahrnehmungen, Vorstellungen und Gedanken zuwenden*. Allerdings gelingt dies einzelnen leichter, anderen schwerer. Letztere können aber lernen, diese uns *angeborene Ablenkungsfähigkeit* zu aktivieren.

Dazu sollten Betroffene
- eine Liste von Tätigkeiten und Situationen aufstellen, bei denen sie sich in der Vergangenheit wohl gefühlt, vielleicht sogar glücklich gefühlt haben.
- Eine solche Tätigkeit oder Situation sollten sie sich sogleich bei Aufkommen von Angst, Grübeleien, Sorgen usw. vorstellen, sich gedanklich daran festmachen.
  - Es kann ein Urlaubsort, eine Begegnung, eine Bergtour oder Bootsfahrt, ein Geschenk, ein Erfolg oder sonst etwas (gewesen) sein. Es müssen aber nicht immer so hervorgehobene Ereignisse sein. Im Alltag können uns auch viele unscheinbare Begebenheiten erfreuen: ein Frühstück, ein Fernsehbericht oder -film, ein Bad, Spaziergang, ein Telefonanruf, ein Besuch, der Anblick der Blumen auf der Fensterbank u.a.m.

Die Fähigkeit der Ablenkung beruht auf zwei allgemeinen neurologischen Mechanismen:

Einmal sehnt sich der Mensch bei gleichförmigen und gleich bleibenden Wahrnehmungen oder Tätigkeiten nach *Reizvariationen*. Dieser Mechanismus wurde in vielen Monotonie-Untersuchungen nachgewiesen. Verängstigte und depressive Personen leben gleichsam in einer bedrückenden monotonen Welt. Sie spüren den Drang, den Mangel oder Verlust an Erlebnisfähigkeit durch neue Reize, Wahrnehmungen und Begegnungen auszugleichen. Da oft ihre Energie und Zuversicht erlahmt sind, bedürfen sie der (therapeutischen) Anregung und Anleitung zur Verhaltensänderung. Ist hier der erste Schritt zu einer erst nur äußeren Veränderung erreicht, wachsen dem Betroffenen auch neue innere Kräfte zu.

Zum anderen wird die lebenswichtige *Orientierungsreaktion* mobilisiert. Sie ist ein zentraler neurophysiologischer Mechanismus, der automatisch bei neuen, unerwarteten Umweltreizen auftritt, das Individuum in einen Zustand gesteigerter Aufmerksamkeit versetzt und damit auf die Bewältigung von

Situationen vorbereitet. Die Orientierungsreaktion zeigt sich vor allem in
- einer Steigerung des Muskeltonus,
- einer erhöhten Erregung der Hirnaktivität,
- einer Vertiefung und Verlangsamung der Atmung,
- der Herabsetzung der Herzfrequenz sowie
- der Erweiterung der Blutgefäße im Kopf und Gehirn.

Die Orientierungsreaktion ist ein grundlegendes Wahrnehmungs- und Erregungsmuster, das neurologisch aussortiert, was wir beachten, sehen, hören und fühlen. Sie ist eine automatische Aufmerksamkeitsreaktion, mit deren Hilfe wir alle eintreffenden Reize nach ihrer Wichtigkeit, Bekömmlichkeit oder Bedrohlichkeit abchecken. Sie entlastet uns von der Denkarbeit. Wir brauchen uns gar nicht zu überlegen, was uns gut tut oder sich auf uns ungünstig auswirkt. Dies meldet die Orientierungsreaktion über unseren Körper und unsere Gefühle.

Unser Nervensystem ist grundsätzlich auf Gesundheit und Wohlbefinden ausgerichtet. Wir sehnen uns nach Situationen, Ereignissen, Gegenständen und Kontakten, die uns Spaß machen. Dabei unterstützt uns die außerbewusste Orientierungsreaktion. Ehe wir angenehme Gefühle erleben, muss innerhalb des Nervensystems eine Orientierungsreaktion ausgelöst werden. Wir können deshalb diesen Teil des Nervensystems als *Spaß-System* bezeichnen.

Wenn wir uns am Tage nicht mehr an etwas orientieren, werden wir uns zunehmend unglücklich, ängstlich und deprimiert fühlen. Wir werden dann von dem anderen System, dem *Abwehrsystem*, bestimmt, das uns zum Vermeiden und zum Rückzug zwingt.

Wir können – wie schon früher herausgestellt – die Gefühle bei uns und anderen nicht direkt angehen und verändern, da sie nicht wie Vorstellungen, Denken und Verhalten der willentli-

chen Kontrolle zugänglich sind. Aufforderungen wie: »Freu'
Dich doch, ich bin bei Dir«, oder: »Schau doch aus dem Fenster,
die Sonne scheint, das müsste Dich doch umstimmen können!«,
werden von einem depressiv gestimmten Menschen geradezu als
unsinnig empfunden. Er kann nicht anders fühlen und an etwas
teilnehmen, weil er vom Spaß-System abgeschnitten ist.

Wir haben aber einige Zugänge zum Gefühlsleben, die wir
willentlich mobilisieren können. Einen Zugang zur fundamen-
talen Ebene unseres »autonomen« Nervensystems ist uns
durch die Orientierungsreaktion möglich. Wodurch können
wir sie aber auslösen? Es sind vor allem fünf Reizgruppen, die
das zu Stande bringen:

- Reize mit Neuigkeitswert;
- Reize von biologischer Bedeutung, d.h. alles, was unsere
  Grundbedürfnisse befriedigt;
- Reize mit angeborenem Signalwert, d.h. alles, an dem wir
  uns, ohne uns dessen bewusst zu werden, orientieren;
- Achten auf bestimmte Signale;
- Tätigkeitsanweisungen, die wir von anderen erhalten oder
  gelernt haben oder die wir uns selbst geben.

Reize mit Neuigkeitswert
lösen schnell positive Gefühle aus. Ihre Wirkung verflüchtigt
sich jedoch bald. Damit sie bei der Verringerung der Befürchtungen und Ängste brauchbar werden, müssen wir die kurze
phasische Orientierungsreaktion in einer unangenehmen Situation in eine längerfristige tonische Orientierungsreaktion
verwandeln, also gleichsam an- und festhalten.

Reize, die biologische Bedeutung haben,
halten gute Gefühle und Interessen von sich aus längere Zeit
fest.

Wir brauchen nur daran zu denken, wie wir uns nach längerer Autofahrt oder einer Bergtour auf eine Mahlzeit freuen und uns danach wohl fühlen. Deshalb ist es z. B. für einen Flugphobiker günstig, vor dem Abflug etwas besonders Schmackhaftes und während des Fluges kleine delikate Happen zu essen, zwischendurch den Hals und die Stirn mit einem Eau de Toilette zu benetzen, vielleicht auch einige Zeitschriften interessiert durchzublättern.

Reize mit angeborenem Signalwert (Körperempfindung)

Berührungen durch eine andere Person wecken die Orientierungsreaktion. Solche Körperempfindungen halten zumeist länger an als andere Empfindungen, ganz gleich, ob sie dem Betreffenden angenehm oder unangenehm erscheinen. Erträgliche Schmerzreize aktivieren die Orientierungsreaktion besonders gut und reduzieren Angst, was darauf hinweist, dass Angst und Schmerz unterschiedliche neurophysiologische Grundlagen haben. So fördern z. B. auch kleine Unbehaglichkeiten ebenso die Orientierungsreaktion. Es gibt eine Reihe von Erfahrungen, die zeigen, dass bei Schmerzreizen die Angst schwächer wird. – Flugängstliche berichten, dass sie den Flug überstanden, als sie Zahnschmerzen hatten, ihre Schuhe oder der Büstenhalter sie drückten. – Viele Zwangshandlungen, wie Haarezupfen und Kratzen folgen demselben Mechanismus. Sie reduzieren, wenn auch oft nur vorübergehend, Angst.

Hinweis, auf bestimmte Signale zu achten

Die Ablenkung kann auch eine gute Methode für diejenigen sein, die Angst vor dem Autofahren haben. Bei den Fahrübungen gibt z. B. der Therapeut dem Klienten gewisse Hinweise, was ihn von seiner Angst ablenken kann. Beispielsweise soll er die Nummernschilder vorbeifahrender oder der von ihm überholten Autos lesen und sich die Ziffern einige Zeit merken. Bei einem meiner Klienten, einem 32-jährigen Unternehmer, ging ich etwas anders vor. Ich zeigte ihm, wie er einen etwa zwei Zentimeter großen Silberelefanten zwischen Zeige- und Mittelfinger klemmen kann. Das drückte etwas auf die beiden Finger, behinderte aber nicht beim Fahren. In diesem Falle konnte der Klient seine Angst vor dem Fahren nach drei Sitzungen und fünf Autobahnfahrten abbauen. Er bat mich danach, den kleinen Elefanten behalten zu dürfen; er meinte, dieser gebe ihm Kraft, seine Schwierigkeiten zu überwinden. Ich vermute, dass er ihn bei kritischen Gelegenheiten heimlich weiterhin zwischen seine Finger klemmt.

Kluge Mütter wenden die Methode der Ablenkung bei ihren kleinen Kindern, wenn sie weinen, oft an. So sagte z. B. eine Mutter zu ihrem zweijährigen Mädchen, das häufig zu weinen anfing: »Schau mal die weißen Vögel auf dem Teich, wie sie alle zusammen schwimmen und die kleinen Babys, wie sie ihrer Mama folgen.«

Ausführungen gelernter Tätigkeiten
Die Orientierungsreaktion kann auch durch Beschäftigungen, denen wir gern nachgehen, ausgelöst werden. Zur Einübung empfiehlt es sich, zwischendurch seine Tätigkeit zu unterbrechen und sofort einer seiner Lieblingstätigkeiten oder einem -gedanken nachzugehen. Nach diesem Lernprozess kann diese Art Ablenkung selbst in phobischer Situation durchgeführt werden.

Steigerungsmethode

Ängstliche werden oft von hartnäckigen zwanghaften Grübeleien bzw. von immer wieder automatisch sich aufdrängenden Befürchtungsgedanken und -vorstellungen geplagt.

Betroffene können diese dadurch angehen und reduzieren, dass sie

- wenn solche negativen Gedanken mal nicht aufgetreten sind – diese bewusst (zunächst nur wenige Minuten) selbst produzieren und in der Vorstellung noch steigern bzw.
- sich diese Gedanken zu einem bestimmten Zeitabschnitt des Tages (angefangen mit wenigen Minuten) selbst verordnen, ihnen also *bewusst* nachgehen.

Mit dieser Prozedur haben sie die Grübeleien bzw. Befürchtungsgedanken und -vorstellungen bereits unter Kontrolle gebracht (= selbstbestimmt).

Dabei ist die Angst, die sich mit zunehmender Übung jedoch stetig verkleinert, *auszuhalten*.

Das Ergebnis:

Die Betroffenen erkennen, dass die Befürchtungsgedanken tatsächlich nicht von den Objekten und Situationen ausgehen, sondern allein von ihrem Denken. Sie lernen auch mit der Zeit, dass der Horror oder die Panik gar nicht zu den sonst erwarteten Folgen von Verwirrung, Ohnmacht usw. führen.

Vermittels der Steigerungsmethode wird es den Betroffenen insbesondere möglich, ihre Befürchtungsgedanken immer mehr in den Griff zu bekommen.

Gedankenstopp

Befürchtungsgedanken bzw. negative Gedanken sind gefährlich, weil

- sie uns an das, wovor wir uns fürchten, ständig binden bzw. uns besetzen,
- sie uns immer nur auf das Negative hinlenken und nicht auf das Positive,
- negative Gedanken unsere Aktivität und Versuche, eine Situation zu bewältigen, schwächen,
- sie unsere Abwehrkräfte schwächen.

Ein negativer Gedanke überfällt Sie. Sie lassen ihn gewähren, geben ihm nach. Er vergrößert sich, ergreift von Ihnen völlig Besitz, *bis Sie nur noch dieser Gedanke sind.* Sie sind ihm dann hilflos ausgeliefert.

Folgende Grafik soll dies verdeutlichen:

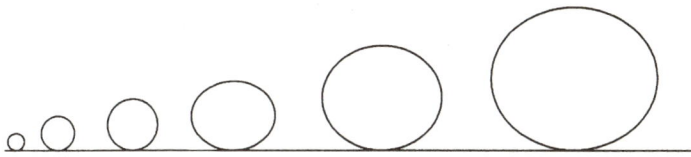

Gedanken-Gefühlslawine

Um dieser seelischen Behinderung zu entgehen, ist es zweckmäßig und hilfreich,
* solche selbstschädigenden Gedanken im Augenblick des Auftauchens zu stoppen.

Zunächst ist festzustellen, *worauf* sich das Grübeln und die Angst beziehen. Oft sind es mehrere Situationen. Es ist wichtig,
* *jeden einzelnen Befürchtungsgedanken* der folgenden Gedankenstopp-Prozedur zu unterziehen.

Es überkommt Sie ein negativer Gedanke. Bereits während er sich zu formieren beginnt, versuchen Sie, diesen (zunächst laut) abzustoppen: Stopp!
Sie können das Stopp-Signal z. B. noch verstärken, indem Sie dabei mit der rechten oder linken Hand eine Faust machen oder indem Sie ein Gummibändchen um Ihr Handgelenk legen, es bei »Stopp« anspannen und dann loslassen, sich also einen schmerzhaften Strafreiz zufügen.

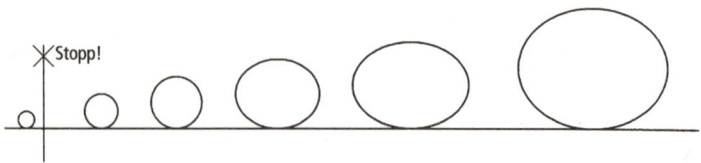

Nun führt das Stoppen allein aber noch nicht entscheidend weiter. Es hält lediglich den Befürchtungsprozess bzw. die negativen Gedanken auf.

> • Man muss gleich nach dem Stoppen das, wovor man sich fürchtet bzw. was man negativ deutet, auf seinen *Wirklichkeitsgehalt* und seine *Wirklichkeitsbedeutung* hin überprüfen. Damit wird die Befürchtung in ihrer Eindrucksmächtigkeit herabgesetzt, verkleinert sich der negative Gedanke bzw. es werden die positiven Aspekte, die ein solcher (Befürchtungs)-Gegenstand ja auch haben kann, hervorgehoben und betont.

Ein ganz wichtiger positiver Aspekt ist z. B.,

> • dem Produzieren negativer Gedanken und Befürchtungen *offen gegenüberzustehen* und dabei *Zuversicht der Bewältigung* zu entwickeln. Dann lernt man schrittweise Bewältigung.

Wir sollten uns als **Fazit** klarmachen, dass nicht die wirklichen Situationen im Leben uns verunsichern, ängstigen, deprimieren, sondern die *negative Sichtweise* und *Bewertung* bzw. die *negative Deutung*, die wir vornehmen.

Das folgende Praxisbeispiel zeigt modellhaft die therapeutische Intervention des Gedankenstopps.

Eine Chefsekretärin, 36 Jahre alt, wurde z. B. durch folgende Auslösesituationen beunruhigt:

Ich kriege Angst, wenn:
- ich an meinen Chef denke;
- dieser mir bei meiner Arbeit über die Schultern schaut;
- ich einen Bericht vorzulegen habe;
- der Chef im Gang einmal, ohne mich anzublicken und zu grüßen, vorbeigeht;
- der Chef sich über irgendjemand im Betrieb abfällig äußert.

Übung des Gedankenstopps

Th. Schließen Sie die Augen und konzentrieren Sie sich auf Ihren ersten störenden Gedanken: »Ich kriege Angst, wenn ich an meinen Chef denke.« Sobald Ihnen der Gedanke gegenwärtig ist, heben Sie den Zeigefinger Ihrer rechten Hand ein wenig hoch.
Die Klientin gibt nach einiger Zeit das Signal.

Th. (ruft laut und scharf) »Stopp« und schlägt kräftig mit der flachen Hand auf den Tisch oder mit einem Klöppel auf einen Gong.
Die Klientin erschrickt, zuckt zusammen und öffnet die Augen.

Th. Haben Sie gemerkt, wie Ihre Gedanken unterbrochen wurden?

Kl. Ja, doch jetzt kommen sie wieder.

Th. Das habe ich erwartet; denn das erste Stopp-Signal ist ja kein Zauberstab. Versuchen Sie jetzt einmal die Übung ohne mich und ohne Gongschlag durchzuführen. Sobald sich der Befürchtungsgedanke meldet, sagen Sie zu sich laut »Stopp!« – Kleine Pause.

Th. Ist es Ihnen schon gelungen?

Kl. Noch nicht ganz.

Th. Wiederholen Sie das Ganze noch einmal; schreien Sie Ihr Stopp laut heraus, zucken Sie wie beim Gongschlag zusammen und machen Sie eine Faust.

Die Klientin führt die Handlung wieder durch.

Th. Wie war es jetzt?

Kl. Das ging schon besser.

Th. Nachdem Sie den schädlichen Gedanken abgestoppt haben, ist ein **realistischer Gedanke** dagegenzusetzen. Bleiben wir bei dem ersten Übungsgedanken, dass Sie Angst entwickeln, wenn Sie an Ihren Chef denken. Was tut er Ihnen denn wirklich? Und wie gehen Sie mit ihm um? Leisten Sie auch arbeitsmäßig was?

Kl. Wenn ich es ganz genau betrachte, tut er mir nichts. Und mir ist auch nichts bewusst, dass ich ihm was getan hätte oder dass ich meine Arbeit schlecht verrichte. Im Gegenteil: ich bin sehr arbeitsam, fleißig, höflich, freundlich.

Th. Nun stellen Sie sich vor, Sie orientieren sich an dieser Realität, nämlich, dass Sie sich *bemühen*, Ihre Arbeit so gut Sie können zu erledigen, dass Sie dabei höflich und freundlich Ihrem Chef gegenüber sind. Halten Sie sich doch *daran gedanklich fest*.

Kl. Ja, das ist die Realität. Das kann ich einsehen.

Th. Nun wissen Sie, was Sie in der kommenden Woche zu tun haben. Denken Sie daran, dass Sie *jeweils nur einen Befürchtungsgedanken* angehen.

Sie werden beobachten können, dass Ihre Befürchtungsgedanken vielleicht zunächst stark ansteigen. Diese sträuben sich gleichsam dagegen, von Ihnen attackiert zu werden. Führen Sie diese Übung trotzdem bitte konsequent fort.

Die Klientin erhält die **Übung** schriftlich mit nach Hause:

> • Sofort bei Auftauchen des negativen Gedankens wie z. B.: »Wenn ich an meinen Chef denke, kriege ich Angst« –
>
> Stopp!

Dann
realistischer Gegengedanke:

»Ich bemühe mich, meine Arbeiten so gut ich es kann zu erledigen. Außerdem bin ich höflich, freundlich. *Daran halte ich mich gedanklich fest.* Bei solchen Verhaltensweisen meinerseits kann ich nur respektiert werden.«

Bei konsequenter Vorgehensweise wird die Häufigkeit der unerwünschten Gedanken bald schnell abnehmen. Vielleicht kommt zwischendurch mal ein Rückfall. Das ist jedoch kein Grund zur Beunruhigung, gehören doch solche Rückfälle zum Heilungsprozess.

Nach entsprechender Einübung können Betroffene später bei jeder Gelegenheit ihre Befürchtungsgedanken auf die gleiche Weise angehen, indem sie
- im Stillen zu sich »Stopp« sagen, dabei z. B. eine feste Faust machen und
- sodann – während sie die Faust öffnen und diese entspannen – einen realistischen Gegengedanken entwickeln.

Es ist gewissermaßen ein geistiger Boxkampf.

Systematische Desensibilisierung

Diese Methode ist nur bedingt ohne therapeutischen Beistand einzusetzen. Sie spielt sowohl in der klassischen als auch neueren Kognitiven Verhaltenstherapie eine wichtige Rolle. In den vierziger Jahren wurde sie von dem New Yorker Psychotherapeuten Andrew Salter beschrieben und von seinem Kollegen Joseph Wolpe weiter ausgebaut und erprobt. Seitdem gibt es Hunderte von wissenschaftlichen Arbeiten darüber.

Die Systematische Desensibilisierung stützt sich auf vier Komponenten:

- die einleitende Entspannung,
- die Aufstellung einer Hierarchie Angst auslösender Situationen und
- die Vergegenwärtigung der kritischen Situationen in der Vorstellung sowie
- in der realen Situation.

Einübung in Entspannung

Als Entspannungsmethode wird zumeist (evtl. auch in Kurzform) die Muskuläre Tiefenentspannung nach Edmund Jacobson (siehe Seite 230) eingesetzt. Sie erleichtert die weiteren Übungen durch die Beruhigung, aber auch durch die damit verbundene höhere Aufnahme- und Lernbereitschaft. Neuere Untersuchungen haben allerdings ergeben, dass die Entspannung keine notwendige Bedingung für die Systematische Desensibilisierung ist.

Aufstellung einer Hierarchie der Angstsituationen

In Zusammenarbeit mit dem Therapeuten werden zunächst die einzelnen Situationen aufgelistet, in denen der Klient in Angst gerät bzw. die er zu vermeiden versucht. Sodann wird eine Rangordnung von am meisten behindernden und störenden bis hin zur nur leicht irritierenden Situation aufgestellt, z. B.

- die Wohnung zu verlassen,
- öffentliche Verkehrsmittel zu benutzen,
- Auto zu fahren,
- sich in einer großen Gruppe von Personen aufzuhalten,
- eine Rede zu halten,
- sich in einer Diskussion zu Wort zu melden,
- bei Mitarbeitern Kritik zu üben oder ihnen Anweisungen zu geben.

Neuere Untersuchungen zeigen aber auch, dass eine Zufalls-
ordnung der Situationen und ein vorzeitiges Übergehen von
einer Situation zur anderen zu Erfolgen führen kann.

Jede der einzelnen Situationen wird der Desensibilisierung
unterworfen, wobei einige miteinander verbundene Situationen zu einer Einheit zusammengefasst werden, z. B.

- Mitarbeiter anzuleiten und – wo erforderlich – sie auch zu
  kritisieren. Situation ist hier: Umgang mit Mitarbeitern.
- Oder: eine Rede zu halten, sich in einer Diskussion zu Wort
  zu melden. Situation ist hier: Aufhalten und Auftreten in
  größerer Gruppe.

Der Klient entscheidet, welche Angst auslösende Reizkonstella-
tion ihn am meisten in seiner Kommunikation und/oder Leistung beeinträchtigt, er also am ehesten von ihr befreit werden
möchte. Für diese Situation wird nun eine etwa zehnstufige
Skala aufgestellt (10 = sehr starke Angst – 0 = angstfrei). Die
komplexe Situation wird in einzelne Annäherungs- bzw. Be-
wältigungsschritte aufgeteilt, wobei der erste Schritt leicht zu
erreichen, der letzte einer größeren Anstrengung bedarf.

Vergegenwärtigung kritischer Situationen in der Vorstellung (Beispiel: Auto fahren)

Zunächst Einübung in Muskuläre Tiefenentspannung. Während
der Entspannung Auto fahren *in der Vorstellung* mit mehreren
Wiederholungen. Vermittlung der Bedeutung und Wirksamkeit
der Orientierungsreaktion.

Etappen sind:

- Kurze Fahrt auf verkehrsarmer Straße;
- kurze Fahrt bei normalem Verkehr;
- kurze Fahrt während der Hauptverkehrszeit in der Stadt;
- Fahrt durch die Stadt auf die Autobahn, dort ca. 10 km bei
  Tempo 100;

• auf der Autobahn ca. 20 km bei Tempo 130–140.

Die einzelnen Vorstellungsübungen (1–5) werden jeweils getrennt durchgeführt. Sobald der Klient bei einer der vorgestellten Fahrten eine leichte Erregung und Angst verspürt, hebt er den Zeigefinger der rechten Hand. Der Therapeut ruft ihm dann sofort (eventuell mit Gongschlag) »Stopp« zu und veranlasst den Klienten, diese Strecke in Gedanken noch einmal von vorn zu beginnen oder – wenn dem Klienten vorher bestimmte Strecken schon einfach erschienen – von dort aus weiterzufahren.

Die einzelnen Vorstellungsfahrten werden jeweils so lange fortgesetzt bzw. wiederholt, bis sie der Klient *entspannt* durchführen kann.

Die Vorstellungsübungen müssen nicht alle abgearbeitet sein, bis die wirklichen Fahrübungen beginnen können. Es ist sogar von Vorteil, wenn zwischendurch reale Fahrten stattfinden.

Diese und ähnliche Phobien – außer der Agoraphobie – können im Allgemeinen in zehn bis zwölf Sitzungen überwunden werden.

Reale Konfrontation am Beispiel des Autofahrens

(1) Zusammenfassung: Erinnerung an die Vorgehensweise der Systematischen Desensibilisierung. Anfangs fährt der Therapeut das Auto; Klient ist Beifahrer und beobachtet den Therapeuten (Modellernen).

Von (2)–(6): Der Klient fährt. Der Therapeut beobachtet das Fahrverhalten vom Nebensitz aus. Nach den Fahrten findet jeweils eine Kurzbesprechung statt.

(2) Fahrt auf ziemlich verkehrsarmen Straßen;

(3) Fahrt auf einer Kurzstrecke bei normalem Verkehr;

(4) Fahrt auf längerer Strecke in der Hauptverkehrszeit.

(5) Fahrt durch die Stadt auf die Autobahn, dort ca. 10 km bei Tempo 100;

(6) wie bei (5) ca. 20 km auf der Autobahn bei Tempo 130 bis 140.

(7) Hausaufgabe:
- Mehrmals in der Woche *allein* fahren wie bei (2)-(6).
  In der Therapiesitzung Besprechung des Fahrerlebnisses und -verhaltens und Besprechung der Hausaufgabe; Verstärkung durch den Therapeuten (Lob/Anerkennung).

(8) Prüfung:
- Selbst fahren in der Stadt und auf der Autobahn; Therapeut auf dem Rücksitz.

(9) Wie bei (8), jedoch weitere Strecken. Bei Rückfahrt unterwegs Einkehr in ein Restaurant. Rückkehr zur Therapiepraxis, dort Fazitbesprechung.

Was bewirkt bei der Systematischen Desensibilisierung den Angstabbau, und was zeigt sich bei ihr?

Verstärkung

Mit jedem, auch dem kleinsten erreichten Erfolg, findet eine *Selbstverstärkung des Lernprozesses* statt, die vom Therapeuten und zumeist auch von Bekannten des Klienten beachtet und als soziale Verstärkung wirksam wird.

Erwartung

Mit den Erfolgen während der Übungszeit baut der Klient eine *lernfördernde Erwartungshaltung* auf.

Modelllernen

In den ersten praktischen Fahrübungen, bei denen der Therapeut als Fahrer, der Klient als Beifahrer fungiert, wird der Klient zur *Nachahmung und Identifizierung* mit dem Therapeuten und seinem Fahrverhalten angeregt.

Abschließend noch ein Hinweis auf verschiedene Orientierungsreaktionen, die beim Autofahren ausgelöst werden können, ohne dass sie das Fahren beeinträchtigen:

- Die Klienten sollten mindestens sechs Stunden vor der Autofahrt nichts essen, zur Fahrt kleine Happen mitnehmen und während der Fahrt essen.
- Die Klienten können die an ihnen vorbeifahrenden Autos oder die Autos, die sie überholen, genau beobachten (Typ, Farbe, geschätzte Geschwindigkeit, Nummernschilder).
- Zwischendurch können sie den Scheibenwischer in verschiedener Geschwindigkeit sich bewegen lassen.
- Enge Kleidungsstücke tragen: enger Gürtel und enge Hose, Schuhe.
- Kassette mit beliebten Musikstücken bzw. Gesangstexten spielen lassen.

Die Übungsgestaltung der Systematischen Desensibilisierung wird in Absprache mit dem Klienten vorgenommen. Die Systematische Desensibilisierung kann entweder mit oder ohne einleitende Entspannung, schrittweise, also langsam in einzelnen Zusammenkünften oder massiert durchgeführt werden. In jedem Fall wird der Klient nach mehr oder weniger ausführlichen *Vorstellungsübungen* zu den praktischen Übungen übergehen.

Der Klient hat zwischen den Therapiezusammenkünften ein Tagebuch zu führen, in dem er genau

- über seine Übungen und die dabei auftretenden Schwierigkeiten und Erfolge sowie
- über seine Gedanken, Körperempfindungen, Gefühle und Verhaltensweisen

berichtet.

Attribution und Selbstwahrnehmung

Wir haben das Bedürfnis, in einer durchschaubaren Welt zu leben und versuchen, für vieles um uns herum und das, was sich in uns abspielt, eine *Erklärung*, einen *Grund* oder eine *Ursache* zu finden. Die Zuschreibungen, die eine Person vornimmt, hängen von früheren Erfahrungen in ähnlichen Situationen ab sowie von der Art der Informationen, die sie gegenwärtig hat.

> Als Attribution bezeichnen wir den Vorgang, bei dem wir *einem Ereignis eine bestimmte Ursache zuschreiben*. Die Zuschreibung, die wir für unser Wohlbefinden oder unsere Gefühlsstörung als verantwortlich ansehen, hat erheblichen Einfluss auf unsere Lebensauffassung und weitere Entwicklung. Wer z. B. den Grund für sein Übergewicht in seinen Erbanlagen sieht, wird wenig unternehmen, den Zustand zu ändern. Diejenigen, die die Ursachen ihrer Schwierigkeiten an den Kindheitserfahrungen und gesellschaftlichen Verhältnissen festmachen, werden leicht Opfer ihrer Hilflosigkeit.

Die eben beschriebenen *Ursachen- oder Kausalattributionen* hängen mit einer weiteren Gruppe von Zuschreibungen zusammen, den *Kontrollattributionen*. Diese bestimmen, ob und wieweit eine Person der Überzeugung ist, Einfluss auf bestimmte Ereignisse oder Verhaltensweisen zu haben.

Es sind zwei Formen der Kontrollattributionen zu unterscheiden:

- Die *internale Kontrollüberzeugung*, bei der ein Individuum den Verlauf von Ereignissen und Verhaltensweisen seiner eigenen Initiative, seinen Fähigkeiten oder Fehlern zuschreibt, und

- die *externale Kontrollüberzeugung,* bei der das Individuum es bevorzugt, andere Personen oder die Umstände (Glück und Zufall) verantwortlich zu machen.

Personen, die unangenehme Ereignisse und Stresssituationen für kontrollierbar, also für von sich selbst aus angehbar, halten (internale Kontrollüberzeugung), empfinden solche Situationen deutlich weniger unangenehm als Personen, die sich in derselben Situation als hilflos ausgeliefert sehen, d.h. ihre Umgebung als unbeeinflussbar erleben (externale Kontrollüberzeugung).

> Eine Therapie sollte den Klienten dazu anleiten, *bei sich selbst nach der Ursache seiner Probleme zu suchen* und die betreffende Störung als beeinflussbar und veränderbar zu sehen (internale Kontrollüberzeugung).

Personen mit Angstanfällen erkennen die Ursache nicht oder suchen sie in falschen Bedingungen. Sie erkennen auch nicht, dass sie etwas ändern könnten.

Wenn eine Person z. B. einen Zustand höherer physiologischer Erregung erlebt, wird dadurch ein *Suchprozess nach einer Erklärung dafür in Gang gesetzt.* In den meisten Fällen liegt die Erklärung auf der Hand, etwa eine schlechte Nachricht, Verspätung der Ankunft des Betreffenden auf dem Flughafen oder dessen Krankheit usw. Immer, wenn solche Erklärungen nicht augenfällig sind, werden die Gefühle, die der Erregung zu folgen scheinen, zur Erklärung der körperlichen Veränderungen herangezogen.

> Der Therapeut erklärt dem Klienten (auch an Beispielen), dass Gefühle eine kognitive Komponente – Denken, Vorstellen, Bewerten – haben, die bei der Entwicklung problematischer Ge-

fühle zu berücksichtigen sind. Klienten können so ihre physiologische Erregung einer nicht-emotionalen Ursache zuschreiben. Dies führt zur Reduktion der Intensität des gefühlsmäßigen Zustandes. Der Klient lernt, da die Erregungsmuster und Gefühle durch das vorangehende *Bewerten* der Situation ausgelöst und gefärbt werden, über die Korrektur seines Denkens seine Erregung und negativen Gefühle abzubauen.

Der sich in einer Person abspielende Prozess verläuft in einer fünfgliedrigen Komponentenkette:

Situation → Bewertung → Erregung → Gefühl → Verhalten
Denken
Vorstellen

Da die Bewertung meist sehr kurz und damit für den Betreffenden nicht wahrnehmbar und nicht bewusst vonstatten geht, er die Erregung und das Gefühl, z. B. Angst, aber deutlich spürt, meint er, die Situation löse direkt die Erregung, die Angst und das ihr folgende Verhalten (Vermeidung, Rückzug und Flucht) aus. Genauer betrachtet macht er dabei drei Fehler:

- Die Bewertungskomponente wird übersehen.
- Die Situation oder eine andere Person wird als unmittelbarer Auslöser der Erregung angesehen (externale Kontrollüberzeugung).
- Die Erregung wird als Angst missdeutet.

Viele unserer Ängste gehen wohl auf unsere (frühe) Kindheit zurück. Wir haben uns vielleicht angewöhnt, d.h. es langfristig eingeübt, Schwierigkeiten aus dem Weg zu gehen, also Vermeidungs- und Rückzugsverhaltensweisen zu praktizieren, sind auf diese Weise ganz gut weitergekommen, und unser Verhalten ist dadurch *verstärkt* worden. Dieses verstärkte und zur Gewohnheit gewordene Verhalten ist jedoch nicht der einzige, noch nicht einmal der wichtigste Grund dafür, wie wir uns *heute* verhalten.

Wichtiger sind die *Gegenwartsursachen*, selbstschädigenden Einstellungen, Erwartungen und Denkvollzüge, die sich u.a. aus dem *Gewohnheitsverhalten* ergeben. Sie halten die Angst und das Fehlverhalten fest. Der Betroffene hat seine falschen Gedanken, seine Fehlattributionen aufzugeben, sich also in seinem Denken, seiner Einstellung und Erwartung neu zu orientieren und seine Fehlverhaltensweisen durch produktives (selbstsicheres) Verhalten zu ersetzen; dann werden seine erhöhte Angstbereitschaft und seine Ängste verschwinden.

Wenn wir einen Fehlschlag erleiden, werden wir alle – zumindest für einen Augenblick – hilflos. Ein Fehlschlag tut weh. Aber der Schmerz vergeht bald wieder. Bei Niederlagen fühlen wir uns zunächst verwirrt und enttäuscht. Wir können uns in der Deprimiertheit zu nichts aufraffen; alles erscheint anstrengend und schwierig, aussichtslos. Doch dann überwinden wir nach einigen Stunden die Entmutigung. Wir machen Pläne und setzen unsere gewohnte Arbeit fort.

Depressive Hilflosigkeit dagegen kann sich aber über Wochen, manchmal sogar über Monate erstrecken. Dann haben wir es nicht mehr mit Entmutigtsein zu tun, sondern mit einer depressiven Störung und ihren schon angeführten Symptomen.

Die beiden Entwicklungen – schnelle Überwindung und vertiefende Befestigung – hängen mit den unterschiedlichen Erklärungen, Attributationen, Grundhaltungen (Pessimismus – realistischer Optimismus) zusammen.

Wenn wir uns bei einer Bedrohung in dem Glauben verfangen, dagegen nichts mehr unternehmen zu können (externale Kontrollüberzeugung), erwarten wir, auch in vielen weiteren Situationen, hilflos zu sein. Wir werden depressiv und grübeln darüber nach, wie schlimm alles ist. Pessimistische Grübler weisen ein hohes Depressionsrisiko auf.

> Wenn wir wollen, dass Menschen Verantwortung für ihr Tun über-
> nehmen, dann müssen wir wollen, dass *internale Erklärungsmus-*
> *ter* vorherrschen und dass sie negative Ereignisse als *zeitbegrenzt*
> und als *vorübergehend* ansehen. Sie müssen zu der Überzeugung
> gelangen, das (meiste) Schlechte ändern zu können, ganz gleich,
> welche Ursache es hat.

Die Therapie ist demnach darauf gerichtet, irrationale und
pessimistische Erklärungsmuster in realistisch-optimistische
zu verwandeln. Mit einer veränderten realistischen Sichtweise
und dem Wachstum an Optimismus gehen Depressionen und
Ängste zurück.

Folgende **fünf Anweisungen** können dabei helfen:

- Erkennen Sie die automatischen Gedanken, die Ihnen in den
  Augenblicken durch den Kopf gehen, wenn Sie sich am
  schlechtesten fühlen (Beispiel: Mutter schreit die Kinder an. Sie
  denkt: »Ich bin eine schlechte Mutter« – und hat Schuldgefühle).
- Wirken Sie den automatischen Gedanken dadurch entgegen,
  dass Sie Gegenbeweise mobilisieren (Beispiel: »Ich helfe den
  Kindern oft bei Schulaufgaben.« usw.).
- Lernen Sie, sich Neuzuschreibungen zu geben (Beispiel: »Ich
  bin keine schlechte Mutter, denn …«).
- Lernen Sie, negative (irrationale) Gedanken abzustoppen und
  realistische Gegengedanken zu entwickeln (Beispiel: »Grübeln
  verschlimmert alles. Ich gehe besser das Problem sachlich an.).
- Erkennen Sie die depressions- oder angstträchtigen Gedanken,
  und stellen Sie sie in Frage (Beispiele negativer irrationaler Gedanken: »Ich kann nicht ohne Liebe leben.« Oder: »Wenn ich
  nicht alles perfekt tue, bin ich ein Versager.«).

Wir können unsere Denkgewohnheiten ändern und damit
unser Erleben, Verhalten, uns selbst ändern.

Kognitive Umstrukturierung

In den bisherigen Ausführungen wurde bereits auf verschiedene Möglichkeiten und Wege der Kognitiven Umstrukturierung – ohne den Begriff zu verwenden – hingewiesen. Kognitive Umstrukturierung bedeutet, dass man unproduktive Denkweisen und Vorstellungen, die als Ursachen und Symptome von Störungen anzusehen sind und diese aufrechterhalten, zu erkennen, zu kritisieren und zu verändern lernt. Zumeist kommt es dann gleichsam wie von selbst zu einer Verhaltensänderung. Die Symptome der Störung lösen sich auf. Um diesen Prozess zu beschleunigen und das erreichte Niveau zu befestigen, wird zusätzlich entsprechend selbstsicheres Verhalten eingeübt.

> Denken und Vorstellen, Verhalten und Handeln, können die Menschen verändern. Als Folge dieser Veränderung verändern sich auch ihre Gefühle und ihr körperlich-seelisches Befinden.

Es sind vielfältige Übungen erforderlich, da das Denken und Vorstellen, Verhalten und Handeln bereits zu hartnäckigen Gewohnheiten – wir sprechen von Schemata und Mustern – geworden sind.

Betrachten wir zunächst zwei grundlegende Denkweisen: das optimistische und das pessimistische Denkmuster:

Optimisten und Pessimisten erfahren in ihrem Leben etwa gleich viele Enttäuschungen und Niederlagen. Die Optimisten denken über ihre Missgeschicke jedoch ganz anders als die Pessimisten. Niederlagen sehen sie als vorübergehend und auf den *einen* Fall beschränkt an. Sie schreiben ihr Unglück nicht ihrer generellen Unzulänglichkeit zu, sondern bestimmten Umständen, einer Pechsträhne oder einem gemachten Fehler. Sie lassen sich durch Niederlagen nicht entmutigen, betrachten

Schwierigkeiten als Herausforderung und strengen sich beim nächsten Mal besonders an.

Pessimisten sind der Überzeugung, dass alles Unerfreuliche lange anhält und z. B. ihren Erbanlagen, ihren grundsätzlichen Unzulänglichkeiten oder ihrem Schicksal entspringt (externale Kontrollüberzeugung). Sie geben leichter auf. Schwierige Situationen betrachten Pessimisten als Bedrohungen, Niederlagen und Katastrophen. Oft trauen sie sich nicht, die Sache noch einmal anzupacken. Sie fühlen sich entmutigt und hilflos, geraten dann häufig auch in eine Depression.

Die Haltung des Pessimismus ist ein fruchtbarer Boden, auf dem die Depression gut gedeiht. Depression ist auf die Spitze getriebener Pessimismus. Sie vergiftet das tägliche Leben.

Sicherlich ist in vielen Lebensumständen purer Optimismus unangebracht und ein gewisser Pessimismus von Vorteil. Der Pessimist bedenkt oft genauer die Schwierigkeiten eines Unternehmens, dessen Gefahren und eventuelle Folgen. Die Vorteile des Pessimismus werden jedoch durch viele Nachteile weitgehend aufgehoben.

Der Depressionsforscher *Seligman* führt sieben solcher Nachteile an:

- Pessimismus fördert Depression.
- Pessimismus führt bei Niederlagen zu Untätigkeit statt zu Aktivität.
- Pessimismus bringt subjektiv unangenehme Gefühle mit sich – Trauer, Niedergeschlagenheit, Sorgen und Angst.
- Pessimismus sorgt für die Erfüllung negativer Erwartungen. Pessimisten haben kein Durchhaltevermögen und scheitern dadurch häufiger – selbst wenn Erfolg erreichbar ist.
- Pessimismus ist mit schlechter körperlicher Gesundheit verbunden.
- Pessimisten erleiden Niederlagen, wenn sie sich um ein hohes Amt bewerben.

- Selbst wenn Pessimisten Recht behalten und Misserfolge eintreten, fühlen sie sich schlechter. Ihre Erklärungsmuster verwandeln jetzt die vorhergesagte Niederlage in eine Katastrophe.

Wie können Menschen lernen, sich von der pessimistischen Grundhaltung und den selbstschädigenden, irrationalen Überzeugungen, Gedanken und Vorstellungen zu befreien?

Einen Weg zeigt uns der amerikanische Psychotherapeut *Albert Ellis* mit seiner ABC-Theorie, die ähnlich angeordnet ist, wie die fünfgliedrige Komponentenkette (Seite 277):

- **A** steht für (negatives) Ereignis (Adversity),
- **B** für verfestigte (irrationale) Gedanken, Vorstellungen oder Überzeugungen (Beliefs) und
- **C** für Konsequenzen (Consequences).

Dieses Vorgehen eignet sich besonders gut für Personen, die geistige Arbeit gewohnt sind.

Die Methode von Albert Ellis

Wir erleben eine Enttäuschung (Nichtbeachtung, Abweisung, Nichteinhaltung eines Versprechens, Nichtbestehen einer Prüfung) oder einen Verlust (Geld, Scheidung, Arbeitsplatz), und darauf – so meinen wir – reagieren wir unmittelbar mit einem Gefühl oder einem Verhalten.

Doch zwischen dem Ereignis und den Konsequenzen ist stets eine *Interpretation der Situation* eingeschaltet, eine *Bewertung*, die als direkte Ursache unsere Gefühle auslöst und die nächsten Verhaltensschritte steuert.

Wir können uns den *Dreischritt* so vorstellen:

A	B	C
Wahrnehmung	Interpretation	Erregung/
eines (negativen)	Bewertung	Gefühl/
Ereignisses	Gedanken	Verhalten
	Vorstellungen	
	Überzeugungen	
(Adversity)	(Beliefs)	(Consequences)

Die Gedanken und Vorstellungen, durch die wir eine Situation bewerten, sind zumeist zu Gewohnheiten oder Überzeugungen geworden und treten so schnell und kurz auf, dass wir sie gar nicht erkennen. Ein Ereignis tritt ein, wir überspringen die zwischengeschaltete Komponente und *empfinden nur die gefühlsmäßige Reaktion,* auf die wir mit einem bestimmten Verhalten *re*agieren.

Machen wir uns den Vorgang an drei Beispielen deutlich:

– Jemand fährt in eine Parklücke, die Sie gerade ansteuern. Sie denken: »Dieser Fahrer hat mir meinen Parkplatz weggenommen. So eine Unverschämtheit! Er muss doch gesehen haben, dass ich gerade hineinfahren wollte.« Sie sind wütend, kurbeln die Scheibe herunter und schreien den Fahrer des anderen Autos an.

– Sie haben sich mit Ihrer Freundin zu einem Kinobesuch verabredet und wollten sich am Eingang des Kinos treffen. Sie warten und warten. Der Film beginnt. Sie schicken sich an, nach Hause zu gehen, doch da kommt die Freundin. Sie denken: »Mit der kann man sich einfach nicht verabreden, und das werde ich auch nicht mehr tun. Sie ist unzuverlässig, denkt nicht an andere, nur an sich.« Sie sind sichtlich verärgert und sagen: »Auf dich ist kein Verlass. Ich habe mich so auf den Film gefreut. Das nächste Mal gehe ich allein.«

– Ihr Mann hat Ihnen, als er morgens zur Arbeit ging, gesagt, dass er abends rechtzeitig zum Essen gegen 19 Uhr nach Hause komme. Sie haben die Mahlzeit zubereitet und den Tisch gedeckt, warten, bis er endlich gegen 21 Uhr zu Hause ankommt. Sie denken: »Er wusste doch, dass ich heute für uns das Essen zubereite. Alles andere ist ihm wichtiger als das gemeinsame Beisammensein. Die Arbeit geht ihm über alles. Vielleicht hat er mit seiner Sekretärin etwas.« Sie sind enttäuscht und verbittert, sagen: »Da, hol dir dein Essen! Ich habe es warm gestellt«, und verschwinden ins Nebenzimmer.

Gehen wir kurz noch einmal die drei Beispiele durch: Sie haben beim ersten Beispiel angenommen, dass der Fahrer gesehen hat, dass Sie gerade in die Parklücke hineinfahren wollten. Das kann stimmen, aber auch nicht stimmen. Mit Ihren aggressiven Äußerungen gegenüber dem Fahrer haben Sie nichts erreicht. Können Sie sich vorstellen, dass Sie mit einem anderen Verhalten eher an Ihr Ziel gekommen wären?

Beim zweiten Beispiel tappen Sie wieder voreilig in die Falle der Vermutungen und reagieren gleich aggressiv, schreiben Ihrer Freundin negative Charaktereigenschaften zu und nehmen sich vor, das nächste Mal allein ins Kino zu gehen. Später erfahren Sie, dass Ihre Freundin bemüht war, rechtzeitig zu kommen; doch der Chef diktierte ihr noch in der letzten Minute einen wichtigen Brief. Wie hätten Sie, als die Freundin zu spät kam, auch reagieren können?

Zum dritten Beispiel:
Th. Ich verstehe, dass Sie sich ärgern, wenn Ihr Mann trotz der Abmachung zu spät zum Abendessen kommt. Haben Sie für Ihre Vermutung bezüglich einer Freundin Beweise? Und meinen Sie, dass Ihr Verhalten richtig war?

Kl. Beweise habe ich nicht direkt; aber mein Mann spricht häufig von ihr, lobt ihre Gewissenhaftigkeit und Umsicht.

Th. Haben Sie mit ihm schon einmal über Ihre Vermutung gesprochen?

Kl. Nein, aber es kommt mir doch verdächtig vor. Ich denke in letzter Zeit oft daran, wenn er zu spät kommt.

Th. Sie wissen also nichts. Ich schlage vor, die Vermutung zunächst als Vermutung einzuordnen (ist eine Vermutung) und nur auf das zu reagieren, das Sie unmittelbar so aufregt. Wie hätten Sie denn auf sein Zuspätkommen reagieren können?

Kl. Ich hätte ihm meine Enttäuschung und meinen Ärger sachlich mitteilen und ihn fragen können, warum er so spät kommt. Dann wäre der Abend nicht so unerfreulich verlaufen. Ich hätte ihm bei entspannter Gelegenheit meinen Verdacht bzw. meine Vermutung bezüglich seiner Sekretärin äußern bzw. offen nachfragen können.

Der Therapeut gibt, nachdem er den Klienten an Beispielen die drei Komponenten A-B-C des Ellis-Modells verdeutlicht hat, die

Hausaufgabe:
Beispielsituationen mit Reaktionen niederzuschreiben und diese zur nächsten Therapiestunde mitzubringen.
Dabei sollte besonders auf den Zusammenhang von negativen Vermutungen bzw. negativen Überzeugungen und Konsequenzen geachtet werden.

Die Klienten haben mittlerweile erkannt, dass ihre unangebrachten Überzeugungen ihre negativen Gefühle auslösen und sie zu Fehlverhaltensweisen veranlassen.

> Für eine dauerhafte Lösung ist es notwendig, die *behindernden, belastenden Gedanken und Vorstellungen auszuschalten*. Die Betroffenen haben ihre *alten Überzeugungen anzugreifen*, zu kritisieren und *durch förderliche bzw. realistische Gedanken zu ersetzen*. Diese Kritik und Umschaltung findet in einem inneren Disput (D) statt, der die A-B-C-Kette fortsetzt.

Überzeugungen können den Tatsachen entsprechen oder auch nicht. Überzeugungen sind eben subjektiver Natur. Was wir zu uns bei einem befürchteten oder eingetretenen Misserfolg sagen, stimmt in den meisten Fällen nicht. Die Erklärungen folgen unseren schon länger erworbenen (falschen) Denkgewohnheiten.

> Betroffene können diese Denkgewohnheiten abbauen, wenn sie lernen, mit sich selbst zu disputieren und sich dabei vier Fragen beantworten:
> * Welche Beweise habe ich für meine negativen Überzeugungen?
> * Welche Alternativen gibt es für meine Auffassung?
> * Sind meine Schlussfolgerungen wirklich so schlimm?
> * Welchen Nutzen habe ich von meinem Grübeln?

Beweise: Die pessimistischen Reaktionen auf negative Ereignisse sind meistens Überreaktionen. Sie können sie von daher leicht widerlegen. Ängstliche und Depressive neigen zum Katastrophendenken. Wenn sie dies erkennen, spüren sie die Macht des »nicht-negativen (realistischen) Denkens«.

Alternativen: Bei Ereignissen, die Ihnen zustoßen und bei komplizierten Problemen, vor denen Sie stehen, gibt es zumeist mehrere Ursachen und Lösungen. Wenn Sie in einer Prüfung schlecht abgeschnitten haben, kann es z. B. daran liegen, dass die Aufgaben sehr schwer waren, Sie sich nicht ausreichend vorbereitet haben oder Sie müde waren und sich nicht recht konzentrieren konnten usw. Ängstliche suchen sich zumeist Gründe aus, die besonders destruktiv sind: »Ich bin einfach nicht intelligent genug.« Dadurch entmutigen sie sich selbst; denn Intelligenz oder Begabung ist nur schwer zu ändern. Viel günstiger und auch im Allgemeinen realistischer ist es, dem Versagen vorübergehende Gründe zuzuschreiben, wie die erstgenannten Ursachen.

Schlussfolgerungen: Ängstliche und Depressive neigen dazu, Fehlleistungen oder Versagen zu Katastrophen aufzubauschen. »Jetzt ist alles vorbei. Mein Leben ist ruiniert. Ich bin ein geborener Versager. Ich komme nie wieder auf die Beine.« Hier wäre es notwendig, rechtzeitig die Katastrophenbremse zu ziehen und die Folgen nicht im Lichte des Alles oder Nichts zu sehen.

Nutzen: Sie sollten lernen, danach zu fragen, was Ihnen übertriebene Zurückhaltung, das Aufschieben von Entscheidungen, das Vermeidungs- und Rückzugsverhalten, vor allem aber Ihre Sorgen, Ihre Besorgtheit und die Aggression eigentlich bringen. Sie kommen dann zu der Erkenntnis, dass Ihnen alle diese Gedanken und Verhaltensweisen zwar eine kurzfristige Besserung bringen, Ihnen auf die Dauer aber schaden.

Wenn die Betroffenen durch diese Umstellung ihre selbstschädigenden Gedanken abgebaut haben, verspüren sie einen **Energieschub (E)**. Sie verhalten sich und handeln jetzt so, dass sie mit den negativen Ereignissen in produktiver Weise fertig werden. Mit der Neubewertung negativer Ereignisse im Disput ist die Hauptarbeit getan.

> Da die Überzeugungen (Beliefs) zumeist fest verankert sind, müssen die Betroffenen diese Gedankenarbeit *täglich* über längere

> Zeit fortsetzen. Zugleich haben sie bei jeder sich bietenden Gele-
> genheit auch selbstsicheres Verhalten einzuüben
> (siehe hierzu Selbstsicherheit und Kommunikation).

Besonders *drei Arten* selbstschädigender Gedanken bzw. grundlegender Fehler, die auch durch Kognitive Umstrukturierung geändert werden können, finden sich bei ängstlichen und depressiven Personen:

Neigung zu Verallgemeinerungen

Bei Kleinkindern ist, da ihr Denken noch nicht voll entwickelt ist und es ihnen an Erfahrungen mangelt, dieser Denkfehler häufig zu beobachten:

- Ein Kind berührt eine heiße Ofenplatte und macht eine schmerzhafte Erfahrung. Es generalisiert: »Öfen sind gefährlich« – oder weiter gehend: »Halte dich nicht in einem Zimmer auf, in dem ein Ofen ist!«
- Dadurch schränkt das Kind seine Bewegungsfreiheit unnötig ein.

Nehmen wir ein anderes Beispiel:

- Der Schaukelstuhl kippte beim Wippen nach hinten. Das Kind weigert sich von da an, in einem Schaukelstuhl zu sitzen. Bei anderen Stühlen ist es aber jetzt darauf bedacht, nicht die Rückenlehne zu berühren. In Extremfällen kann ein Kind weiterhin Angst haben, sich überhaupt auf einen Stuhl zu setzen.

Diese Beispiele seien angeführt, um zu zeigen, dass auch Erwachsene, speziell, wenn sie ängstlich und depressiv sind, solche »kindischen Fehler« machen. Sie *verallgemeinern* die spezielle (einzelne) Erfahrung, übertragen sie auf weitere und ähnliche Situationen.

Bis zu einem gewissen Grad ist die Verallgemeinerung auch sinnvoll. Wenn ich z. B. auf der nassen Autobahn ins Schleudern kam, werde ich in Zukunft bei Nässe auf *allen* Straßen etwas vorsichtiger fahren.

In Gefangenschaft kann es auch durchaus sinnvoll sein, die Wärter nicht zu kritisieren und ihnen gegenüber die feindlichen Gefühle nicht zu äußern. Der Gefangene vermeidet dadurch weitere Strafen. Wenn diese »Schweigetechnik« jedoch auf Konfliktsituationen in der Partnerschaft übertragen wird, verschärfen sie zumeist die Konflikte.

Neigung zur Tilgung

Wir beachten im Allgemeinen nur bestimmte Reize, Dinge oder Aspekte einer Situation. Wir bezeichnen dies als *selektive Aufmerksamkeit*. Wir sehen und hören das, was unserer Einstellung, Erwartung und unseren Interessen entspricht. Bekannt ist das sog. Partyphänomen. Wir können in einem Raum voller sprechender Menschen einer bestimmten Person zuhören und alle anderen Stimmen und Geräusche ausfiltern.

Menschen mit geringem Selbstwertgefühl neigen z. B. dazu, Botschaften von Anerkennung anderer nicht zu vernehmen. Stattdessen ergehen sie sich in Vermutungen, dass andere sie nicht schätzen.

Neigung zur Verzerrung

Durch die *Verzerrung* erfährt unsere Wahrnehmung eine Umgestaltung. So misstraut der Ängstliche und Selbstunsichere einer Anerkennung; er denkt z. B. dabei: »Das sagt er nur so; in Wirklichkeit mag er mich nicht.« So sperrt er sich gegen befriedigendes Miteinander. Seine Zurückhaltung führt mit der Zeit dazu, dass andere ihn links liegen lassen. Damit wird er in seiner Einstellung bestätigt.

Die Sprache spiegelt das Modell, das wir von der Welt haben. Wir schaffen mit Hilfe der Sprache ein Modell unserer Erfahrung. Da unsere Erfahrungen subjektiv sind und durch die drei Prozesse *Generalisierung*, *Tilgung* und *Verzerrung* beeinflusst werden, entspricht unser Modell in vielen Fällen nicht der Wirklichkeit.

> Die Aufgabe der Therapie ist es, die Klienten zu vielseitigen und *wirklichkeitsentsprechenden* Erfahrungen anzuregen, ganz gleich, ob wir diesen Prozess nun psychische Rehabilitation, Heilung, Wachstum oder Verhaltensmodifikation nennen.

In der Therapie lernt der Klient, seine Annahme, dass sein sprachliches Modell die Wirklichkeit sei, in Frage zu stellen:

Er stellt seine Generalisierungen in Frage:
Kl. Ich fürchte mich.
Th. Wovor?
Kl. Vor Leuten.
Th. Vor welchen Leuten?
Kl. Vor Leuten, die mich ablehnen.
Th. Was ängstigt Sie dabei? Was tun Sie im Einzelnen?

Er stellt die Tilgungen in Frage:
Kl. Ich kann Menschen nicht trauen.
Th. Allen Menschen?
Kl. Menschen, die selbstsicher auftreten und überall Erfolg haben.
Th. Was hindert Sie daran, ihnen zu vertrauen? Was würde passieren, wenn Sie ihnen trauen würden?

Er stellt die Verzerrungen in Frage:
Kl. Mein Mann macht mich immer ärgerlich.

Th. Ein Mensch kann also bewirken, dass Sie ein Gefühl haben? Es gibt aber keine notwendige Verbindung zwischen der Haltung einer Person und der Reaktion der anderen. Das Gefühl entspringt Ihrem Denken.

Was war anders am Verhalten Ihres Mannes, wenn Sie sich mal nicht geärgert haben?

Kl. Mein Mann liebt mich nicht mehr.

Th. Woran merken Sie das?

Die Methode der Aktivationstherapie

Wir verwenden in der **Aktivationstherapie** folgende Kognitive Umstrukturierung, die der Klient zu Beginn mit Hilfe des Therapeuten, später allein schriftlich zu bearbeiten hat.

1) Erkenne das bedrückende Gefühl (z. B. Unsicherheit, Befürchtung, Gehemmtheit, Angst usw.)
2) Welche negativen Gedanken, Vorstellungen, Selbstgespräche, Vermutungen sind diesem Gefühl vorgelagert?
3) Bewerte die Berechtigung und Angemessenheit der vorstehenden Gedanken, Selbstgespräche usw. (also von 2)
4) Welche verhaltensmäßigen Konsequenzen ergeben sich aus der Bewertung?
5) Eigenlob: Ich lobe mich dafür und klopfe mir im Geiste auf die Schulter, dass ich diese gedankliche Folge so gut durchgeführt habe.

Da wir unsere Gefühle sogleich empfinden und von daher im Allgemeinen auch benennen können, ist es günstig, diese als erstes zu notieren. Wir werden **anschließend** die diesen Gefühlen oder diesem Gefühl vorgelagerten Gedanken besser finden, sie niederschreiben können. Bei dieser Niederschrift sollten wir alles, was uns einfällt, festhalten, uns alles noch so Negative »von der Seele schreiben«.

Nachdem wir spontan alles, was uns unter 1) zu dem benannten Gefühl oder den Gefühlen an entsprechenden Gedanken bei 2) niedergeschrieben haben, empfiehlt es sich, die einzelnen Sätze **anschließend** zu nummerieren und sie einer **differenzierten Bewertung** zu unterziehen.

Bei der Bewertung (3) handelt es sich um den **selbstbestimmten Teil**, den **förderlichen Ich-Teil**, den **selbstsicheren Teil** in uns. Hier wird nun jeder einzelne Satz von 2) einer **realistischen Überprüfung** unterzogen und schriftlich festgehalten.

Voraussetzung für eine produktive Anwendung dieser Kognitiven Umstrukturierung ist die **vorhergehende Bearbeitung und Verinnerlichung** des Selbstsicherheits- und Kommunikationsbereichs (siehe Selbstsicherheit und Kommunikation, Seite 300).

Die **verhaltensmäßigen Konsequenzen** (4) ergeben sich aus der realistischen Bewertung (3).

Schließlich sollten Sie sich für die gute gedankliche Bearbeitung und schriftliche Fixierung selbst loben.

Folgendes **Beispiel** aus der Praxis möge dies zeigen:
– Ein Klient, 42 Jahre, zwei Söhne, lebt in Scheidung und leidet unter seinen gegenwärtigen Lebensumständen.

1) *Erkenne das bedrückende Gefühl (z. B. Unsicherheit, Befürchtung, Gehemmtheit, Angst usw.)*
   Befürchtungen, Unzufriedenheit.
2) *Welche negativen Gedanken, Vorstellungen, Selbstgespräche, Vermutungen sind diesem Gefühl vorgelagert?*
   (1) Ich wüsste gern einmal, wie meine Frau zu dem Bild von mir kommt, das durch und durch negativ ist.
   (2) Als gesetzlicher Ehemann, der ich noch bin, habe ich schon ein Recht darauf, dass sie sich äußert.
   (3) Meine beiden Söhne entziehen sich mir auch.
   (4) Und ich erwische mich immer noch bei irgendwelchem Hoffen auf Anna, meine Frau.

(Empfehlung: Erst wenn die Gedanken sämtlich formuliert sind, nummerieren, da sonst die Spontaneität verhindert würde.)

3) *Bewerte die Berechtigung und Angemessenheit der vorstehenden Gedanken, Selbstgespräche usw. (also von 2)*

Zu (1): Ein objektives Bild kann ich von Anna – was meine Person betrifft – grundsätzlich nicht erwarten. Und wenn ich das so gern wissen möchte, bin ich nicht abgegrenzt. Ich kann Annas Gedanken nicht kontrollieren, weil sie ein Individuum ist, eine Person, die für ihr Denken und Verhalten eigenverantwortlich ist. Natürlich habe ich in dieser Ehe auch Fehler gemacht, weil jeder Mensch Fehler macht. Aber Anna war auch nicht in der Lage, sich bei Beeinträchtigung durch gewisse Fehler meinerseits zu äußern, geschweige denn, sich sachlich zu äußern. Noch einmal zu Annas negativem Bild von mir: Ich kann dieses nicht ändern. Sie muss es sogar haben, um ihr eigenes Verhalten mir gegenüber zu rechtfertigen. Das negative Bild von mir hat Anna »in ihrem Denken«, und sie verhält sich entsprechend. Nur bei massiven Verleumdungen, würden sie mir bekannt, müsste ich mich sachlich zur Wehr setzen. Ansonsten sollte ich das gesamte Denken von Anna mit entsprechenden Reaktionen von ihr »stehen lassen können«. Es ist ihre Destruktion, nicht meine.

Zu (2): Mein Gedanke, dass ich als Noch-Ehemann ein Recht darauf hätte, dass sie sich äußert, ist unsinnig. Wenn Anna die Fähigkeit nicht hat, sich zu äußern, dann ist das eben so, und ihr Problem!

Zu (3): Ist von mir zu pauschal gesehen. Mein kleiner Sohn entzieht sich mir gar nicht. Und bei dem 14-jährigen älteren Sohn ist es die Pubertät, weswegen er sich gegenwärtig zurückzieht. Das ist zwar eine Vermutung meinerseits. Aber ich habe ihm nichts getan, bin ihm gegenüber stets wohl wollend, und daran halte ich mich gedanklich fest. Im Leben ist alles im Fluss. Ich denke, mit meinem älteren Sohn kommt das im Laufe der Zeit auch wieder hin.

Zu (4): Mein Hoffen auf Anna entspricht nicht der Wirklichkeit. Ich bin sehr oft auf sie zugegangen. Es hat nichts gebracht. Das sollte ich endlich einmal zur Kenntnis nehmen !

*4) Welche **verhaltensmäßigen** Konsequenzen ergeben sich aus 3), also der Bewertung?*

Ich lasse Anna sich selbst sein, weil ich nichts ändern kann. Ansonsten bin ich aktiv, versuche, auf meine Söhne als Freund zuzugehen und ihnen in selbstsicherer Form zu begegnen. Mehr geht nicht.

5) Eigenlob:

Ich lobe mich dafür und klopfe mir im Geiste auf die Schulter, dass ich diese gedankliche Folge so gut durchgeführt habe.

Nach dieser durchgeführten Umstrukturierung hatte der Klient seine negativen Gefühle (Befürchtungen, Unzufriedenheit) in diesem konkreten Bereich (zunächst) abgebaut.

Um eine wirklich dauerhafte produktive Veränderung herbeizuführen, sollte die Kognitive Umstrukturierung bei allen möglichen negativen Gefühlslagen und problematischen Situationen durchgeführt werden, da jahrelang vorherrschende unproduktive Denk- und Verhaltensmuster gewohnheitsmäßig fest verankert sind.

Später kann der Betroffene dann nur den Gedankenstopp als letztlich verkürzte Form der Kognitiven Umstrukturierung einsetzen.

Die Methode von Richard Bandler und John Grinder

Die Kognitive Umstrukturierung erfolgt nach Bandler und Grinder in fünf Schritten:

1) Der Therapeut fragt den Klienten, *was* er ändern will. Dieser berichtet zumeist von mehreren Schwierigkeiten und Störungen, z. B. von schneller Erregung, wenn einmal etwas nicht so läuft, wie er sich das wünscht, Unsicherheit im Umgang mit anderen, Konzentrationsschwierigkeiten, von schneller Ermüdung beim Arbeiten usw. Der Therapeut erläutert, dass die Störungen durch seine Gedanken entstanden sind und durch diese und das *dementsprechende* darauf folgende Verhalten aufrechterhalten werden. Er erklärt dem Klienten, er möge sich zunächst nicht auf seine bewussten Änderungswünsche konzentrieren, sondern auf die Komponenten, die sein Störverhalten aufrechterhalten: Die *Überzeugungen*, die er durch seine Art der Wahrnehmung, ihre Interpretation, durch seine Einstellungen, Bewertungen, Gedanken, Vorstellungen und Selbstgespräche entwickelt hat. Diese kontrollieren sein gegenwärtiges Störverhalten.

2) Der Therapeut veranlasst den Klienten, mit dem Teil seiner Persönlichkeit Kontakt aufzunehmen, der für sein unproduktives Verhalten verantwortlich ist:

»Gehen Sie in sich hinein und befragen den *hemmenden Teil Ihrer Persönlichkeit* im Zusammenhang mit:

- Ihren negativen Vorstellungen und Bildern, die Sie von sich, den anderen und Ihrer Zukunft haben;
- Ihren ängstlichen und depressiven Gefühlen;
- Ihren gebremsten Verhaltensweisen (Bewegungen und Aktivitäten).

Was flüstert Ihnen dieser negative Teil zu? Denken Sie darüber nach; hören Sie auf die innere Stimme.«

Die meisten Klienten sind bei diesen Fragen zunächst verwirrt. Sie haben sich zumeist nie so selbst befragt und in Frage gestellt. Irgendetwas hat sie von dieser Bemühung um Selbsterkenntnis abgehalten. Personen, die schon eine längere psychoanalytische Behandlung absolviert haben, weichen oft aus und nennen Kindheitserlebnisse, Fehlverhaltensweisen der Eltern, längst vergangene Lieblosigkeiten und Enttäuschungen. Sie sind auf Vergangenheits- und Umweltanalyse fixiert. Sie werden dadurch abgehalten, sich auf die einzig förderliche Psycho-Analyse ihrer *gegenwärtigen* Befindens- und Verhaltensstörungen zu konzentrieren.

Die Unfähigkeit der Selbstanalyse beschränkt sich aber nicht auf den vorgenannten Personenkreis. Sie ist weit verbreitet. Vielleicht haben wir alle eine Scheu vor der Selbstanalyse. Das meinte wohl auch der große Philosoph Immanuel Kant, als er von der »Höllenfahrt der Selbsterkenntnis« sprach.

Es fällt vielen Menschen schwer, sich selbst zu befragen, festzustellen, was sie zu ihrem Fehlverhalten veranlasst. Ihnen mangelt es an einem inneren Ansprechpartner. Hilfreich und weiterführend ist hier, wenn der Therapeut dem Klienten erklärt, dass wir

zwei Instanzen oder zwei Persönlichkeitsteile in uns haben,
- einen uns einschränkend-hemmenden (selbstunsicher-destruktiven /bzw. aggressiven) Teil und
- einen kreativ-förderlichen (selbstsicher-konstruktiven) Teil.

Durch diese einfachen Benennungen gelingt es dem Klienten leichter, sich selbst zu befragen. Man nennt diese Chance den **Rumpelstilzcheneffekt**. Die Klienten können auf diese Weise lernen, ihre Aufmerksamkeit auf die inneren Signale zu richten. Vorteilhaft kann es sein, die Teile der Persönlichkeit anzusprechen und um ihre Bereitschaft, Antwort zu geben, zu bitten.

3) Der Klient wendet sich an den hemmenden Teil und fragt ihn. Dieser hat zunächst nur mit Ja oder Nein zu antworten: »Bist Du bereit, mir auf meine Fragen eine Antwort zu geben, was Du beabsichtigst?« Der Klient wartet, bis er eine Ja-Antwort erhält. Er wünscht dabei, dass ihm die verborgene Absicht vermittelt und dann bewusst wird.

4) Jetzt wendet sich der Klient an den förderlichen Teil: »Bist Du bereit, mir verschiedene realistische, selbstsichere Wege zu zeigen?« Wenn er mit Ja antwortet, bittet der Klient ihn, drei Wege zu nennen, von denen er meint, sie seien für ihn förderlich. Der Klient probiert dann die drei Wahlmöglichkeiten mehrere Wochen aus. Dabei versichert er sich des Beistandes seines kreativen, förderlichen Teils durch die Frage: »Bist Du bereit, die Verantwortung für die Erprobung zu übernehmen?« Mit der Ja-Antwort wird der Klient in der nächsten Zeit die Botschaften des kreativ-förderlichen Teils in der Praxis des Alltags befolgen.

5) Doch zuvor sollte sich der Klient bei seinem förderlichen Teil für die Mühe und den Beistand bedanken.

Beispiel:

Th. Was sagt Ihr hemmender Teil zu Ihrem gebremsten Verhalten?

Kl. Ich höre nichts.

Th. Dann wollen wir Schritt für Schritt vorgehen. Denken Sie an das von Ihnen genannte Beispiel. Sie konnten doch letzte Woche mit ihrem Mann nicht das Konzert besuchen. Gehen Sie in sich. Was sagte Ihr hemmender Teil?

Kl. Du bist zu müde und wirst sicher dort einschlafen.

Th. War das alles?

Kl. Nein. Wir hatten einen Platz in der 16. Reihe.

Th. Na, und? Fragen Sie Ihren hemmenden Teil, was das bedeutet. Sprechen Sie so, wie er es Ihnen einflüsterte.

Kl. Wenn so viele Menschen um dich sind, fühlst du dich eingeklemmt, und du bekommst keine Luft.

Th. Nehmen wir Ihre beiden letzten Gründe. Meinen Sie wirklich, dass Sie bei dem Konzert eingeschlafen wären und Sie keine Luft bekommen hätten?

Kl. Das mit dem Einschlafen, da bin ich mir ziemlich unsicher, schlafe ich doch sonst im Bett nicht gleich ein.

Th. Dann könnten wir diese Erklärung also streichen?

Kl. Ja!

Th. Und wie ist es mit der Beklemmung, die Ihnen die Luft abschneidet?

Kl. Das habe ich mir nicht ausgedacht, sondern mehrmals erlebt, z. B. in der S-Bahn, im Theater, im Supermarkt.

Th. Wie ist es dazu gekommen?

Kl. Plötzlich war ich sehr erregt und hatte so ein komisches Gefühl im Hals. Dann bin ich panikartig herausgerannt. Ich hatte im Theater extra einen Platz am Rande der Reihe. Im Supermarkt habe ich meinen Wagen stehen gelassen. In der S-Bahn war es am schlimmsten. Ich stürzte bei der nächsten Station heraus und setzte mich, kaum dass ich noch Luft bekam, auf eine Bank.

Th. Ich möchte das genauer wissen. (Der Therapeut tritt hinter die Klientin, umfasst ihren Hals und drückt kräftig zu. Die Klientin wehrt sich, der Therapeut lässt nach.) War das so, wie Sie es jetzt erlebt haben? Haben Ihnen die früheren Situationen so die Luft weggenommen?

Kl. Teils, teils. Ich war einfach so erregt, dass sich mein Hals zuschnürte und mich am Atmen behinderte.

Th. Also, Sie haben sich über die Erregung selbst die Luft genommen. Sie haben sich bei der Erregung an die anderen Vorfälle erinnert und dann schnappten die Muskeln Ihres Atemweges zu.

Kl. Ja, genau so war es.

Th. Was meinen Sie, wie Sie mit solchen Situationen besser fertig werden könnten? Fragen Sie Ihren förderlichen Teil.

Kl. Ich sollte ruhig bleiben, mich nicht erregen, mich nicht an vergangene schlimme Situationen erinnern, die die Erregung steigern, die Angst und Atemnot herbeiführen. Aber alles dies kann ich ja nicht.

Th. Sie haben das, was wir in der Therapie erreichen wollen, sehr gut beschrieben. Ich will die einzelnen Schritte, die erforderlich sind, aufzählen:

- Entspannung lernen, sodass Sie sich jederzeit an jedem Ort entspannen und ruhig bleiben können (Entspannungstraining).
- Überprüfen, ob die einzelnen Situationen wirklich gefährlich und bedrohlich sind. Es kann doch bloß an Ihnen liegen und nicht an den Situationen. Beweis ist doch, dass nur Sie panikartig den Ort verlassen (Kognitive Umstrukturierung).
- Sich jede einzelne Situation erst in Gedanken vorstellen, bis Sie sich darin entspannt und ruhig verhalten (Systematische Desensibilisierung).
- Dann absichtlich jede der Sie tatsächlich oder vermeintlich beeinträchtigenden Situationen aufsuchen und sich darin »normal« bewegen (Konfrontationsübung). Sie sollten unbedingt den folgenden Punkt nicht vergessen:
- Jedes Mal, wenn Sie es geschafft haben, sollten Sie sich selbst loben. Es muss nicht immer ein voller Erfolg sein. Auch Teilerfolge sollten Sie sich Ihrer Kraft und Ihrem Mut zuschreiben: »Heute hat's nicht ganz geklappt, das nächste Mal wird es besser gehen.«

Es ist davon auszugehen, dass der Klient, wenn er seine negativen Überzeugungen erkannt, kritisiert und aufgehoben hat, in der weiteren Selbstanalyse die richtigen Wege findet. Der Therapeut hilft dabei dem Klienten, indem er diesem Hinweise zur Erkenntnis seines fehlerhaften Denkens gibt, und ihn zugleich ermutigt, die gewonnenen Erkenntnisse in die Praxis umzusetzen.

Selbstsicherheit und Kommunikation

Der Anwendungsbereich des Selbstsicherheits- und Kommunikationstrainings ist groß. Er erstreckt sich einmal auf ein breites Spektrum psychischer Störungen:

- Allgemeine und soziale Ängste, depressive Verstimmungen,
- Phobien, Panikanfälle,
- zum anderen auf viele psychosomatische Störungen, so z. B. auf die meisten Formen der Schlafstörungen, auf Kopfschmerzen, Migräne, Kreislaufbeschwerden, Störungen des gastrointestinalen Bereichs, des urogenitalen Bereichs,
- Arbeits- und Sexualstörungen usw.
- Bei zwanghaften, paranoiden, schwer depressiven Klienten bedarf es neben medikamentöser Behandlung erst intensiver Kontakt-, Gedanken- und Vorstellungsübungen, ehe ein Selbstsicherheitstraining greifen kann.

Lernziel des Selbstsicherheits- und Kommunikationstrainings ist

– der Abbau erhöhter Angstbereitschaft im sozial-kommunikativen, Lern-, Leistungs- oder/und Arbeitsbereich (Hemmungen, Angst, Panik, Aggression).

– Der Klient soll nach dem Training angstfrei, sozial geschickter, zufriedener bzw. erfolgreicher sein und seine selbstschädigenden Hemmungen überwunden haben.

Da unsere Einstellungen, Denk- und Verhaltensweisen gelernt wurden, können wir sie auch wieder »entlernen«. Diese Arbeit muss der Klient selbst über *neues Denken* und *dementspre-*

chendes Verhalten in Angriff nehmen. Damit wachsen zugleich sein Selbstwertgefühl und seine soziale Kompetenz. Das Selbstsicherheits- und Kommunikationstraining bewirkt die Freisetzung und Förderung von Bewältigungsfähigkeiten und -fertigkeiten. Es lehrt eine Person, sich in selbstbehauptender Weise angemessen, d.h. sachlich, zu äußern, dabei anderen Personen gleiche Möglichkeiten einzuräumen.

Wenn ein Klient in der Therapie über längeres Einüben lernt, sein Denken und Verhalten zu verändern, verändert er auch sein Selbstkonzept und seinen gefühlsmäßigen Zustand. Wie die Gefühle geringer Selbstachtung, der Scheu und Unzulänglichkeit durch frühere soziale Erfahrungen verursacht worden sind, so werden die selbstsicheren Umgangs- und Gefühlseinstellungen durch neue Erfahrungen erworben. Das Selbstwertgefühl und das Gefühl sozialer Kompetenz wachsen.

> Es gibt drei grundlegende Verhaltensweisen mit dementsprechenden Denk- und Gefühlsmustern:
> - selbstunsicheres (nicht selbstbewusstes) Verhalten (Vermeidungs-, Rückzugs- und Fluchtverhalten),
> - aggressives Verhalten,
> - selbstsicheres (selbstbewusstes) Verhalten (das stets mit Aktivität einhergeht)
> - + Mischformen.

Selbstunsicheres Verhalten bedeutet kurz gefasst, dass der Betreffende weder das Recht, um etwas zu bitten, noch das Recht, etwas zu verweigern für sich in Anspruch nimmt.

Aggressives Verhalten verletzt beispielsweise die Rechte anderer; eine Bitte wird als Forderung ausgesprochen; der andere wird verletzend angesprochen.

Aggressives Verhalten, das von außen gesehen auch wie gesteigertes selbstsicheres Verhalten aussehen kann, ist hintergründig mit Unsicherheit verbunden.

Selbstsicheres Verhalten bedeutet z. B., das Recht für sich in Anspruch zu nehmen, um etwas zu bitten, etwas zu verweigern, ohne die Rechte eines anderen vorsätzlich zu verletzen.

Folgendes einfache Beispiel möge dies zeigen:
– Herr und Frau M. sind zum Essen in einem Restaurant. Herr M. hat sich ein englisches Steak bestellt. Als es jedoch serviert wird, findet er es im Gegensatz zu seiner Bestellung zu sehr durchgebraten.

Wie verhält sich Herr M., wenn er **selbstunsicher** ist?
In diesem Fall wird er voraussichtlich seiner Frau etwas von »verbranntem Fleisch« zumurmeln, und er wird möglicherweise versichern, dass er dieses Lokal in Zukunft nicht mehr besuchen wird. Der Kellnerin gegenüber erwähnt er nichts. Auf ihre Frage, ob alles in Ordnung ist, kann er von »ausgezeichnet« bis zu »nur zustimmend nickend« antworten. Das Essen und der Abend verlaufen höchst unbefriedigend, und er fühlt sich bedrückt, weil er nichts unternommen hat. Durch dieses Erlebnis sind sowohl Herrn M.'s Selbstachtung als auch die Achtung, die seine Frau vor ihm hat, gesunken.

An diesem Beispiel sollten die *unproduktiven Punkte* noch besonders herausgearbeitet werden:
• Weil er mit seiner Frau im Allgemeinen vertraut ist, beschwert er sich bei ihr. Seine Frau muss nicht psychologisch geschult sein, um zu bemerken, dass er »schwach« ist, wenn er sich einerseits bei ihr beschwert, andererseits bei der Kellnerin nichts sagt oder gar noch von »ausgezeichnet« spricht. Er wird – langfristig gesehen – d.h., wenn er sich im Beisein seiner Frau häufiger in dieser Weise verhält, **von ihr nicht akzeptiert werden.**
• Weil Herr M. nicht auf Anhieb das Fleisch so serviert be-

kommen hat, wie er es sich vorstellte, kann es geschehen, dass er seiner Frau sagt, dass er dieses Lokal nicht mehr besuchen werde = **Vermeidung.**

- Statt der Bedienung gegenüber auszudrücken, wo er Schwierigkeiten hat, sagt er nichts. Er **vermeidet** also, sich zu äußern, wodurch in ihm ein **Bedrücktheitsgefühl** aufkommt, ein Nichtkönnensgefühl, ein Gefühl **mangelnder Selbstachtung** (das er jedoch per Rationalisierung verdrängen kann). Verhält sich Herr M. in allen möglichen anderen Situationen immer wieder derart selbstunsicher, wird er – langfristig gesehen – psychische bzw./und psychosomatische Beschwerden entwickeln.

Wie verhält sich Herr M., wenn er **aggressiv** reagiert?

In diesem Fall ruft Herr M. ärgerlich die Kellnerin an seinen Tisch. Lautstark und ungerecht fährt er sie an, seine Bestellung nicht ausgeführt zu haben. Sein Verhalten stellt die Kellnerin bloß und bringt normalerweise Frau M. in Verlegenheit. Er verlangt und bekommt auch ein anderes Steak, diesmal mehr nach seinem Geschmack. Zunächst glaubt er, die Situation zu beherrschen, aber Frau M.'s Verstimmung lässt eine Spannung unter ihnen entstehen, die den Abend verdirbt. Die Kellnerin ist gedemütigt und wütend und verliert für den Rest des Abends ihre Ausgeglichenheit.

Dieses aggressive Verhalten ist ebenfalls unproduktiv, nicht weiterführend:

- Woher will Herr M. wissen, dass die Kellnerin seine Bestellung nicht ausgeführt hat. Das Versehen kann genauso in der Küche passiert sein. Außerdem: Jeder Mensch hat das Recht, Fehler zu machen. Sollte der Kellnerin dieser Fehler unterlaufen sein, so hat Herr M. nicht das Recht, sie in dieser Weise anzugreifen, also aggressiv zu *re*agieren. Die Kellnerin, die in dieser aggressiven Weise behandelt worden ist, **fühlt sich gedemütigt;** sie ist **wütend** und verliert für den Rest des Abends ihre Ausgeglichenheit. So weit also kann ein aggressives Verhalten destruktive Auswirkungen haben.

• Im Allgemeinen hat es niemand gern, wenn der Partner anderen Personen gegenüber aggressive Reaktionen zeigt. Von daher ist die **Betroffenheit** von Frau M. gerechtfertigt. Herr M. erwartet jedoch von seiner Frau Zustimmung zu seinem Verhalten, weil er anschließend **Schuldgefühle** (die jedoch verdrängt werden können) entwickelt. Daher käme es ihm sehr gelegen, wenn seine Frau sein aggressives Verhalten bagatellisieren bzw. ihn unterstützen würde. Nachdem dies aber nicht geschieht, ist »**der Abend gelaufen**«.

Wie verhält sich Herr M., wenn er **selbstsicheres Verhalten** zeigt?

Herr M. lässt die Kellnerin an seinen Tisch kommen. Mit der Bemerkung, er habe ein kurzgebratenes Steak bestellt, zeigt er ihr das ziemlich durchgebratene Fleisch. Er bittet sie freundlich und bestimmt, es wieder in die Küche zu bringen und gegen ein Steak, wie er es ursprünglich verlangte, umzutauschen. Die Kellnerin entschuldigt sich für das Versehen. Sie kommt kurze Zeit darauf mit einem Dreiminuten-Steak zurück. Die M.'s genießen das Essen, geben später Trinkgeld. Und Herr M. ist mit sich selbst zufrieden. Die Kellnerin freut sich über den zufriedenen Gast und das Trinkgeld.

Dieses Beispiel ist konstruktiv, weiterführend:

• Herr M. wird **aktiv,** d.h. er bittet die Kellnerin **höflich, freundlich,** aber **bestimmt,** ihm ein Steak zu bringen, wie er es ursprünglich bei ihr bestellt hat.
• Die Kellnerin kann das Anliegen von Herrn M., nachdem dieser es sachlich, freundlich vorgetragen hat, verstehen.

Von daher ist es für sie **normalerweise kein Problem, ebenfalls freundlich** mit Herrn M. umzugehen.

• Nachdem Herr M. sein berechtigtes Bedürfnis bzw. Anliegen angemessen vorgetragen hat, hat er etwas für sich selbst, für seine Selbstachtung, für ein **gesundes Selbstwertgefühl getan**. Er ist mit sich selbst zufrieden, und der Abend verläuft von daher angenehm.

Eine Mischform **selbstsicher – aggressiv** wäre etwa:

• Herr M. würde in seiner Wortwahl zwar selbstsicher sein; jedoch wäre der Ton **gereizt, angreifend, anschuldigend**.

Eine Mischform **selbstsicher – unselbstsicher** könnte so aussehen, dass

• Herr M. sich zwar äußert, jedoch den **Blickkontakt meidet**, etwas *verlegen* in **Konjunktiven sprechen** würde, z. B.: »Würden Sie vielleicht, eventuell ... das Steak ...« oder: »Eigentlich wollte ich ...«

Wenn sich jemand **selbstunsicher** verhält, hat er *für den Augenblick des Ausweichens*, des Vermeidens gar kein so schlechtes Gefühl. Jedoch unmittelbar danach empfindet er eine gewisse Unfähigkeit, eine Bedrücktheit (die verdrängt werden kann). Langfristig gesehen gerät ein solcher Mensch – wird dieses selbstunsichere Muster immer wieder praktiziert – wie schon gesagt – in psychische bzw./und psychosomatische Schwierigkeiten.

Aggressives Verhalten wirkt *nur für den Augenblick* der Aggression spannungslösend. Darum meinen ja auch viele, aggressives Vorgehen »sei doch gar nicht so schlecht«. War jemand aggressiv, »weiß« er jedoch *sofort anschließend* im Allgemeinen um sein Unrechtshandeln. Er entwickelt Schuldgefühle, die er

allerdings normalerweise meist wegrationalisiert und damit
verdrängt.

Selbstunsichere ziehen sich im Allgemeinen von anderen Personen zurück. Bei **Aggressivität** ziehen sich die anderen – wenn
möglich – vom Aggressiven zurück. Auch von daher sind beide
Muster nicht weiterführend.

> Jedes einzelne Verhalten, das wir zeigen, können wir, wenn wir
> die entsprechende Kenntnis haben, in selbstunsicher, aggressiv
> oder selbstsicher einordnen, was bedeutsam ist für die Möglich-
> keit der Vornahme von Korrekturen unsererseits, damit für un-
> sere Weiterentwicklung und Selbstkontrolle.

Gezielte Verwendung des Pronomen »Ich«

Als Erstes ist es notwendig, dass der Mensch in der Lage ist,
sich selbstsicher zu äußern, d.h., es muss ihm möglich sein,
sich in jeder Situation äußern zu können, *ohne den anderen
Menschen dabei anzugreifen.*

Insbesondere kritische Situationen gehen wir am besten an,
indem wir **eindeutig über uns selber** Auskunft geben statt vage
oder mehrdeutige Angaben zu machen oder uns gar nicht zu
äußern.

> Eindeutigkeit von Mitteilungen ist in der selbstsicheren Kommu-
> nikation unerlässlich.

Besonders bei der Mitteilung von negativen Gefühlen, wie
Ärger, Enttäuschung, Befürchtung, Verletztheit, ist es wichtig,
der anderen Person gegenüber diese Gefühle auch **direkt** auszudrücken. Wir reden dann in *»Ich-Sätzen« statt in »Du-Sätzen«.*

Das folgende Beispiel zeigt den Unterschied zwischen diesen beiden Mitteilungsformen:

– Zwei Freunde – Martin und Hans – verabreden sich zu einem Kinobesuch. Martin soll Hans nach Dienstschluss abholen. Hans wartet pünktlich am Haupteingang. Nach 15 Minuten ist Martin immer noch nicht erschienen. Hans wird ärgerlich. Als Martin endlich nach 30 Minuten angehetzt kommt, ist Hans wütend.

– Aggressive Antwort:	– Selbstsichere Antwort:
– Du-Sätze (**indirekt** – falsche Codierung)	– Ich-Sätze (**direkt** – richtige Codierung)
– »Also Martin, das ist unerhört! Auf *dich* ist überhaupt kein Verlass. Durch *deine* Schuld haben wir jetzt die Vorstellung verpasst. *Du* denkst wohl überhaupt nicht an andere!«	– »Martin, jetzt warte *ich* schon 30 Minuten und *bin* enttäuscht. *Ich* ärgere *mich* wirklich darüber, dass *ich* hier so lange stehen musste und wir den Film jetzt verpassen, auf den *ich* mich gefreut habe. *Ich* finde das nicht schön, dass du mich so lange warten ließest. Was war denn los?«

Die **direkte** Aussage wurde hier besonders ausführlich dargestellt. Hans könnte auch kürzer formulieren, z. B.

– »Martin, jetzt warte *ich* schon 30 Minuten. *Ich* bin ziemlich sauer und enttäuscht, habe eiskalte Füße. Wo kommst du denn jetzt her?« (Fragen sind neutral, können nicht anders gestellt werden).

Der Unterschied zwischen beiden Mitteilungsformen (einmal direkt, einmal indirekt geäußert) ist deutlich. Hans drückt in beiden Fällen zwar dasselbe aus, nämlich Verärgerung (Enttäuschung äußert er direkt nur bei den Ich-Sätzen). Doch sind die Konsequenzen der jeweils gewählten Mitteilungsform für den weiteren Kommunikationsverlauf erheblich.

Viele Menschen vermeiden, negative Gefühle zu äußern. Sie befürchten, andere dadurch zu kränken und daraufhin von diesen abgelehnt zu werden. Allerdings tritt eine solche Ableh-

nung meistens dann ein, wenn sie ihre negativen Gefühle in
»Du-Sätzen«, also **indirekt**, äußern. *Normalerweise* wird dies
nicht der Fall sein, wenn sie diese in »Ich-Sätzen« (Ich-Botschaften), also **direkt**, formulieren.

Zurück zu Martin und Hans. Gehen wir einmal davon aus,
dass Martin eine Entschuldigung für seine Verspätung hat. Er
musste im Auftrag seines Chefs noch ein dringliches Schrift-
stück an anderer Stelle abholen, wusste auch, dass Hans am
Haupteingang wartet, konnte diesen aber nicht mehr benach-
richtigen.

Schauen wir uns jetzt wieder die »Du-Sätze« oben von Hans
an. Eine Reaktion darauf könnte sein:
– »*Du* bist unmöglich! *Du* kannst *dich* nicht in andere hineinversetzen. Sonst würdest *du* mich nicht so abkanzeln. *Du*
schreist mich an, obwohl *dir* die Gründe gar nicht bekannt
sind, warum ich so spät komme. Wie kommst *du* mir überhaupt vor?«

Eine Antwort auf die »Ich-Sätze« könnte sein:
– »Hans, *ich* kann dich gut verstehen. *Ich* hatte *mich* auch
sehr gefreut. Es tut *mir* Leid, dass du hier auf der Straße
warten musstest. *Ich* musste für *meinen* Chef noch etwas
Dringendes abholen, was *ich* erst ein paar Minuten vor dem
Weggehen erfuhr. *Ich* konnte dich zu diesem Zeitpunkt aber
nicht mehr erreichen. *Ich* habe an dich gedacht. *Ich* bin enttäuscht – genau wie du – dass wir den Film nicht mehr sehen
können. *Mein* Vorschlag: Gehen wir doch zusammen essen,
und anschließend schauen wir, ob wir noch ein paar Bekannte treffen können. Was hältst du davon?«
An diesem Beispiel ist zu erkennen, dass es sich beim Ausdruck
negativer Gefühle in »Du-Sätzen« (wir können auch sagen:
Du-Botschaften)

- um eine **indirekte** Äußerung der Gefühle handelt;
- **normalerweise** den anderen zu einer **aggressiven Gegenreaktion** verführt, da er herabgesetzt wird.

Nun können wir aggressive Äußerungen normalerweise noch decodieren (entschlüsseln): Jemand schreit uns an, und wir erkennen, dass diese Person ärgerlich ist. Zu Missverständnissen bzw. auch Vermutungen kommt es insbesondere dann, wenn Mitteilungen unzureichend ausgedrückt werden bzw. gar nichts geäußert wird (= falsche Codierung – ebenfalls indirekte Äußerung), was in den Bereich von **Selbstunsicherheit** fällt.

Beispiel:
– Hans ist verärgert. Er äußert diesen Ärger aber nicht direkt (direkt wäre: »*Ich* bin jetzt aber wirklich verärgert«), sondern indirekt, indem er z. B. unfreundlich und schweigsam *re*agiert. Und auf die Frage von Martin, ob er irgendetwas habe, antwortet Hans: »Nun, dass du zu spät gekommen bist, kann ja passieren. Ist schon in Ordnung« (= falsche Codierung). Martin ist auf die Antwort von Hans hin irritiert: Verbal (sprachlich) ist alles in Ordnung, nonverbal (nichtsprachlich) zeigt Hans Ärger. Irritationen bei Martin, Missverständnisse bzw. Vermutungen werden so möglich.

Sie werden feststellen können, dass Ich-Sätze dagegen
- eine *direkte* und *eindeutige* Mitteilung über eigene Gefühlslagen möglich machen;
- die andere Person *im Allgemeinen* nicht zu Gegenvorwürfen neigt, weil sie tatsächlich nicht angegriffen wird;
- durch ein klares und deutliches Codieren (»*Ich* bin verärgert«) eine richtige Decodierung und damit eine echte Kom-

munikation bewirken, sofern wir es mit Personen zu tun haben, die psychisch eine relative Stabilität aufweisen. Diese werden – wenn wir in Ich-Sätzen und angemessenem Tonfall z. B. ein Ärger- oder Enttäuschungsgefühl ausdrücken, intuitiv in Ich-Sätzen antworten (z. B.: »Das tut *mir* Leid. *Ich* hatte mir gedacht ...«). – Nicht so ist dies, wenn wir es mit einer selbstunsicheren oder aggressiven Person zu tun haben. Diese wird – selbst wenn wir in Ich-Sätzen unsere Schwierigkeit schildern – selbstunsicher bzw. aggressiv *reagieren*. Entweder fängt eine selbstunsichere Person z. B. zu weinen an oder läuft aus dem Zimmer, äußert sich nicht usw. Oder ein aggressiver Mensch reagiert mit Schreien, Unsachlichkeit, Zurückweisung des Problems in lautem Ton usw.

Mit den folgenden **zwei Übungen** können Ich-Sätze trainiert werden. Die Übungen sollten immer wieder einmal bei entsprechenden Gelegenheiten *bewusst* angewendet werden.

Übung 1

Versuchen Sie, bei negativen Gefühlen aller Art Ich-Sätze zu verwenden.

Beispiele:

Mich stört es, wenn Sie/du ...

Mir gefällt es nicht, dass ...

Ich bin verärgert, weil ...

Es enttäuscht *mich*, da ... usw.

Ziel:

a) Einübung der Ich-Sätze, die es Ihnen ermöglichen, alles zu sagen, was Sie möchten, ohne den anderen tatsächlich anzugreifen, wodurch innere Freiheit erst gegeben ist. Es kommt dadurch zu keinen Verdrängungen, wodurch seelische (und körperliche) Gesundheit gefördert wird.

b) Zugleich sind die Ich-Sätze eine erste Form der Abgrenzung (*ich* bin verärgert; deshalb musst du es nicht sein), die ebenfalls für seelische (und körperliche) Stabilität bedeutsam ist.

Übung 2

Da Sie nicht ständig negative Gefühle zum Äußern parat haben, sollten Sie versuchen, zweimal täglich *bewusst* Ich-Sätze neutraler Art zu verwenden.

Beispiele:

Ich möchte, dass Sie/du ...

So weit *mir* bekannt ...

Ich bin der Auffassung, dass ...

Ich sehe, dass ...

Meines Erachtens ...

Meiner Ansicht nach ... usw.

Ziel:

a) Wie bei Übung 1.

b) Zudem stellt die *bewusste* Verwendung des Wörtchens »ich« ein Mosaiksteinchen auf dem Wege zu einem gesunden Selbstwertgefühl dar.

Gefühle ausdrücken

1) Direktes Äußern von Gefühlen

Es gibt zwei Gruppen von Gefühlen:

positive Gefühle (Freude, Zufriedenheit, Wohlbehagen usw.),

negative Gefühle (Ärger, Enttäuschung, Verletztsein usw.).

Wir neigen dazu, die positiven Gefühle im Allgemeinen schon irgendwie zu äußern. Das Hauptproblem ist das Äußern von Ärger, Missbehagen, Betroffenheit, Verletztheit usw. **in selbstsicherem Sinne**, d.h. in *Ich-Sätzen* (=direktes Äußern).

Grundsätzlich ist das direkte Äußern von Gefühlen ein Zeichen von innerer Stärke (Selbstsicherheit, Selbstbewusstsein). Wer sich innerlich frei fühlt, sich selbstsicher, selbstbewusst empfindet, der kann es sich leisten, echte, d.h. aufrichtige Botschaften von sich, von seiner Befindlichkeit zu geben (Ich-Sätze-Beispiel: »Es verletzt *mich*, wenn du ...«).

Nun fühlen sich viele Menschen, selbstunsichere Personen, innerlich nicht frei, sich – wie vorstehend dargestellt – zu äußern. Jeder kann aber das Gefühl innerer Freiheit systematisch entwickeln, indem er stetig versucht, es zu üben, sich so zu verhalten.

Es gibt auch viele, die bei der Äußerung von negativen Gefühlen meinen, dass die andere Person sozusagen Schadenfreude empfinde, etwa bei der Aussage. »Es verletzt mich, wenn du/Sie ...«. Sie glauben, der andere »freue« sich, wenn es ihnen nicht so gut gehe. – Genau das Gegenteil ist der Fall: Erstens kommt es äußerst selten vor, dass eine Person *bewusst* den anderen verletzen will; meistens geschehen Verletzungen aus Egoismus oder aus mangelndem Einfühlungsvermögen in andere. Außerdem: Selbst wenn uns jemand bewusst verletzen möchte, spürt er durch unsere Aussage im Allgemeinen unsere innere Stärke.

Zu den negativen Gefühlen

Wenn wir uns über andere ärgern, wenn wir enttäuscht oder verletzt sind, befinden wir uns in einem **Spannungsprozess**, in einem **Spannungszustand**. In einem solchen Falle ist es wichtig, dass wir (möglichst noch im Spannungsprozess, also nicht erst etwa drei oder vier Tage später) Ich-Botschaften von unserer Befindlichkeit geben, dem anderen also *von uns* Mitteilung machen (dies in angemessenem Tonfall, mit Blickkontakt = selbstsicheres Verhalten).

Gefühle, beispielsweise der Verärgerung, sollten wir – wenn möglich – **dreigliedrig** kundtun:
- Gefühl der Verärgerung äußern;
  (»*Ich* bin verärgert ...«)
- angeben, warum wir verärgert sind;
  (»... weil ...«)

- was wir geändert haben möchten, äußern, also Zielangabe machen.

(»... und *ich möchte mich* von dir in Zukunft nicht mehr in dem Ton anreden lassen.«)

Durch ein solches Vorgehen erreichen wir Folgendes:

- Wir selbst fühlen uns wohler, weil wir das Gefühl registriert und klar benannt, geäußert und damit den ersten Schritt zu einer inneren Verarbeitung getan haben (keine Verdrängung!).
- Dadurch, dass wir von uns sprechen, greifen wir den anderen nicht an (sind wir nicht aggressiv), sodass wir beim anderen im Allgemeinen keine aggressive oder sonstige Gegenwehr hervorrufen.
- Von daher ist unsere Äußerung normalerweise Grundlage eines weiterführenden Gesprächs, bei dem die Situation geregelt bzw. geklärt werden kann.
- Der andere kann sich durch unser Feedback verändern, kann besseres Verhalten in dem konkreten Punkt, den wir angesprochen haben und darüber hinaus in Zukunft zeigen. (Zu der Aussage »und darüber hinaus«: Der andere hat durch unsere Rückmeldung erkannt, dass wir nicht alles mit uns machen lassen, weswegen er uns gegenüber zukünftig zurückhaltender ist).
- Es kommt zu keinen Missverständnissen und Vermutungen beim anderen, weil wir uns klar geäußert haben.
- Wir haben durch das Zeigen unserer Gefühle (aber auch unserer Meinungen, Vorstellungen, Überzeugungen, Wünsche, usw.) eine bessere Möglichkeit, die Reaktion des anderen kennen zu lernen. Dies ist eine Art »diagnostisches Mittel«. Beginnt der andere z. B. zu weinen oder läuft weg (= selbstunsicher), oder er schreit uns an (= aggressiv), so erkennen wir, dass er ein Problem hat, nicht wir, sofern wir uns sachlich, selbstsicher verhalten haben.
- Sollte der andere trotz unserer Ich-Botschaften (Ich-Sätze) und unseres angemessenen Tonfalls selbstunsicher bzw. aggressiv *reagieren* (nimmt vielleicht nur das Reizwort »Ärger« wahr, wenn wir sagen: »*Ich* ärgere *mich* ...«), so ist das nicht unser Problem, weil wir ihn ja tatsächlich nicht angegriffen haben.

> Wir haben nur von uns gesprochen. Schließlich haben wir das Recht, uns selbst zu sein, also auch bestimmte Gefühle (unsere Gefühle) zu haben. Wir brauchen also keine Schuldgefühle dem anderen gegenüber zu entwickeln.

2) Gefühlsbetontes Sprechen

Wir können auf sehr verschiedene Weise miteinander sprechen: laut oder leise, eindringlich-fordernd, ja beschwörend oder zurückhaltend, empfehlend; fragend oder antwortend; bestimmt oder ausweichend-unbestimmt; nüchtern-trocken oder blumenreich-ausgeschmückt; sachlich-berichtend oder gefühlsmäßig-teilnehmend. Letzteres Sprechverhalten kann dabei noch mehr oder weniger engagiert sein.

> Wir sollten beim Sprechen Gefühle zulassen und nicht zurückhalten. Dadurch wird unsere Kommunikation eindeutig und ehrlich, und wir selbst entwickeln dabei Selbstachtung, ein gesundes Selbstwertgefühl und Selbstsicherheit.

Betrachten wir einige Äußerungen des *gefühlsbeteiligten* Sprechens:
- Ich halte den Lärm nicht mehr aus (Schmerz).
- Dieser Abend mit euch hat mir sehr gefallen (Freude).
- Ich finde Deine Kritik unangebracht und nicht förderlich (Ärger).
- Ich fühle mich von dir nicht ernst genommen, weil du die für mich so wichtige Arbeit liegen gelassen hast (Enttäuschung).
- Der alte Fahrstuhl ist in der letzten Zeit mehrmals stecken geblieben. Ich traue mich nicht, ihn zu benutzen (Angst).

3) Mimisch-expressiver Ausdruck

Gefühle werden nicht nur beim Sprechen gezeigt, sondern vor allem auch im Ausdrucksverhalten, in der Mimik und Gestik.

> Erst wenn Sprach- und Ausdrucksverhalten zusammengehen, können andere unsere gefühlsmäßige Einstellung im vollen Sinne erkennen.

In der Sprache können wir uns anderen gegenüber verstellen, in Körperhaltung, Mimik und Gestik ihnen auch etwas vormachen. In beiden Äußerungsbereichen zugleich gelingt uns dies jedoch viel weniger. Sprechen und das Zeigen entsprechender Gefühle gibt unserem Verhalten einen Ausdruck von Selbstsicherheit und Glaubwürdigkeit (Echtheit – Aufrichtigkeit).

Es wurde deshalb so ausgiebig über die *Bedeutsamkeit des Äußerns von Gefühlen und über die Möglichkeiten, diese selbstsicher auszudrücken*, berichtet, weil es sich dabei um ein so genanntes **seelisches Grundrecht** handelt. Jeder Mensch hat dieses und noch eine Reihe weiterer seelischer Grundrechte, die im Folgenden diskutiert werden sollen.

Wie bei den seelischen Grundrechten, so geht es auch bei den nachfolgenden Abschnitten um Einstellungs- und Verhaltensänderungen, die wir, wenn wir uns der Bedeutsamkeit produktiven (realistischen) Denkens und Handelns bewusst sind, gezielt erarbeiten bzw. einüben können.

Verteidigung der Grundrechte

Die zehn seelischen Grundrechte lassen sich auch als »Teile der Persönlichkeit« ansehen, mit denen wir mit anderen in Beziehung treten. Je ausgeprägter diese Komponenten sind, d.h. je mehr wir unsere seelischen Grundrechte in konkreten Lebenssituationen aktualisieren, anwenden, desto größer ist unsere emotionale Stabilität, Ich-Stärke, Selbstsicherheit und Selbstwirksamkeit. Je weniger eine Person die seelischen Grundrechte für sich in Anspruch nimmt, d.h. je unentwickelter diese

Komponenten sind, desto weniger kann der Betreffende sich anderen gegenüber behaupten und seine grundlegenden Persönlichkeitsbedürfnisse befriedigen. Er verliert das Spiel des Lebens, wird ein Versager.

> Die seelischen Grundrechte eines jeden Menschen sind:
> - eigene Gefühle zu haben und diese zu äußern;
> - Meinungen, Vorstellungen, Überzeugungen zu haben;
> - Wünsche und Bedürfnisse zu haben und diese auch zu äußern;
> - Nein zu etwas zu sagen, zu widersprechen;
> - berechtigte Forderungen anzumelden;
> - berechtigte Kritik zu äußern;
> - Fehler zu machen, sich Fehler zu erlauben;
> - Entscheidungen zu fällen;
> - über persönliches Wissen und eigene Erfahrungen zu verfügen;
> - offen nachzufragen (wenn wir etwas wissen wollen oder etwas nicht verstanden haben).
>
> Wenn wir die Teile unserer Persönlichkeit, d.h. unsere seelischen Grundrechte, nicht beachten, beachten *wir* uns nicht, achten *wir* uns nicht, selbstachten *wir* uns nicht, haben *wir* keine Selbstsicherheit, kein Selbstbewusstsein, kein Selbstvertrauen, kein gesundes Selbstwertgefühl, letztlich keine seelische (und körperliche) Gesundheit – kein Persönlichkeitsformat.
>
> Sich selbst zu lieben, d.h. zu respektieren, zu akzeptieren, heißt nichts anderes, als seine seelischen Grundrechte zu vertreten, sie für sich in Anspruch zu nehmen. Insofern ist seelische (und körperliche) Gesundheit eine zu erbringende Aktivität (Leistung).

Wenn wir uns akzeptieren, können wir auch andere akzeptieren, respektieren (Wechselwirkung), d.h. deren seelische Grundrechte achten – eine wichtige Voraussetzung für produktive Kommunikation.

Als Schaubild sieht das folgendermaßen aus (Abbildung 14).

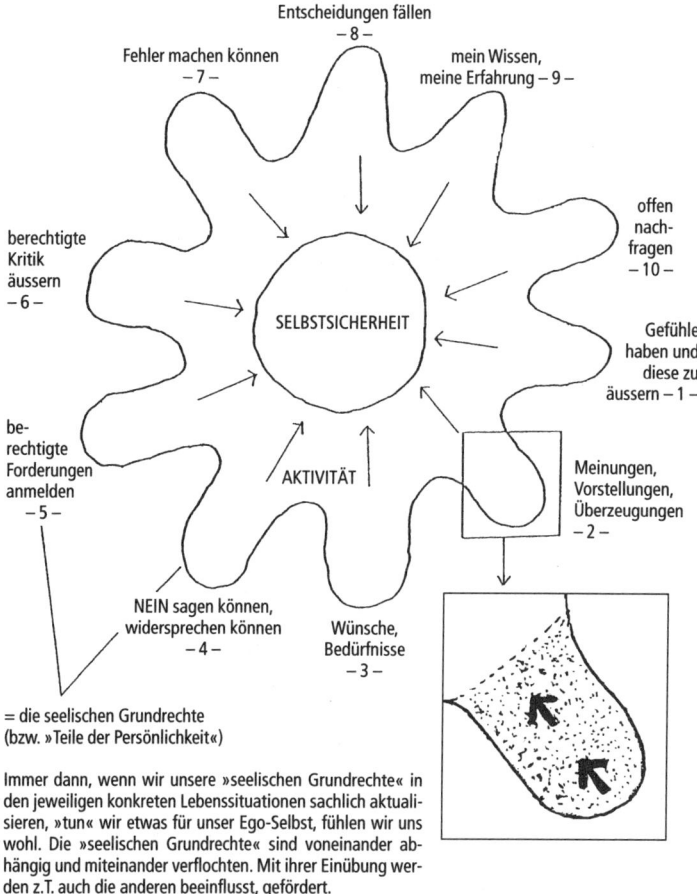

Entscheidungen fällen
– 8 –

Fehler machen können
– 7 –

mein Wissen,
meine Erfahrung – 9 –

berechtigte
Kritik
äussern
– 6 –

offen
nach-
fragen
– 10 –

SELBSTSICHERHEIT

Gefühle
haben und
diese zu
äussern – 1 –

be-
rechtigte
Forderungen
anmelden
– 5 –

AKTIVITÄT

Meinungen,
Vorstellungen,
Überzeugungen
– 2 –

NEIN sagen können,
widersprechen können
– 4 –

Wünsche,
Bedürfnisse
– 3 –

= die seelischen Grundrechte
(bzw. »Teile der Persönlichkeit«)

Immer dann, wenn wir unsere »seelischen Grundrechte« in den jeweiligen konkreten Lebenssituationen sachlich aktualisieren, »tun« wir etwas für unser Ego-Selbst, fühlen wir uns wohl. Die »seelischen Grundrechte« sind voneinander abhängig und miteinander verflochten. Mit ihrer Einübung werden z.T. auch die anderen beeinflusst, gefördert.

Die seelischen Grundrechte sind, wenn sie stetig in allen möglichen Lebenssituationen aktiviert werden, wie gut durchblutete Muskeln zu betrachten. Betätigen wir z.B. unsere Muskulatur nur unzureichend, wird sie schlaff. Ebenso verhält es sich mit den seelischen Grundrechten: Wenn wir uns immer wieder verleugnen, unsere Meinung, da wo sie angebracht wäre, nicht ausdrücken, Wünsche nicht artikulieren usw., so werden diese »Teile der Persönlichkeit« verkümmern, sich zurückbilden, sich verdunkeln. Durch ständige Selbstverleugnung geraten wir in seelische (und körperliche) Schwierigkeiten.

Abbildung 14: Schaubild der seelischen Grundrechte

Das Grundrecht, eigene Meinungen, Vorstellungen, eigene Überzeugungen zu haben

Selbstunsichere haben im Allgemeinen keine eigene Meinung, weil sie nicht wagen, etwas zu äußern, von dem sie annehmen, dass anderen diese Meinung eventuell nicht gefallen könnte. Sie haben die falsche Vorstellung, dass sie gemocht, geliebt, anerkannt werden, wenn sie möglichst nichts äußern. Das Gegenteil ist jedoch der Fall: Ein Mensch, der meistens keine eigene Meinung vertritt, gilt nichts. Andere empfinden ihn als schwach, Kenner identifizieren ihn als selbstunsicher, andere wiederum als uninteressant.

> Es ist also von größter Bedeutung, dass wir unsere eigenen Meinungen bilden und diese – zu gegebener Zeit – (z. B. in Ich-Sätzen) sachlich auszudrücken vermögen.

Auch in Fernsehdiskussionen beispielsweise finden die sachlichsten Auseinandersetzungen zum Großteil in Ich-Sätzen statt. So sagt etwa ein Diskussionsteilnehmer zu einem anderen: »Herr Kollege, Ihre Auffassung kann *ich* nicht teilen. *Ich* bin auf Grund meiner bisherigen wissenschaftlichen Arbeit zu einem ganz anderen Ergebnis gelangt, nämlich ...«

> Wenn wir in unserer Auffassung von anderen abweichen, sollten wir ihnen keine Übereinstimmung vorspielen, sondern unsere Sichtweise und Beurteilung kundtun, haben wir doch das Grundrecht, offen unsere Meinung zu äußern.

Das Grundrecht, Wünsche und Bedürfnisse zu haben und diese äußern zu können

Ich erinnere mich an eine Klientin, die relativ neu in der Therapie war und unter starken Depressionen litt. Ich fragte sie bei einer Gelegenheit, welchen Wunsch sie denn in einem bestimmten Zusammenhang habe. Die Klientin schaute mich ca. eine Minute lang an und fragte sodann: »Meinen Sie mich?« Natürlich meinte ich sie, es war ja auch niemand anderer im Zimmer. Was will ich damit sagen?

Die Klientin hatte diesen Teil ihrer Persönlichkeit, nämlich das Recht, eigene Wünsche und Bedürfnisse zu haben, über langfristiges Vermeidungs- und Rückzugsverhalten restlos verkümmern lassen.

Die Aufarbeitung konnte nur so geschehen, dass sie neben vielem anderen auch lernte, wieder Wünsche zu produzieren und diese auszudrücken.

Der andere, dem gegenüber wir z. B. einen bestimmten Wunsch ausdrücken, hat selbstverständlich das Recht, sofern er nicht will oder unseren Wunsch als unangemessen empfindet, Nein zu sagen, ebenso wie wir anderen Personen gegenüber, die etwas von uns wollen, sachlich Nein sagen können.

Das Grundrecht, Nein zu sagen, zu widersprechen

Bedenklich und selbstschädigend ist es, zu allen Vorschlägen, Wünschen oder Forderungen anderer an uns »Ja« zu sagen. Ängstliche und Selbstunsichere scheuen sich, »Nein« zu sagen. Sie neigen beispielsweise dazu, Arbeiten zu übernehmen, die nicht zu ihrem Aufgabengebiet gehören, um sich bei Kolleginnen, Kollegen oder dem Chef beliebt zu machen. In vielen Ehen bestimmen auch heute noch die Männer, was zu tun und zu lassen ist. Die Frauen ordnen sich unter, geben nach, fügen sich den Wünschen und Forderungen der Männer und leiden still unter dieser Beziehung.

Im Selbstsicherheits- und Kommunikationstraining besprechen Therapeut und Klient verschiedene Situationen aus der Vergangenheit und Gegenwart des Klienten, aber auch anhand

anderer Modellsituationen, wie man in selbstsicherer Weise
unangemessene Bitten und Forderungen mit »Nein« beantworten kann. Gegebenenfalls werden gemeinsam Modellant-
worten erarbeitet und eingeübt.

Beispiel:
– Ein Freund hat Sie gebeten, »irgendwann in der nächsten
  Zeit« mit ihm einen neuen Computer auszusuchen. Sie
  haben sich dazu bereit erklärt. An einem Samstagvormittag,
  an dem Sie bei sich zu Hause gerade gründlich aufräumen,
  ruft er an und sagt: »Du hast mir versprochen, mit mir den
  Computer auszusuchen. Hast du heute Vormittag Zeit?« Sie
  wollen aber eigentlich Ihre Wohnung in Ordnung bringen.
  Wie sagen Sie nein?

> Die Nein-Antwort sollte freundlich und bestimmt, kurz, klar und
> aufrichtig sein. Bezogen auf das vorstehende Beispiel:
> – »Nein, heute geht's bei mir nicht. Wie sieht es am nächsten
>   Samstag aus? Dann begleite ich dich gern.«

Als **Hausaufgabe** für die nächste Sitzung hat der Klient eine
Reihe von Situationen zu notieren, in denen er wider seinen
Willen bisher »Ja« gesagt hat und welche Antwort er in Zu-
kunft geben wird.

Klienten sind meist über die Reaktion der anderen überrascht,
wenn sie sachliche Nein-sage-Antworten eingesetzt haben. Sie
berichten, dass sie zumeist von den anderen akzeptiert werden.

Das Grundrecht, berechtigte Forderungen anzumelden

Sie leihen einem Bekannten 500,– DM. Sie vereinbaren mit
ihm, dass er das Geld in zwei Wochen zurückzuzahlen hat. Es
sind bereits vier Wochen vergangen, und Sie haben Ihr Geld
immer noch nicht zurückbekommen. Also sind Sie durch das

Verhalten Ihres Bekannten *beeinträchtigt*. Von daher haben Sie
sich ihm gegenüber zu äußern, Ihr Geld zurückzuerbitten.

> Dadurch, dass Sie dem Bekannten Ihre berechtigte Forderung
> *sachlich* mitteilen, auf Rückzahlung innerhalb einer bestimmten
> Zeit bestehen, vertreten Sie sich, achten, selbstachten Sie sich.

Selbstunsichere lassen sich von anderen allzu leicht einschüch-
tern, sind zwar insgeheim enttäuscht oder verärgert, äußern
ihr Enttäuschtsein aber nicht, ziehen sich vielmehr zurück.

Es gehört jedoch auch zu den berechtigten Forderungen
eines Menschen, seine Gefühle, Meinungen, Wünsche usw. in
den jeweiligen konkreten Situationen ausdrücken zu können,
also seine seelischen Grundrechte zu vertreten. Der andere
darf zwar eine gegensätzliche Auffassung haben. Dann stehen
sich zwei unterschiedliche Meinungen gegenüber, und es ist
eventuell nach einem Kompromiss zu suchen. Reagiert die andere Person aber z. B. auf unsere sachliche Darlegung aggressiv, indem sie uns gegenüber äußert, wie man nur so »dumm«
denken kann, sollten wir uns diese Aussage verbitten, haben
wir doch das Recht, *unsere* Meinung konstruktiv (selbstsicher)
zu äußern.

Wenn wir eine unterschiedliche Auffassung von etwas, z. B. der
Partnerschaft, haben, sollten wir uns auch klarmachen, dass
wir nicht alles erreichen können, was wir uns vorstellen.
– Ein Partner möchte beispielsweise in den Ferien nach Schwe-
den, der andere nach Sizilien reisen. Kompromissbereit-
schaft ist hier sinnvoll. Konfliktregelung besteht aus Geben
und Nehmen. Das heißt: Wir müssen von der Vorstellung
abkommen, dass einer Sieger, der andere Besiegter ist. Dieses Denken ist richtig für einen Boxkampf, bei dem es ein
K.o. gibt. In der Konfliktregelung ist dies kein brauchbares

Modell. Man denke hier nur an das unechte Verhalten, das Vermeidungsverhalten oder das rachsüchtige Verhalten des anderen, das unserem totalen Durchsetzungsanspruch auf dem Fuße folgt.

Grundrecht, Kritik äußern zu können

Es gibt Personen, die sich in alles Mögliche einmischen, kritisieren, wobei sie bei dem, um was es geht, in keinster Weise *beeinträchtigt* sind.

> Wenn hier von »Kritik äußern« die Rede ist, dann ist davon auszugehen, dass eine andere Person etwas gesagt oder getan hat, wodurch wir eine Beeinträchtigung erfahren haben. Sonst haben wir nicht das Recht, irgendeine Kritik zu äußern.

Wenn z. B. Ihre Bekannte sich Ihrer Meinung nach zu bunt kleidet, geht Sie das im Prinzip nichts an, es sei denn, die Bekannte fordert Sie auf, Ihre Meinung dazu zu äußern. Wenn Sie sich aber über die bunte Kleidung Ihrer Bekannten aufregen, sind Sie nicht abgegrenzt, intolerant.

Es gibt *zwei Arten* von Kritik, die sich deutlich voneinander unterscheiden:
- Sachliche, helfende Kritik (= selbstsichere Kritik),
- unsachliche, herabsetzende Kritik, mit der sich jemand über den anderen stellen und seine eigene Bedeutung herausstellen will (= aggressive Kritik).

Es folgen die **Grundregeln** für **sachliche, helfende, selbstsichere Kritik:**

> - Wir sollten von uns selbst und nicht vom anderen sprechen (Ich-Sätze).

Falsch:

»*Du* hast die unangenehmen Arbeiten einfach wieder liegen lassen. Was fällt *dir* nur ein?« (*indirekte* Botschaft).

Richtig:

»*Ich* bin wirklich verärgert, weil *ich* feststelle, dass *ich* die unangenehmen Arbeiten alleine machen soll, und das will *ich* nicht.« (*direkte* Botschaft, Ärger wird *direkt* ausgedrückt).

- Kritik sollte stets konkret und auf die jeweilige Situation bezogen sein. Wir sollten nur bei dem einen zu kritisierenden Punkt bleiben (nicht ausufern, indem wir zur Verstärkung der Kritik frühere ähnliche Situationen heranziehen, wie: »Vor einer Woche hast du auch …«).

Falsch:

»*Heute Morgen* war es bei dir doch *genau dasselbe*. Auch *letzte Woche* wolltest du nicht arbeiten. Und *bei Tante Olgas Geburtstag* hast du dich *genauso* vor dem Mithelfen gedrückt.«

Richtig:

»Ich möchte, dass du die *für heute versprochenen Arbeiten* erledigst. Ich gerate sonst in große Schwierigkeiten.«

- Kritik sollte nicht allgemein geäußert werden.

Falsch:

»*Jedes Mal, dauernd, immer, nie, am laufenden Band* unterbrichst du mich. Außerdem weißt du *ständig* alles besser.«

Richtig:

»Ich werde jetzt schon das *vierte Mal* bei dem, was ich sagen will, unterbrochen. Das stört mich sehr beim Reden.«

- Kritik sollte beschreibend, nicht wertend sein.

Wertend (also falsch) wäre:
»Du bist wirklich heute *unmöglich* und *komisch*, weil du dich
  überhaupt nicht äußerst.«
Beschreibend (also richtig):
»Ich empfinde dich heute *sehr zurückgezogen*. Das fällt mir auf.«

Das Schlimmste, was wir tun können, ist, unser Bedürfnis
nach Kritik (wenn wir durch den anderen beeinträchtigt sind)
zu unterdrücken und möglicherweise noch ein freundliches
Gesicht zu machen (= Selbstverleugnung!). Die Spannungen
von Ärger und Unzufriedenheit setzen sich dabei in der Psyche
und im Körper fest. Je mehr ein Mensch dies praktiziert, desto
eher wird er (insgeheim) aggressiv und/oder mehr oder weniger offen depressiv.

Das Grundrecht, Fehler zu machen, sich Fehler zu erlauben

Wer aktiv ist, macht auch Fehler. Eine wichtige Lernform beispielsweise ist die über *Versuch und Irrtum*. Das Ergebnis wirkt
immer auf das Lernen zurück. Wenn man die realistische Einstellung zum Fehler hat, damit im Bereich von Selbstsicherheit,
Selbstbewusstsein angesiedelt ist, ist der Irrtum, der Fehler positiv. Deshalb hängt auch das Akzeptieren und Zugeben eigener Fehler stark vom Selbstbewusstsein ab.

Um Fehler zu vermeiden, gibt es eine sehr schlechte Methode: nichts zu tun. Hier liegt der (momentane) Vorteil in der
Inaktivität, im Rückzug. Dies ist jedoch nur ein ganz kurzfristiger Vorteil. – Langfristig macht einen das fertig.

Man unterscheidet gute und schlechte Fehler. Gute Fehler
sind solche, aus denen man lernt, die einen vorwärts bringen.

Schlechte Fehler sind nicht wieder gutzumachende Fehler,
durch die beispielsweise ein anderer Mensch zu schwerem

Schaden kommt. – Selbstverständlich muss man auch einen solchen Fehler verarbeiten können. Wichtig ist aber z. B. bei allem, bei dem man einem anderen Menschen einen schweren (etwa gesundheitlichen) Schaden zufügen könnte, mit höherer Aufmerksamkeit zu handeln (z. B. Auto fahren).

Man kann sich zu Fehlern, die man gemacht hat,
selbstunsicher (nicht selbstbewusst)
aggressiv   } verhalten.
selbstsicher (selbstbewusst)

- Wir verhalten uns dann **selbstunsicher** (nicht selbstbewusst), wenn wir die Einstellung haben, dass etwas wieder schief laufen wird, weil es einmal schief gelaufen ist. Hier wird aus Fehlern nicht gelernt. In diesem Fall wollen bzw. können wir auch nicht die Gründe für das Schiefgehen einsehen.

- **Selbstunsicheres Verhalten** zeigt sich auch darin, dass wir nach einem Fehler lange Zeit mit uns selbst hadern, schlecht gelaunt sind, uns selbst fertig machen, uns z. B. sagen: »Das kann nur dir passieren. Du bist eben ein Versager, ein Nichts, ein vom Leben benachteiligter Mensch«, usw.

- Wir verhalten uns auch dann **selbstunsicher**, wenn wir einen Fehler nicht zugeben können.

- Wir verhalten uns **aggressiv**, indem wir einen anderen anfahren, weil uns etwas daneben gegangen ist, aber auch, wenn wir anderen gegenüber launenhaft sind, nachdem wir einen Fehler gemacht haben.

- Wir können aber auch **gegen uns selbst aggressiv** sein, indem wir z. B. ein Gerät beschädigen, etwas verlieren oder uns selbst beschädigen. So etwas geschieht unbewusst als Selbstbestrafung, ist also eine unbewusste Selbstschädigung.

> • **Selbstsicheres Verhalten** basiert auf der Einstellung, der Er-
> kenntnis, dass Fehler grundsätzlich etwas Normales sind und dass
> man aus Fehlern lernt. Fehler sind Lernstücke, Lehrstücke, keine
> Niederlagen.

Es ist empfehlenswert, nach gemachten Fehlern zwei Fragen
an sich zu richten und Fehleranalyse zu betreiben:

> »Was kann ich jetzt noch verbessern, richtig stellen bzw./und was
> kann ich für die Zukunft daraus lernen?«

Ein Tier lebt im Instinkt, kann deshalb keine Fehler machen.
Der Mensch ist weitgehendst instinkt*entbunden*, von daher
auf Lernen, auf Erfahrungen angewiesen. Das impliziert, dass
er gleichsam Fehler machen **muss**. Der Selbstsichere hat diese
normale Einstellung zum Fehler verinnerlicht.

Es gibt eine Reihe von Situationen, bei denen wir nichts mehr
verbessern können. Haben Sie sich z. B. auf einer Gesellschaft
auf Grund übermäßigen Alkoholkonsums ziemlich »daneben-
benommen«, können Sie diese konkrete Situation nicht mehr
ändern. Sie können jedoch für die Zukunft daraus lernen,
indem Sie auf der nächsten Party, weniger oder gar nichts Al-
koholisches trinken.

Fazit zur Fehlerproblematik:
Selbstunsichere und Aggressive regen sich über gemachte Fehler häufig extrem auf. Auf Grund ihrer negativen, irrationalen
Haltung und Einstellung zum Fehler und der damit verbundenen hohen Erregung können sie nicht daraus lernen, d.h. sie
machen immer wieder dieselben Fehler, was – langfristig gesehen – zu psychischen (und körperlichen) Schwierigkeiten
führen kann.
　　Selbstsichere sind im Allgemeinen nach gemachten Fehlern
ruhiger, weil sie Fehler realistisch als weiterführend einordnen.

Sie lernen von daher aus Fehlern eher, was Entwicklung bedeutet.

In diesem Zusammenhang noch ein Fallbeispiel:
Ich erinnere mich an eine 40-jährige Klientin, die u.a. folgendes Problem hatte: Sie war vier Jahre vor der Therapieaufnahme schwanger. Der anderweitig verheiratete Vater des Ungeborenen zeigte wenig Freude darüber. Sie entwickelte Angst, fühlte sich unfähig, das Kind allein aufzuziehen, ließ eine Abtreibung vornehmen. Als sie zur Therapie kam und ihr medizinischerseits diagnostiziert worden war, dass sie keine Kinder mehr bekommen könne, wurde die damalige Abtreibung zu einem großen Problem. Die Klientin konnte – was die Abtreibung betrifft – diese aber weder rückgängig machen noch konnte sie für die Zukunft aus ihrem »Fehler« lernen. Sie hatte erkennen zu lernen, dass ihr Entwicklungsstand zur Zeit der Abtreibung eben der war, dass sie große Angst hatte, das Kind auszutragen.

> Wenn wir Ich-Identität erreichen wollen, haben wir zu akzeptieren, dass wir in unserem jeweiligen Entwicklungsstand und den darin gemachten Fehler nicht anders handeln konnten.

Die Klientin konnte – was ihre Zukunft betraf – in diesem Falle nur noch andere Lebensperspektiven aufgreifen.

Das Grundrecht, Entscheidungen zu fällen

Selbstunsichere sind zumeist außerordentlich entscheidungsschwach, wenn nicht gar -unfähig.

> Der Selbstsichere nimmt sich dagegen das Recht, Fehler zu machen. Von daher geht er bei Entscheidungen nach bestem Wissen und Gewissen und nach genauer Prüfung vor.

Sollte sich später herausstellen, dass seine Entscheidung falsch war, wird er sich klarmachen, dass er zu dieser Zeit auf Grund seines Entwicklungs- und Erkenntnisstandes nur so entscheiden konnte. Er wird dies zu akzeptieren versuchen, weil er sich selbst akzeptiert (= Ich-Identität). Und er wird nach Möglichkeiten suchen, um das jeweilige Problem adäquat neu zu bearbeiten.

Das Grundrecht auf eigene Erfahrungen, auf eigenes Wissen

Menschen machen in ihrem Leben von der Kindheit an bis ins hohe Alter vielerlei Erfahrungen, eignen sich unterschiedlichstes Wissen an.

> Selbstsichere lernen aus verschiedenartigsten Erfahrungen in ihrem Leben, verknüpfen diese mit Neuartigem und tragen auf diese Weise zu ihrer Persönlichkeitsentwicklung bei. Sie wissen auch, dass sie nicht alles wissen können und sind in der Lage zuzugeben, wenn sie etwas nicht wissen.

Selbstunsichere Personen sind zumeist peinlich berührt, wenn sie eine Wissenslücke zugeben müssen. Sie quälen sich dann mit dem Gedanken, was die anderen wohl nun von ihnen denken könnten, entwickeln zumeist Minderwertigkeitsgefühle, ziehen sich zurück.

> Wir können in unserem Leben alle möglichen, auch bittere Erfahrungen, Enttäuschungen usw. gemacht, durchlitten haben. Alles gehört zu uns, zu dem, was wir (geworden) sind.

Das Grundrecht, offen nachzufragen

Selbstunsichere haben häufig nicht den Mut, noch einmal rückzufragen, wenn sie etwas nicht verstanden haben.

So lässt sich ein solcher Mitarbeiter etwa eine bestimmte Vorgehensweise bei seiner Arbeit seitens seines Vorgesetzten nicht noch einmal erklären. Er wird voraussichtlich für die Arbeit viel mehr Zeit verwenden müssen, sodass der Chef am Ende noch verärgert ist, dass sein Mitarbeiter »so langsam gearbeitet hat«.

> Der Selbstsichere fragt nach, wenn er etwas nicht gleich verstanden hat. Er nimmt das Recht nachzufragen für sich in Anspruch.

Der berühmte Philosoph Heidegger hat einmal gesagt: »Fragen ist die Religiosität des Denkens.«

Weil wir nicht alles wissen können, weil wir auch mal unkonzentriert sind oder wenn wir etwas nicht verstanden haben, sollten wir grundsätzlich nachfragen.

Interessant ist in diesem Zusammenhang noch Folgendes: Es gibt immer wieder Mitmenschen, die nicht den Mut haben, uns direkt, klar und deutlich ihr Missfallen auszudrücken. Wenn wir in einer solchen Situation die Person *direkt* ansprechen, und offen nachfragen: »Was willst du mir jetzt genau damit sagen?«, oder: »Ich kann dich nicht ganz verstehen. Was meinst du mit deiner Aussage?«, wird der Betreffende im Allgemeinen ziemlich irritiert sein und irgendetwas Banales äußern. Durch unsere *direkte* Nachfrage »spürt« der andere unsere Stärke, unsere Selbstsicherheit.

Abgrenzung

Viele Menschen ärgern sich ständig »über andere«, jede Kleinigkeit stört sie, bringt sie in Erregung. Sie ärgern sich z. B. darüber, dass ein Nachbar sich ein neues, größeres Auto kauft. Es stört sie, wenn ein anderer für seine Garderobe viel Geld ausgibt, das aber nicht ihr Geld ist usw.

Mit derart mangelnder Abgrenzung ist die Grundlage für seelische (und körperliche) Instabilität geschaffen.

Wenn uns am anderen etwas nicht gefällt bzw. uns etwas

nervt oder wir den Eindruck haben, der andere mache etwas
nicht so, wie wir es gerne hätten, sollten wir uns fragen:

Was veranlasst mich, das Verhalten des anderen so negativ
zu *bewerten*?

> Wenn uns am anderen etwas nervt, müssen wir uns fragen, ob
> uns das Verhalten des anderen einschränkt, beeinträchtigt, es
> uns der an der Erfüllung unserer Bedürfnisse und Wünsche hin-
> dert oder uns verletzt. Nur wenn das der Fall ist, hat unsere Un-
> ruhe eine Berechtigung, besteht unsere Erregung zurecht.

Wir können nicht erwarten, dass der andere sich so verhält,
wie *wir* ihn gerne haben möchten. Wir müssen ihn so annehmen, wie er sich mit seinen Eigenarten, Schwierigkeiten, Meinungen, Auffassungen usw. zeigt.

Wenn wir wirklich anerkannt werden möchten, wenn wir
geschätzt, geliebt werden möchten, lassen wir den anderen
auch in seiner Eigengestalt.

> Nicht berechtigte, d.h. nicht von uns zu monierende – zu rü-
> gende – Probleme sind solche, die nur den anderen etwas ange-
> hen und uns nichts. Der andere ist nicht auf der Welt, um sich von
> uns nach unseren Vorstellungen formen zu lassen (Toleranz).

Es gibt allerdings Situationen, in denen unser Ärger, unsere
Unruhe und Erregung berechtigt sind, und zwar dann, wenn
uns der andere *tatsächlich* einschränkt, behindert, hemmt, uns
nicht uns selbst sein lässt oder verletzt (siehe die seelischen
Grundrechte!).

Im Sinne von Selbstsicherheit und eines gesunden Selbstwertgefühls sollte es, ja muss es möglich sein, dem anderen Menschen
jederzeit in dem Augenblick (also noch im Spannungsprozess,
und wenn dies gleich nicht möglich ist, zur nächsten Chance),
wo wir *berechtigt* verärgert sind, wo wir *berechtigt* verletzt sind,
wo wir uns *berechtigt* eingeschränkt oder behindert fühlen, Mit-

teilung von unserer Situation zu machen. Das bedeutet, dass wir dem anderen Menschen unsere Erregung, unseren Ärger, unsere Enttäuschung usw. und den Grund dafür in *Ich-Sätzen, angemessenem Tonfall,* mit *Blickkontakt* (sofern das Gespräch nicht am Telefon stattfindet) mitteilen (= selbstsicheres Verhalten).

Ein Beispiel:
– Ihre Freundin schreit Sie an, äußert außerdem, dass Ihre Vorgehensweise in der Angelegenheit X »dümmlich, mehr als blöd« gewesen sei.
  Sind Sie dadurch *beeinträchtigt?*
  Ja!
  Wenn Sie sich im selbstsicheren Formenkreis bewegen wollen, sollten Sie sich äußern, wie:
  »Es gefällt mir nicht, ja es macht mich ärgerlich, von dir in dieser Art angesprochen zu werden. Ich empfinde dich mir gegenüber aggressiv, und ich verbitte mir, von dir so angesprochen zu werden ...«

In einer Beziehung zu einem anderen Menschen ist die gegenseitige Aufrichtigkeit entscheidend. Sie ist die Grundlage von Vertrauen und menschlicher Zuneigung.

> Aufrichtigkeit bedeutet eben auch, dass wir dem anderen Menschen unseren Ärger, unsere Empfindungen offen legen.

Nur das aufrichtige, selbstsichere und damit sachliche Gespräch ermöglicht es, eine Situation zu regeln, zu verbessern oder zu klären.
Den Klienten wird eine Abgrenzungs-Übung vermittelt. Sie halten dann schriftlich in ihrem Befindens- und Verhaltenstagebuch fest, in welchen Situationen sie sich abgrenzen konnten und wo sie Schwierigkeiten hatten. An Letzteren wird in der Therapie weitergearbeitet.

Die Abgrenzungsübung wird in Ichform dargeboten wird:

Wenn ich mich über etwas ärgern, ich mich erregen muss, sollte ich mich fragen:

Bin ich dadurch   beeinträchtigt,
                         behindert oder
                         verletzt?

1) Wenn ich diese Frage verneinen muss, ich also *nicht* beeinträchtigt ... bin, obwohl ich mich errege, so muss ich mir eingestehen (= Eigenentlarvung), dass ich ein Problem habe (falsche Bewertung, Intoleranz, Projektion eigener Probleme auf die andere Person).

2) Sofern ich diese Frage bejahen muss, ich also tatsächlich beeinträchtigt ... bin, besteht meine Erregung zu Recht. Ich muss mich also im Sinne seelischer Gesundheit und im Sinne der Echtheit (Aufrichtigkeit) dem anderen gegenüber äußern, dies in Ich-Sätzen, einem angemessenem Tonfall und mit Blickkontakt.

Ziel:
Zu 1):
a) Ca. 70 bis 80 % aller Erregungspunkte durch »Eigenentlarvung« schon gleich abzubauen, was einmal der »Klärung in meinem Kopf« nutzt, dazu von besonderer Bedeutung ist für psychische (und körperliche) Gesundheit;

b) Abbau falscher Bewertungen und Aufbau von Toleranz dem anderen Menschen gegenüber, wodurch echte Kommunikation erst möglich ist. Und die Fähigkeit zur Kommunikation gehört zur seelischen (und körperlichen) Gesundheit.

Zu 2):
a) Seelische Ungleichgewichtigkeit *aktiv* durch Mich-Äußern abzubauen (= Spannungslinderung bzw. Spannungslösung), wodurch *Verdrängung entfällt*, was seelischer (und körperlicher) Gesundheit zugute kommt. Spannungslinderung *kommt*

allein dadurch zu Stande, dass ich mich äußere, obwohl der andere vielleicht den Fehler nicht zugeben kann und nach Ausflüchten sucht. Spannungslösung ist nur gegeben, wenn die andere Person ihren Fehler zugeben kann und sich z. B. entschuldigt.

b) Ich *bewirke* echte Kommunikation; denn ich bin neben der Aufrichtigkeit mir gegenüber zugleich dem anderen Menschen gegenüber aufrichtig, »echt«, wodurch wirkliche Verständigung erreicht wird (und dadurch seelische und körperliche Gesundheit).

Zu beachten:

Der Begriff »beeinträchtigt« ist der umfassendere. Es empfiehlt sich, auswendig im Kopf zu haben: »*Bin ich beeinträchtigt?*« Würde ich denken: »Stört mich das?« – stören kann einen alles Mögliche. Aber bei: »Bin ich beeinträchtigt?« kann man sich selbst eine relativ objektive Antwort geben.

Ich komme nun zu einem weiteren bedeutsamen Phänomen, dem der

Vermutungen

Viele Menschen plagen sich damit, was andere über sie denken könnten. Dies ist eine völlig nutzlose Beschäftigung, weil man tatsächlich nicht weiß, was andere denken. Die Folge ist: Man beschränkt seine eigenen Möglichkeiten, indem man nur in die *eine*, nämlich *vermutete*, Richtung denkt – ob es dann der Wirklichkeit entspricht, ist eine andere Sache.

Jeder Mensch hat das Bedürfnis, Zusammenhänge erkennen zu können, ihnen auf den Grund zu gehen. Von daher sind Vermutungen zunächst nichts Ungewöhnliches. So wird z. B. ein Kriminalkommissar auf Grund eines Beweisstückes »weiterdenken«, also *vermuten*, wie das Verbrechen sich ereignet haben *könnte*. Solange die Tat jedoch nicht aufgedeckt ist, hat er seine Annahme (Vermutung) *als* **Vermutung** *gedanklich einzuordnen.* Das gilt auch für uns:

- Solange wir es *nicht wirklich wissen*, sollten wir zunächst eine Vermutung als Vermutung klassifizieren.
- Erachten wir die Angelegenheit für wichtig, sollten wir der Sache nachgehen und offen nachfragen.

Negative Vermutungen entstehen immer aus der eigenen Selbstunsicherheit heraus. *Hier besteht die Neigung, die realitätsgerechte Überprüfung von Situationen zu unterlassen,* und es wird dem anderen Menschen so gut wie immer etwas Negatives unterstellt. Der Betreffende sieht dann nur in diese eine Richtung und *verhält sich dementsprechend* der Person gegenüber. Mit diesem Verhalten wird seine Vermutung *in seinem Denken*, in seinen Vorstellungen »befestigt«; es ist eine Art »Privatdenken«, das von der Wirklichkeit abweicht.

Es gibt *zwei Arten* negativer Vermutungen, die zu massiven psychischen und psychosomatischen Schwierigkeiten führen können:

Wir denken negativ vom anderen.
Beispiel:
– Eine Arbeitskollegin hat Ihnen versprochen, eine bestimmte Arbeit auf Grund Ihrer Überbelastung zu übernehmen. Nun tut sie dies aber nicht – ganz im Gegenteil: Sie telefoniert längere Zeit privat.

Sie könnten in diesem Fall z. B. vermuten: »Sie ist wirklich gemein. Sie hält ihre Versprechungen nicht.« *Dementsprechend* würden Sie sich der Kollegin gegenüber *verhalten*: Sie sprechen das Problem nicht direkt an, vermeiden Blickkontakt, reden nur das Nötigste. So kommen Missverständnisse und Schwierigkeiten zu Stande.

Der Gedanke, dass die Kollegin nicht kooperativ ist, kann Ihnen zwar unterkommen. Sie sollten ihn aber unbedingt als Vermutung klassifizieren:
und bei der Kollegin offen nachfragen:

»Frau K., Sie hatten mir doch versprochen, die ... Arbeit zu übernehmen. Wann kann ich damit rechnen?«

So kann sich etwa herausstellen, dass die Kollegin es völlig vergessen hat, Ihnen zu helfen.

Die zweite Art negativer Vermutungen:
Wir denken/vermuten, dass die anderen etwas gegen uns haben, uns nicht mögen, uns ablehnen, unsere Arbeit nicht schätzen usw..

Selbstunsichere neigen dazu, *alles auf sich zu beziehen*, indem sie z. B. zu sich sagen: »Die haben bestimmt etwas gegen mich.«

Beispiel:

– Der Chef ist schlecht gelaunt. Der selbstunsichere Mitarbeiter denkt: »Er hat irgendein Problem mit mir. Sicher will er mich rausschmeißen«, fühlt sich daraufhin verunsichert und entwickelt *entsprechendes* Verhalten, »befestigt« damit wieder sein negatives Denken.

Wir arbeiten mit Klienten, die besonders diese Form der negativen Vermutungen produzieren, u.a. wie folgt:

In diesem Fall kann er jedoch nicht offen nachfragen: »Wollen Sie mir meinen Arbeitsvertrag kündigen?«

Hier fragen wir den Klienten:

Th. Wie haben Sie sich der Person gegenüber verhalten, bevor diese so reagierte?

Kl. Ich habe mir meines Erachtens nichts zu schulden kommen lassen. Konkret betrachtet: Ich war höflich, freundlich, sachlich und fleißig.

Th. Sie haben sich also **bemüht,** produktive Verhaltensweisen zu zeigen?

Kl. Ja!

Th. Dann halten Sie sich bitte an diesem *bemühten Verhalten* gedanklich fest. Daher beziehen Sie in dieser konkreten Situation Ihre Sicherheit (*Selbst*sicherheit).

Fazit:

In Vermutungssituationen, in denen wir nicht offen nachfragen können, sollten wir bei uns selbst nachschauen, ob wir dem anderen etwas zugefügt haben könnten. Wir bilden uns damit eine *Meinung zu unserem Verhalten.* Oder:

Wir schauen bei uns selbst nach, ob wir unseres Erachtens unsere Arbeit gut verrichten bzw. verrichtet haben, außerdem höflich, freundlich waren usw.

Stellen wir fest, dass uns nichts Negatives bewusst wird, halten wir uns daran gedanklich fest. Nur daraus beziehen wir in der jeweiligen konkreten Situation unsere Sicherheit (Selbstsicherheit). Wir sollten uns grundsätzlich an unserem bemühten Verhalten orientieren = selbstbestimmt.

Ein ebenfalls bedeutsamer Bereich für psychische und körperliche Gesundheit ist die

Konfliktfähigkeit

Der offen angesprochene Konflikt ist eine notwendige Bedingung in privaten Beziehungen und für produktive Arbeit.

Konflikte angehen und regeln bringt uns in unserer Entwicklung weiter:

• Wir werden seelisch stabiler, werden selbstsicher, entwickeln Selbstvertrauen.

> • Wir werden im Umgang mit anderen konstruktiv; unsere Be-
> ziehungen werden echt, positiv, was wiederum eine Wirkung
> auf die seelische (und körperliche) Stabilität hat.

Konfliktspannungen melden sich zumeist im Ärger (der nur bei
tatsächlicher Beeinträchtigung durch andere berechtigt ist).

Bereits auf dieser ersten Stufe des Spannungsprozesses –
wenn der Ärger entsteht – sollten wir dem Partner unseren
Ärger mitteilen. Mit anderen Worten: Wir sollten den Ärger
registrieren, akzeptieren und die Ärgergefühle (möglichst in
Ich-Sätzen) sachlich ausdrücken.

Wir sollten aber auch anderen Konflikten, z. B. einer Angst
vor Auseinandersetzungen mit anderen oder einem inneren
Konflikt (Gewissenskonflikt – Entscheidungskonflikt) nicht
ausweichen, sondern uns *jedem Konflikt stellen* – in dem Bewusstsein, dass Weglaufen, die Augen schließen, sich nicht
äußern, untertauchen, nur destruktiv ist, nicht weiterführt,
das Problem vergrößert, uns mehr und mehr fertig macht, uns
letztlich völlig konfliktunfähig macht – uns seelisch (und körperlich) matt setzt.

*Die Einstellung zum Konflikt und die Beurteilung des Kon-
flikts beeinflussen in hohem Maße unser Sozialverhalten.*

Wenn man **Konflikte als lästige Störung** bewertet, die es zu
vermeiden gilt, dann können die Partner nicht mehr offen zueinander sein. Sie müssen ihre seelischen Grundrechte, die Teile
ihrer Persönlichkeit, unterdrücken.

Erstens **vermeiden Menschen aus Angst vor Konflikten, unterschiedliche Bedürfnisse zu haben.** Unterschiedliche Bedürfnisse und Wünsche werden als Bedrohung der Partnerschaft,
als Mangel an seelischer Verbundenheit mit dem anderen erlebt. So kommt es, dass die eigenen Wünsche zurückgehalten
werden, die Partner verleugnen ihre Gefühle, verleugnen ihre

seelischen Grundrechte, wie Wünsche, Meinungen, Überzeugungen haben und äußern usw. Die Gefahren für Partnerschaft und Gemeinschaft sind damit groß.

Als Zweites führt die **Angst vor Konflikten** (hier die Motive: Wenn ich mich äußere, werde ich nicht gemocht, geschätzt, nicht anerkannt, geht die Harmonie verloren, gibt es Krach) **zu distanzierten Beziehungen.** Wenn wir ständig darauf achten müssen, die Harmonie nicht zu stören, werden wir uns zwangsläufig stark kontrollieren. Wir müssen darauf achten, dass der andere nicht geärgert wird und dass er unseren Ärger nicht merkt. Wir spielen Rollen, verhalten uns *distanziert, fassadenhaft, unecht.* Und die Auswirkungen solch unechten Verhaltens zeigen sich bei uns selbst – langfristig gesehen – in psychischen und psychosomatischen Störungen.

Die *dritte* Gefahr einer **Angst vor Konflikten** ist die Entstehung von Missverständnissen. Wenn wir nicht über unsere Gefühle sprechen, unsere Meinung nicht äußern, ist der andere auf Vermutungen angewiesen. Im zwischenmenschlichen Bereich verschwistern sich Vermutungen oft mit Misstrauen; und Misstrauen verzerrt leicht die Gedanken und Wahrnehmungen.

Die vierte Gefahr einer **Angst vor Konflikten** zeigt sich darin, dass die **Kommunikation zweideutig** wird. Wenn wir nicht wagen, unsere Interessen in die Beziehung einzubringen, d.h. unsere Ärgergefühle, unsere Wünsche, Bedürfnisse usw. direkt auszudrücken, dann werden diese in unseren nonverbalen Signalen und in unseren Handlungen sichtbar. Und unsere Worte sagen etwas anderes als unser Verhalten (Double-bind).

Eine *fünfte Gefahr* ist die **Meinung,** dass Menschen, die sich gut verstehen, ihre **Wünsche und Bedürfnisse gegenseitig**

ahnen und **sich von den Augen ablesen können** – ein verhängnisvoller Irrtum! In einer solchen Beziehung haben sich die Partner bereits gegenseitig so eingeengt, dass sie nur noch den Teil ihrer Persönlichkeit realisieren, der die gleichen Wünsche, Bedürfnisse oder Vorlieben wie die des Partners aufweist.

Die *sechste Gefahr* liegt in dem **Wunsch nach immer währender Harmonie.** Hier werden die Verschiedenheiten der Partner verleugnet oder durch Anpassung egalisiert. Diese Menschen »ohne Streit und ohne Konflikte« leben als »halbe« Menschen zusammen. Sie tragen ständig eine nicht zu stillende Sehnsucht nach Befriedigung derjenigen Bedürfnisse, die sie aus Angst vor Konflikten vor sich selbst und anderen verbergen.

Zur Bösartigkeit des (Konflikt)schweigens

Eine **schlimme Methode,** auf Konflikte zu *re*agieren, ist das **Schweigen.** Mit dem Schweigen entzieht man sich der Auseinandersetzung; man hebt den Kontakt auf und versetzt den anderen in eisige Einsamkeit. Anschweigen ist eine der verbreitetsten und doch bösartigsten (ehelichen) Methoden. Denn Schweigen lässt den anderen im Ungewissen über das, was sich in der Vorstellung des Schweigenden ereignet und über das, was dieser plant. Die Formel: »Reden ist Silber, Schweigen ist Gold«, war eine bäuerliche Maxime, die in feudalistischen Zeiten nützlich gewesen sein mag, als Widerspruch tatsächlich für Untergebene gefährlich sein konnte.

Konfliktschweigen ist eine der höchsten Formen von Aggression.

In Verbindung mit Selbstsicherheit und Kommunikationsfähigkeit steht auch

Lob annehmen – sich selbst und andere loben können

Ein negatives Selbstbild bzw. Selbstwertgefühl kann nicht nur dann entstehen, wenn eine Person zu wenig positive Reaktionen für ihr Verhalten hin erntet. Es kann auch dadurch zu Stande kommen, dass sie die ihr entgegengebrachten positiven Reaktionen anderer, etwa anerkennende Worte, nicht als solche registriert, wahrnimmt, aber auch dass sie sich selbst, z.B. bei eigenen guten Leistungen, nicht zu loben in der Lage ist.

Diese *gelernten Fehleinstellungen* finden sich oft bei besonders selbstkritischen und die Perfektion anstrebenden Personen, jedoch auch bei solchen, die gelernt haben, dass Selbstlob unerwünscht und unbescheiden sei. Diese Fehlmuster sind nur über Einstellungs- und Verhaltensänderungen abzubauen:

Lob, Anerkennung annehmen können

Wenn jemand sagt: »Ihre Ausführungen in der Diskussion haben mir sehr gefallen«, dann sollten Sie nicht regungslos bleiben. Zucken Sie auch nicht mit den Achseln und sagen Sie nicht: »Das war doch nichts Besonderes.« Reagieren Sie auch nicht ironisch, etwa mit: »Natürlich, das war fantastisch.« Auf derart unproduktive Reaktionen Ihrerseits würden Sie künftig von der jeweiligen Person nicht mehr anerkennend angesprochen. Wenn Sie ein Kompliment oder sonst wie anerkennende Worte seitens einer anderen Person erhalten, sagen Sie doch einfach: »Das freut mich«, oder: »Das tut mir gut«, oder: »Danke«. –

> Dadurch, dass Sie das Lob des anderen herausstellen und zeigen, dass Sie sich über seine Anerkennung freuen, wird dieses Verhalten des anderen positiv »verstärkt«. Mit anderen Worten: Der Betreffende wird künftig öfter in dieser produktiven Weise auf Sie zugehen.

Das impliziert zugleich, dass Sie durch Ihr konstruktives Verhalten auch dem anderen Menschen die Möglichkeit geben, andere anerkennen zu lernen.

Sich selbst loben können

Ängstliche Personen, Selbstunsichere können sich im Allgemeinen – selbst bei eigenen guten Leistungen – nicht freuen und nicht selbst loben. Das hindert sie daran, Fortschritte im sozial-aktiven Verhalten zu machen. Wir wissen, dass unser Verhalten von den Ergebnissen (Konsequenzen) her rückwirkend entscheidend beeinflusst – d.h. in der Sprache der Verhaltenspsychologie – »verstärkt« wird. Wenn wir unsere guten Ergebnisse nicht beachten, sie eher dem Zufall oder dem Entgegenkommen und der Rücksichtnahme anderer zuschreiben, sie dabei sogar abwerten, bringen wir uns um das Erfolgserlebnis.

> Wir sollten lernen, uns bei jedem Erfolg ausdrücklich leise oder still in Gedanken zu loben: »Das hast Du wirklich gut gemacht.« Solches Eigenlob stinkt nicht. Es ist ein förderliches Verhaltenselixier.

Andere loben können

Versuchen Sie doch, immer dann, wenn eine Person Ihnen gegenüber ein produktives Verhalten an den Tag gelegt hat, etwa irgend eine Freundlichkeit, eine Hilfestellung, eine Arbeit, die sie noch zusätzlich verrichtete, was leider allzu oft als selbstverständlich gesehen wird, dieses Verhalten herauszustellen, indem Sie z. B. sagen: »Danke, dass Du das Telefongespräch für mich noch erledigt hast«, oder: »Ich bin sehr froh darüber, dass Sie mir geholfen haben bei ..., danke.«

> Alles was wir positiv bei einem anderen Menschen ansprechen, verstärkt dessen Verhalten, bewirkt, dass er sich bei nächster Gelegenheit uns gegenüber voraussichtlich wieder derart produktiv verhalten wird. Damit setzen wir zugleich gutes Miteinander in Gang.

Übrigens: Wenn wir andere anerkennen in der Lage sind, können wir uns selbst auch anerkennen!

Wir geben unseren Klienten auch in diesem Zusammenhang so genannte **Hausaufgaben** auf:

> Wir empfehlen, *bewusst* darauf zu achten,
> - anerkennende Worte anderer Personen ihnen gegenüber anzunehmen, sich dafür freundlich zu bedanken;
> - sich bei entsprechender Gelegenheit auch selbst zu loben sowie
> - immer dann, wenn andere z. B. irgendetwas Positives ausgeführt haben, diese dafür anerkennend anzusprechen.

Klienten halten solche Übungen ebenfalls in ihrem Befindens- und Verhaltenstagebuch schriftlich fest.

Sich öffentlicher Beachtung aussetzen können

Ängstliche Personen haben nicht nur Schwierigkeiten, soziale Kontakte zu knüpfen und sich selbstsicher zu verhalten, sondern – wie schon bei der Darstellung sozialer Ängste erwähnt, sich öffentlicher Beachtung auszusetzen.

Publikumsangst geht vor allem auf **zwei Befürchtungen** zurück: **Versagen** und **Zurückweisung**. Die Betreffenden haben Angst,
- ihren eigenen Normen nicht gerecht zu werden oder die Erwartungen, die sie an sich selbst stellen, nicht erfüllen zu können.
- Sie haben Angst vor schlechtem Abschneiden,
- Angst, sich zu blamieren, abgelehnt und kritisiert zu werden.

Auf Grund ihres *geschwächten Selbstwertgefühls* und *negativen Selbstbildes* halten sie sich für schlechte Gesellschafter und Unterhalter. Daher haben sie zumeist auch ihre Fähigkeiten im

Umgang mit anderen nicht geübt, sind gehemmt, schüchtern und unbeholfen.

Wie können Publikumsängstliche ihre Ängste überwinden und abbauen?

Im Gespräch mit dem Therapeuten oder beispielsweise durch die Lektüre diese Buches eignen sich Klienten bzw. publikumsängstliche Leser die **Kurzformel der Kognitiven Verhaltenstherapie** an. Sie lautet:

> Ich werde mich in die neue Art des Handelns hineindenken und in die neue Art des Denkens hineinhandeln.
>
> Daraus folgt:
> * Erkenne deine gezielten Befürchtungen.
> * Prüfe deine irrationalen, ungerechtfertigten und selbstschädigenden Annahmen.
> * Ersetze sie durch realistische, selbstsichere Einstellungen.
> * Setze dich bewusst und zuversichtlich der öffentlichen Beachtung aus. Halte dich dabei an deinem bemühten (selbstsicheren) Verhalten gedanklich fest.

Wenn der Publikumsängstliche bisher die Auffassung hatte, es sei besser, ein Risiko zu vermeiden, weil er versagen, bei den anderen nicht ankommen könnte, dann geht er nun das »Risiko« ein. Er kann sich, wie in diesem Abschnitt schon ausgiebig behandelt, auch Fehler erlauben; die Leute halten ihn deshalb nicht für dumm. Er muss nicht perfekt sein und die Rolle des Könners und stets Erfolgreichen spielen. Er kann bei seinem *aktiven, bemühten Verhalten* auch gewisse Schwächen zeigen.

> Er sollte daran denken, dass
> * die anderen auch nicht besser sind als er, dass sie auch ihre Schwächen haben und
> * dass er mit jeder Überwindung eines »Risikos« an Können und Sicherheit gewinnt.

Gehen wir die erforderlichen Schritte noch in etwas anderer Form ausführlicher durch:

Erster Schritt: **Auflisten von kritischen Situationen,**
in denen der Publikumsängstliche eventuell schon einmal versagt hat oder die ihm Angst bereiten und die er verändern möchte.
Beispiele:
– Vor einer Gruppe von Mitarbeitern einen Arbeitsplan erläutern;
– in einer Vorstandssitzung einen Bericht über seine Arbeit, seine Erfolge und seine Schwierigkeiten geben;
– auf einer Party vor zumeist Bekannten eine Rede zum Geburtstag eines Teilnehmers halten;
– auf einer Veranstaltung vieler ihm zum größten Teil unbekannter Personen einen Vortrag halten.

Zweiter Schritt: **Ausdenken produktiver (selbstsicherer) Handlungsabläufe**
Für jede der zu bewältigenden Situationen werden die erforderlichen Denk- bzw. Vorstellungs- und Verhaltensschritte im Detail erarbeitet.

Der Publikumsängstliche stellt sich diese selbstsicheren Abläufe so deutlich, wie es ihm möglich ist, vor und geht sie so oft gedanklich durch, bis er jeweils eine *mentale Erfolgsschleife* im Gehirn ausgeformt hat.
Dabei sollte er dreierlei beachten:
Konzentration
1) auf sein Ziel,
2) auf sein Ausführungsverhalten und
3) auf Selbstlob bei gelungener Leistung.

Dritter Schritt: **Abbau der hemmenden irrationalen Gedanken**

> Beim Ausdenken selbstsicherer Handlungsabläufe korrigiert der
> Publikumsängstliche seine Befürchtungsgedanken und ersetzt sie
> durch realistische Bewältigungs- oder Ich-kann-Gedanken.

Neben den für die angeführten Situationen fälligen Ich-kann-Sätzen wird der Betreffende sicher noch andere zu formulieren haben etwa:

- Ich habe tatsächlich bisher kaum etwas unternommen, mich aktiv an andere zu wenden, mich aktiv bei Zusammenkünften zu beteiligen. Ich kann mich ändern.
- Ich kann lernen, in Gesellschaft entspannt und aktiv zu sein.
- Ich kann mich in einer Gruppe aktiv an einer Diskussion beteiligen und meine eigene Stellungnahme vorbringen.
- Ich kann im Seminar ein Referat halten.
- Ich kann etwas, was ich kann, in Gesellschaft vorführen usw.

Vierter Schritt: **Ausführung von Probehandlungen**

Es empfiehlt sich, *jede einzelne Situation* zu Hause, eventuell vor jemand anderem, der bei dieser Einübung als Repräsentant einer Gruppe fungiert, in *Kurzform* zu trainieren.

Fünfter Schritt: **Ausführung von Handlungen in realen Situationen**

Hat sich der Publikumsängstliche auf die Ausführung seiner Handlungen entsprechend vorbereitet, wird er neugierig, nun andersartige Erfahrungen zu machen.

> Er sucht, sobald sich die Gelegenheit bietet, Situationen auf und
> verhält sich aktiv und selbstsicher.

Dabei wird er bemerken, dass es ihm nach jeder gelungenen Handlung leichter fällt, sich in den folgenden Situationen wirkungsvoller zu verhalten.

Schlussbemerkungen zu Selbstsicherheit und Kommunikationsfähigkeit

1) Wir sollten klar erkennen können, was selbstunsicheres, aggressives und selbstsicheres Verhalten beinhaltet, damit wir unser eigenes Verhalten zu kontrollieren in der Lage sind.

2) Wir sollten uns bewusst machen, dass wir alles sagen können, was wir möchten, wenn wir das *Pronomen »Ich« in kritischen Situationen*, etwa bei Ärger oder Enttäuschung, verwenden. Wir greifen die andere Person dann nicht an. Jedoch sollte dabei auch der mimisch-expressive Ausdruck mit dem Ton übereinstimmen.

Ich-Sätze sind jedoch auch beim Äußern der *weiteren seelischen Grundrechte* sehr wirksam, wenn wir z. B. ausdrücken wollen: »*Ich* möchte das nicht tun, weil ...«

Wenn wir diese Erkenntnis in Verhalten umsetzen, *erleben* wir die Wirkung: Unsere Angst schwindet.

3) Wir sollten uns bewusst sein, welche Bedeutung Gefühlsäußerungen haben können, wobei an dieser Stelle auf die Abgrenzung zu verweisen ist. Zum Beispiel *sind unsere Ärgergefühle nur dann gerechtfertigt*, wenn wir durch eine andere Person *tatsächlich beeinträchtigt* wurden.

4) Wir alle haben eine Reihe seelischer Grundrechte (Teile der Persönlichkeit).

Die Unfähigkeit, seine Grundrechte zu vertreten, hat verschiedene Folgen:

• Solche Menschen leben gegen ihre eigenen Bedürfnisse und Interessen. Sie frustrieren sich selbst. Häufig gehen sie rationalisierenden Rechtfertigungen nach, indem sie meinen, dass sie nur durch ihre Selbstverleugnungen geliebt werden können. Im Grunde werden sie aber, was sie nicht erkennen können oder erkennen wollen, von dem oder den anderen nicht als Persönlichkeit geschätzt.

• Solche Menschen werden ständig von anderen ausgenutzt. Gelegentlich kommt es dann plötzlich, wenn ein anderer eine geringfügige Forderung stellt, zu einem unangemessenen Wutausbruch und zu massiven Aggressionen.

• Die depressiven Verstimmungen häufen sich. Über Minderwertigkeitsgefühle, Resignation, Ressentiment gleiten solche Menschen häufig in psychosomatische Beschwerden und in eine Hilflosigkeit und Depression ab.

Es wurden bei den Ausführungen zu den einzelnen seelischen Grundrechten auch Empfehlungen gegeben in Richtung konstruktiver bzw. realistischer Gedanken und Verhaltensweisen.

5) Der Bereich der *Abgrenzung* erscheint im Sinne der Einsparung seelischer Energie (= Stressimmunisierung) außerordentlich wichtig. Außerdem ermöglicht uns die in diesem Buch dargestellte Vorgehensweise, klar zu erkennen, *wann* z. B. unser Ärger berechtigt ist und wann nicht.

6) Negative (irrationale) *Vermutungen* sind weit verbreitet, machen vielen Menschen das Leben schwer. Mit den Ausführungen und Anleitungen zur Überwindung kann es möglich werden, mit Vermutungen besser umzugehen bzw. diese aufzulösen.

7) Der *Mensch* ist ein *konfliktträchtiges Wesen*. Personen, die Konflikten, wo sie nur können, stets aus dem Wege gehen, machen sich krank. Es wurde in den Ausführungen zu Konflikten versucht, dem Leser Mut zu machen bzw. ihn zu motivieren, jeden einzelnen Konflikt, konstruktiv anzugehen, statt ihn zu vermeiden.

8) Auch zu den Themen *Lob, Anerkennung annehmen können – sich selbst loben können – andere loben können* sowie *sich öffentlicher Beachtung aussetzen können* wurden Hinweise zur Verbesserung bzw. Entwicklung von Selbstsicherheit und

Kommunikationsfähigkeit und damit zum Angstabbau bzw. zur Angstfreiheit gegeben.

Ziel des Selbsicherheitstrainings ist letztlich die Selbstkontrolle und Selbststeuerung, d.h. das Selbstmanagement auf der Kognitions- und Verhaltensebene. Die angeführten Techniken zur Selbstkontrolle tragen dazu bei.

Selbstkontrolle und Selbststeuerung

Selbstkontrolle ist dann erforderlich, wenn wir ein unerwünschtes Verhalten unterbrechen und uns von ihm lösen wollen. Die zur Lösung dieses Konflikts herangezogenen Verhaltensweisen bezeichnen wir als Selbstkontrolle.

> Die Selbstkontrolle bezieht sich einerseits auf *kognitiv-emotionale Vorgänge* und andererseits auf die Durchführung entsprechenden Selbstkontroll*verhaltens*. Selbstkontrolle besagt also, dass der Mensch fähig ist, zu seinem Verhalten Stellung zu nehmen, es *bewusst* zu ändern, da er nicht blind den Umgebungseinflüssen und ihren Antrieben ausgeliefert ist.
> Allerdings stellt das Wissen um ein Problemverhalten noch keine ausreichende Bedingung für eine Veränderung dar. Wenn wir eine Veränderung des Verhaltens erreichen wollen, reicht es also nicht aus, nur die Gedanken, Vorstellungen, Einstellungen, also die Kognitionen, zu ändern. Wir müssen zugleich regelrechtes *dementsprechendes* neues Verhalten einüben. Dies ist der Grundsatz der Kognitiven Verhaltenstherapie.

Problemverhalten hat stets konflikthafte Konsequenzen. So haben z. B. Vermeidungs-, Rückzugs- oder Aggressionsverhalten, Alkohol- und Medikamentenabhängigkeit (= Fluchtverhalten) kurzfristig angenehme, langfristig unangenehme Folgen.

Der Therapeut hat die Aufgabe, den Klienten schrittweise

aus seinem Dilemma herauszuführen, ihm Möglichkeiten der
Selbstkontrolle zu eröffnen und diese mit ihm einzuüben. Der
Klient kann sich auf diese Weise verschiedene Fähigkeiten aneignen, um mit sich und anderen besser umzugehen und sich
zu verändern. Der Klient verfügt dann über die Fähigkeit des
Selbstmanagements bzw. über Selbstmanagement-Techniken,
die es ihm erlauben und ihn befähigen, die Fesseln seiner selbstschädigenden Gedanken und Verhaltensweisen zu lösen und
sich frei zu bewegen.

Grundsätzlich sind Selbstkontrolle und Selbstmanagement
Ziele aller Therapien. Von daher gesehen stützt sich das Selbst-
management-Training auf Methoden verschiedener Herkunft,
in besonderem Maße auf die der Kognitiven Verhaltenstherapie. Letztere hat – und damit ergänzte und erweiterte sie die
Klassische Verhaltenstherapie – von Anfang an besonderen
Wert auf die Förderung der Selbstkontrolle bzw. Selbststeuerung gelegt und wirksame Wege zum Erreichen dieser Ziele erarbeitet.

Menschliches Verhalten wird nicht nur durch Umgebungsbedingungen – physikalische und soziale Umwelt – bestimmt,
sondern auch durch innere Bedingungen, wie Wahrnehmung
und Einschätzung einer Situation, der persönlichen Gestimmtheit und Motivation und nicht zuletzt von den rückwirkenden
Konsequenzen des Verhaltens (Erfolg, Misserfolg) und deren
Einschätzung und Beantwortung.

> Der Klient lernt, dass er sein Verhalten steuern und damit verän-
> dern kann, zugleich für sein Verhalten selbst verantwortlich ist.
> Er selbst ist Lernender und Problemlösender. Mit der bewussten
> Aneignung von Selbstkontrolle erweitert der Klient den Spiel-
> raum seiner Freiheit, Selbstbestimmtheit und Verantwortlichkeit.

Selbstkontrolle und -steuerung werden über einen sechsglied-
rigen bzw. -stufigen Lernprozess erworben:

- Selbstbeobachtung und -bewertung,
- Selbstverstärkung und -bestrafung,
- Veränderung der Umgebung,
- Veränderung der Selbstgespräche,
- Problemerkennen und -lösen,
- Führen eines Befindens- und Verhaltenstagebuches.

Selbstbeobachtung und -bewertung

Behandlungsmethoden mit dem Ziel, das Verhalten des Klienten zu ändern, erfordern genaue Protokollierung des Verhaltens. Während der Therapie ist dies immer nur kurzfristig möglich. Der Klient sollte also in der Therapie lernen, sein Verhalten – besonders in kritischen Situationen – zu beobachten, selbst zu überwachen und zu protokollieren. Nur so können sich Therapeut und Klient über die Auftretenshäufigkeit bestimmter Verhaltensweisen klar werden.

Verschiedene Untersuchungen haben gezeigt, dass oft schon allein die *Selbstbeobachtung* das Verhalten in der gewünschten Richtung verändert. Doch kann diese Veränderung wohl nicht nur auf die Selbstbeobachtung zurückgeführt werden. Es spielen dabei sicher auch Erfolgserwartung und Selbstverstärkung der einzelnen Veränderungsschritte eine Rolle. Zugleich erhöht die Selbstbeobachtung die Motivation des Klienten hinsichtlich einer Verhaltensänderung.

Die Wirksamkeit der Selbstbeobachtung ist z. B. bei folgenden Situationen nachgewiesen worden:
- Beim Auftreten zwanghafter Gedanken;
- beim Drang, problematisches Verhalten auszuführen, z. B. immer wieder die Korridortür zu überprüfen, ob diese zu sei;
- beim Auftreten einfacher motorischer Störungen, wie Hautzupfen oder Werfen von Gegenständen oder

- bei komplexen sozialen Verhaltensweisen wie selbstabwertende Äußerungen.

> Die *Selbstbeobachtung* kann durch die *Fünf-Spalten-Technik* verfeinert werden. Auf einem DIN-A-4-Bogen im Querformat oder in einem Teil des Befindens- und Verhaltenstagebuches sind folgende Spalten einzutragen:
> (1) Auslösersituation;
> (2) Was habe ich gedacht?
> (3) Was habe ich gefühlt?
> (4) Wie habe ich mich verhalten?
> (5) Was war das Ergebnis?
> Vor den Spalten sollte noch Platz für *Datum* und *Uhrzeit,* nach den Spalten für *Rückblick* freigehalten werden (was habe ich rückblickend gedacht, gefühlt und mir vorgenommen?)

Mit dem Therapeuten können dann verschiedene für den Klienten problematische Aufgaben geplant werden. Der Klient führt sie alsdann zwischen den Therapiestunden aus und protokolliert sie entsprechend der Fünf-Spalten-Technik.

Beispiele:

– Der Klient fürchtet sich vor sozialen Situationen. Damit er diese Furcht überwindet, sollte er in ein Café gehen, eine Tasse Kaffee trinken und gleichzeitig die Leute an den Nachbartischen beobachten, wie sie einander zugewandt sind, miteinander sprechen und fünfzehn Minuten seine Beobachtung protokollieren.

– Eine schüchterne junge Frau mit Minderwertigkeitsgefühlen soll nur deshalb zu einer Party gehen, um dort Informationen über die berufliche Ausbildung und die momentane Stellung zweier männlicher und weiblicher Gäste einzuholen.

– Ein menschenscheuer Klient, der zu Hause oft zu viel Wein trinkt, soll in einem Gasthof ein Bier bestellen, die Zahl der männlichen und weiblichen Gäste, die das Lokal betreten und verlassen, feststellen und ihr Alter einschätzen.

Diese genannten Aufgaben haben mehrere Zielsetzungen. Sie bieten dem Klienten Gelegenheit, das Verhalten auszuführen, das für ihn zuvor ein Problem darstellte. Teilweise hilft es auch, die Bedenken zu zerstreuen, dass etwas Schreckliches passieren könnte.

> Der Klient lernt aus dem *erfolgreichen Erledigen der Aufgabe*, aus der *Selbstbeobachtung* und aus den *Besprechungen* mit dem Therapeuten, seine Rolle immer geschickter auszufüllen und sich in ihr wohl zu fühlen. Durch solche Erfahrungen kann der Klient ferner lernen, seine Selbsteinschätzung und die Bewertung seiner Fähigkeiten zu revidieren.

Das als Aufgabe verlangte Verhalten sollte in Gegenwart des Therapeuten im Rollenspiel eingeübt und vor der praktischen Durchführung detailliert besprochen werden.

> Die *Selbstbewertung* besteht aus einem Vergleich zwischen den Leistungszielen und den Informationen, die man aus der Selbstbeobachtung gewinnt, also zwischen dem, was man tun sollte und dem, was man tut, zwischen dem, was man wünscht und dem, was geschieht.

Denken Sie z. B. daran, dass ein Redeängstlicher, wenn er eine Rede hält und einige Leute, während er spricht, aufstehen und aus dem Vortragssaal gehen, vermutlich annimmt: »Mein Vortrag muss die Leute langweilen.« Diese Selbstbewertungen lösen seine Angst aus und führen zu einem gehemmten Redeverhalten, das der Betreffende fürchtet. Ein Vortragender ohne Redeangst könnte z. B. denken, dass die Leute etwas versäumen, wenn sie seinem Vortrag nicht bis zum Ende folgen können oder wollen.

Wir können uns die Bedeutung der Selbstbeobachtung und -bewertung für die Veränderung unseres Verhaltens auf zweierlei Weise erklären:

- durch das Feedback-Modell und
- durch das Modell der operanten, d.h. selbst herbeigeführten Konsequenzen.

Das Feedback-Modell

Bei diesem Modell ist wichtig, dass neben der Aufzeichnung des problematischen Verhaltens auch die Auslöser (Umgebungsbedingungen, Gedanken und Vorstellungen) und die Konsequenzen (Ziel nicht annähernd erreicht oder erreicht) aufgezeichnet werden.

> Schon das Aufzeichnen stellt ein neues Verhalten dar, das das Gesamtverhalten in Richtung des erwünschten Zieles verändert.

Dabei unterstützen auch die Erwartungen des Klienten sein Vorhaben und Tun, wissen wir doch, dass allein schon das Denken an einen Prozess bereits zu einem Schritt der Ausführung des Verhaltens beiträgt.

Selbstbeobachtung kann – wenn sie rechtzeitig einsetzt – eine Verhaltenskette unterbinden. Dies erklärt zum Teil, warum Selbstbeobachtung oft schon das Vorhaben verbessert.

> Eine Person, die ihr Verhalten beobachtet, erhält zugleich auch Informationen über ihr Verhalten und wird zur Arbeit an sich selbst motiviert.

In der Selbstbeobachtung stellt der Betreffende nicht nur etwas fest; er bewertet das Resultat auch. Selbstbeobachtung führt also zur Selbst-Zielsetzung. Sie gibt zugleich an, ob die Daten mit gewissen Zielen in bestimmten Situationen übereinstimmen oder nicht und regt dadurch Veränderungen an, bis eine akzeptable Übereinstimmung erreicht ist. Nur wenn Ziele vorgegeben sind, besteht eine Vergleichsmöglichkeit mit dem aktuell durchgeführten und zurückgemeldeten Verhalten.

> Selbstbeobachtung ist eine notwendige Voraussetzung von Selbst-
> bewertung und von Selbstveränderung. Das Training der Selbst-
> beobachtung kann zu einer verbesserten Selbstkontrolle führen.

Modell der operanten Konsequenzen

Viele unangepasste Verhaltensmuster haben kurzfristig positive, langfristig aber negative oder aversive Konsequenzen
(Überessen, Alkohol, Drogen). Die langfristigen Konsequenzen müssen dem Klienten verdeutlicht werden, damit sie redu-
zierend auf sein Verhalten wirken können.

> Der Betreffende muss sich also vor der Durchführung seines un-
> angepassten Verhaltens die schädlichen Konsequenzen so deut-
> lich vergegenwärtigen, dass sie ihn von dem Verhalten abhalten.
> Dazu verhelfen ihm die Selbstaufzeichnungen (z. B. möchte eine
> Torte essen – dick werden, Herzinfarkt bekommen usw. – halte
> mich jetzt zurück). Häufig wiederholt, führt diese Prozedur zum
> Therapieziel »Selbstkontrolle«.

Aufzeichnungen sind Verstärker. Daneben sind soziale Verstärker wirksam, d.h. die Beachtung und Anerkennung unseres Verhaltens durch andere. Im Übrigen sollte sich der Klient
dabei auch Modellpersonen vor Augen halten.

> Da das Fehlverhalten zur Gewohnheit geworden ist, wird der
> Vorsatz oft mit hinhaltendem Widerstand blockiert: »Nur mal
> probieren, heute zum letzten Mal«, usw. Deshalb kann die Ver-
> stärkung des angezielten Verhaltens oft nur mit *schrittweiser
> Annäherung* an das Ziel erreicht werden. Der Betreffende sollte
> erkennen, dass ihn jedes Fehlverhalten zwei Schritte zurückwirft.

Wenn es dem Klienten gelingt, die negativen Konsequenzen
seines Störverhaltens mit produktiven, realistischen Gedanken
und Selbstgesprächen umzuformen, kann er sein Verhalten ändern. Diese Änderung führt dann zu positiven Konsequenzen,

die wiederum rückwirkend den Verhaltensaufbau und die Einstellungsänderung stützen und fördern.

Selbstverstärkung und -bestrafung

Selbstverstärkung ist ein Vorgang, bei dem sich ein Individuum einen positiven Reiz setzt bzw. einen schädigenden Reiz entfernt. Man spricht hier von positiver bzw. negativer Selbstverstärkung. Auf beiden Wegen erhöht sich in Zukunft die Rate des verstärkten Verhaltens. Selbstverstärkung ist als gelerntes Verhaltensmuster anzusehen. Sie hat dasselbe Ergebnis wie bei Verstärkung (Lob, Anerkennung) seitens anderer. Bei Selbstverstärkung wird jedoch das neue Verhalten besser behalten.

> Bei der Selbstverstärkung lobt sich der Klient bei Veränderungen in Richtung erstrebter Befindens- und Verhaltensziele selbst: »Das habe ich gut gemacht. Das war prima. Ich freue mich darüber.« Auf diese Weise wird das neue Verhalten gefördert und der Klient wird zu neuem Lernen motiviert.

Die *positive Selbstverstärkung* kann, wenn sie im Alltag nur selten praktiziert wird, den Klienten an der Erreichung seiner Ziele hindern. Dies ist oft der Fall bei Personen mit übermäßigem Anspruchsdenken in Bezug auf die eigene Person oder solchen, die die Fehleinstellung haben, dass Selbstlob unbescheiden ist.

Zunächst stellt der Klient einige Selbstverstärker zusammen, wie:
• Über welche materiellen Dinge würde ich mich freuen?
• Welchen Tätigkeiten würde ich gerne nachgehen? Was würde ich gerne unternehmen?
• Wie würde ich zu mir sprechen, wenn ich ganz zufrieden wäre, weil mir etwas Schwieriges gelungen ist?

Antworten könnten etwa sein:

- Ein Mal- oder Werkzeugkasten, eine Tauchausrüstung oder ein Surfbrett usw. bis zur Anschaffung eines Motorbootes oder neuen Autos;
- meine abgebrochene Schul-, Berufsausbildung oder mein Studium fortzusetzen, eine Fernreise nach … zu unternehmen usw.
- »Ich freue mich, dass es endlich doch geklappt hat. Das habe ich wirklich gut gemacht. Anstrengung und Ausdauer lohnen sich doch.«

Selbstbestrafung

Unerwünschtes Verhalten kann man nachträglich bedauern und kritisieren; doch schwächen derartige Selbstgespräche das unerwünschte Verhalten nicht ab. Stattdessen beseitigen sie meist nur die Schuld- und Angstgefühle, die das Auftreten der unerwünschten Reaktion begleiten.

> Eher wirksam sind Vorstellungen von etwas Unangenehmem, die beim Entstehen unerwünschter Verhaltensweisen mit diesen verbunden werden (gesundheitliche Schädigung, Minderung sozialen Ansehens, Abbau sozialer Kontakte, Versäumnisse aller Art).

> Ein Abbau des unerwünschten Verhaltens kann auch dann eintreten, wenn der Betreffende dieses nicht erwünschte Verhalten *absichtlich oft wiederholt*, vielleicht sogar rigoroser ausführt als sonst.

Man bezeichnet diesen Vorgang als Sättigung.

Es erscheint paradox, dass durch vermehrtes, bewusst durchgeführtes negatives Verhalten dieses abgebaut wird. Es ist hier aber *nicht nur die Sättigung und die Verdeutlichung der negativen Konsequenzen wirksam, sondern die Umpolung* vom automatisch erfolgenden zum *bewusst gesteuerten Verhalten*. Sobald ich ein Verhalten – sei es auch negativ – der bewussten Steuerung zuführe, kann ich es willentlich eher steuern.

Bei der negativen Selbstverstärkung

> verzichtet man auf einen erfreulichen Reiz, indem man alternative oder konkurrierende Verhaltensweisen einsetzt. Dabei kann man erfahren, dass die Reduktion des Unangenehmen oder der Angst hilft, das neu erlernte Verzichtsverhalten positiv zu verstärken.

Wenn jemand die ersehnte Verabredung mit seiner Freundin absagt, um sich mehr auf das Examen vorzubereiten, so ist dies ein Beispiel für negative Selbstverstärkung. Die Abwesenheit der Freundin ist ein unangenehmer Reiz; man vermeidet das Zusammensein, um eine wichtige Arbeit zu erledigen.

Veränderung der Umgebung

Klienten haben zumeist oft versucht, ihr Verhalten zu ändern; doch es gelang ihnen nicht, da sie – trotz gelernter Management-Techniken – durch äußere Umstände (Reize) wieder in den Sog ihres Problemverhaltens gerieten. Die Betreffenden sollten auch angeleitet werden, ihre Umgebung zu ändern.

> Bei häuslichen Ess- und Trinkproblemen kann der Klient z. B. den Schlüssel für die Speisekammer mit Kühlschrank seinem Partner übergeben. Er kann auch – statt mit Freunden ein Lokal aufzusuchen, lediglich mit ihnen spazieren gehen.

Extremere Reizkontrollen sind etwa: sich freiwillig in eine Klinik zu begeben, um die Medikamentenabhängigkeit aufzugeben.

> Bei der Reizkontrolle werden physiologische oder soziale Umweltbedingungen geschaffen, die das Auftreten des unerwünschten Verhaltens unmöglich oder zumindest nicht sehr wahrscheinlich machen.

Im Alltag finden solche Reizveränderungen häufiger statt, z. B. einen Platz aufzusuchen, wo man ungestört studieren kann.

Mit einer Klientin, die wegen Ladendiebstahls angeklagt war, habe ich einen Vertrag geschlossen, wonach sie nicht mehr allein in Geschäfte gehen durfte, sondern nur in Begleitung ihres Mannes oder ihrer Tochter. – In einem anderen Fall hatte sich der rauchende Mann, der seinen Zigarettenkonsum reduzieren wollte, es aber nicht schaffte, jedesmal, wenn er eine rauchen wollte, in ein kleines Nebenzimmer zurückzuziehen. – Wieder ein anderer durfte nur zu bestimmten Zeiten rauchen, ein anderer nur, wenn er dabei eine engsitzende Mütze aufsetzte.

> Man kann das Problemverhalten auch reduzieren, wenn man es mit *unangenehmen Situationen* oder *Tätigkeiten*, also einer Bestrafung, verknüpft.

Veränderung der Selbstgespräche

Wir sprechen etwa tausendmal mehr am Tage zu uns selbst als zu allen anderen Personen. Umso merkwürdiger ist es, dass die Bedeutung der Selbstgespräche in der herkömmlichen Psychotherapie selten beachtet wurde. Erst mit dem Aufkommen der Kognitiven Verhaltenstherapie fanden *Selbstgespräche* im Rahmen ihrer Zielbestimmung und Verfahren der Selbstkontrolle mehr Beachtung.

> Die Selbstgespräche oder *inneren Dialoge* – wie sie einst Plato nannte – sind von grundlegender Bedeutung für die Steuerung des Verhaltens. In den Selbstgesprächen verdeutlichen wir uns das, was um uns und in uns geschieht, das, was wir erleben und planen. Könnte man dann nicht einfach für inneres Sprechen Denken sagen? Zum Teil können wir dies, aber Denken umfasst mehr. Inneres Sprechen ist ein wichtiger Aspekt des Denkens.

Beim Kleinkind kontrolliert und steuert zumeist die Sprache von anderen, in der Regel die der Eltern, das Verhalten des Kindes. Dann wird mit ca. zwei Jahren das laute Sprechen des Kindes zu einem wirksamen Verhaltensregulator. Schließlich, etwa mit drei Jahren, übernimmt das nicht geäußerte oder innere Sprechen eine selbststeuernde Rolle. Wenn wir Erwachsenen z. B. eine motorische Fertigkeit, etwa Auto fahren, lernen, geben wir uns sprachliche Anweisungen, wie wir dies und jenes zu handhaben haben (z. B. Gangschaltung beim Autofahren). Mit der Zeit automatisieren sich die Handlungsabläufe, sodass sie uns gar nicht mehr zum Bewusstsein kommen. Im frühen Stadium einer zu lernenden Handlung übernimmt die Sprache eine steuernde Funktion, und sie verschwindet wieder, wenn die Aktion gelernt ist. Zwischendurch kommt sie allerdings wieder deutlich zum Vorschein, wenn wir einen Fehler gemacht haben (z. B. falschen Gang eingelegt oder statt auf die Bremse aufs Gas getreten haben).

> Der *Inhalt der Selbstgespräche* beeinflusst das Verhalten unmittelbar. Wir können uns durch Selbstgespräche auf Aufgaben und Lernen besser konzentrieren.

Untersuchungen an hyperaktiven und impulsiven Kindern zeigten, dass diese ihr Fehlverhalten durch *Selbstanweisung* leichter abbauen konnten.

> Der kognitiv orientierte Therapeut vermittelt seinem Klienten das Bewusstsein darüber, welche bedeutende *Rolle das automatische Denken* in der Verhaltensabfolge seines Störverhaltens spielt. Er hält den Klienten an, die dem Fehlverhalten vorausgehende Abfolge des Denkens und Verhaltens zu unterbrechen und Selbstanweisungen und Vorstellungen zu produzieren, die mit dem Fehlverhalten unvereinbar sind. Das Fehlverhalten, das zumeist ohne Vororientierung abläuft, sollte durch entautomatisierte, d.h. bewusst-beabsichtigte Zielgedanken, zersetzt und damit durch Zielverhalten ersetzt werden.

Scheue und sozial isolierte Personen folgen in ihrem Verhalten einer Reihe von negativen Selbstaussagen, die sich zumeist auf folgende Sätze beziehen:

Ich-bin-Sätze:
- Ich bin ein Versager.
- Ich habe immer Pech.

Wenn-dann-Sätze:
- Wenn ich das sage oder tue, was werden dann die anderen denken und sagen?
- Wenn meine Depression noch länger anhält, drehe ich ganz durch.
- Wenn ich nicht schnell Erfolg habe, dann kommt er überhaupt nicht zu Stande.
- Wenn das so bleibt und sich nicht ändert, gibt es eine Katastrophe.

Ich-und-Es-muss-Sätze:
- Ich muss immer alles fehlerfrei ausführen.
- Ich muss immer bei anderen gut ankommen.
- Ich muss immer kompetent sein.

Ich-kann-nicht-Sätze:
- Ich kann mich nie entscheiden.
- Ich kann mich bei anderen nie durchsetzen.
- Ich kann kein Risiko eingehen.
- Ich kann nie Nein sagen.
- Ich kann mich nicht verändern.

Die-anderen-Sätze:
- Die anderen können mich nicht verstehen.

- Die anderen haben immer Glück im Leben.
- Die anderen und die Umstände haben Schuld daran, dass es mir so schlecht geht.
- Alle anderen sind besser als ich (gescheiter, geschickter, liebenswerter usw.).

Ellis hat noch auf die folgenden irrationalen Gedanken aufmerksam gemacht:
- Schwierigkeiten und menschliches Elend sind immer von außen verursacht.
- Wer einmal Schwierigkeiten hat, hat sie immer.
- Gefühle sagen einem immer die Wahrheit; sie spiegeln die Wirklichkeit.
- Wir haben über unsere eigenen Gefühle keine Kontrolle.
- Die Ursachen für Schwierigkeiten und Störungen der Erwachsenen sind in der Kindheit zu suchen.
- So wie die einzelnen Menschen sind, so bleiben sie auch. Charakter und Intelligenz sind vererbt.

Auch solche negativen (irrationalen) Selbstgespräche folgen letztlich fehlerhaftem Denken:
- Wenn mich mein Chef mal nicht grüßt, denke ich, dass er etwas gegen mich hat und mich loswerden will.
- Wenn mir mal etwas nicht gelingt, ich einen Fehler mache, bin ich schnell entmutigt und denke, dass alles, was ich unternehme, schief geht.
- Wenn mein Herz mal schneller schlägt oder ich Magenschmerzen habe, denke ich sofort an einen Herzinfarkt oder an ein Magengeschwür.
- Wenn ich mal bei großer Erregung Atembeschwerden habe, denke ich, dass mir bald die Luft ausgeht und ich sterben werde.

Es ist sinnvoll und förderlich, diese negativen Selbstgespräche *zu erkennen* und sich *ihre Bedeutung und Wirkung auf Erleben und Verhalten klarzumachen.* Sind es doch diese negativen inneren Dialoge, die unsere Schwierigkeiten herbeigeführt haben und aufrechterhalten.

Der in Gang zu setzende Veränderungsprozess vollzieht sich in sieben Schritten:

* In welcher Situation habe ich so negativ reagiert?
* Was habe ich da gedacht oder zu mir gesprochen?
* Was für ein Gefühl hatte ich daraufhin?
* Woran haben mich meine Selbstgespräche gehindert; zu welchem Verhalten haben sie geführt?
* Ich kann meine negativen Selbstgespräche kritisieren, und zwar so …
* Wie würde ich mich dann fühlen und wie würde ich handeln?
* Ich übe in jeder kommenden vergleichbaren Situation die neuen realistischen Selbstaussagen ein, verändere dementsprechend mein Verhalten und erwarte eine Veränderung meiner Gefühle.

Auf welche Weise führt die Veränderung des inneren Dialogs einer Person zu Verhaltensänderungen?

Anweisungen, die wir von Experten für unser Lernen und Leisten erhalten, können uns zu besseren Leistungen motivieren, uns bessere Wege zum Erkennen von Schwierigkeiten, zur Konzentration und Aufmerksamkeit bei der Lösung von Aufgaben und zur Kontrolle der Vorgehensweisen aufzeigen. Die Anweisungen vermitteln uns Regeln, wie wir unser Verhalten steuern können. Beachtenswert ist, dass wir uns solche Anweisungen mit ähnlichen Ergebnissen auch selbst geben können.

Häufig konzentrieren sich Klienten bei einer Stresssituation, z. B. einer Prüfung, zu stark auf ihre Erregung, auf das Verhalten anderer und auf vergangene Fehler, die sie gemacht haben. Sie versetzen sich oft selbst durch ihre negative Bewertung der Situation und ihrer Person in eine beträchtliche Erregung mit Schweißabson-

derung in den Handflächen, erhöhter Herz- und Atemfrequenz, Muskelspannung usw.
Andererseits neigen Klienten häufig dazu, Erregungen als Angst zu interpretieren. Sie verfangen sich dann in der Angst und der mit ihr gegebenen Blockierung ihres Verhaltens. Die Betreffenden haben zu erkennen, dass *nicht die physiologische Erregung sie beeinträchtigt, sondern das, was sie sich über die Erregung »sagen«.*

Selbstanweisungen können bei Benutzung von Vorstellungsbildern unseren Gemützustand verändern.

Wir denken nicht immer, bevor wir handeln. Die meisten unserer Verhaltensweisen haben sich zu *Gewohnheiten* verfestigt. Sie befähigen uns, in normalen Alltagssituationen sowohl im Leistungs- als auch im Kommunikationsbereich wirkungsvoll zu handeln.

Wenn wir allerdings Fehleinstellungen und -verhaltensweisen verändern wollen, müssen wir vor dem Handeln denken, realistische Selbstgespräche entwickeln.
Bewusst eingesetzte realistische Selbstgespräche sind vor allem in vier Situationen angebracht:
* zur Veränderung von Einstellungen,
* zur inneren Motivierung,
* um Probleme zu lösen oder Ziele zu erreichen,
* um mit unangenehmen, aber unumgänglichen Situationen umzugehen.

Sobald die neuen Selbstgespräche funktionieren, sind folgende Ergebnisse zu erwarten:
* Die alten Programme werden schrittweise gelöscht. Dabei kommt es oft zu einem inneren Widerstreit, da die alten Programme ihren Platz behaupten wollen. Durch Beharrlichkeit, Argumentieren oder Attackieren im Selbstgespräch kann sich dann das neue Programm durchsetzen.

- Die neuen Selbstgespräche werden auf weitere Situationen und Lebensbereiche ausgedehnt. Selbstgespräche werden als Lebensbewältigungstechnik genutzt. Die Betreffenden fühlen sich im Einklang mit ihren Bedürfnissen. Sie erreichen Ich-Identität und einen höheren Grad der Selbstbestimmung und Selbstsicherheit.

- Die Selbstgespräche bewirken, dass wir mit anderen anders sprechen, ein besseres Verständnis für andere entwickeln. Wir gestehen ihnen auch die »seelischen Grundrechte« zu (vgl. Seite 316); wir werden großzügiger, sozial geschickter und kontaktfreudiger.

- Die Selbstgespräche fördern darüber hinaus drei zentrale Persönlichkeitsfähigkeiten: Bewusstheit, Achtsamkeit und Selbsterkenntnis.

Die erfahrene Wirksamkeit der produktiven Selbstgespräche führt zu zwei grundlegenden Einsichten:

Erstens erkennen wir, dass Gedanken sehr wichtig sind. Sie sind – wie die Neurophysiologie erkannt hat – nicht nur psychologischer Art, sondern auch physiologisch nachweisbar. Die Gedankenimpulse lösen im Gehirn elektrische und biochemische Umschaltungen aus, die dann unser Befinden und Verhalten steuern.

Wir können uns *zweitens* durch Selbstgespräche verändern. Wir müssen nur die alten unproduktiven Selbstgespräche durch produktive ersetzen.

Therapeutischer Erfolg verlangt aber noch die Beachtung eines anderen Aspekts:

Die Gefühle, besonders das leibgebundene Befinden und das Selbstwertgefühl, sind zentraler Bestandteil unserer Persönlichkeitsstruktur und -dynamik. Psychische und psychosomatische Störungen sind immer auch Gefühlsstörungen. Wie schon einige Male besprochen: Gefühle können wir willentlich nicht direkt verändern. Wir haben aber zwei Zugänge zum Gefühl, durch die wir sie in den Griff bekommen können: die Gedanken und Selbstgespräche und das Verhalten sowie die Verhaltenskonsequenzen.

> Die Selbstgespräche führen letztlich nur dann zu einer Veränderung der Gedanken, wenn wir gleichzeitig das *Verhalten* ändern und damit die Konsequenzen der Veränderung erfahren.

Dies ist, auf einen Nenner gebracht, die Erkenntnis der neueren Therapie:

Abbildung 15: Kognitive Verhaltenstherapie

Problemerkennen und -lösen

Menschen, die sich in psychischen Schwierigkeiten befinden, an hoher Erregung, Angst und Panik leiden, lernen in der Therapie, diese Störungen als aktuelle Probleme anzusehen. Die Schwierigkeiten mögen zum Teil in kurz zurückliegenden, teilweise in weiter zurückliegenden Entstehungsbedingungen gründen, werden aber stets von aktuellen negativen Gedanken, Vorstellungen, Einstellungen, Bewertungen und Selbstgesprächen aufrechterhalten.

Wir stehen vor einem Problem, wenn wir für die betreffenden Situationen keine unmittelbaren Reaktionen einsetzen können, wenn wir die Situationen nicht recht durchschauen, damit auch nicht wissen, was wir erreichen wollen und welche Mittel und Wege zur Lösung führen.

Die Verhaltensschwierigkeiten, Ängste, Phobien können verschiedene Gründe haben:

- Manche Personen neigen dazu, bei Problemen schnell aufzugeben und sich zurückzuziehen.
- Manche reagieren aggressiv, wenn sie Probleme haben, und schieben anderen die Schuld zu.
- Sowohl beim Aufgeben, Rückzug, als auch bei der Aggression und externen Schuldzuschreibung folgen die Betreffenden oft alten Verhaltensmustern, mit denen sie früher Erfolg hatten.
- Häufig fehlt es den betreffenden Personen an sozialen Fertigkeiten, weil sie wenig Gelegenheiten hatten oder diese nie ergriffen, um sie zu erwerben.
- Verbunden mit den genannten Erlebens- und Verhaltensschwierigkeiten mangelt es vielen Menschen an selbstständigen Problemlösefertigkeiten, manchmal weiter begründet in einem Mangel an Intelligenz und Fantasie, das Problem differenziert zu erfassen und die Konsequenzen ihres Verhaltens zu bedenken.
- Letztlich lassen sich die meisten Verhaltensschwierigkeiten auf Hemmungen, irrationale Gefühle und soziale Ängste zurückführen.

Problemlösen ist ein kognitiver Prozess, bei dem verschiedene Handlungsmöglichkeiten für eine problematische Situation erarbeitet werden und sich die Betreffenden für eine Alternative entscheiden, die sie zur Lösung des Problems einsetzen.

Ziel des Problemlösetrainings ist nicht die Vermittlung von Strategien für spezifische Probleme, sondern die Vermittlung einer *allgemeinen Strategie* zur Bewältigung eines breiten Spektrums schwieriger Situationen.

Das Erlernen von Problemlösen erfolgt in fünf Schritten:
• Allgemeine Einstellung und Orientierung,
• Definieren und Formulieren des Problems (des Konflikts),
• Finden von Alternativen,
• Entscheiden,
• Überprüfen und Verwirklichen.

Allgemeine Einstellung und Orientierung

Dem Klienten wird in Diskussionen eine bestimmte Einstellung etwa zu Problemen und zu Konflikten vermittelt. Probleme sind im Alltag etwas ganz Normales, und die meisten Probleme lassen sich lösen. Probleme sollten möglichst rasch erkannt und nicht übergangen werden. Klienten haben oft große Schwierigkeiten, ihre eigenen Probleme zu erkennen. An viele Schwierigkeiten hat man sich gewöhnt. Manche Problembereiche werden mehr oder weniger erfolgreich vermieden; andere werden in der eigenen Beurteilung heruntergespielt; bei vielen Problemen sieht man bestenfalls die erst später auftretenden Folgen.

Der Klient sollte lernen, seine Probleme *wahrzunehmen.*
Probleme sind Schwierigkeiten, Konflikte; sie liegen in Situationen, mit denen man unzufrieden ist. Probleme erkennt man an bestimmten Erlebens- und Verhaltensweisen.

Sie zeigen sich in Situationen,
• die für einen belastend sind,
• die man gern meidet und in denen man sich unsicher fühlt, bei denen man Angst hat zu versagen,
• in denen man nicht recht weiß, wie man sich verhalten und entscheiden soll,
• in denen man mit sich unzufrieden ist,
• in denen man sich von anderen nicht richtig behandelt und beurteilt fühlt, z. B. im Umgang mit bestimmten Personen, mit

denen man nicht recht auskommen kann, denen gegenüber man sich gehemmt fühlt, von denen man sich abhängig fühlt.

Hinweise auf Problemsituationen geben vor allem die eigenen Gefühle. Manchen Personen fällt es schwer, Gefühle zu beschreiben und sie damit klar und deutlich zu erkennen.

Der Therapeut hält den Klienten an zu beschreiben, wie er sich in bestimmten Situationen fühlt. Es kann hilfreich sein, die Situationen in einem Rollenspiel mit Rollentausch nachzuspielen.

Der letzte Schritt der ersten Trainingsphase behandelt die *Reaktion auf Problemsituationen.* Oft reagieren Klienten zu schnell und überstürzt; oder sie versuchen, überhaupt nichts zu tun, also das Problem zu verleugnen.

> Der Klient sollte lernen, zunächst einmal innezuhalten, die Konfliktsituation kurzfristig auszuhalten, zu überlegen (Stopp und denk!). Die abwartende Haltung und das Ertragen kurzfristiger Spannungen ist längerfristig günstiger als kurzschlüssiges Verhalten.

Das jetzt aufkommende Problembewusstsein kennzeichnet die erste Stufe zur aktiven Problemlösung.

Definieren und Formulieren des Problems

Probleme sind meist komplex. Bei der Beschreibung des Problems sollten seine einzelnen Bestandteile beobachtet und erfasst, nach ihrer Bedeutung unterschieden und das Problem möglichst von mehreren Standpunkten aus gesehen werden.

Die Problemsituationen sollte der Therapeut mit dem Klienten gemeinsam durchsprechen und anhand vergangener Probleme die gegenwärtigen Schwierigkeiten ihrer Dringlichkeit nach formulieren.

> Das zu erreichende *Ziel* ist, *möglichst genau das Problem zu be-*
> *schreiben.* Der Klient soll erkennen, worin das eigentliche Pro-
> blem besteht; es muss der Kern herausgearbeitet werden. Gele-
> gentlich zeigt sich, dass das Problem nur darin bestand, dass die
> Situation nicht durchschaubar war.

Bei der möglichst genauen und umfassenden Problemschilde-
rung sollten nicht nur die äußeren Umstände, sondern auch die
Gedanken und Gefühle des Klienten, aber auch die Ziele, die
der Klient in der Situation verfolgt, aufgezeigt werden. Durch
den Vergleich von Situation und Ziel wird das Problem oft erst
deutlich.

Es stellen sich die Fragen:
• Warum ist das Ziel nicht zu erreichen?
• Was fehlt?
• Was ist störend oder hinderlich?

Wenn das Problem von verschiedenen Seiten her (Ausgangssi-
tuation, Gedanken, Gefühlsreaktion, Verhalten, Konsequenz –
Erwartung – Ergebnis) analysiert ist, hat man Erfolg versprechende Ansatzpunkte für das Angehen und Lösen des Problems
gefunden.

Finden von Alternativen

Bei der Suche und dem Erstellen von Alternativen sollten *mög-*
lichst viele Wege in Betracht gezogen werden, die eventuell zur
Lösung beitragen können. Es sollte auf dieser Stufe noch keine
Bewertung und Entscheidung stattfinden.

> Das Erstellen von Alternativen ist zum einen eine Erinnerungs-
> und Gedächtnisleistung, zum anderen ein kreativ-imaginativer
> Prozess. Dabei werden alte Lösungen abgeändert und/oder neue
> Lösungen gefunden. Gute Lösungen kommen oft erst nach län-
> gerer Überlegung zu Stande.

Die Formulierung und Analyse des Problems haben dem Klienten verschiedene Lösungswege eröffnet, die er bisher nicht gesehen hat. Diese Lösungen oder Lösungswege werden zunächst gesammelt, notiert, ohne sie zu bewerten, was erst beim nächsten Schritt erfolgt.

Entscheiden

Es wird eine Auswahl der Lösungswege und eine Entscheidung getroffen, wobei die Frage des Nutzens für die Zielerreichung und die kurz-, mittel- und langfristigen Folgen zu berücksichtigen sind.

Wenn keine optimale Lösung gefunden wird, begnügt man sich mit einer angenäherten Lösung.

Überprüfen und Verwirklichen

Mit dem Aufspüren günstiger Lösungswege ist das Problem noch nicht bewältigt.

Die *gewählte Lösung* muss *überprüft, ausgeführt* und in ihrer *Effektivität erlebt* werden. Falls eine Umsetzung in die Wirklichkeit Schwierigkeiten bereitet, muss über Gedanken- und Rollenspiele das Bewältigungsverhalten eingeübt und wiederum bezüglich der realen Konsequenzen geprüft werden.

Solches Überprüfen und Verwirklichen führt auch zu einer effektiven Prävention, d.h. zu Erfolgen bei weiter auftretenden Problemen.

Führen eines Befindens- und Verhaltenstagebuches

Wenn wir uns verändern wollen, müssen wir an uns selbst arbeiten. Therapie kann nur Anregungen geben, die Barrieren abzubauen, die uns bei dieser Arbeit hemmen und behindern. Die Arbeit ist oft schwer, da sich unser bisheriges Verhalten zur Gewohnheit verfestigt hat, wir z. B. unseren Problemen seit langem aus dem Weg gegangen sind und eine effektive Konfrontation, Auseinandersetzung und Klärung vermieden haben.

> Längere Zeit »gepflegte« Gewohnheiten können sehr stark verankert sein und willentlichen Zugriffen hartnäckig Widerstand leisten. Recht häufig bildet sich dann die Überzeugung, dass alles Bemühen nichts nutzt und man sich nicht ändern kann.
> Wenn der Betreffende jedoch die vorangegangenen Hinweise unablässig in seinem Alltag beachtet und anwendet, kann er seine Probleme lösen. Wenn ihm das an *einer* Stelle gelingt und er einen Erfolg verbuchen kann, dann hat er den ersten Schritt zum Selbstmanagement getan.

Wir geben unseren Klienten z. B. folgende

Anleitung
zur Führung eines Befindens- und Verhaltenstagebuches
(in Ich-Form abgefasst):

> DIN-A5- oder -6-Heftchen.
> Ich sollte darin – möglichst am Abend vor dem Schlafengehen – *stichpunktartig* festhalten, was ich an Positivem an mir selbst erlebt habe, wo ich meines Erachtens selbstsicher war, wo ich mich abgrenzen konnte, also nicht die Probleme anderer Personen »übernommen« habe, mich andererseits aber auch bei tatsächlicher Beeinträchtigung durch andere sachlich – selbstsicher – äußern konnte, wo ich mich gut fühlte, aktiv war usw. Ich sollte auch mir unwesentlich erscheinende Kleinigkeiten festhalten.

Ziele:

a) Mich selber *bewusst* positiver sehen zu lernen, was meinem gesunden Selbstwertgefühl zugute kommt;

b) durch die *Bewusstmachung*, z. B. selbstsicheren Verhaltens, mein *Selbstbewusstsein* und Selbstmanagement schneller zu entwickeln.

Zu beachten:

Diese Übung bezieht sich auf:

• meine Arbeit und Arbeitsgestaltung,

• den Umgang mit Personen des Arbeitsumfeldes,

• meine Freizeit und Freizeitgestaltung,

• den Umgang mit meiner Frau (meinem Mann), den Kindern, weiteren Familienangehörigen, Freunden, Bekannten, Nachbarn und sonstigen Personen des privaten Umfeldes.

Von hinten im Heftchen beginnend sollte ich all das festhalten, bei dem ich meines Erachtens selbstunsicher oder aggressiv war, wo ich mich nicht abgrenzen konnte, d.h. Schwierigkeiten anderer Personen »übernommen« habe bzw. bei tatsächlicher Beeinträchtigung durch andere mich nicht selbstsicher äußern konnte, mir auch nichts einfiel, ich inaktiv war, mich zurückzog, mich schlecht fühlte usw.

Ziele:

a) Die Niederschrift dient der Entwicklung von *Problembewusstsein*, ohne dass ich mich nicht verbessern kann;

b) zur Abarbeitung in der Therapie.

Klienten halten entsprechende **Beispiele** in ihrem Befindens- und Verhaltenstagebuch mit Datum fest, etwa

für erfolgreiches, selbstsicheres Verhalten:

– Habe einer Zeugin Jehovas, die mich in der U-Bahn ansprach, klar, deutlich und freundlich gesagt, dass ich kein Gespräch wünsche. Darauf ließ sie mich in Ruhe und akzeptierte mein Bedürfnis.

– Hatte Auftritt mit M.P. im Kabarett. Nach der Vorstellung

kamen ein paar Leute auf mich zu und meinten, das erste Drittel mit der Klassik hätte sie nicht so angesprochen, ob wir das nicht ändern könnten. Ich sagte: »Nein, es bleibt dabei, wir stehen hinter dem Programm.« Man kann's nicht allen Leuten recht machen.

– Ab und zu helfe ich bei E. im Büro aus. An diesem Tage war er überkritisch und nörgelte herum. Der Höhepunkt war, dass er aus der Haut fuhr, weil ich mit seinem Computer nicht gleich zurechtkam. Ich wurde ziemlich ärgerlich, und ich wusste, dass mein Ärger zu Recht bestand, weil ich durch sein aggressives Muster tatsächlich beeinträchtigt war. Daraufhin verbat ich mir auf selbstsichere Weise, also sachlich, seinen Ton und überhaupt seine Art mir gegenüber. Danach entschuldigte er sich.

Beispiele für nicht erfolgreiches Verhalten:
– War bei einem mir bekanntem Arztehepaar in der Praxis zur Untersuchung. Die Ärztin fragte mich, ob ich lieber von ihr oder von ihrem Mann untersucht werden wolle. Ich dachte: »Lieber von ihr«, sagte aber, es sei mir egal. Im Prinzip werde ich lieber von einer Frau untersucht.
– Was mir ständig passiert, ist meine Intoleranz gegenüber anderen beim Einkaufen. Ich hab's eilig und werde fast verrückt, wenn eine Oma oder Hausfrau gemütlich ihren Wagen vor sich herschiebt.
– Urlaub auf Jamaika. Zwei-Tagetour nach Kingston. Ich konnte mich nicht gegen die aggressive Grundstimmung einiger Schwarzer abgrenzen; hatte ein schlechtes Gewissen, weil's mir gut geht und denen nicht.

Noch zwei Beispiele eines Klienten für nicht erfolgreiches Verhalten:
– Mein Chef war mir gegenüber heute ziemlich einsilbig. Er

schaute mich kaum an. Sicher hat er was gegen mich. Ich habe mich daraufhin von ihm distanziert. Mein Gefühl: unsicher.

– Meine Frau wollte heute unbedingt mit mir ins Kino gehen. Da ich aber Schwierigkeiten habe, mit so vielen Leuten in einem Raum zu sitzen, versuchte ich, es ihr auszureden. Sie bestand aber darauf, endlich mal wieder mit mir was zu unternehmen. Daraufhin wurde ich ziemlich aggressiv meiner Frau gegenüber, indem ich sie anschrie, sie möge mich in Ruhe lassen. Sie könne ja alleine gehen. Mein Gefühl: Ich bin traurig, dass ich so eingeengt leben muss. Und ich habe meiner Frau gegenüber Schuldgefühle.

Beispiel eines ausführlicheren erfolgreichen Befindens- und Verhaltensprotokolls:

– Nach langem Hin und Her mit meinem Mann habe ich mich nun doch entschlossen, auf die Party mit seinen Kollegen und Kolleginnen zu gehen. Ich war, als wir losfuhren, noch etwas unsicher. Einige meiner alten Gedanken gingen mir dabei noch durch den Kopf: »Werde ich dort eine gute Figur machen, mich an den Gesprächen beteiligen können, beachtet und aufgenommen werden usw.?« Ich war noch erregt und angespannt, aber auch neugierig darauf, wie der Abend verlaufen werde. Als wir bei der Familie D. ankamen, freudig begrüßt wurden, einen Drink zu uns nahmen, den anderen vorgestellt wurden, uns unterhielten, lief alles gut. Ich fühlte mich zunehmend wohler und sicherer.

– Die anderen gingen interessiert auf meine Bemerkungen ein. Frau F., die neben mir saß, fand mich anscheinend besonders sympathisch; denn sie deutete an, dass wir uns doch mal zwischendurch treffen sollten. Ich hatte – zu meiner heimlichen Überraschung – keinerlei Schwierigkeiten im weiteren Verlauf des Abends, auch als wir die Plätze wechselten und ich andere Personen kennen lernte. Ich habe also mein Ziel erreicht. Ich habe auch nicht vergessen, mich im Stillen selbst zu loben. Die Aufregung und die Sorgen, die ich anfangs vor und auf dem Wege zur Party hatte, waren wirklich unangebracht. Ich will und werde sie in Zukunft nicht mehr zulassen.

Solches Material wird in den anschließenden Therapiesitzungen mit dem Therapeuten durchgesprochen. Unproduktive Muster werden vermittels verschiedenster Methoden der Kognitiven Verhaltenstherapie bearbeitet.

Der Sinn solcher Protokolle und Aufzeichnungen liegt aber auch darin, dass die Person angeleitet wird oder besser: sich selbst anhält, ihr Tun und Lassen zu überwachen, gezielt ihre Probleme anzugehen und sich Rechenschaft zu geben über ihre Bemühungen, Erfolge und Misserfolge, ihre Einsicht und Zweifel.

Die in die schriftlichen Aufzeichnungen eingegangene *Selbstbeobachtung* distanziert den Klienten auch von seinen Problemen. Es tritt der Rumpelstilzcheneffekt ein: Die richtige Bezeichnung seiner Schwierigkeiten und Probleme löst eine magische Wirkung aus. Der *Akt des Benennens* hat bereits eine therapeutische Wirkung. Der Klient kommt zu der Auffassung, dass er, wenn er einem Problem einen Namen geben kann, es sich auch bewältigen lässt. Er empfindet sich nicht mehr so von einem Problem eingenommen; er bearbeitet es gewissenhaft als Problemmaterial.

Imagination und Kreativität

Etwa neunzig Prozent der ängstlichen Klienten haben unmittelbar vor und während ihrer Angst **Vorstellungsbilder**, sich in Gefahr zu befinden. Aus den gedanklichen Konfrontationsübungen der Systematischen Desensibilisierung wissen wir, dass die *Vorstellung einer gefürchteten Situation bereits Angst auslöst.*

Es besteht also eine *Beziehung zwischen Fantasie und Angst*:
• Fantasie stellt häufig eine Verzerrung der Realität dar.
• Die Betreffenden sind von der Bedeutung der Fantasie mehr oder weniger überzeugt.
• Sie meinen, dass die Gefühlsregungen der Angst die Wirklichkeit spiegeln und reagieren entsprechend mit Vermeidungs- und Rückzugsverhalten.

Die Wahrnehmung der Wirklichkeit ist zumeist nicht neutral. In sie fließen Gewohnheiten, Einstellungen, Interessen, Erwartungsvorstellungen und -bewertungen, Gefühlsregungen und Stimmungen, aber auch die sprachlichen Bezeichnungen mit ein. Sie heben bestimmte Komponenten des Geschehens hervor und vernachlässigen andere. Die allgemeine und aktuelle Lebensbedeutung, die die Wahrnehmung eines »Tat«-bestandes für ein Individuum hat, bestimmt damit auch die Wahrnehmung. Uns interessiert hier der Zusammenhang von Wahrnehmung und Vorstellung. Wir wissen von Gefängnisinsassen, aber auch aus verschiedenen Untersuchungen, dass sich bei Menschen, die bereit waren, sich in einem Isolierraum bei extremer Bewegungs- und Reizeinschränkung einige Tage aufzuhalten, wirklichkeitsfremde Vorstellungen, so genannte Halluzinationen, entwickelten. Die *bildhaften Vorstellungen* haben also eine lebenswichtige Verarbeitungsfunktion bei seelischen Belastungen.

Im Folgenden vier Beispiele von *Aron Beck* (Beck, A., Tübingen 1981, S. 60f.):
– Eine Frau, die an Höhenangst litt, »erlebte eine Furcht erregende Fantasie, als sie sich mit ihrem Ehemann im obersten Stockwerk eines Wolkenkratzers befand. Sie hatte die Vorstellung, aus dem Fenster zu stürzen. Die Fantasie war so lebhaft und wirklich, dass sie ›Hilfe‹ rief.

Als sie ihr Ehemann daraufhin fragte, warum sie um Hilfe riefe, erkannte sie, dass der Sturz aus dem Fenster eine reine Vorstellung war ...
— Ein Busfahrer hatte wiederholte Fantasien, beim Fahren seines Busses in einen Unfall zu geraten. Jede der Fantasien hatte so intensive Angst ausgelöst, dass er Urlaub nehmen musste.
— Ein anderer Patient, dessen Angst sich nach einem Autounfall einstellte, erlebte in seiner Fantasie den Unfall ständig wieder.
— Eine dritte Patientin bekam auf die Nachricht, dass ihre beste Freundin Krebs habe, Fantasien von einem Unheil, das sie oder andere Familienmitglieder befiel.«

Wir finden eine der Thesen der Kognitiven Psychologie bestätigt, nach der Gefühle durch Gedanken und Vorstellungen ausgelöst werden. Wenn es den Betreffenden gelingt, ihre unangenehmen Vorstellungen zu kontrollieren, werden sie von der Angst befreit.

Die **bildhaften Vorstellungen** haben eine tief greifende Wirkung auf unser Erleben und Verhalten.

Bewältigungsvorstellungen werden in der therapeutischen Praxis genutzt, um selbstbehindernde und selbstschädigende Erregungen und Spannungen abzubauen (in der Muskulären Tiefenentspannung, im Autogenen Training und der Systematischen Desensibilisierung) oder auf eine gefürchtete Situation, z. B. eine Operation, oder Frauen auf den Gebärvorgang, vorzubereiten. Aber auch sonst spielen Vorstellungsübungen eine wichtige Rolle, z. B. im Mentalen Training zur Förderung sportlicher Hochleistungen und der Kreativität.

Eine besondere Bedeutung haben bildhafte Vorstellungen in den letzten Jahren bei der Aktivierung und Mobilisierung von

Heilkräften erreicht. Wir wissen heute, dass wir die autonomen psychoneuroimmunologischen Funktionen unseres Körpers über gezielte Vorstellungen in einem individuell verschiedenen Ausmaße erreichen.

Allerdings ist bei vielen Menschen unserer Gesellschaft die Fähigkeit, bildhafte Vorstellungen zu produzieren und wirken zu lassen, schwach ausgebildet oder/und durch rigide Orientierungsgewohnheiten verschüttet. Es müssen dann diese *Imaginationen* über zunächst gelenkte Erinnerungs- und Fantasievorstellungen regelrecht eingeübt werden. Einige Personen haben sich diese aus der frühen Kindheit noch vorhandene Fähigkeit bewahrt. Unter Künstlern ist diese Gabe häufiger zu finden als bei anderen Menschen. Berühmtes Beispiel ist Goethe, der Meister des »symbolischen Denkens«.

Mobilisierung der Heilungskräfte

Bildhafte Zielvorstellungen können Kräfte im gesamten Bereich unseres Erlebens und Verhaltens anregen und fördern. Die neueren Forschungen der Psychoneuroimmunologie haben diese schon lange bestätigte Erfahrung wissenschaftlich begründen können. Die elektrisch ausgelösten biochemischen Botenstoffe – die so genannten Transmitter – sind psychisch in ihrer Wirkung und Richtung zu beeinflussen. Wir sind durch diese Forschungen dem alten rätselhaften Leib-Seele-Geist-Problem einen Lösungsschritt näher gekommen.

Durch bildhafte Vorstellungen oder Imaginationen können wir das Immunsystem stärken, seine Abwehrkräfte mobilisieren und damit zu unserer Gesundheit und Gesunderhaltung beitragen. Der Weg und das Erreichen des Zieles sind ein kreativer Prozess und eine kreative Tat.

Verhaltenspsychologen haben sich in den letzten dreißig Jahren viel mit der Analyse und Bedeutung der Vorstellungsbilder in der klinischen Praxis befasst. Die bereits etablierten Methoden, die mit Vorstellungsbildern arbeiten, beziehen sich auf ein breites Anwendungsspektrum. Es sind Störungen, deren Ursachen sowohl im Verhalten als auch in kognitiven Problemen liegen, hier vor allem Phobien, Ängste, Depressionen, Abhängigkeitskrankheiten, psychosomatische Beschwerden. Aber auch bei Krebserkrankungen werden bildhafte Heilungsvorstellungen nach der Methode der Denkvisualisierung erfolgreich eingesetzt.

Zur Verdeutlichung der Erkenntnis, dass Vorstellungsbilder eine *direkte* Wirkung auf den Körper haben, seien drei Imaginationsbeispiele angeführt. Dabei verändert der Geist die physiologischen Funktionen:
– Stellen Sie sich vor, dass Sie nach einer langen Wanderung oder Autofahrt in ein Restaurant gehen, Ihr Lieblingsmenü aussuchen und dann die ersten Bissen zum Munde führen.
  Was spüren Sie?
  Das Wasser läuft Ihnen im Munde zusammen, und Ihr Magen »freut« sich.

Gehen wir nun zu einem anderen Bild über:
– Sie stellen sich vor, dass Sie die Fahrbahn betreten und plötzlich einen riesigen Lastwagen auf sich zurasen sehen.
  Was spüren Sie?
  Angst, Panik, rasches Atmen, Zusammenziehen des Magens und anderer Muskeln.

– Stellen Sie sich eine Schüssel mit Eiswasser vor, in der halb geschmolzene Eiswürfel schwimmen. Sie tauchen Ihre rechte Hand langsam in das eisige Wasser. Sie spüren die Kälte und merken, wie die Hand gefühllos, schwer und steif wird.

Durch die letztere Vorstellung wird Ihre Hand tatsächlich kühler. Sie sind imstande, eine »autonome« physiologische Reaktion zu verändern. Das Ergebnis fällt allerdings recht unterschiedlich, je nach Ihrer Sensibilität und Einbildungskraft, aus.

Sie machen eine Bewegung der sichtbaren Körperteile, z. B. des Armes, Kopfes oder Rumpfes. Die Bewegungen folgen Ihren Willensimpulsen. Die inneren physiologischen Vorgänge sind Ihrem Willen zumeist nicht zugänglich; sie verlaufen unabhängig von Ihrem Willen, also autonom.

> Wir erreichen die inneren physiologischen Vorgänge durch eine Form der Kommunikation, die Sprache der inneren Bilder bzw. der Imagination und Suggestion.

Wenn Sie z. B. unter Nervosität, d.h. Erregung, Unruhe und Schlafstörungen, leiden, wird Ihnen gelegentlich empfohlen, sich einfach zu entspannen. Doch das gelingt Ihnen nicht, auch wenn Sie sich noch so sehr bemühen. Die Erregungen kommen aus dem »autonomen« Nervensystem, zu dem Sie ohne längere Vorübungen keinen Zugang haben. Normaler Schlaf, aber auch ausreichende Bewegung können uns Entspannung verschaffen. Doch reicht diese Art der Entspannung oft nicht aus, um mit Stress, Erregung und innerer Unruhe fertig zu werden.

Es sind verschiedene Methoden entwickelt worden, die uns – nach allerdings längerer Übungszeit – befähigen, in jeder Situation zu jeder Zeit die Entspannungsreaktion auszulösen. Ich verweise auf die Progressive Tiefenentspannung (Muskelan- und -entspannung), das Autogene Training (mit seiner Atementspannung) und die Meditation (mit ihrer Konzentration auf *einen* Gegenstand (z. B. Blume, Vase, Kreuz, Bild, Text usw.).

> Das Einüben der Entspannung geschieht willentlich; die Entspannung selbst ist das Ergebnis längerer Übung und Bemühung; aber dann tritt sie bereits ein, wenn wir nur zu uns sagen: »Jetzt entspanne«.

Entlastungsimaginationen

Wir alle kennen Erlebnisse der Gelassenheit und Gelöstheit, des Wohlbefindens, des inneren Gleichgewichts und, in seltenen Augenblicken, auch sogar des Glücks.

Gedanken und Vorstellungen, Verhalten und Handeln, können wir willentlich verändern und steuern. Um die selbstschädigenden Befürchtungsgedanken und -vorstellungen abzubauen, müssen wir die ihnen zu Grunde liegenden Erregungen abbauen. Dies können wir durch die besprochenen Entspannungsmethoden erreichen.

Hier soll dem Leser eine einfache Methode gezeigt werden, wie er nach kurzer Entspannung die innere Unruhe wirkungsvoll auflösen kann. Sie beruht darauf, dass wir uns in eine angenehme Erinnerungs- oder Fantasiesituation versetzen.

Ich führe sieben solcher Situationen an:

- Stellen Sie sich vor, Sie liegen im Spätsommer auf einer Wiese und verfolgen die langsam über Ihnen dahinziehenden Wolken.
- Sie sitzen am Meeresstrand und beobachten, wie die Wellen auf den Strand zukommen, sich brechen und in niedriger Höhe auf den Strand zu- und zurückströmen.
- Sie haben nach einer Wanderung im Gebirge den Gipfel erreicht und blicken um sich, sehen unten im Tal ein Dorf, dessen Häuser so klein wie Streichholzschachteln erscheinen.
- Sie liegen im Frühsommer in einer Hängematte, die zwischen zwei Birken gespannt ist und beobachten über sich die leicht bewegten Blätter.
- Sie sitzen an einer Quelle im Wald und beobachten das quirlige Sprudeln, das sich dann über die Steine in ein langsam dahinfließendes Rinnsal ergießt.
- Sie betrachten einen Sonnenuntergang, sehen, wie die rot-

orangene große Scheibe langsam am Horizont verschwindet.

- Sie schauen auf einen Teich, der mit kleinen und größeren, weißen und rosaroten Seerosen bedeckt ist, die sich zwischen den breiten grünen Blättern erheben. Sie betrachten eine dieser Blumen.

Denkvisualisierung

Dennis Jaffe, klinischer Psychologe, Direktor einer psychosomatischen Klinik in Los Angeles, zeigt uns im letzten Kapitel seines Buches »Kräfte der Selbstheilung«, Wege, wie wir die physiologischen Vorgänge unseres Körpers über die Imagination beeinflussen können.

Der Klient benötigt dazu einige Informationen über die Entstehung und Heilung von Infektionen, z. B. wie bei diesen die weißen Blutkörperchen des Immunsystems den Krankheitsherd angreifen, eindämmen und die Heilung und Wirksamkeit anderweitig eingesetzter Therapie fördern.

»Wenn Ihre geistigen Kräfte die Leistungsfähigkeit Ihres Körpers auch nur um 10% zu erhöhen vermögen, dann sind Sie im Stande, Ihre herkömmliche medizinische und medikamentöse Versorgung um eben dieses Maß zu senken. Und in den vielen Fällen, in denen äußere Maßnahmen nichts ausrichten, ist die bildliche Vorstellung vielleicht die einzige Möglichkeit, Ihren Körper überhaupt zum Handeln zu bewegen« (Jaffe, D., Stuttgart 1988, S. 304).

Wenn Sie eine Krankheit haben, sollten Sie sich eine *bildhafte Vorstellung von den Vorgängen* machen, die dieser Krankheit zu Grunde liegen. Genaueres darüber können Sie von Ihrem Arzt oder auch durch die Lektüre eines allgemein verständlichen Buches über das jeweilige Krankheitsthema erfahren. Je besser Sie über die Krankheit und deren Heilung informiert sind, desto günstiger ist Ihre Ausgangslage.

In verschiedenen Schmerz-Kontroll- und Schmerz-Rehabilitationszentren in den USA wird mit *bildhaften Heilungsvorstellungen* – in Ergänzung zu anderen Methoden – mit Erfolg gearbeitet.

Hervorzuheben sei die Denkvisualisierung, die Carl und Stefanie Simonton in ihrer Krebsklinik in Texas anwenden. Sie informieren die Patienten über den Krankheits- und Heilungsprozess anhand von Abbildungen oder Zeichnungen. Danach können sich die Patienten bei der Krebserkrankung ein genaueres Vorstellungsbild von den Prozessen machen.

Die wirksamen Bildvorstellungen sollten bei der Krebserkrankung durch folgende Merkmale gekennzeichnet sein:

- Die Therapie ist stark und mächtig. Sie kann als eine Flüssigkeit vorgestellt werden, durch die die Krebszellen vernichtet werden.

- Die Krebszellen sind schwach und ungeordnet. Sie sollten von daher als etwas vorgestellt werden, das leicht zu zerstören ist.

- Die gesunden Zellen können die Schäden, die ihnen durch Chemo- und Strahlentherapie zugefügt werden, wieder beheben. Die Krebszellen werden durch die Behandlung vernichtet.

- Die weißen Blutkörperchen bilden ein riesiges Heer, das die Krebszellen überwältigt. Da die weißen Blutkörperchen die Vertreter der eigenen Selbstheilungskräfte sind, sollten sie als stark und mächtig vorgestellt werden.

- Die weißen Blutkörperchen unseres Selbstheilungs- oder Immunsystems sind angriffslustig. Sie sind in der Lage, die wuchernden Krebszellen rasch aufzuspüren und unschädlich zu machen. Es ist also wichtig, sich die weißen Blutkörperchen als Gewinner und die Krebszellen als Verlierer im Kampf um die Gesundheit vorzustellen.

- Abgestorbene Krebszellen werden wie andere unverdauliche Stoffe vom Körper ausgeschieden. Da dies ein natürlicher Vorgang des Körpers ist, können wir uns einfach auf das gute Funktionieren der Ausscheidung durch Urin und Kot verlassen.
- Nach Beendigung der Visualisierung sollen sich die Patienten als geheilt, vom Krebs befreit, gesund, vital und voller Energie *vorstellen*.

Im Gespräch erarbeitet der Therapeut mit dem Betroffenen die diesem zusagenden einzelnen Bildvorstellungen. Die Vorstellungsbilder sollten so bildkräftig und eindrucksvoll wie möglich sein. Da die Klienten oft Schwierigkeiten haben, solche Vorstellungsbilder zu nutzen, können einige Erläuterungen zu den einzelnen Vorstellungsbildern von Wert sein:

- *Behandlung.* Wichtig ist, dass der Betroffene eine positive Einstellung zu der Behandlung hat. Es gibt viele Berichte, dass Angst und Befürchtungsvorstellungen eine noch so Erfolg versprechende Therapie erschweren. Vertrauen zum Therapeuten und seiner Vorgehensweise sind wichtige Voraussetzungen jeder medizinischen und psychotherapeutischen Behandlung. Die Erfolgserwartungen stützen und fördern den Heilungsprozess.
- *Krebszellen.* Viele Klienten haben Schwierigkeiten, sich die Krebszellen als schwach und ungeordnet vorzustellen. Sie sehen sie zumeist als unheimlich und stark an, etwa wie Kraken, die ihre Fangarme nach allen noch gesunden Teilen des Körpers ausstrecken und diese abtöten. Manchmal stellen sie sich die Krebszellen als eine Ansammlung roter Zellen vor. Doch diese Farbe hat eine positiv-aktive symbolische

Bedeutung. Simonton schlägt deshalb vor, sich die Krebszellen in einem Grauton als kleine Mäuse vorzustellen, die von einer größeren Anzahl weißer Katzen gejagt und aufgefressen werden.

- *Weiße Blutkörperchen.* Die weißen Blutkörperchen sind die wichtigsten Komponenten des Visualisierungsverfahrens. Sie spiegeln die Einstellung des Kranken zu seinen natürlichen Abwehrkräften. Die weißen Blutkörperchen sollten bezüglich ihrer Anzahl und Stärke gegenüber den Krebszellen als weit überlegen angesehen und vorgestellt werden, z. B. – um ein anderes Bild zu benutzen – als ein Schwarm von Raubfischen, welche die kleinen grauen Krebszellen auffressen und ausscheiden.

- *Abtransport der vernichteten Zellen.* Wie alle unverdaulichen und unbrauchbaren Flüssigkeiten, so werden auch die abgestorbenen Zellen über das Blut und den Urin ausgeschieden.

- *Heilung und Gesundheit.* Hierbei können sich die Klienten vorstellen, wie ihre körperlichen und seelischen Kräfte zunehmen, sie sich befreit und wohl fühlen, ihren gewohnten und erfreulichen Tätigkeiten nachgehen werden.

Carl und *Stefanie Simonton* beziehen sich in ihrem Buch bevorzugt auf Krebspatienten und deren Angehörige. Doch haben ihre Ausführungen eine weiterreichende Bedeutung. Es geht den Autoren letztlich um die *Aktivierung der Selbstheilungskräfte,* die auch bei der Behandlung und Heilung anders gearteter Krankheiten und Beschwerden eine wichtige Rolle spielen (Simonton, C. u. St., Hamburg 1982).

Die angeführten Bildvorstellungen, welche die Abwehrkräfte mobilisieren und damit die Heilungschancen erhöhen, sollten durch *Zielvorstellungen,* die den Lebenswillen aktivieren, ergänzt werden.

> Krankheit kann als Appell und Chance zur neuen Lebensgestaltung und -führung aufgefasst werden.
> Neue Zielsetzungen sind ein wichtiger – vielleicht der wichtigste – Beitrag zur Gesundung.

Simonton führt einige Vorteile einer solchen Zielsetzung an:

- Indem Sie sich Ziele setzen, stärken Sie den Willen zu leben, weil es etwas gibt, wofür Sie leben.
- Sie bereiten sich geistig und seelisch darauf vor, Ihre Zielsetzung in Handeln umzusetzen.
- Mit der Zielsetzung bekunden Sie Ihr Vertrauen in die Fähigkeit der Selbstbestimmung und Selbstkontrolle. Sie wirken damit den Krebs fördernden Gefühlen der Hilflosigkeit und Hoffnungslosigkeit entgegen.
- Die Einstellung, dass Sie für Ihr Leben verantwortlich sind, trägt dazu bei, dass Sie ein positives Selbstbild entwickeln.
- Indem Sie sich Ziele setzen, geben Sie Ihren Kräften eine Richtung, auf die Sie sich konzentrieren können.

Bei der Zielsetzung sind noch zwei Punkte zu beachten:

- Die Ziele sollten sich nicht nur auf den Beruf beziehen, sondern auf die weitere Lebensgestaltung, also auch auf die Beziehung zu anderen Menschen.
- Die Ziele sollten realisierbar, konkret, genau festgelegt und zeitlich abgestuft sein. Ohne Nahziele verlieren wir oft die Fernziele aus dem Auge.

> Wenn auch zutreffende, d.h. wissenschaftlich orientierte Bildvorstellungen von den Komponenten der Erkrankung und Heilung wichtig sind, so sollten wir doch berücksichtigen, dass Besserungen und Heilungen auch durch anders geartete und allgemeinere Vorstellungen gefördert werden können:
> - durch die Vorstellung von einer alles durchdringenden kosmischen Energie oder
> - von einem alles belebenden Licht.

Zur Orientierung

Nachdem ich Ihnen verschiedene Wege, aus der Angst, den depressiven Verstimmungen und der Panik herauszukommen, aufgezeigt habe, möchte ich abschließend die *Merkmale der Gesundheit* sowie den positiven Aspekt der *Angst als Antriebskraft* herausstellen.

Merkmale der Gesundheit

Psyche und Körper sind nicht getrennt. Sie gehören zum gleichen persönlichen Universum. Wir finden heute schrittweise eine Antwort auf alte Fragen: Wie beeinflusst das Denken die biologischen Prozesse des Körpers? Wie kommt es, dass Niedergeschlagenheit und Hoffnungslosigkeit uns krank, Optimismus und Zuversicht gesund machen können?

Erst in den letzten Jahrzehnten zeichnen sich die einzelnen Zwischenstationen ab, über die die Psyche mit dem Körper spricht. Das Gehirn spielt dabei eine hervorragende Rolle. Es hat nicht nur die Aufgabe, Sinneswahrnehmungen zu verarbeiten, zu speichern und bei Bedarf als Erinnerung abzurufen, vernünftig zu denken, Musik, Mathematik und Politik zu verstehen. Seine wichtigste Aufgabe in einer sich ständig verändernden Welt, die voller Gefahren ist, ist die *Sicherung des Überlebens* und die *Aufrechterhaltung der Gesundheit.*

In den 500 Millionen Jahren der Entwicklungsgeschichte hat sich das Gehirn ständig verändert und an die neuen Lebensbedingungen angepasst.

Erst vor 50 Millionen Jahren entwickelte sich der Teil des Gehirns, der den Menschen am menschlichsten macht, das *Großhirn.* Hier spielen sich Wahrnehmen und Informationsverarbeitung, Denken und Entscheidungen fällen, die Abgabe von Signalen zum Handeln, das Behalten alles Erlebten und aller Erfahrungen im Gedächtnis ab. Die Anatomen stellten Landkarten auf; sie versuchten, bestimmte Fähigkeiten in enger umgrenzten Hirnarealen zu lokalisieren. Doch bald erkannte man, dass viele der Funktionen an sehr verschiedenen Stellen des Gehirns wirksam waren. Der englische Hirnforscher *Karl Pribram* hat darauf hingewiesen, dass das Gehirn eher wie ein Hologramm funktioniert. Gedächtnisspeicherung findet – so konnte er nachweisen – nicht in einzelnen lokalisierbaren Gehirnbereichen statt. Vielmehr speichert jede einzelne Zelle des Gehirns die *ganze* Botschaft.

Unter Hologramm ist zu verstehen, dass jedes einzelne Teil die *gesamte* Information beinhaltet.

Jeder Mensch besitzt über zehn Milliarden Gehirnzellen. Jede Nervenzelle kann mit Hunderten anderer in Verbindung treten. Es sind also in diesem »Biocomputer« unvorstellbar viele Kombinationen möglich.

Der Hypothalamus, das homöostatische Zentrum des Gehirns, steht im Dialog mit dem Immunsystem. Wenn ein Teil des Hypothalamus verletzt ist, kommt es zur Schwächung der B- und T-Lymphozyten. Der geschädigte Mensch wird krankheitsanfälliger, weil die T-Lymphozyten das übrige Immunsystem nicht mehr gut alarmieren und richtig aktivieren können.

Auch die Großhirnrinde hat einen direkten Einfluss auf das Immunsystem. Die Fähigkeit zur Selbstheilung hat vermittels dieser neuroimmunologischen Brücke eine anatomische Grundlage. An anderer Stelle wurde auf die Ähnlichkeit von Gehirn und Immunsystem im Hinblick auf Reizbeantwortung, Lernfähigkeit und Gedächtnis hingewiesen.

Die Selbstheilung

Vom Gehirn als Steuerungszentrale erhält der Körper über die Nervenbahnen Anweisungen. Noch in den siebziger Jahren glaubte man, die Weitergabe der Informationen geschähe über elektrische Impulse. Diese Funkentheorie wurde Anfang der siebziger Jahre durch die Transmittertheorie abgelöst, nach der die Informationsvermittlung hauptsächlich durch chemische Botenstoffe erfolgt. Auf der Oberfläche der Zelle befinden sich Ankerplätze, sog. Rezeptoren. Wenn ein Neurotransmitter – es gibt davon mehr als tausend – vorbeikommt, bleiben diese an den Zellen bei entsprechenden Rezeptorentypen hängen.

Vom Gehirn werden Hunderte von gezielt wirkenden Substanzen hergestellt, gespeichert und freigesetzt. Diese Steuerung der Vermittlung von Botenstoffen ist die Grundlage der Selbstheilungsprozesse.

Bei den meisten chemischen Botenstoffen (Neurotransmitter, Hormone, Thymosine, Lymphokine) handelt es sich chemisch um so genannte Peptide. Sie bestehen, ähnlich wie Eiweiße, aus aneinander geketteten Aminosäuren. Während die Eiweiße über mehrere tausend Aminosäuren verfügen, sind es bei den Peptiden nur ein- bis zweitausend.

Peptide werden fast überall im Körper hergestellt, nicht nur vom Gehirn und Immunsystem, sondern auch von Magen, Darm, Herz und von den Nieren. Die Peptide bilden ein Informationsnetzwerk, in das der gesamte Organismus – Psyche,

Gehirn und Körper – in hohem Maße integriert ist. Peptide bilden die zentrale Vermittlerrolle zwischen körperlichen und psychischen Prozessen. Jedes Peptid hat zwei untrennbar miteinander verknüpfte Wirkungen: die eine beeinflusst die Körperphysiologie, die andere beeinflusst die Psyche, beispielsweise die Gefühle.

Wir kommen zu einer erstaunlichen Schlussfolgerung:

> Unser Denken und Fühlen kann genauso gut im Darm oder im Herzen entstehen, da dort die gleichen Peptide hergestellt werden wie im Gehirn.
>
> Umgekehrt: Es kann alles, was im Gehirn vorgeht, im gesamten Körper empfangen werden, da das Gehirn mit Hilfe von Peptiden spricht, für die viele Körperzellen Rezeptoren haben.
>
> Botenstoffe machen uns nicht nur glücklich oder traurig; sie beeinflussen auch unsere Gesundheit. Wer beispielsweise deprimiert ist, dessen Gehirn setzt eine Reihe »deprimierender« Transmitter frei. Die Depression bleibt nicht nur im Kopf, sondern findet sich überall, wo es Rezeptoren für die entsprechenden Transmitter gibt, im Herzen, im Darm, in der Leber und im Immunsystem.

Das Gehirn (und auch der Körper) stellt eine lange Reihe von Substanzen her, die pharmakologisch wirken, so z. B. zur Schmerzlinderung und -hemmung, Endorphine und körpereigenes Morphin. (vgl. Grünn, H., Düsseldorf 1990).

Endorphine sind die am häufigsten im Körper vorkommenden Peptide. Sie wurden 1975 von *Dr. Choh Li* an der Universität San Francisco entdeckt. Endorphin bedeutet so viel wie körpereigenes Morphium. Es ist fünfzigmal so stark wie das synthetisch hergestellte Morphium.

Die Endorphine wirken nicht nur gegen Schmerz, sie sind auch zuständig für unser Wohlbefinden, für Euphorie, Begeisterung und andere gute Gefühle. Wenn wir ein Kunstwerk betrachten, Musik hören, spielen Endorphine mit. Sie stimulieren das Immunsystem, erhöhen dabei zugleich die Widerstandskraft gegenüber Infektionen, dies ohne Nebenwirkungen. Freudige und entspannende Situationen werden vom Gehirn wahrgenommen, über Gedanken und Vorstellungen vermittels der Peptide in den Körper übertragen.

> Der Körper ist so gesehen die Projektion des Bewusstseins, des persönlichen Geistes.

Wir kennen seit einigen Jahren auch die Immunphysiologie der positiven Kräfte; wir können sie messen. Wir haben in unserem Körper verschiedene Überlebens- und Abwehrkräfte, wie die Endorphine, d.h. innere, morphiumähnliche Substanzen, die Befreiungs-, Harmonie- und Glücksgefühle bewirken. Wir haben weiter ein mächtiges Immunsystem, das über spezielle weiße Blutkörperchen, die so genannten Killerzellen, jeden Eindringling – Bakterien, Viren und Schadstoffe – bekämpft.

Die überraschende Entdeckung der letzten Jahre im Forschungsbereich der Psychoneuroimmunologie ist nun, dass wir die im Körper vorhandenen Abwehrkräfte durch *imaginative Heilungsvorstellungen* über vermittelnde biochemische Botenstoffe (Neurotransmitter, Peptide) stützen, stärken und mobilisieren können. Wir müssen nur lernen, uns unserer inneren Apotheke zu bedienen.

> Der Weg führt über die Entwicklung seelischer Stabilität, über Entspannungsübungen und Heilimaginationen.

Ziel aller medizinischen und psychotherapeutischen Bemühungen ist die Wiederherstellung der Gesundheit.

Der Philosoph Arthur Schopenhauer hat einmal gesagt: »Gesundheit ist zwar nicht alles, aber ohne Gesundheit ist alles nichts.« Sicher ist diese Behauptung übertrieben; sie spiegelt aber eine Erfahrung, die fast jeder Erwachsene, zumindest vorübergehend, einmal gemacht hat. Im Zustand fehlender Gesundheit – den wir Krankheit nennen – ist recht häufig unsere Leistungs-, Kommunikations- und Liebesfähigkeit eingeschränkt.

Es ist bedauerlich, dass mit der Verwissenschaftlichung der Heilkunde die Fragen der Gesundheit an die Medizin abgetreten wurden. Gesundheit wird seitdem immer stärker als Abwesenheit von Krankheit verstanden, und die Gesundheitspflege blieb damit ganz den Ärzten vorbehalten. Gesundheit ist aber mehr als nur Abwesenheit von Krankheit. Sie ist auch nicht in erster Linie eine Sache der Medizin, sondern der *Lebensführung*. Wir haben diese Lebensführung allerdings bisher weitgehend sich selbst – also der Tradition und den Gewohnheiten – überlassen und uns zu wenig um deren Gestaltungsprinzipien, also den Aufbau einer Wissenschaft der Lebensführung, bemüht. Erst in den letzten Jahrzehnten und Jahren beginnen wir, dieses Versäumnis in seiner Tragweite zu erkennen. Wir wissen vieles über das luxuriöse Leben, das Dolce Vita und High-life und die feine Lebensweise, das Savoir-vivre, auch vieles über gesundheitsschädigendes Verhalten, aber nur recht wenig über die gesunde Lebensführung.

> Gesund ist, wer seinen jeweiligen Lebensbedingungen gerecht wird. *Gesund ist man nicht, man wird es durch Arbeit an sich selbst.* Gesund ist, wer über die Möglichkeiten der Selbstbildung und -steuerung verfügt und sie im Sinne der Erhaltung und Förderung der Lebenskraft nützt. In unserer modernen technischen Welt ist der Mensch nicht einfach von Natur aus gesund. Gesundheit wächst dem modernen Menschen nicht von selbst zu. Er muss sich, um das Lernziel Gesundheit zu erreichen, selbst um Gesundheit bemühen. Er muss *Gesundheit als Aufgabe* erkennen und diese Leistung über Wissen, Einstellung, Haltung und die Entwicklung der erforderlichen Fähigkeiten lernend ansteuern.

Die Lebensbedingungen in der technischen Welt stellen uns heute vor neu entstandene Gesundheitsprobleme. In der »Kultur des Maschinenlebens und der Computerwelt« sind einerseits große Fortschritte in Wirtschaft, Technik und Wissenschaft gemacht worden; doch blieben viele Fragen ungelöst. Die Wohn- und Lebensverhältnisse in den Großstädten, die Zunahme der inaktiven Lebensweise, Stress, körperliche Untätigkeit, Fehlernährung, Alkohol- und Nikotinkonsum werden immer wieder für den schlechten körperlichen Zustand des Menschen verantwortlich gemacht.

Der Stellenwert der Gesundheit ist in der Wertordnung unserer Gesellschaft andererseits sehr hoch. Aktivismus und Leistungsorientierung haben Gesundheit zur Voraussetzung.

Gesundheit und Krankheit sind jedoch nicht nur individuelle Probleme, sie sind in ihrer Bedeutung, ihrer Verteilung und ihren Formen erst vor dem gesamtgesellschaftlichen Hintergrund her zu verstehen. Deshalb soll kurz der Wandel im *Krankheitspanorama* – wie der Internist *Arthur Jores* es einmal formuliert hat – dargestellt werden:

Wir unterscheiden zwei Gruppen von Krankheiten, einerseits Krankheiten, die auch bei Tieren vorkommen und andererseits die spezifisch menschlichen Krankheiten. Die Letzteren hängen eng mit dem *persönlichen geistigen Leben* des Menschen zusammen. Diese Krankheiten der persönlich-geistigen Sphäre nehmen stetig zu. Gleichzeitig werden die Krankheiten der Biosphäre immer seltener.

Die seuchenhaften Infektionen sind fast ganz verschwunden; bei den noch vorhandenen Infektionskrankheiten spielt die persönliche Disposition eine entscheidende Rolle. Wir werden nicht einfach durch Berührung mit Bakterien und Viren krank, sondern durch eine mehr oder weniger *spezifische Krankheitsbereitschaft*. Diese Disposition bzw. Anfälligkeit hängt stark von psychischen Faktoren ab. Wir brauchen nur an die unmittelbare Nachkriegszeit zu denken. Nach den Lehren der Mediziner wurden große Seuchen – seuchenhafte Infektionen – erwartet. Alle Bedingungen dafür schienen gegeben: Unterernährung, enges Zusammenleben der Menschen und mangelnde Hygiene. Die Seuchen traten jedoch nicht ein. Die Menschen fanden sich zum kooperativen Wiederaufbau zusammen; sie arbeiteten hart und hatten Lebensmut und Lebensziele.

Die typisch menschlichen Krankheiten, die vielen nervösen Störungen, die Funktionsstörungen innerer Organe mit körperlichem Befund und die psychosomatischen Erkrankungen, wie z. B. Magengeschwüre, Asthma bronchiale, Bluthochdruck, Fettsucht, chronische Verstopfung usw., traten erst auffällig in Erscheinung, als sich in den fünfziger, sechziger Jahren Wohlstand und die individuellen Gefühle und (Konsum-)Bedürfnisse meldeten. Wenn man bedenkt, dass etwa 55 % der Patienten des praktischen Arztes (die Angaben schwanken zwischen 40 und 70 %) an psychischen Beschwerden leiden – also jeder zweite seine Heilung am falschen Ort sucht –, dann erkennt man ein Problem, das dringend unserer Beachtung bedarf. Häufig erhalten Patienten eine Kollektion von Medikamenten, und erstaunlicherweise fühlen sich 60 % von ihnen nach dieser Ersatztherapie besser, allerdings meistens nur etwa zwei Monate lang. Auf die Dauer jedoch verschlechtert sich ihr Zustand. Aus anfänglicher Regulationsstörung wird ein chronisches psychosomatisches Leiden. Die Medikamente werden in der Dosierung oft heraufgesetzt und dann durch mehr oder weniger Zusatzmedikamente ergänzt oder durch andere »neuere Mittel« abgelöst.

Ist ein Patient erst einmal medikamentös abhängig geworden und hat er bereits feste Rituale der Tabletteneinnahme entwickelt, dann ist ihm oft längere Zeit der andere, allerdings mühsamere, doch einzig Erfolg versprechende Weg der Lebens- und Erlebnisumstellung verbaut. Hoher Leidensdruck und manchmal ganz zufällige Ereignisse – wie etwa die Begegnung mit einem Patienten des psychotherapeutischen Weges – können ihn dann noch zur Umkehr veranlassen.

Es dauert oft Jahre, bis ein Patient auf der Suche nach der richtigen Behandlung ans Ziel kommt. Viele kommen nie dort an, weil sie ihre Unruhe oder Abgespanntheit, ihre Schmerzen und ihre Schlaflosigkeit durch Medikamente »erträglich« gemacht haben. Sie haben die Alarmvorrichtungen ihres Körpers auf einfache Weise stillgelegt, bis es eines Tages nicht mehr weitergeht.

Die Bereitschaft vieler Ärzte, bei den weit verbreiteten psychosomatischen Störungen Medikamente zu verschreiben, erweckt in den Patienten allzu leicht die Vorstellung, ihre eigene Mitarbeit an der Gesundung sei entbehrlich. Die Ärzte befreien sich mit ihrer medikamentösen Therapie von der schwierigen und wichtigen Arbeit einer Aktivierung des Gesundungswillens und -verhaltens bei ihren Patienten. Die pharmazeutische Industrie unterstützt durch ihre zugkräftige Werbung diese Un-Heilpraxis, zumal sie auch bei den Patienten den Wunsch nach tablettierter Behandlung weckt und stärkt. Wir sollten aber zur Kenntnis nehmen, dass *Medikamente seelische Probleme nicht beseitigen können*. Sie halten den Patienten in der Krankenrolle fest, dämpfen gewisse Beschwerden, lassen dafür nach einiger Zeit andere entstehen. Der Patient durchwandert auf diese Weise das Arsenal der Medikamente und die Stationen der ärztlichen Spezialisten. Es werden z. B. anfangs Atembeschwerden, dann Magen-Darm-Krankheiten, dann Herzbeschwerden und vielleicht danach noch Leberschäden »behandelt«. Mittlerweile hat sich beim Patienten ja auch ein klar zu umschreibendes chronisches Leiden entwickelt, mit dem dann der Arzt wirklich etwas »anfangen« kann. Wir bezeichnen diese, durch ärztliche Behandlung entstandene Schädigung als »iatrogene Krankheit«.

Wie leichtfertig und großzügig man mit Beruhigungs- und Schlaftabletten in der Medizin umgeht, kann man bei einem Krankenhausaufenthalt leicht feststellen. Durch die Herabsetzung der psychophysischen Erregung und die Dämpfung des Empfindungsbewusstseins wird der Patient der doch *sinnvollen* Wahrnehmung seines Leidensdrucks, seiner Ratlosigkeit, Unruhe und Angst beraubt, zum Patienten *gemacht*. Diese Prozedur befriedigt dann auch das Bedürfnis des Klinikpersonals nach einer »ruhigen Station«. Der ritualisierte »Abschirmdienst« durch die Tablettenverabreichung, kann also – zumindest in der Form, wie er vielfach praktiziert wird – nicht als heilungsfördernd angesehen werden.

Sie kennen nun die enge Wechselbeziehung zwischen körperlichem und seelisch-geistigem Befinden. Der Psychologe achtet vor allem auf die psychischen Faktoren, zumal Krankheit und Gesundheit stark abhängig sind von der *subjektiven Wertung*. Zwischen Kranksein und Gesundsein bestehen gleitende Übergänge. Von ganz besonderer Bedeutung ist der große Zwischenbereich, in dem die *funktionellen Beschwerden* und *psychosomatischen Störungen* verteilt sind, also Leiden, bei denen die Ärzte in den weitaus meisten Fällen konsultiert werden.

Wenn man nicht nur an die Linderung oder Behebung der Beschwerden denkt, sondern das Ziel »Gesundheit« im Blickfeld behält, wird man sich über die Rehabilitation hinaus um die Aufrechterhaltung und Entwicklung der Kräftepotenziale in der Persönlichkeit, um die Stützung des Selbstwertgefühls, die Stärkung der psychophysischen Spannkraft, des Selbstvertrauens und die Mobilisierung der Selbstkontrolle bemühen.

Bei den Merkmalen, durch die sich psychische und körperliche Gesundheit auszeichnet, handelt es sich um Fähigkeiten und Verhaltensweisen, die sich um fünf Begriffe herum anordnen lassen:

- Selbsteinschätzung,
- Integration,
- Wirklichkeitsauffassung,
- Autonomie,
- Daseinsmeisterung.

Die entwickelte Selbsteinschätzung

Die Selbsteinschätzung ist zumeist nicht deutlich feststellbar. Wir bilden uns ein Urteil über uns, wenn wir von anderen Menschen geschätzt und anerkannt oder verurteilt und abgelehnt werden, wenn wir eine Aufgabe, eine schwierige Situation gelöst oder nicht gemeistert haben. An solchen Verhaltensweisen erfahren wir unsere Stärken und Schwächen. Wir stufen uns – zumeist im Vergleich mit anderen – ein und entwickeln dabei die Vorstellung auch von dem, der wir gern sein möchten. Zur entwickelten Selbsteinschätzung gehört die Fähigkeit, das Wunschbild von dem Wirklichkeitsbild getrennt zu erleben, also die *Fähigkeit zur Bilanz*.

Wenn wir Selbsteinschätzung als Merkmal der Gesundheit ansehen, erfassen wir mit ihr noch weitere Merkmale, so z. B., dass wir unsere Fehler und Mängel nicht nur erkennen, sondern als solche auch bedenken. Wenn man dies tut, lebt man in *Identität mit sich selbst*. Sich akzeptieren heißt, nicht so bleiben wollen, wie man ist, sondern sich um die Verwirklichung seiner besseren Möglichkeiten mit Selbstsicherheit bzw. Selbstbewusstsein und Selbstvertrauen zu *bemühen*.

Integration

Entwicklung zeigt sich einerseits in zunehmender *Differenzierung*. Wir vermögen immer feinere Unterschiede in der Wahrnehmung, in den Vorstellungen und Wünschen zu machen. Mit der Differenzierung werden besonders auch unsere Interessen vielseitiger. Diese erweiterte Ansprache und Ansprechbarkeit bedarf aber auch einer zunehmenden inneren Bindung. Entwicklung ist also andererseits *Zentralisierung*. Wir bilden ein *Personenzentrum* aus: das Ich bzw. Ego-Selbst. Von diesem Zentrum her, so kann man es sich vorstellen, erreichen wir ein gewisses Maß an *Gleichgewicht*. Dieses seelische Gleichgewicht ist aber nicht als etwas in sich Ruhendes zu deuten, sondern als ein Fließgleichgewicht, in dem sowohl *Selbstbehauptungs-* als auch *Anpassungstendenzen*, *Stabilität* und *Flexibilität* gegeben sind. Diese Balance ermöglicht es der Persönlichkeit, eine einheitliche Sicht des Daseins zu entwickeln, gewisse *Grundsätze* und *Lebensansichten* zu vertreten.

Diese Integration der psychischen Prozesse führt auch zu konzentrierten *Aktionen der Lebensbewältigung*, zu Widerstandskraft gegenüber Belastungen, zum Ertragen und Meistern von Angst.

Wir fassen, verführt durch das sprachgebundene Denken, das von Gedanken und Gefühlen, von Wünschen und Wollen, von Denken und Fantasie als gegensätzlichen Einheiten handelt, die einzelnen psychischen Prozesse als voneinander isoliert wirkende Kräfte auf. Wir sollten wissen, dass alle diese psychischen Äußerungsweisen auf das Engste miteinander verbunden sind und im Zuge der Persönlichkeitsentwicklung durch mentale Konzentration gebündelt, verstärkt und gezielt auf Lebensbewältigung ausgerichtet werden können.

Wirklichkeitsauffassung

Der einzelne Mensch steht in Wechselbeziehung zur ihn umgebenden Sach- und Sozialwelt, die ihn beeinflusst, beeindruckt, anregt oder hemmt. Es ist ein zentrales Zeichen seelischer Gesundheit, wenn der Mensch die Wirklichkeit in ihren Eindrucksqualitäten korrekt und adäquat erfasst. Schwere psychische Störungen gehen stets mit einem Realitätsverlust einher. Bis zu einem gewissen Grade verformen wir alle die Wirklichkeit gemäß unseren Einstellungen, Absichten oder Ängsten; wir heben dies oder jenes besonders hervor, übersehen dabei anderes. Wirklichkeit ist immer irgendwie subjektiv gefärbt. *Bei aller individuellen Abweichung zeichnet sich aber eine nicht gestörte Wirklichkeitsauffassung durch einen höheren Grad an Übereinstimmung mit der Auffassung der anderen Gemeinschaftsmitglieder aus.* Auch im Verhältnis zu den Mitmenschen ist also für den psychisch Gesunden ein gewisses Maß an Objektivität von Bedeutung. Soziale Beachtung, Anerkennung und Kompetenz des Menschen zeigen sich darin, dass er mit den anderen auskommt, ihnen etwas bedeutet, ihre Einstellungen und Absichten angemessen deuten kann. Hier zeigt sich, dass der psychisch Gesunde die Fähigkeit zur Einfühlung in die Situation anderer entwickelt hat.

Autonomie

Persönlichkeitsentwicklung ist auf einen Zustand der »Unabhängigkeit« gerichtet. Man hat die Fähigkeit erworben, sein Dasein *selbstständig* zu führen und zu gestalten. *Der reife Mensch ist fähig, sich gegenüber anderen abzugrenzen, sich selbst zu kontrollieren und das gesellschaftliche Leben und Tun kritisch einzuschätzen.* Autonomie bedeutet nicht, sich von allem, was uns an Normen begegnet, abzusetzen, sondern

Befähigung zur Wahl zwischen situativ gefordertem konformem und nicht konformem Verhalten.

Der Mensch ist nie völlig autonom und kann es auch nicht werden. Was er anstreben sollte und erreichen kann, ist die Vergrößerung des Spielraums der Autonomie.

Daseinsmeisterung

Auch bei diesem Begriff ist darauf hinzuweisen, dass es kaum möglich ist, klare und eindeutige Angaben zu machen. Bei Daseinsmeisterung denken wir an eine ganze Gruppe von Fähigkeiten, die dem Individuum gestatten, sich wirkungsvoll mit Anforderungen, Aufgaben und Angeboten des täglichen Lebens auseinander zu setzen. Wie schon *Alfred Adler* herausstellte, sind die *Hauptprobleme* im Leben des Menschen *Probleme der Kooperation*: im Bereich des *Gemeinschaftslebens*, der *Arbeit und des Berufs*, der *Partnerschaft und Liebe*.

Wir sind auf andere Menschen angewiesen. Gemeinschaftsgefühl und Kooperation sind die Grundlagen unserer gesellschaftlichen Existenz. Von besonderer Bedeutung bei der Entwicklung des Gemeinschaftsgefühle ist die Fähigkeit der Identifikation und Einfühlung. Ich muss mich in sozialer Fantasie an die Stelle des anderen versetzen, von ihm her Situationen und Probleme sehen können. Wir sprechen heute von Empathie und meinen damit teilnehmendes Mitfühlen und mitfühlendes Teilnehmen.

Neben dem Gemeinschaftsgefühl spielt auch der Machtgebrauch im menschlichen Zusammenleben eine große Rolle. Nietzsche hat dies in seinem »Also sprach Zarathustra« klar formuliert: »Wo ich Lebendiges fand, da fand ich den Willen zur Macht.«

Macht hält man noch oft für etwas Negatives, stellt sie auf eine Stufe mit Aggressivität und Gewalt. Deshalb versuchen viele Machthaber, ihre Macht zu verbergen.

Heute wissen wir, dass *Macht im Sinne von Eigenmacht* gut ist, dass Schwäche und Ohnmacht Menschen in der Entfaltung ihrer Fähigkeiten und des Bewusstseins behindern. Macht ist die Fähigkeit, eigene Wünsche zu realisieren, Nein zu etwas zu sagen, eigene Meinungen zu vertreten usw.

> Bei der Frage nach Gesundheit/Krankheit spielen *Bewusstseins- und Wertungsprozesse* ein entscheidende Rolle: Die Verarbeitung früherer Erfahrungen, die Einschätzung gegenwärtiger Lagebefindlichkeit und die Vorstellung zukünftiger Bewältigungschancen, kurz: der *subjektive Aspekt,* die Art und Weise, wie der Mensch seine Situation erlebt. Vereinfacht kann man sagen, dass Gesundheit und Krankheit stark von unserer Lebensweise abhängen. Krankheit ist nicht etwas, was einem einfach zustößt. Der Mensch ist weitgehend für sein Wohlbefinden verantwortlich.

Wir brauchen uns nur noch einmal klarzumachen, wie Einstellung und Bewertung den Grad des Schmerzerlebens beeinflussen. Die Wahrnehmungspsychologie hat uns gelehrt, dass der Wahrnehmungsvorgang ein aktiver Auswahlvorgang ist. Er wird gesteuert von unseren früheren Erfahrungen, den augenblicklichen Motiven und den Gedanken an die Zukunft. Die Stressforschung hat überzeugende Beweise für diese Auffassung erbracht. Wir bewerten die Umweltreize, wir fassen sie auf als zuträgliche Herausforderung oder als schädigende Einwirkung. Diese Bewertungen kommen uns in mehr oder weniger artikulierten Selbstgesprächen zum Bewusstsein: »Ich werde die Situation bewältigen, in ihrer Meisterung neue Kräfte entwickeln«, oder: »Ich werde es nicht schaffen, meine Kräfte reichen nicht mehr aus.« Im letzteren Falle hat der Betreffende selbstschädigende Gedanken entwickelt. Er schwächt damit seinen Lebenswillen, manövriert sich in einen Zustand erlernter Hilflosigkeit und Hoffnungslosigkeit; er gibt sich selbst auf und erhöht damit die Krankheitsanfälligkeit. *Der Stress muss, um als ein Belastungsfaktor aufzutreten, erst als belastend empfunden werden.* Das Erlebnis der Belastung hängt also davon ab, wieweit der Betreffende die Situation als bedrohlich erlebt und wieweit er dadurch in seinen eigenen Zielsetzungen eingeschränkt wird.

> Eine wichtige Rolle spielt auch die Erziehung. Eine Erziehung zur Selbstständigkeit und Aktivität ist eine gute Bedingung für eine gesunde Lebensführung. Menschen, die gelernt haben, nicht vorzeitig aufzugeben, Schwierigkeiten durchzustehen und Niederlagen als Etüden, d.h. Lehrstücke, aufzufassen, mobilisieren entsprechende Bewältigungskräfte.
>
> Eine gewissen Rolle scheint auch die Intelligenz zu spielen. Zumindest haben intelligente Menschen die Möglichkeit, schneller korrekte und produktive Auffassungen zu entwickeln.
>
> Nicht zu vergessen sind ferner die allgemein vorherrschenden Vorstellungen der Beziehung des Menschen zu seiner Umwelt, etwa in Richtung eines der beiden Pole »schicksalhafte Ergebenheit« und »herausfordernde Bewältigungsaktivität«.

Es gibt Menschen, die bei Konfliktlagen dazu neigen, über die Entwicklung von Unsicherheits- und Minderwertigkeitsgefühlen Ressentiments zu entwickeln, eine angstvoll-pessimistische Haltung, die durch folgende Gefühle noch näher gekennzeichnet ist: Missmut, Verbitterung, Neid, Argwohn, Misstrauen und Feindseligkeit. Es herrscht der Gedanke vor, die Umwelt sei mächtig, feindlich und gefährlich, man selbst habe nicht die Kraft, sich durchzusetzen. Wer in dieses Ressentiment verstrickt ist, erlebt Welt und Menschen ständig als Bedrohung. Das Ressentiment beeinflusst Wahrnehmung und Aufmerksamkeit, Gedanken und Vorstellungen, also auch die Erinnerungs- und Fantasietätigkeit. Jede soziale Situation wird in Übereinstimmung mit dem Bezugssystem des Ressentiments gedeutet. Die negativen Vorstellungen und inneren Dialoge rufen chronische Angstzustände hervor. Sie schwächen die Fähigkeit des Individuums, Belastungen gegenüber Stand zu halten.

Wir erkennen:

> Das *Lernziel »Gesundheit«* ist nicht allein durch das Bemühen um die Verbesserung der Umwelt zu erreichen, sondern in erster Linie durch die *Stärkung des Menschen in seiner* Auseinandersetzung mit den Umwelteinflüssen.

Fazit: Das Geheimnis von Gesundheit und Selbstheilung liegt in der Aktivierung des psychoneuroimmunologischen Supersystems durch Entspannung, Aktivität, Freude, Zuversicht und Liebe. Einstellungen, Interpretationen und Verhalten sind veränderbar wie die Software eines Computers. Die neuere Kognitive Verhaltenstherapie – wie wir sie in der Aktivationstherapie vertreten – hat eine hochwirksame Stressimmunisierung entwickelt. Es wurden insbesondere im Kapitel »Therapie der Angst« Umsetzungsmöglichkeiten aufgezeigt. Stressimmunisierung kann gelernt werden über:

- Einübung in muskuläre, vegetative und mentale Entspannung;
- Einübung in Selbstsicherheit und Kommunikationsfähigkeit, damit einhergehende Entwicklung von Selbstvertrauen und emotionaler Stabilität, d.h.:
  - Entwicklung einer produktiven (selbstsicheren) Lebensauffassung, verbunden mit einem geklärten Selbstverständnis in Bezug auf Chancen und Grenzen;
  - Situationen, die nicht (mehr) zu ändern sind, akzeptieren zu lernen;
  - Probleme realistisch zu lösen und sinnvolle Entscheidun-

gen zu treffen, sich dabei auch einräumen zu können, evtl.
Fehler zu machen;

- belastende Veränderungen als Herausforderungen und nicht
als Bedrohungen anzusehen, damit (realistisches) Hoffen
auf Bewältigung; konflikthafte und belastende Situationen aktiv anzugehen; positive Erwartungen bei Heilun-
gen, unterstützt durch gezielte Denkvisualisierungen;
- Gefühlsregungen kontrollieren zu können, dabei Gefühle,
besonders negative Gefühle, wie Ärger, Enttäuschung usw.
angemessen (selbstsicher) auszudrücken;
- Abgrenzungsfähigkeit: sich nicht über etwas aufzuregen,
durch das man tatsächlich gar nicht beeinträchtigt ist, aber
auch: bei Nichtbeeinträchtigung nicht anderer Personen
Schwierigkeiten, Probleme »übernehmen«. Vielmehr erkennen können, dass die Probleme dem anderen gehören;
- die Art und Weise, wie der Einzelne sich in seine Familie
einzuordnen vermag;
- die Fähigkeit zu lieben und Liebe anzunehmen;
- Pflege von Kontakten und freundschaftlichen Beziehungen, Heiterkeit, Humor, Lachen;
- bei seinen täglichen Aufgaben Erfolg und Befriedigung
finden zu können – Erfolg in Arbeit und Beruf;
- sich als nützliches Glied der Gesellschaft zu erleben.

Die Unterscheidung von Ich oder
Ego-Selbst und SELBST

Es wurden in diesem Buch insbesondere im Kapitel »Therapie
der Angst« die heute üblich gewordenen Begriffe Selbstsicherheit – Selbstunsicherheit usw. benutzt. Richtiger wäre es, stattdessen die Begriffe Ich-Sicherheit bzw. Dominanz des förderlichen Ichs oder Ich-Unsicherheit bzw. Dominanz des hemmenden Ichs zu verwenden.

So benutzten wir an verschiedenen Stellen in diesem Buch auch bewusst die Begriffe Ich oder Ego-Selbst – in Abgrenzung zu dem geistigen Persönlichkeitskern des Menschen, dem SELBST oder kreativen SELBST als innerer Kraftquelle der Lebensmeisterung und persönlichen Entwicklung. Auf dieses SELBST hat insbesondere die Transpersonale Psychologie hingewiesen. Während wir unsere persönliche Entwicklung in Richtung des förderlichen Ichs bewusst über produktives (selbstsicheres) Denken und Vorstellen und entsprechendes Verhalten in Gang zu setzen vermögen, ist der Zugang zu unserem SELBST, das den allumfassenden GEIST, das kosmische oder universelle Bewusstsein widerspiegelt, normalerweise unserer bewussten Wahrnehmung nicht zugänglich. Dieser Zugang kann jedoch durch Lebenskrisen, Meditation, Imagination, suggestive oder autosuggestive Methoden, Rituale usw. erleichtert werden, ferner durch Denk- und Verhaltensweisen, die dem förderlichen Ich zuzuschreiben sind. Während das Ich oder Ego-Selbst in zwei Formen erlebt wird, als hemmendes Ich (siehe Selbstunsicherheit bzw./und Aggressivität) und als förderliches Ich (siehe selbstsichere Denk-, Vorstellungs- und Verhaltensmuster), erfahren wir das SELBST nur als positive Energie. Es vermittelt uns Kraft, Harmonie, Sicherheit, Freude, Zuversicht und mobilisiert im Falle einer Erkrankung Heilungskräfte.

Seelische Schwierigkeiten, psychische (und körperliche) Störungen scheinen dadurch zu Stande zu kommen, dass der Betroffene seinen unmittelbaren Kontakt zu seinem geistigen Persönlichkeitskern und dem mit ihm verbundenen förderlichen Ich, in dem die Heilungskräfte des SELBST zum Ausdruck oder zum Bewusstsein kommen, abgeblockt bzw. verloren hat.

Über den Abbau irrationaler, negativer, destruktiver Gedanken und Vorstellungen und dementsprechender Verhaltensweisen, die u.a. verbunden sind mit Ängsten, Depressionen bzw./und

> psychosomatischen Störungen wird bei einem Betroffenen das
> förderliche Ich gestärkt, von dem aus ein Zugang zum SELBST ge-
> schaffen werden kann.

Bei der folgenden Abbildung ist das Ich neutral dargestellt.
Der gestrichelte Bogen soll eine gewisse Öffnung zum SELBST
hin verdeutlichen.

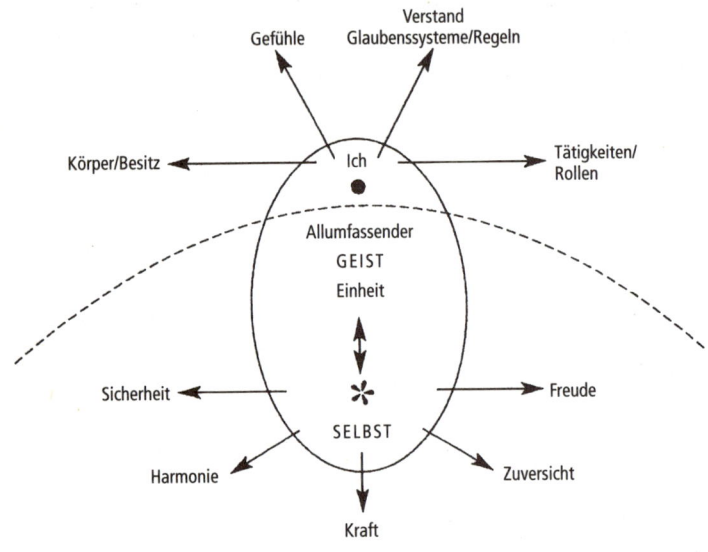

Abbildung 16

In meinem Buch »Selbstheilung durch geistige Kräfte. Ein
Handbuch der Methoden und ihrer Anwendungen«, Zürich
1999, gehe ich auf diese Thematik näher ein.

Angst als Antriebskraft

Bisher wurde die Angst von ihrer destruktiven Seite her beschrieben. Sie schränkt unser Erleben und Verhalten ein, macht uns unglücklich und einsam. In der großen Angst werden wir von allen Bezügen und Beziehungen abgeschnitten, verfallen dem Grübeln, der Besorgtheit, der Verzweiflung und entwickeln diverse psychosomatische Störungen. In der kleinen Angst geraten wir in Schüchternheit, Zaudern, Mutlosigkeit, aber bei längerer Dauer auch in erlernte Hilflosigkeit.

Wir sollten uns klarmachen, dass *alle psychischen und psychosomatischen Störungen mit ihrem Leidensdruck Versuche der Lebenskraft sind zu überleben.* Die angstbedingten Störungen veranlassen uns, nach Auswegen zu suchen, eventuell auch therapeutische Hilfe in Anspruch zu nehmen. Menschen wollen aber nicht nur überleben, sondern vor allem leben und ihre positiven Kräfte entwickeln und freisetzen.

Die Angst kann uns auch zu höheren Leistungen, zur Erprobung unserer Kräfte, anspornen. Wir kennen viele Klienten, die durch ein unvorhergesehenes Lebensereignis in eine sehr schwierige Lage gerieten.
Beispiele:
- Eine Frau von 36 Jahren mit zwei Kindern, deren Mann nach einem bis zuletzt unerkannten Hirntumor innerhalb von zehn Tagen verstarb;
- eine Frau von 34 Jahren, die nach einer beginnenden Sehstörung an Bewegungsstörungen des rechten Beins und Arms litt und dann die Diagnose Multiple Sklerose erfuhr;
- ein Abteilungsleiter, der mit 42 Jahren plötzlich einen Schlaganfall erlitt;
- ein 40-jähriger Versicherungsvertreter, der nach einem schwe-

ren Autounfall, dabei durch eine Verletzung der rechten
Kopfseite, seine Sprache verlor;
– ein 46-jähriger Flugkapitän, der an einem malignen Mela-
nom mit Metastasen erkrankte und seinen Beruf aufgeben
musste.

Die 36-Jährige setzte nach einem halben Jahr ihr Studium fort,
machte den Abschluss in Betriebswirtschaft und ist heute in
einer Werbeagentur tätig. – Die Klientin mit der Multiplen
Sklerose musste ihre Lehrtätigkeit an einer Realschule aufgeben. Sie arbeitet heute – wenn auch eingeschränkt – bei ihrem
Mann im Büro. Da sich ihre MS zwischendurch schubweise
verschlimmert und danach die neue Störung wieder zurückgeht, kann sie damit rechnen, dass ihre Krankheit möglicherweise eines Tages zum Stillstand kommt. – Der Abteilungsleiter
arbeitet heute nach einem einjährigen Arbeitsausfall wieder im
Verlag. – Der Versicherungsvertreter musste seine Außendienst-
tätigkeit aufgeben, konnte aber dann zu Hause in seinem Büro
seine Tätigkeit weiter ausführen. – Der Flugkapitän, der sich
bei sehr ungünstiger Prognose in umfassender Weise und auch
bei mir psychotherapeutisch behandeln ließ, insbesondere auch
in einer norddeutschen Klinik nach einer noch ungesicherten
Behandlungsmethode mit vierteljährlichen Nachuntersuchun-
gen, gilt heute – zehneinhalb Jahre später – als geheilt. Er ist gegenwärtig nach einer Umschulung als Fluglehrer und -prüfer an
einem Flugsimulator seiner Fluggesellschaft tätig.

Was zeichnet diese Menschen und die anderen Klienten aus,
die im Rahmen ihrer Möglichkeiten ihre Schwierigkeiten und
Ängste überwinden und danach ein befriedigendes Leben
führen? Kurz zusammengefasst: Sie lassen sich durch Schick-
salsschläge nach anfänglicher Erschütterung ihres seelischen
Gleichgewichts nicht niederdrücken. Sie bemühen sich, aktiv

aus ihren lähmenden Ängsten herauszukommen und die ärztlichen bzw. psychotherapeutischen Anregungen zu befolgen. Sie sind motiviert von der Hoffnung auf Erfolg. *Sie haben ihre Ängste als Antriebskraft zum Durchhalten und zur Mitarbeit an ihrer Heilung dienstbar gemacht.* Viele berichten, dass sie nach ihrer Heilung oder dem Innehalten des Krankheitsprozesses mit den noch verbliebenen Einschränkungen eine neue Einstellung zum Leben, seinen Schwierigkeiten und Chancen gewonnen haben.

Vielleicht sollte ich noch auf weitere Punkte hinweisen: Die Klienten haben sich nach einer ersten Phase schwerer Irritation schrittweise mit dem Unbekannten – ihrer Angst und ihren psychischen Störungen – vertraut gemacht. Sie haben die Fähigkeit des Menschen, zu sich selbst und seinem Befinden Stellung zu nehmen, genutzt und sich mit Hilfe ihres Denkens gleichsam neben den Ablauf ihrer Störung gestellt.

Vorausschauendes Denken und Vorstellen hat den Menschen befähigt, Anzeichen nahender lebensbedrohender Naturereignisse zu erkennen, sich ihnen gegenüber zu schützen und in Sicherheit zu bringen. Symbol ist hier der Mythos von der Arche Noah. Ohne diese Vorausschau hätte der Mensch in seiner langen Entwicklungsgeschichte keine Chance zum Überleben gehabt.

Solange das Denken und Vorstellen sich auf zu erwartende, herannahende und real existierende Gefahren bezieht, sind die beiden Funktionen unseres Gehirns – das Denken und Vorstellen – die Garanten unseres Lebens.

Die gleichen Funktionen können uns aber auch in die Irre führen, nämlich dann, wenn sie sich von den realen Bezügen der Wahrnehmung und Erfahrung abheben und ein eigenes Spiel treiben. Im Denken und Vorstellen können wir uns alles Mögliche ausdenken, uns Bilder von Gegenständen und Situationen ausmalen. Diese persönliche Eigenwelt kann uns so faszinieren oder gefangen nehmen, dass wir sie für wirklich existierend halten. Das selbst geschaffene Weltbild kann – optimistisch oder pessimistisch gefärbt – uns einerseits zu erstaunlichen Leistungen herausfordern, weil wir davon überzeugt sind, dass sich Anstrengungen lohnen oder andererseits unsere Kräfte matt setzen, weil wir davon überzeugt sind, dass alle Bemühungen umsonst, wir letztlich durch die Endlichkeit unseres Lebens zum Scheitern verurteilt sind. Wie schon an anderer Stelle herausgestellt: Pessimismus ist der Boden, auf dem unsere Existenzangst und ihre Abkömmlinge, die sozialen Ängste und Phobien, gedeihen. Wir sehen dann in vielem um uns herum, in Menschen, Dingen und Situationen, Gefahrensignale und versuchen, sie – je nach dem Grad der eingebildeten Bedrohlichkeit – zu meiden.

Gegen die Annahme, dass wir uns selbst betrügen, die Angst und Ängste selbst – ohne Beachtung *wirklicher* Verhältnisse – produzieren, sträuben wir uns zumeist. Wir sind überzeugt, dass unser Denken richtig funktioniert und unsere von ihm ausgelösten negativen Gefühle die Wahrheit und Wirklichkeit spiegeln. Die Kognitive Verhaltenstherapie hat uns Wege gezeigt, wie wir zur Erkenntnis unserer Täuschungen kommen, uns von ihnen befreien und somit die Angst auflösen können.

> Jede Erfahrung der Angstbewältigung erweitert den Spielraum unserer Aktivitäten.

Wir können von Erfolgsmenschen lernen. Auch sie leiden wie alle anderen, wenn sie etwas Neues in Angriff nehmen oder ein wichtiges Problem lösen, unter körperlichen Symptomen, die das, was sie vorhaben, zu vereiteln versuchen: erhöhte Spannung, Schweißausbrüche, schneller Puls und oft Schlafstörungen. Diese Symptome gehen auf Erregung und zum Teil auf Angst zurück.

Erfolgsmenschen lassen Angst Angst sein und konzentrieren sich auf ihre *Erregungsenergien*, darauf, das, was sie vorhaben, zu Ende zu bringen. Sie versuchen nicht, ihre Erregung bzw. Angst mit Beruhigungstabletten zu unterdrücken. Im Gegenteil: Sie nutzen ihre Erregungs-Angst als Treibstoff, als Antriebskraft.

Irene C. Kassorla, Psychotherapeutin in USA, schreibt in ihrem Buch (München 1988, S. 318):

»Angst hat eine erstaunliche Kraft, aufzubauen und zu zerstören ... Angst und Furcht können uns übermenschliche Kräfte verleihen, die uns wahre Wunder vollbringen lassen. Eine Menge der Antriebskraft, die wir in Gefahrensituationen freisetzen, kann auch im Alltag nutzbar gemacht werden. Allein das Wissen um diese Kraft, die in uns steckt, kann uns zu größerer Aktivität anspornen.«

Wenn die Angst über uns kommt, sollten wir sie annehmen und uns mit ihr vertraut machen. Furcht, die wir kennen, hat ihre Macht über uns verloren. Sie kann uns auch keinen Schrecken mehr einjagen.

Was heißt aber annehmen, kennen lernen und sich mit der Angst vertraut machen?

Wir neigen bei Angst zumeist dazu, Unsicherheitsgefühle und verschiedene körperliche Symptome, wie z. B. Herzklopfen und Magendrücken, zu empfinden. Je stärker sich solche Gefühle und Beschwerden melden, desto bedrohlicher erscheint uns die Situation. Wir versuchen, sie zu vermeiden.

Die Angst kennen lernen heißt, *darauf zu achten, was uns Angst macht*. Ist die Situation wirklich gefährlich und bedrohlich, dann sollten wir sie vermeiden und uns aus ihr zurückziehen. Aber zumeist ist sie gar nicht gefährlich. Wir machen uns selbst etwas vor, erregen uns und schreiben diese und die aus ihr entstehenden unangenehmen Gefühle und Beschwerden ungerechtfertigterweise der Situation zu. Wenn wir diesen Irr-

tum erkennen, dann haben wir uns mit der Angst vertraut gemacht und sie als Erregung demaskiert.

> Die unangenehmen Gefühle sind in unbekannten Situationen
> sinnvoll. Sie sagen uns in Wirklichkeit: »Geh ran oder geh wei-
> ter!« Sie gehen dann bald vorüber. Nehmen wir die Gefühle an
> und gehen den neuen Weg, dann erkennen wir, dass der ameri-
> kanische Philosoph *Ralph Waldo Emerson* Recht hatte, als er
> sagte: »Tu das, was du am meisten fürchtest, und der Tod dieser
> Furcht ist dir gewiss.«

Ich fasse die Grundgedanken dieses Kapitels und dieses Buches
in fünf Punkten zusammen:

1) Angst entsteht – wie alle Gefühle – durch meist nicht bemerkte *vorausgehende* Gedanken und Vorstellungen. Sie
warnen uns vor vermeintlichen oder wirklichen Gefahren,
mobilisieren Kräfte, sodass wir uns auf die Situation vorbe-
reiten und sie dann bewältigen oder der Situation ausweichen, vor ihr fliehen und uns in Sicherheit bringen können.
   Es ist von größter Wichtigkeit, folgende Zusammenhänge
zur Kenntnis zu nehmen: Wir nehmen eine gegebene Situation wahr, oder wir führen sie herbei. Sofort wird die Situation *in Gedanken und Vorstellungen bewertet.* Situationen,
die wir als angenehm ansehen, suchen wir auf, Situationen,
die wir als bedrohlich sehen, regen uns zu absichernden Vor-
bereitungen an, oder wir weichen ihnen aus. Bei den erstgenannten Situationen empfinden wir Freude und Zuversicht,
bei den zweitgenannten Unsicherheit und Angst. Wir meinen allerdings, dass Situationen unmittelbar unsere Gefühle
und die entsprechenden Verhaltensreaktionen auslösen und
bestimmen. Wir übersehen im Allgemeinen das kaum zum
Bewusstsein kommende Zwischenglied von Situation und
Gefühl, nämlich die gedankliche Bewertung der Situation

und meinen, dass die Gefühle uns die Wahrheit über die Situation vermitteln.

2) Unser Leben spielt sich gleichsam in zwei Welten ab, in der Wahrnehmungswelt real existierender Ereignisse und Situationen, die wir unmittelbar erfahren, und in der Vorstellungswelt ausgedachter Ereignisse und Situationen, deren wir uns zur Verdeutlichung unseres Denkens bedienen.

In der Kindheit hatten wir oft Angst vor Geistern, die uns nie tatsächlich gefährlich werden konnten. Ein Knarren in der Wohnung nach dem Zubettgehen, ein Klappern der Fensterläden oder der bewegte Schatten eines vor dem Fenster befindlichen Baumes ängstigten uns. Wir glaubten an unsichtbare bedrohliche Geister, die am Werke sind. Auch als Erwachsene plagen viele Menschen solche »Geister«. Sie halten sie davon ab, auf hohe Berge, in Restaurants, in den Supermarkt, zu einer Veranstaltung, auf eine Party zu gehen, ein öffentliches Verkehrsmittel, einen Lift zu benutzen, gar aus dem Hause auf die Straße zu gehen oder mal Nein zu sagen, berechtigte Forderungen und Wünsche zu äußern. Überall »sehen« sie bösartige Geister ihrer Kindheitsängste. Sie verwechseln heute immer noch Vorstellung und Wirklichkeit. Um dies zu erkennen und sich entsprechend zu verhalten, genügt nicht die einfache Kenntnisnahme, sondern prüfendes Verhalten. Es ist hier auf die *Schwierigkeit des Umlernens* hinzuweisen.

3) Da die Angst zumeist auf länger bestehende Denk- und Vorstellungsfehler zurückgeht, das Vermeidungs- und Rückzugsverhalten zur Gewohnheit geworden und damit fest in unserem Erleben verankert ist, empfinden wir Angst, uns davon zu lösen und neues Denken und Verhalten einzuüben. *Neuorientierung erfordert Wagemut und Durchhaltevermögen*, auch wenn unangenehme Gefühle dabei auftreten und uns vom neuen Weg abhalten »wollen«. Wir haben in uns zwei

Instanzen: den Wahrheitssucher und den Rechtfertiger. Allzu oft siegt die Rechtfertigung unserer Gewohnheiten über die Wahrheit neuer Erkenntnisse der Wirklichkeit.

4) Wir können die unbegründeten Ängste abbauen, und zwar auf zwei Wegen: durch die Veränderung unserer Gedanken, Vorstellungen und Bewertungen und durch Konfrontation, d.h. durch absichtliches Aufsuchen bisher angstgemiedener Situationen. *Wenn wir dabei die Angst aushalten, werden wir sie bald überwinden.* Die Kognitive Therapie zeigt uns, wie wir unsere Gedanken und Vorstellungen korrigieren können. Die Verhaltenstherapie zeigt uns, wie wir unser Verhalten verändern können. Die Kognitive Verhaltenstherapie fasst beide Wege zusammen.

5) Jede Überwindung einer Angst stärkt das Selbstvertrauen in unsere eigenen Kräfte und das Vertrauen zur Umwelt. *Das neue Denken und Verhalten verwandelt die Angst in Mut.*

> Wir erfahren die Angst als Antriebskraft in der Erweiterung unseres Spielraums und im Wachstums unserer Persönlichkeit.

Anhang

Nützliche Adressen

Sie können sich direkt an Ihre jeweilige Krankenkasse wenden, die Ihnen Auskunft über qualifizierte Therapeuten der Kognitiven Verhaltenstherapie vermittelt.

Auch die Kassenärztliche Bundesvereinigung, Herbert-Lewin-Straße 3, 50931 Köln, Tel. 02 21/4 00 50

oder die jeweiligen Kassenärztlichen Vereinigungen der einzelnen Bundesländer können Ihnen Auskunft geben, welche Therapeuten die Kognitive Verhaltenstherapie anwenden.

Der Berufsverband Deutscher Psychologen e.V., Heilsbachstraße 22, 53123 Bonn, Tel. 02 28/64 10 54 erteilt ebenfalls Auskunft über Therapiemöglichkeiten (Kognitive Verhaltenstherapie) bei Angststörungen.

Hinweise auf weitere hilfreiche Bücher

Leibold, G.: *Angst und Panik meistern.* Düsseldorf 1997.

Mathews, A., Gelder, M., Johnston, D.: *Platzangst. Ein Übungsprogramm für Betroffene und Angehörige.* Deutsche Bearbeitung: Hand, I. und Fisser-Wilke, C., Basel 1994.

Peurifoy, R.Z.: *Angst, Panik und Phobien.* Ein Selbsthilfe-Programm. Bern 1997.

Schmidt-Traub, S.: *Angst bewältigen. Selbsthilfe bei Panik und Agoraphobie.* Berlin, Heidelberg 1997.

Stavemann, H.H.: *Emotionale Turbulenzen. Kognitive Verhaltenstherapie von Angst, Aggression, Depression und Verzweiflung.* Weinheim 1999.

Trickett, S.: *Angstzustände und Panikattacken erfolgreich meistern.* Zürich 1995.

Literaturverzeichnis

Allport, G.W.: *Treibjagd auf Sündenböcke.* Bad Nauheim 1952.

André, Chr.: *Les Thérapies cognitives.* Paris 1995.

Assagioli, R.: *Die Schulung des Willens. Methoden der Psychotherapie und der Selbsttherapie.* Paderborn 1984.

Baetz, E.: *Über Emotionslähmung.* In: Allgemeine Zeitschrift für Psychiatrie 58/1902.

Bandler, R. u. Grinder, J.: *Metasprache und Psychotherapie.* Paderborn 1981.

Beck, A.T. u.a.: *Kognitive Therapie der Depression.* München 1986.

ders.: *Kognitive Verhaltenstherapie bei Angst und Phobien.* Tübingen 1981.

Bernstein, D.A. und Berkowec, Th.D.: *Entspannungs-Training. Handbuch der Progressiven Muskelentspannung.* München 1975.

Bohm, D.: *Die implizierte Ordnung.* München 1987.

ders.: *Das neue Weltbild.* München 1990.

Brown, G.W. u. Harris, T.: *Social origin of depression.* London 1978.

Burkhard, P. u. Gerl, W.: *Entspannung. Das umfassende Training für Körper, Geist und Seele.* München 1977.

Buss, R.B.: *Self-consciousness and social anxiety.* Oxford 1980.

Butollo, W.: *Die Angst ist eine Kraft.* München 1984.

Carnegie, D.: *Sorge dich nicht – lebe!* Bern, München, Wien, 1965.

Chew, G.F.: *Bootstrap. A scientific idea.* Sciences 161, 1968, 762-765.

Crampton, Martha: *Psychosynthese.* In: Corsini, R.J. (Hrsg.): Handbuch der Psychotherapie, Bd. 2. Weinheim 1983.

Eccles, J.: *Gehirn und Geist.* München 1980.

Ellis, Albert: *Die rational-emotive Therapie*. München 1977 und 1993.

Fensterheim, H. u. Baer, J.: *Sag nicht ja, wenn Du Nein sagen willst*. München 1979.

dies.: *Leben ohne Angst*. München 1980.

Garma, A.: *Psychologie des Selbstmords*. In: Imago 23/1937.

Grünn, H.: *Die innere Heilkraft*. Düsseldorf 1990.

Harman, W. u. Clark, J.: *New Metaphysical Foundation of Modern Science*. Institute of Noetic Sciences, Sausalito, Kalifornien 1994.

Heimberg, R.G.: *Specific issues in the cognitive-behavioral treatment of social phobia*. In: Journal of Clinical Psychiatry, 1993, 54, 36–45.

Hope, D.A.: *Exposure and social phobia: Assessment and treatment considerations*. In: Behav. Therapist 1993, 16, 7–12.

Horney, K.: *Der neurotische Mensch unserer Zeit*. Stuttgart 1951.

Irle, G.: *Depressionen*. Stuttgart 1974.

Jacobson, E.: *Progressive Relaxation*. Chicago 1938.

Jaffe, D.: *Kräfte der Selbstheilung*. Stuttgart 1988.

Kanfer, F.H. u. Goldstein, A.P.: *Möglichkeiten der Verhaltensänderung*. München 1977.

Kassorla, J.: *Tun Sie's doch!* München 1988.

Kielholz, P. u. Adams, C. (Hrsg.): *Die Vielfalt von Angstzuständen*. Köln 1989.

Kryspin-Exner, I.: *Alkoholismus*. In: Reinecker, H. (Hrsg.): Lehrbuch der Klinischen Psychologie. Göttingen 1990.

Lewin, A.P. et al.: *Responses of generalized and discrete social phobics during public speaking*. In: Journal of Anxiety Disorders, 1993, 7, 207–221.

Lewinsohn, F.M. u.a.: *An integrative theory of depression*. In: Reiss, S. u. Bootzin, R.R. (Hrsg.): Theoretical issues in behavior therapy. NY 1985.

Lückert, H.-R. und Lückert, Inge: *Einführung in die Kognitive Verhaltenstherapie*. München, Basel 1994.

ders.: *Aktivationstherapie*. Eine erweiterte Form der Kognitiven Verhaltenstherapie, herausgeg. von Inge Lückert. München, Basel 1996.

ders.: *Selbstheilung durch geistige Kräfte*. Ein Handbuch der Methoden und ihrer Anwendungen, herausgeg. von Inge Lückert. Zürich 1999.

Mason, John M.: A *historical view of the stress*. I/II. J. Hum. Stress 1, 1975, 6–12, 22–36.

Margraf, J. u. Schneider, S.: *Panik. Angstanfälle und ihre Behandlung*. Berlin 1989.

Marshall, J.: S*ocial Phobia: an Overview of Treatment Strategies*. In: Journal of Clinical Psychiatry, 1993, 54, 4, 165–171.

Meichenbaum, D.: *Methoden der Selbstinstruktion*. In: Kanfer, F.H. und Goldstein, A.P. (Hrsg.): *Möglichkeit der Verhaltensänderung*. München 1977.

Miketta, G.: *Netzwerk Mensch. Den Verbindungen von Körper und Seele auf der Spur*. Reinbek b. Hamburg 1997.

Montkowski, A.: *Wissenschaftliche Basis des Leib-Seele-Problems*. MPG-Spiegel, März, 18., 1994.

Newman, M.G. et al.: *Does behavioral treatment of social phobia lead to cognitive change?* In: Behavior Therapy, 1994, 3, 503–517.

Penfield, W.: *The mystery of the mind*. Princeton, New Jersey 1975.

Reinecker, H. (Hrsg.): *Lehrbuch der Klinischen Psychologie*. Göttingen 1990.

Rossi, E.L.: *Die Psychobiologie der Seele-Körper-Heilung*. Essen 1991.

Salter, A.: *Selbstsicherheitstraining*. In: Corsini, R.J. (Hrsg.): Handbuch der Psychotherapie, Bd. 2. Weinheim 1983, 1168–1186.

Schultz, J.H.: *Das Autogene Training*. Stuttgart 1950.

Schulz, K.-H., Kugler, J., Schedlowski, M. (Hrsg.): *Psychoneuro-immunologie. Ein interdisziplinäres Forschungsfeld*. Bern, Göttingen, Toronto, Seattle 1997.

Schwarzer, R.: *Stress, Angst und Hilflosigkeit*. Stuttgart 1987.

Seligman, M.E.P.: *Learned helplessness*. San Francisco 1975.

Selye, H.: *Stress without Distress*. Philadelphia, NY 1974.

Shedlowski, M., Tewes, U.: *Verhaltenseinflüsse auf das Immunsystem: Stress und Konditionierung*. In: Biologie in unserer Zeit, 22,5,1992.

Simonton, C. u. St.: *Wieder gesund werden. Eine Anleitung zur Aktivierung der Selbstheilungskräfte für Krebskranke und ihre Angehörigen*. Hamburg 1982.

Solokov, E.: *Perception and conditional reflex*. Oxford 1963.

Stopa, L., Clark, D.: *Cognitive Process in Social Phobia*. In: Behaviour Research and Therapy, 1993, 31, 267–295.

Time-Life-Bücher: *Das Immunsystem. Faszination menschlicher Körper*. Amsterdam 1994.

Turner, S.M., Beidel, D.C., Cooley, M.R., Woody, S.R., Messer, S.C.: *A multicomponent behavioral treatment for social phobia: Social effectiveness therapy*. In: Behav. Res. Ther. 1994, 32, 281–390.

Walker, E.H.: *Consciousness in the Quantum Theory of Measurement. J. for the Study of Consciousness* 5, 1972.

Watzlawick, P.: *Anleitung zum Unglücklichsein*. München, Zürich 1998.

Wittchen, H.-U.: *Handbuch seelischer Gesundheit*. Weinheim 1995.

Wolf, D.: *Ängste verstehen und überwinden*. Mannheim 1998.

Zimbardo, P.: *Nicht so schüchtern!* München, Landsberg 1994.

Register

Seitenangaben in *Kursivdruck* verweisen
auf grafische Darstellungen.

PSYCHOLOGIE/
SEXUALITÄT/LEBENSHILFE

16108

11297

13847

KRAFTQUELLEN ENTDECKEN

16101

16119

10888

16115

Mosaik bei GOLDMANN

PSYCHOLOGIE/
SEXUALITÄT/LEBENSHILFE

Nutzen Sie die Kreativität Ihres Gehirns!

13842

16130

16125